精品汽车教材

Qiche Gouzao Shuangse Tujie

汽车构造双色图解

出射忠明　编

赵　波　译

人民交通出版社

内 容 提 要

本书用双色图对汽车构造进行了详解，知识系统全面，讲解细致周到，是汽车知识初学者的良师益友，亦可为汽车爱好者熟知汽车构造提供很好的帮助。

图书在版编目（CIP）数据

汽车构造双色图解／（日）出射忠明编著；赵波译．北京：人民交通出版社，2004.12（重印2008.5）

ISBN 978-7-114-05365-8

Ⅰ．汽... Ⅱ．①出...②赵... Ⅲ．汽车—构造—图解 Ⅳ．U463-64

中国版本图书馆CIP数据核字（2004）第122650号

精品汽车教材

书　　名：汽车构造双色图解
著 作 者：出射忠明
译　　者：赵　波
责任编辑：白　峭／林宇峰
出版发行：人民交通出版社
地　　址：(100011)北京市朝阳区安定门外外馆斜街3号
网　　址：http://www.ccpress.com.cn
销售电话：(010)85285656，85285838，85285995
总 经 销：北京中交盛世书刊有限公司
经　　销：各地新华书店
印　　刷：北京交通印务实业公司
开　　本：787 × 980　1/16
印　　张：14.25
字　　数：311千
版　　次：2005年1月　第1版
印　　次：2008年5月　第3次印刷
书　　号：ISBN 978-7-114-05365-8
印　　数：9001～12000册
定　　价：33.00元
(如有印刷、装订质量问题的图书由本社负责调换)

前言

汽车由各个总成构成。自从第一辆汽车诞生以来，其组成部分并没有什么变化，只是随着时代的发展，汽车的各部机构更加精巧、精练，这种进步以后还将继续发展下去，由于其工作原理始终如一，如果不清晰掌握其工作原理就不能理解新技术、新系统所具有的意义。因此，我们首先要掌握这些基本的工作原理。

本书是为那些喜爱车辆、愿同汽车结成朋友的人而著。书中以在世界上处于领先地位的日本汽车为主，介绍汽车的构造与工作原理。将汽车构造组成部分，从发动机、车身到底盘，通过简明易懂的图解进行讲述。

本书首次出版发行后，又有新型构造不断推出，车身变化也较大。对于新的工艺方法，本书并没有详细说明，而是将现在主流产品顶置双凸轮轴4缸发动机为主的图解进行编改，再次修订出版。幸运的是因为采用了双色的图解，较轻松看懂其复杂的结构，而受到好评，因此多次再版。本次又进一步充实内容，修改了一部分图。对于初学者看到本书较难的构造及说明也许不易理解。但作为笔者写这本入门书的想法与其说是针对初学者，不如说是供有一定汽车构造基础知识，并对汽车特别有兴趣的年青人阅读。

最后，向对本书发行给予多方关照的各方表示谢意。

出射忠明

目录

[发动机篇]

发动机篇

发动机是汽车的心脏部件，其结构是怎样的呢？下面从燃烧室、化油器、喷油泵（喷嘴）、涡轮增压器、发动机电气装置等各主要结构开始，详细说明4冲程发动机及柴油机和转子发动机等的工作原理。

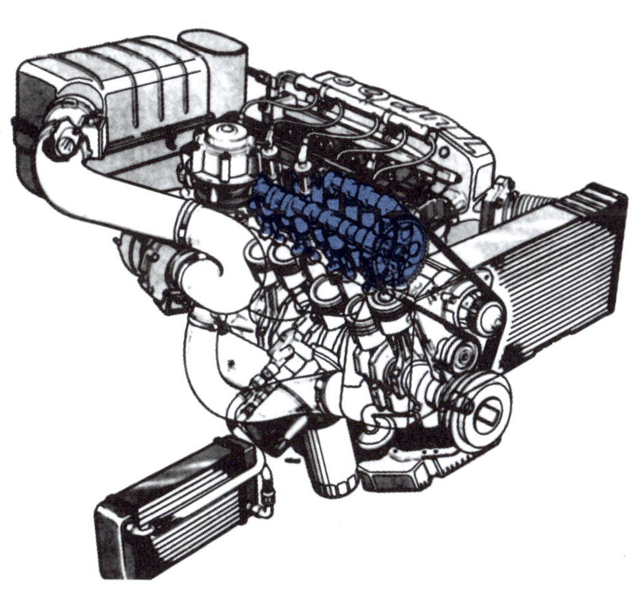

发动机的种类

图中带颜色的表示发动机的主要机构系统。

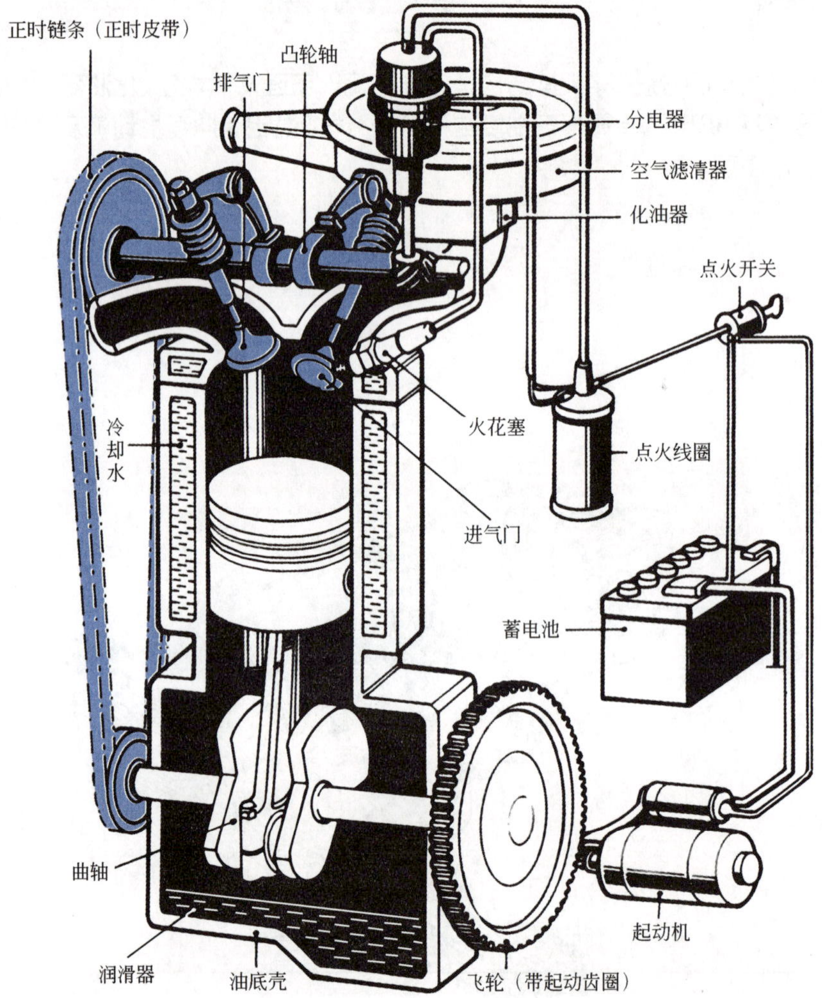

正时链条（正时皮带）
凸轮轴
排气门
分电器
空气滤清器
化油器
点火开关
冷却水
火花塞
点火线圈
进气门
蓄电池
曲轴
起动机
润滑器
油底壳
飞轮（带起动齿圈）

4 冲程发动机的构造

世界上车用发动机，几乎都是 4 冲程发动机——4 循环发动机的简称。它由“进气”、“压缩”、“作功”、“排气”4 个冲程完成一个循环，因此而得名。在 4 个冲程之间，活塞上下运动2次，曲轴回转2圈，进、排气门只打开1次，火花塞也只点火一次。在结构上与后面所述的2冲程发动机的最大区别是，进、排气门带有菌形气门。而2冲程发动机的曲轴和活塞在2次循环运动间就有一次作功。它是往复式（活塞式）发动机的代表。

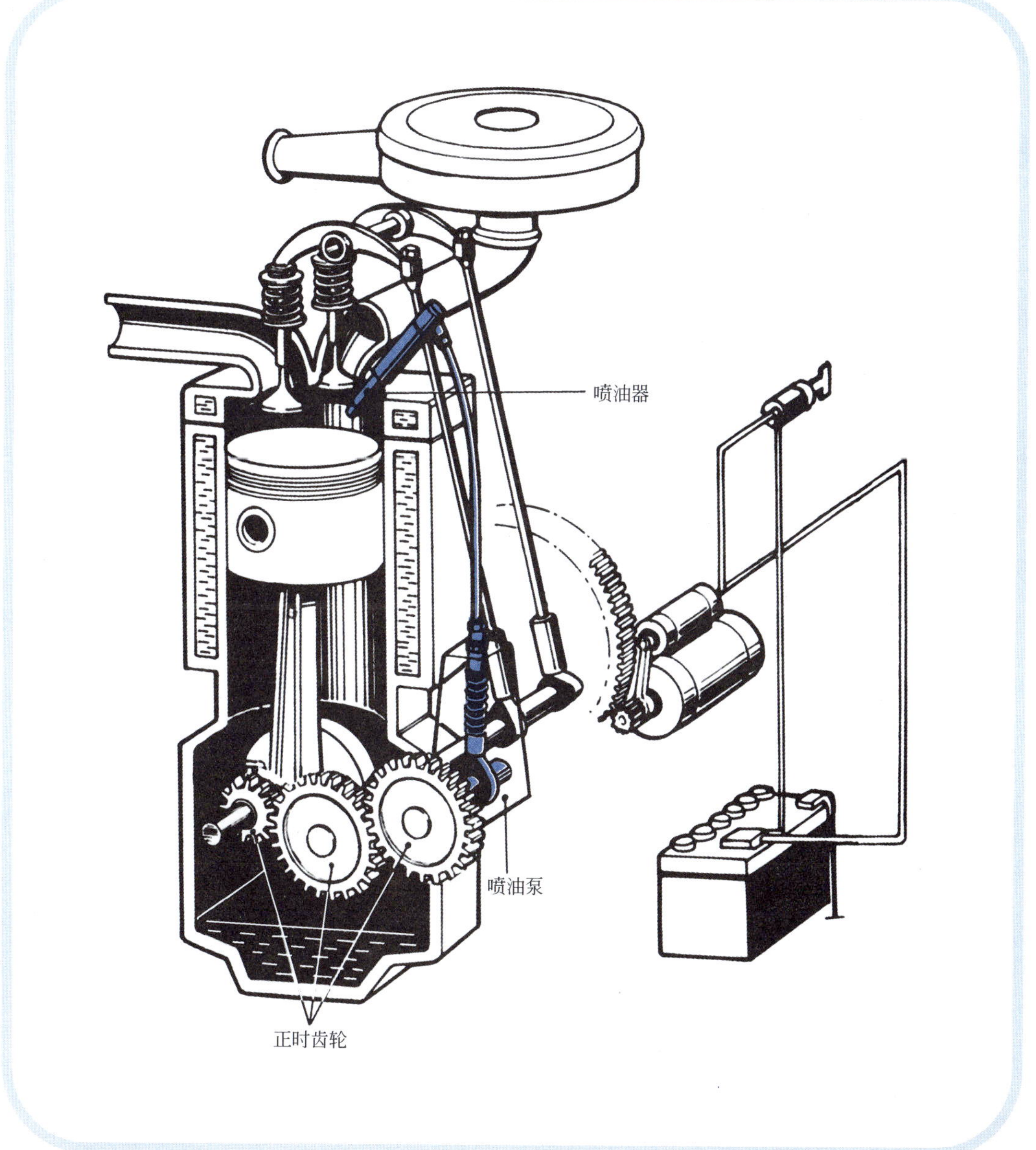

柴油发动机的构造

柴油发动机是由德国已故的鲁道夫·狄塞尔博士发明的,并因此而得名。因为在空气被急剧压缩后会产生高温，使发动机工作温度达到600℃左右。此时如直接喷入燃料就会自燃点火,即“压缩点火”。其他类型发动机最大特征是电气点火，需要有火花塞及化油器。而柴油发动机的喷油泵通过喷嘴向高压的燃烧室喷入燃料。使用柴油为燃料不用汽油，在日本因汽油税的关系,柴油燃料的费用相对要低,所以说它是一种经济型发动机。特别适用于高速轻型卧车。

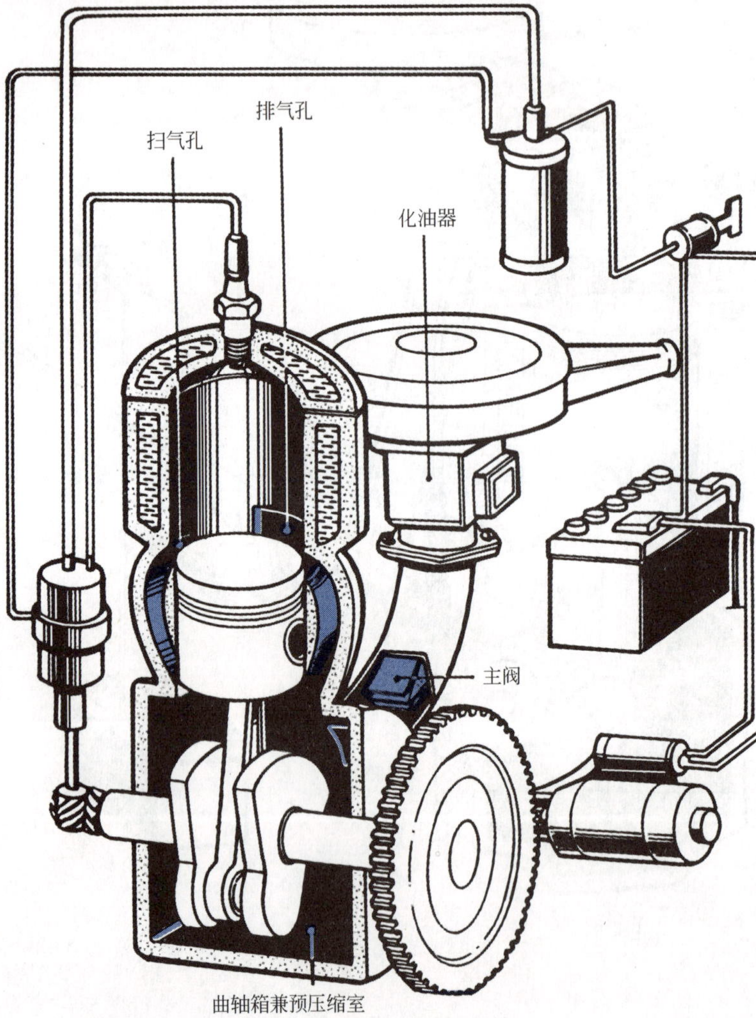

2 冲程发动机的构造

2 冲程发动机没有 4 冲程发动机那样的菌形进、排气门，它在缸壁上有进、排气孔。活塞上下运动时，气孔开闭使气体进出。工作特点是曲轴每回转 1 次就作功 1 次，它作功次数是 4 冲程发动机的 2 倍。但输出功率并不等于它的 2 倍。由于其曲轴箱兼做预压室使用，所以一定不能有润滑油残留。此类小功率发动机多用在结构简单的 2 轮车上。

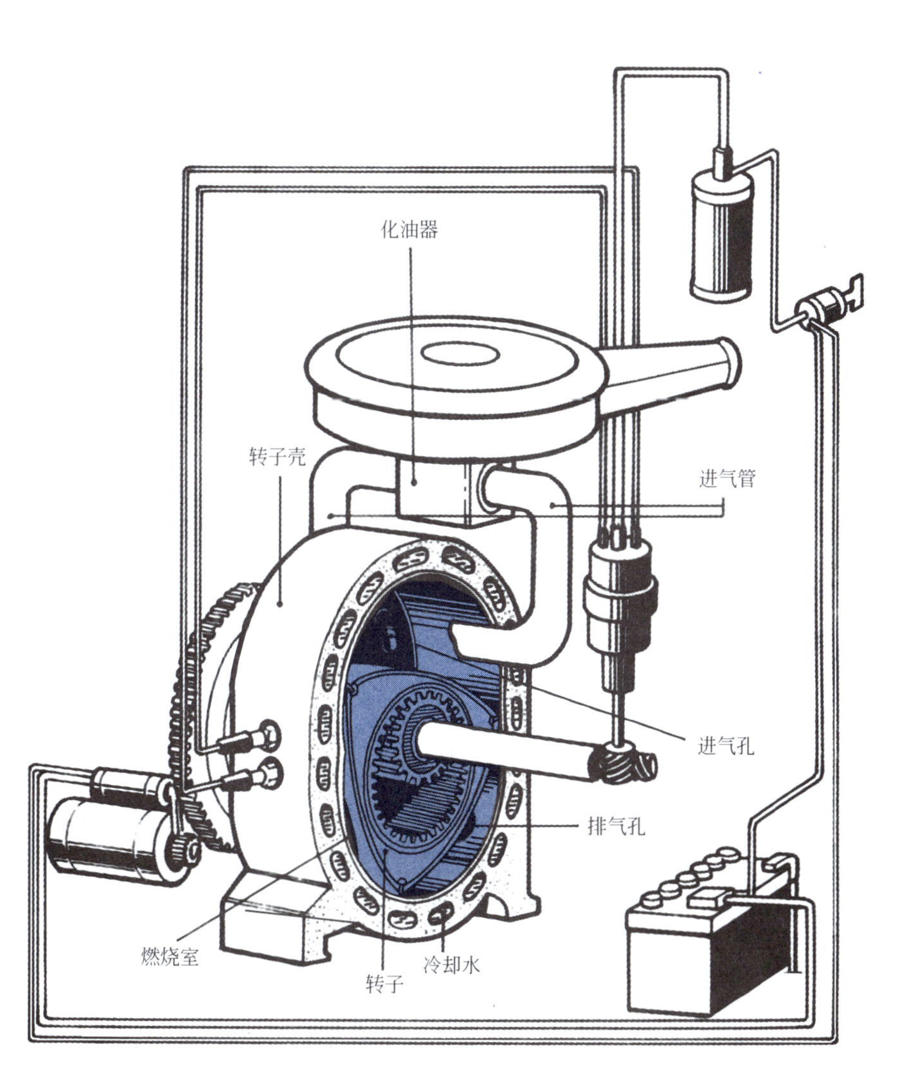

转子发动机的构造

转子发动机顾名思义就是让相当于活塞的那部分做旋转运动。与活塞式发动机相比，转子发动机的特点是，降低了活塞和气门往复运动的能量损失和振动，结构简单、质量轻、回转圆滑、噪声低。转子不像电动机的转子那样在圆环内转动，而是在茧形缸体（定子）内运动，三角形的转子贴着定子内壁作偏心转动，转子的上表面与定子之间的空间成为燃烧室。气体的进出由定子壁面上的孔和转子的转动位置来决定。在日本只有马自达批量生产汽车使用转子发动机。

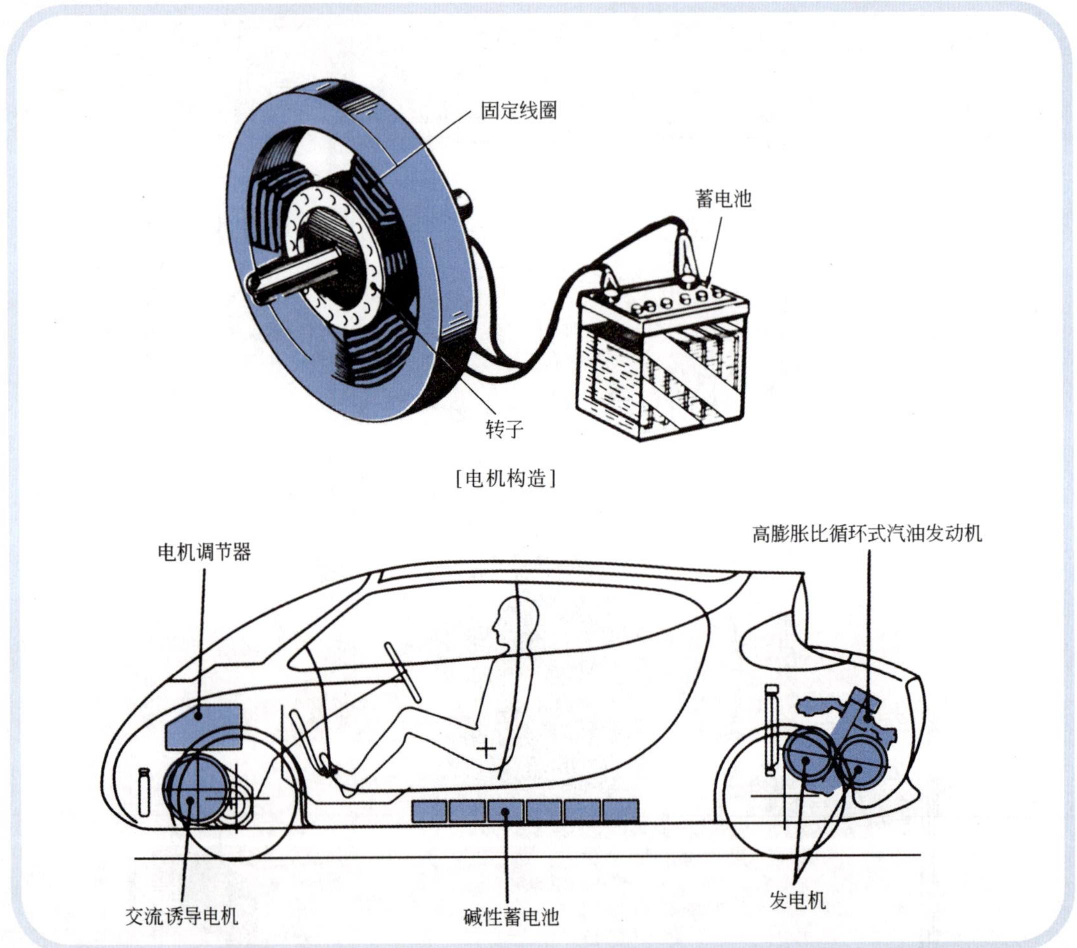

■三菱综合电动汽车 ESR

ESR 是生态学、科学、研究的英文字头缩写，它由以开发环保汽车为目标的高效发动机和电动机组成。

电动发动机的构造

以电为动力的回转电动机，用一个开关就能进行稳定的回转控制。由于噪声低、无污染，它适用于家庭、工业等所有场合。但现在作为汽车配件造价并不高。其主要原因是不必像电车那样由架线供电，必须携带较重且寿命较短（反复充电寿命在2年之内）的蓄电池。现在有一些驱动方式比较受关注，由电动机和其他发动机组合成“混合式”驱动。在一辆汽车上，若使用两组动力源就不可避免地存在浪费，但是，让热驱动在一定状态下工作，当负荷变化时再由电驱动，这样的复合方式就能发挥其长处。

4冲程发动机其他燃料使用例

■LGP丙烷

很多汽车，如出租车等不用汽油而用LGP燃料。LGP是丙烷、丙稀、丁稀、丁烷的总称，它液化后容积较小，可将其压缩成气体状态下的1/250后存放在高压储气瓶内。家用丙烷气也是如此。

使用LGP的发动机与4冲程的发动机相同，只是用调节器代替了化油器，蒸发器为主要装置，汽化液体并减压到规定压力后，将气体送到燃烧室中。其特征外观与化油器相似，由蝶形节流阀及各种导管等组成，但没有浮子。

LPG燃料消耗较低但并没有普及使用，其原因是补给气体的专用加气站在全国网络还没有形成，此外，与汽油车辆相比其加速性要差一些。

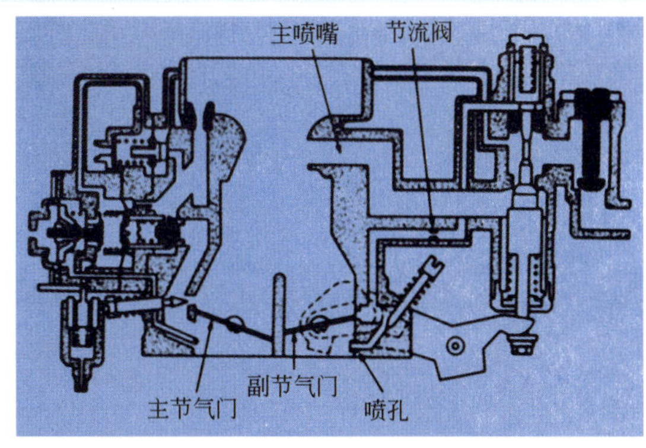

[LGP调节器断面图]

■甲醇

甲醇（也称木醇）工业上用CO和氢气在高温高压、催化剂的条件下生成，也有用天然气、煤及其他材料等有机废气物生成。

下面简要说明车用发动机使用甲醇的优缺点。

优点是辛烷值高而压缩比提高，比汽油发动机输出功率大，汽化吸热大使内部冷却效果好，燃烧后不产生黑烟等。

缺点是沸点只有65℃，冷起动汽化条件差，造成起动困难，所以在起动时必须采用补加汽油办法。另外，对铁、铝、铜等金属具有腐蚀性，在选用材料方面必须采用一些相应措施。

■甲醇/可燃气发动机

制造商在开发中，一般采用将甲醇分解成氢气与一氧化碳后再使其燃烧的方法。先利用发动机排气热量将其加热到300℃以上，再利用催化剂将酒精分解。其燃料各成分所占比例：氢气为67%，一氧化碳为33%，因氢气的比例大，所以热效率高。

它与直接燃烧甲醇相比热效率提高了20%，氢的比例越高也就越接近氢发动机，比汽油发动机节约一半的能量。

■发动机的展望

首先介绍一下现在汽车典型使用的主流发动机。许多国家今后研究开发的发动机主要以节能为目的，下面提出未来发动机的几个代表例子。基本构造简单如图所示。

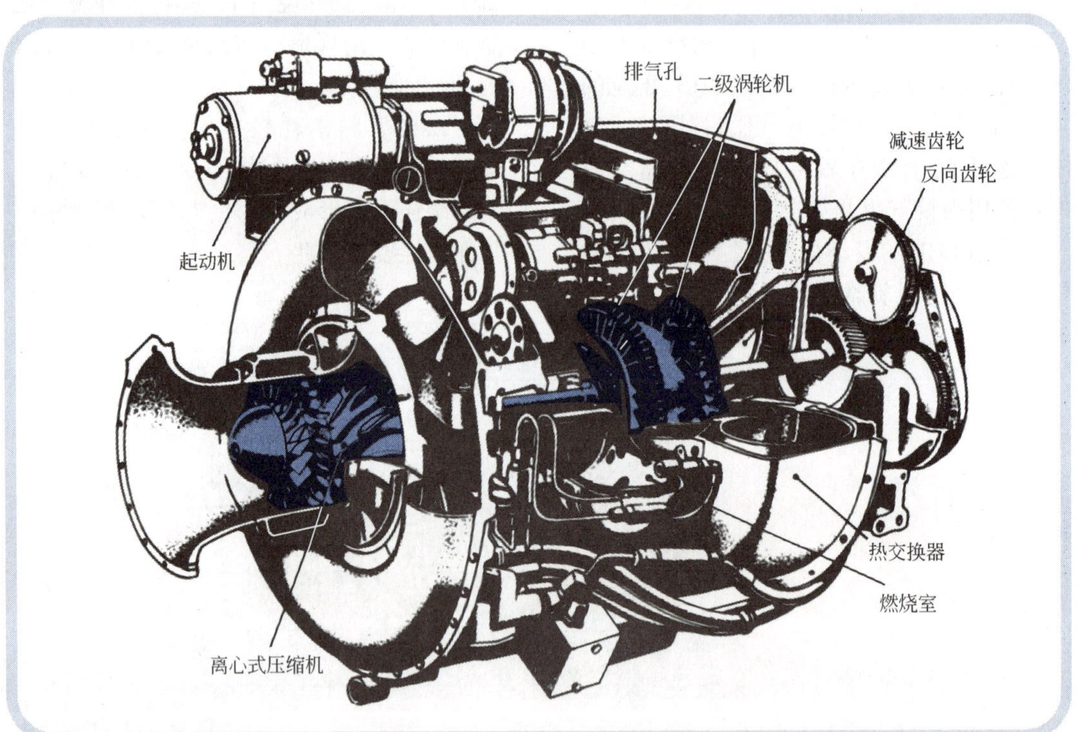

燃气发动机的构造

将来车用发动机最有前景的一种是燃气轮机，但现在还不实用，其理由是：对于一分钟内回转几万转的涡轮机，对应复杂的汽车行驶状况还有困难，同时还有噪声大、消耗燃料造价大、材料昂贵等问题存在。可是它具有质量小、结构紧凑、功率大，燃料也可使用低档燃料等优点，可以考虑燃气轮机+电动机等混合方式。发动机本身构造是膨胀气体冲击涡轮机的叶片使其旋转，并通过齿轮减速传递给驱动轮。另外涡轮机回转带动压缩机压缩，进而吸入空气，并把它送进燃烧室，其间通过“热交换器”使吸入的空气吸收尾气的热量。

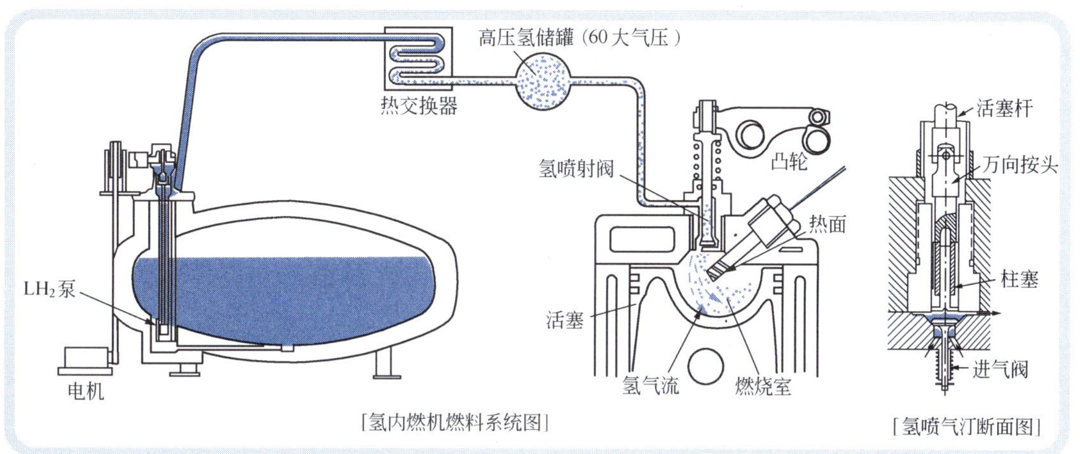

［氢内燃机燃料系统图］　［氢喷气汀断面图］

上图是氢内燃机燃料系统图，储罐容量较小，因此使用时需将氢气液化，但如将零下253℃低温液态氢直接供给发动机，会冻伤发动机。因此要在输送到发动机途中设置热交换器，将零下30～50℃的氢喷入燃烧室中，左图是其喷射阀（喷嘴）。下图用的是氢的吸藏合金，在这种特殊的金属中储存氢燃料（金属原子间有充分的微小空间，其间可吸入氢分子），用它代替燃料储罐。在必要时，用发动机的冷却水将它加热到10℃左右，可燃气体就会被释放出来。吸藏合金一般由铁/钛氢化物组成，因此，在质量上也是一个较大的问题。

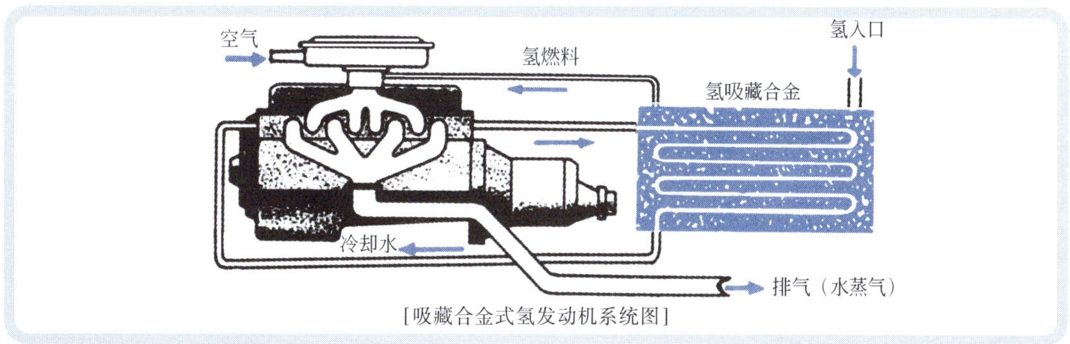

［吸藏合金式氢发动机系统图］

氢发动机的构造

从海水中可以无限量地提取氢，来驱动发动机，这种发动机是汽车发动机有力的生力军。它的最大的优点是，可完全燃烧并具有清洁性。其基本工作原理是，向发动机的燃料室内直接喷射由液态汽化成的高压氢气，在活塞凹处产生的氢气流就会被电加热的热面点火。获得这种清洁、大功率燃料的最大难点是电解、热分解海水的成本较高。储存氢气储罐容量大，液化后放在储罐中，其温度为零下253℃低温，储存时必须用具有双层结构的高价储罐。

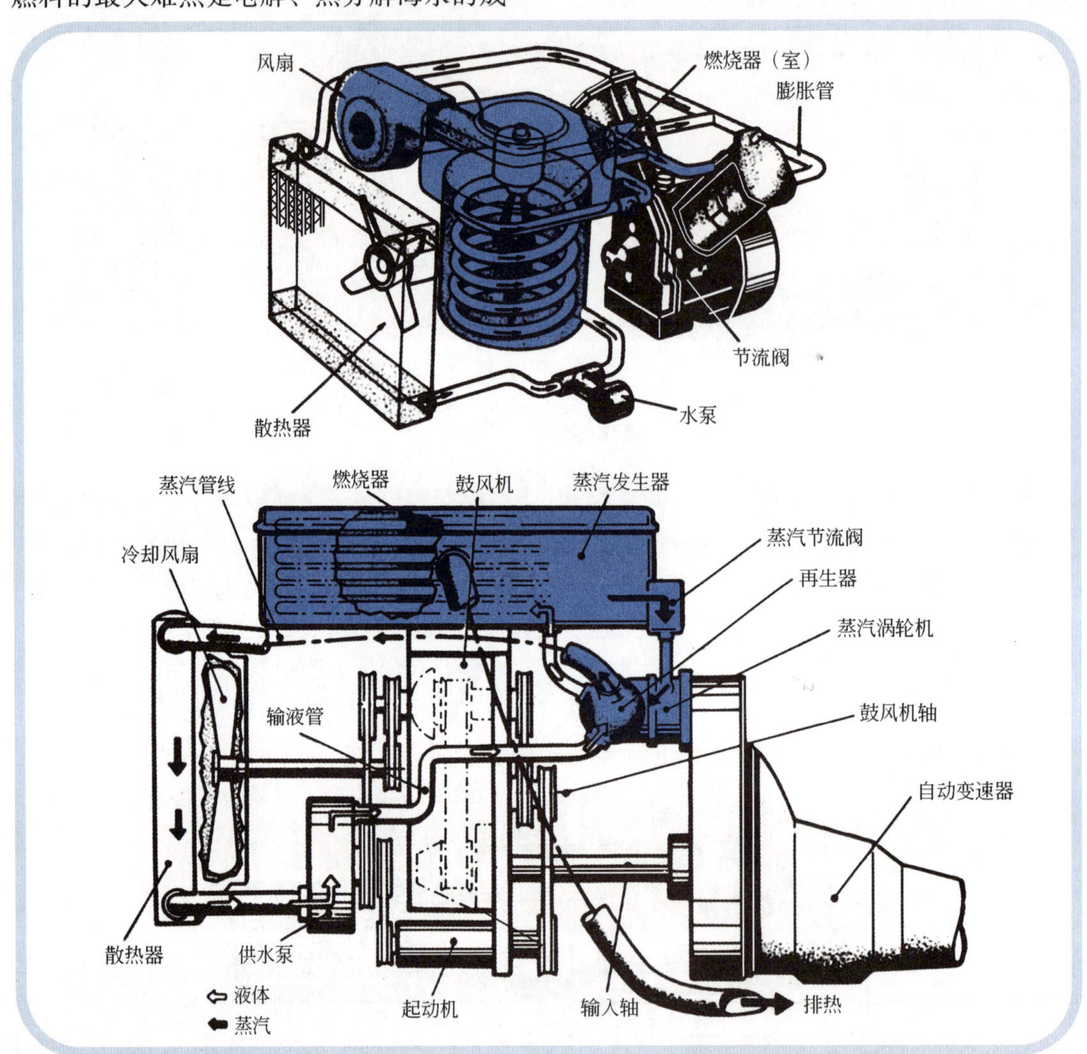

蒸汽发动机的构造

利用高压水蒸汽作为动力的蒸汽发动机在19世纪时就已经存在了。使用蒸汽发动机的轿车、公共汽车也曾研制出。法国尼古拉·约瑟夫·库诺制造的世界上第一辆汽车（1769年）使用的就是蒸汽发动机。因为它是以水为介质的外燃机，所以有利于环保。缺点是所需的焦碳等燃料要满路排放,功率和经济性都不如汽油发动机。发动机今后一定是向使用轻油燃料、无各种公害、高性能涡轮机发展。但涡轮机构造复杂、燃料费用和成本高。

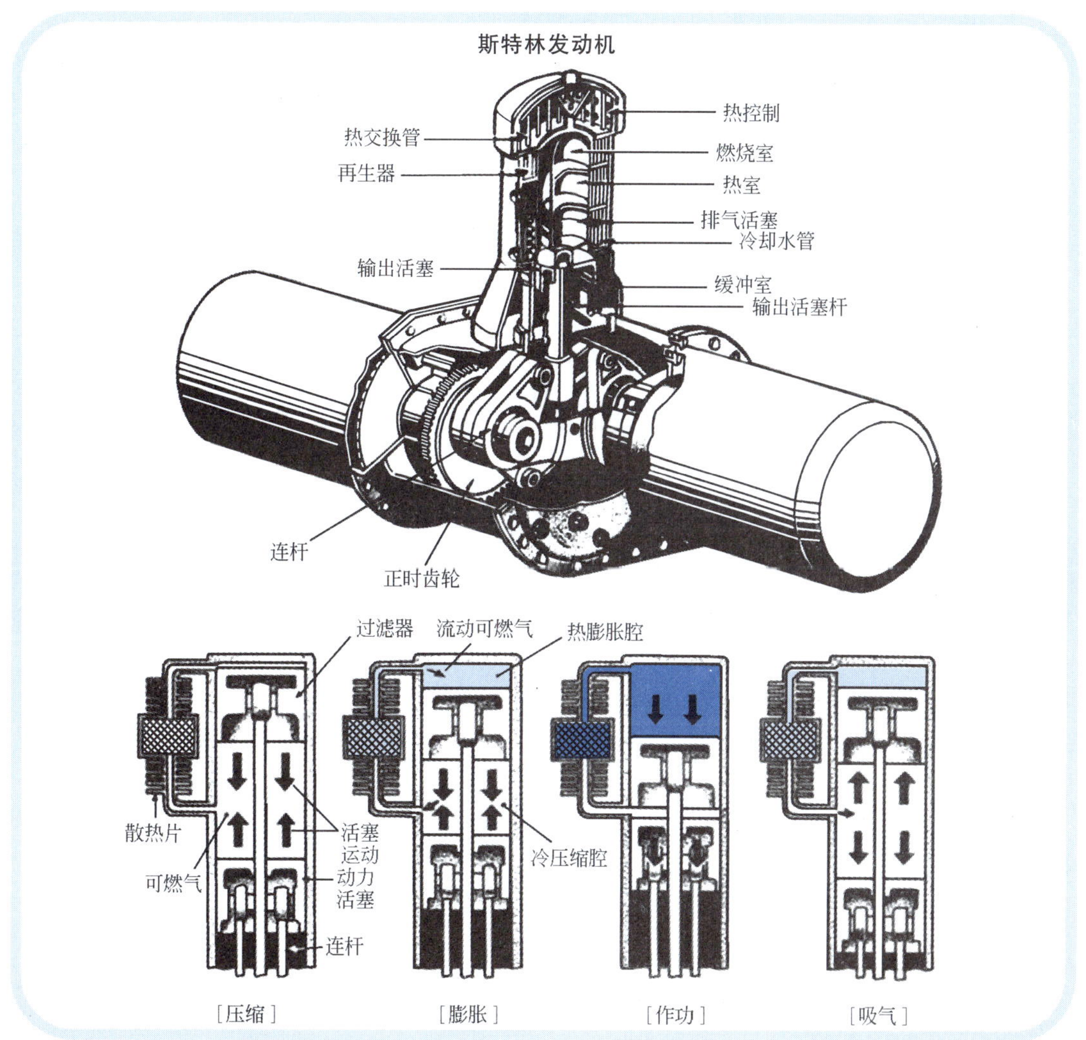

斯特林发动机的构造

苏格兰的牧师罗伯特·斯特林在1816年发明了斯特林发动机,并以此命名。这种发动机的工作原理是:不断地燃烧燃料,使氢(或氦)蒸发膨胀,以此作为驱动气体,驱动活塞运动,膨胀后的气体经过冷却气腔冷却后,再反复循环。它能使用多样不同的燃料,排气洁净,噪声、振动也比内燃机低,因此可以取代汽油发动机。但是,膨胀

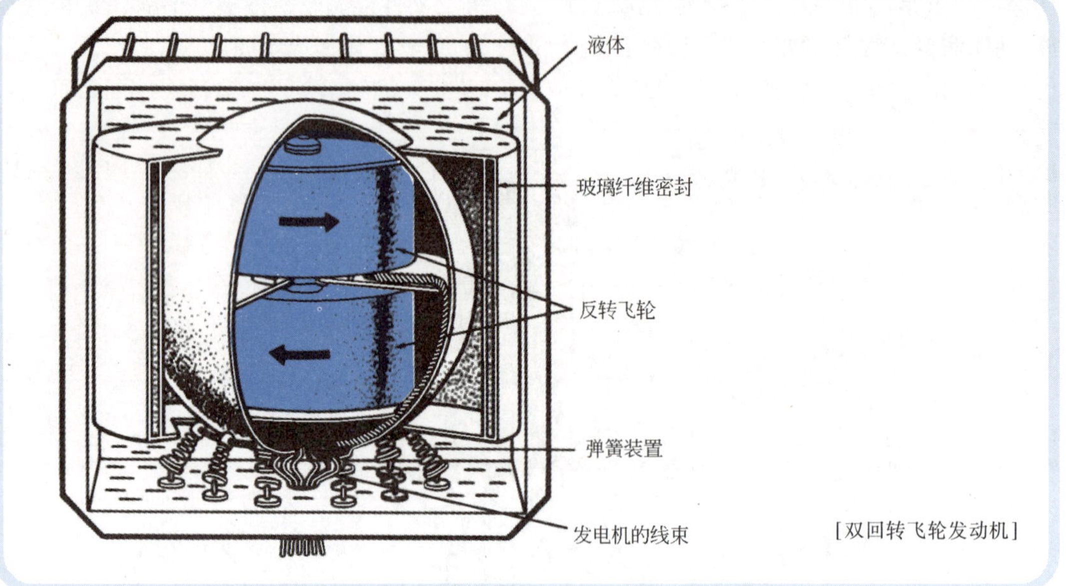

［双回转飞轮发动机］

室、压缩室、加热器、空调、再生器等成本高，并且具有相当于内燃机两三倍的热量损失，所以这种发动机在近期还不能大量使用。

由飞轮和蓄电池组合而成。飞轮和发电机通过齿轮连接两个发电机，一个发电机通过齿轮与飞轮连接，另一个通过皮带与驱动轮相连。一个电机从飞轮那得到动力使车轮回转，另一个电机吸收车辆减速时车体移动能量的一部分发电后返回给飞轮。

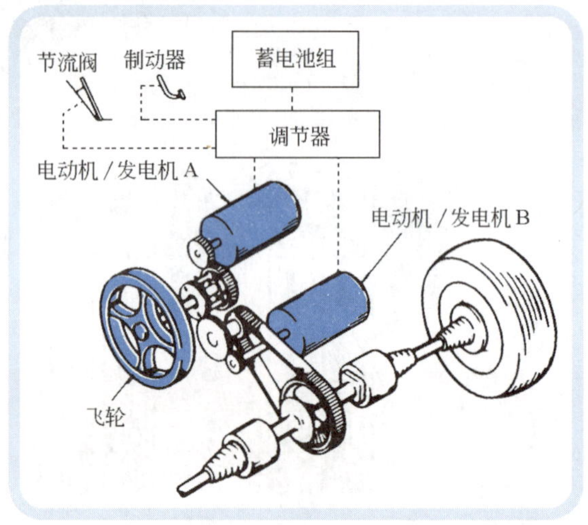

飞轮发动机的构造

飞轮电动发动机，这种发动机是用电动机等使具有一定体积的回转体高速回转（几万转／分），转动动能一点点地转变为动力，在车上不需燃料、电池等能量源，也没有大气污染。如用质量为 98kg、半径为 50cm，以 50000 r/min 回转的圆盘，就能行走相当于 50L 汽油驱动同类车辆行驶的距离。但是由于离心力与回转速度的 2 次方成正比，所以必须选择相当的材料，因此航空、航天技术的发展带来的高强度玻璃纤维等在此倍受关注。但随着时间的延续飞轮回转也会停下来，且飞轮汽车加速回转装置需要有程序来控制，所以只能在周边附近行驶,因此这种车辆还不能做私家车来使用。

这种高空太阳能无人驾驶飞机宽96.6m,全长27.6m,重量906kg,它在大气层上空利用太阳能电池可飞行一年左右的时间。太阳能电池安装在机翼上下两面和机翼上垂直的稳定板两侧，获得的电力可驱动11 kW的电动机,能在20000m左右的高空中以95~150km/h的速度飞行。它在夜间,可使用白天充储的电能,伸开折合式翼端飞行。这种飞机由NASA(美国)国家航空和航天局制造，现在它多用于拍摄农作物生长状况等方面。

太阳能汽车赛要求参赛汽车只用太阳

能电池作为电力源,在规定的距离内行驶时间最短。所以在有限的太阳能电池表面中,尽量使太阳能电池的方向朝向太阳的方向。若使空气阻力尽可能地小。不得不制成如图所示的形状。以后,太阳能电池性能提高的程度,所受空气阻力减小的程度是决定胜败的关键。

太阳能发动机的构造

因为完全利用无公害的太阳能,太阳能电动机是最理想的发动机之一。但是因它单位面积上产生的能量较小，所以就必须采用大面积的太阳能电池，且不论在夜间绝对不能使用,即便是雨天、多云天气情况下,也不能抱太大希望。但是由于近年来太阳能电池性能提高,使得在多云天气、夜间可使用白天储存的剩余电力,使其有了实用价值。即使在

白天也同时用太阳能和太阳能电池来充分提高电动机的驱动动力。此外,还有利用太阳能小艇横渡大洋的例子。相信太阳能汽车在晴天持续长、阳光充裕的地方会逐渐实用起来。

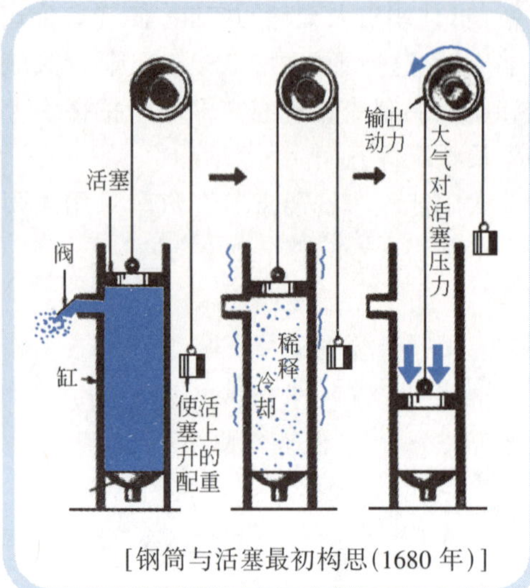

[钢筒与活塞最初构思(1680 年)]

最初的内燃机是法国克诺瓦鲁发明的。工作时可能还夹杂着锅炉爆炸的恐慌。当时的内燃机只是一个压缩比低的小功率低效率的气体发动机(1680 年)→

■首先从“外燃机”说起……

从利用人类自身运动到借助于畜力及水利等自然力量来搬运物资的时代里,蒸汽机的出现给能量运用带来了重大的改革,这就是“产业革命”。它是由 1781 年英国的吉姆斯·瓦特所确立的,以此在世界产业结构中奠立了机械动力的基础。

但这么说并不只限于瓦特发明了蒸汽机,在此之前已经制造了比这种蒸汽机强的,效率较高的各种蒸汽机。当时法国人尼古拉·约瑟夫·库诺制造的人类最早的汽车就已经使用了蒸汽发动机。那时是 1765 年,比瓦特的蒸汽机约早 10 年。

但是,那时的蒸汽机是把水加热成水蒸气,靠水蒸气的膨胀驱动活塞,并不是用煤燃烧直接驱动活塞,即用水作为介质。我们将这种使用外部燃烧的驱动方式的发动机的称为“外燃机”。

与此相反,现在的发动机燃料与氧气在其缸体的内部燃烧,用在高温、高压下产生的膨胀气体的膨胀力驱动活塞,这种发动机称为“内燃机”。

■缸筒、活塞的概念形成在何时

不论是外燃机还是内燃机其基本原理都是圆形的活塞在圆形筒中做往复运动。那么这种构思在何时形成?

对于这个问题的思考可追溯到瓦特蒸汽机出现 100 年前,这并不奇怪。有明确记载的是 1680 年有个名叫霍思斯的化学家提出的“火药发动机”,它也可以说是内燃机的一种。当时它是作为矿山排水和供气的动力源而被研制的,它不是直接利用火药的爆炸力,而是利用爆发后产生的高温气体顶出缸筒内的气体,并关闭阀门,之后因冷却缸筒内压力减少,在大气压的作用下使活塞被压回到初始位置。但这种方式产生动力循环的周期较长，所以并不是很好的。以后又出现了不少想用蒸汽代替火药的追随者，其中就有英国纽可门，他在1705年制作了蒸汽式大气压机，在瓦特制造蒸汽机前的几十年里在各地被广泛使用。

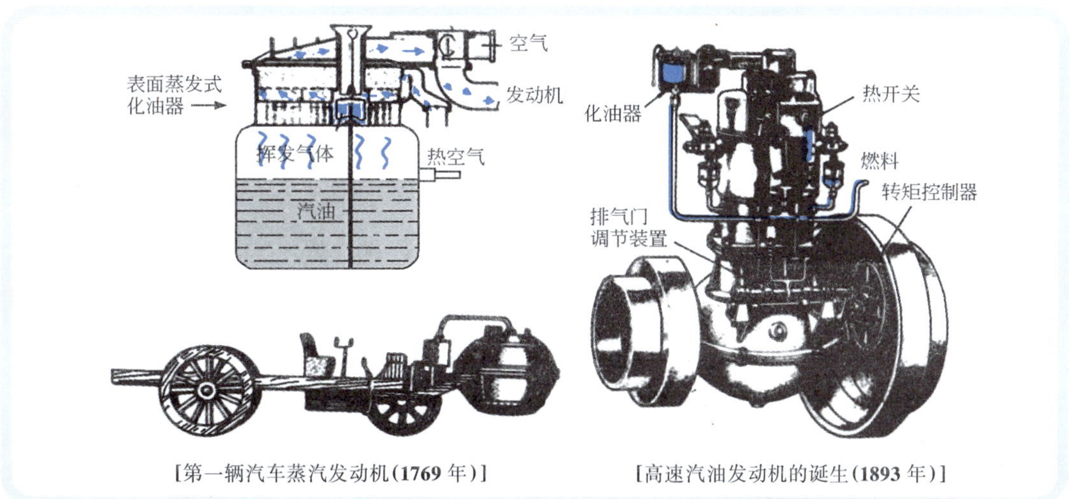

[第一辆汽车蒸汽发动机(1769年)]

[高速汽油发动机的诞生(1893年)]

■锅炉爆炸1万人死亡

瓦特设计的蒸汽机对此进行了改进，它不再是大气压式，而是用蒸汽直接驱动活塞，使效率大幅度提高。但是在世界较大范围内相继发生了蒸汽机爆炸事件。1862～1879年在英国发生上万件。1880～1919年在美国发生4000件。死者约1万人，受伤者达到了7000人，十分悲惨。

进而，装有蒸汽发动机的汽车与铁路和马车展开了激烈的竞争，从而迎来了汽车发展的全盛时期。但与此同时带来了许多问题，如锅炉的水箱占地空间大、难于操纵、启动费时、焦炭燃烧产生黑烟且满路排放，所以迫切希望有一种更安全、更简洁的发动机。为此内燃机的诞生带来了新希望。

■爆炸恐慌的余音

法国卢诺瓦鲁制造的世界最早的实用内燃机，虽说效率低，但并没有因蒸汽机时代的锅炉爆炸事件而终止。它是一种低压缩比的2冲程式发动机，通过活塞的上下移动开、关缸体上的气孔。

到了1876年，德国的奥托对几乎所有冲程的发动机进行实验。最后研制成功了4冲程式发动机。故4冲程发动机又称奥托循环发动机。到了1881年，英国的杜格尔德・克拉克推出了二冲程实用发动机。故2冲程发动机也叫克拉克发动机。最早2冲程发动机的扫气活塞需另外安置，现在使用的曲柄室压缩型2冲程发动机是在1891年由英国人完成的。

■近代高速发动机从汽油开始

奥托也好，克拉克也好，从冲程设计上无可挑剔。但共同难以解决问题是在气体燃料的传递、气体管道配置等系统上需要较大的气体发生器。只有卢诺瓦鲁尝试使用汽油作为燃料，但使用效率差，表面压油器效率很低。

戴姆勒最初使用的表面吹雾式汽化装置现已成为4冲程发动机的基础，被广泛采用。将当时最高水平的2000 r/min提高到8000 r/min，标志着近代小型高速大功率发动机的雏形初现。

4冲程发动机

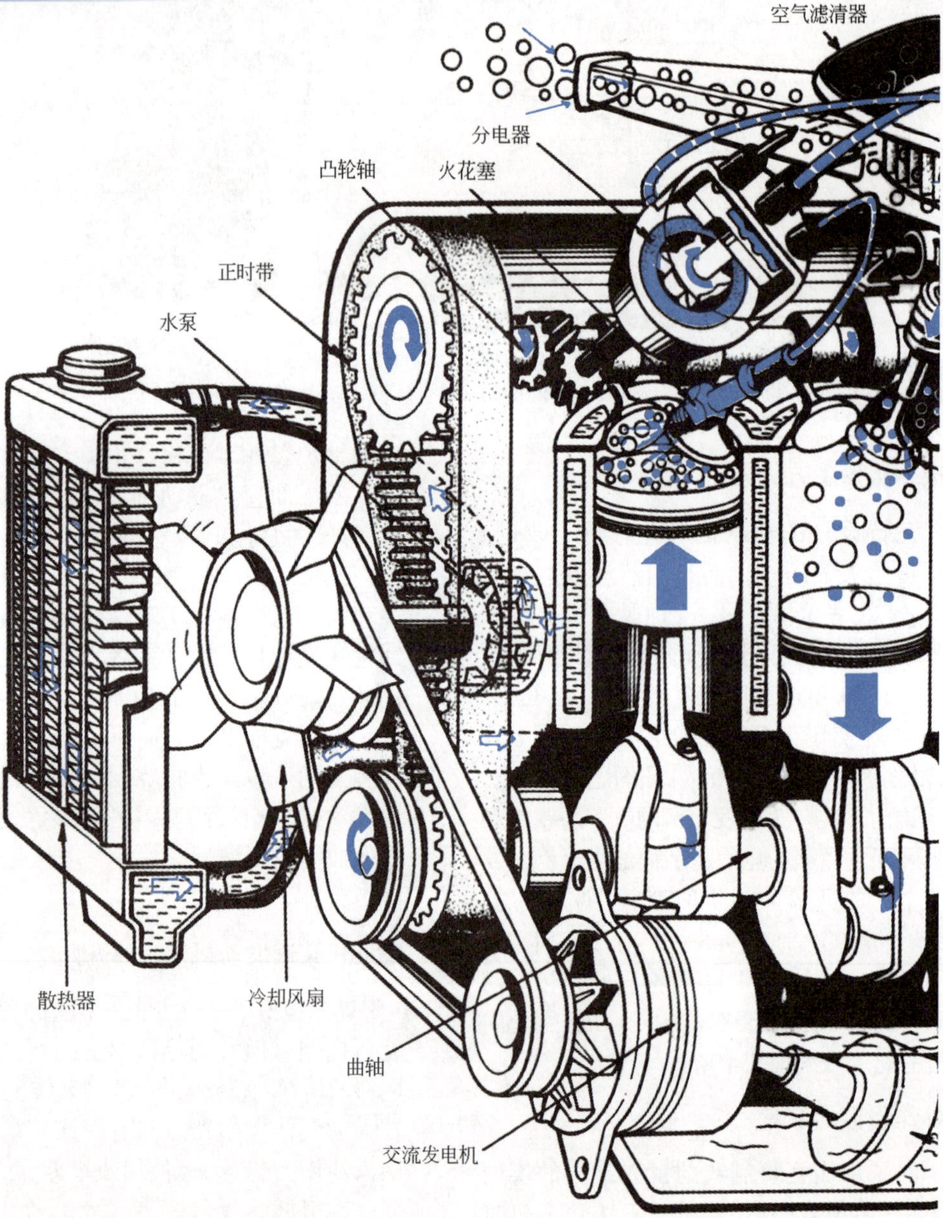

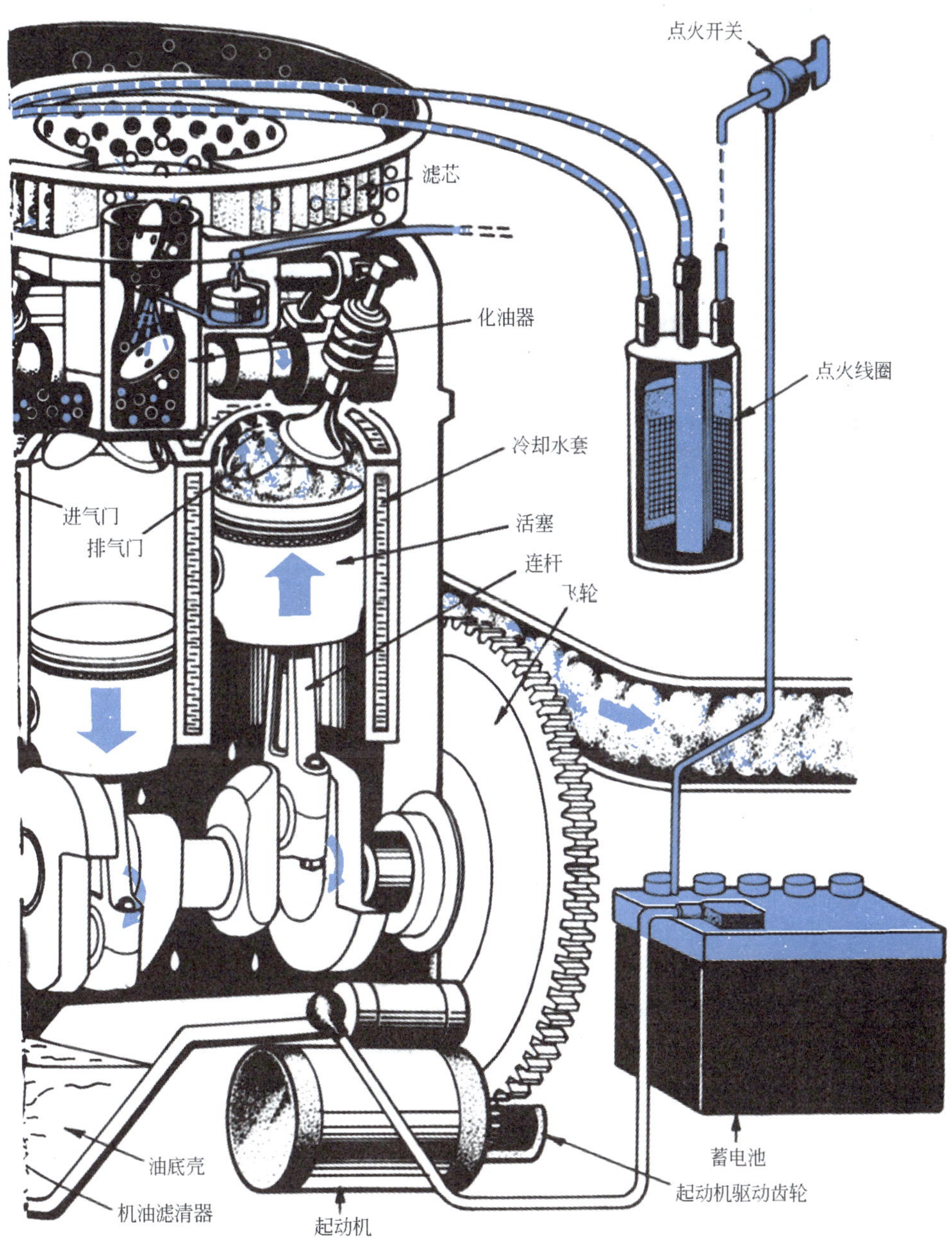
点火开关
滤芯
化油器
点火线圈
冷却水套
进气门
排气门
活塞
连杆
飞轮
油底壳
机油滤清器
起动机
蓄电池
起动机驱动齿轮

4冲程发动机的构造与工作原理

狭小容器产生大动力汽油发动机工作原理

汽油是一种易燃的液体，将其放在器皿中点燃并不能产生驱动汽车的动力。可是如将其与空气一起压入密闭容器里后，点火后就会产生巨大的膨胀力，这就是汽油发动机应用的原理。

在器皿上燃烧的汽油，虽能产生相当高的热能，但却排放在空气中。

在密闭容器中燃烧对活塞有相当强的作用力。

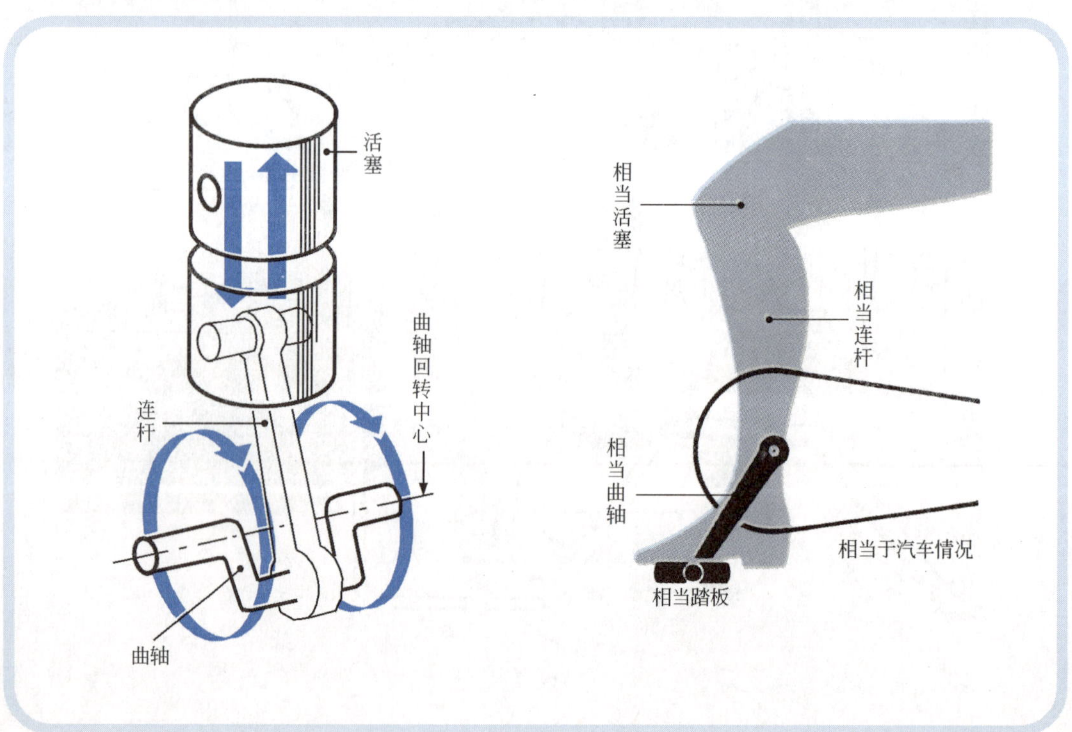

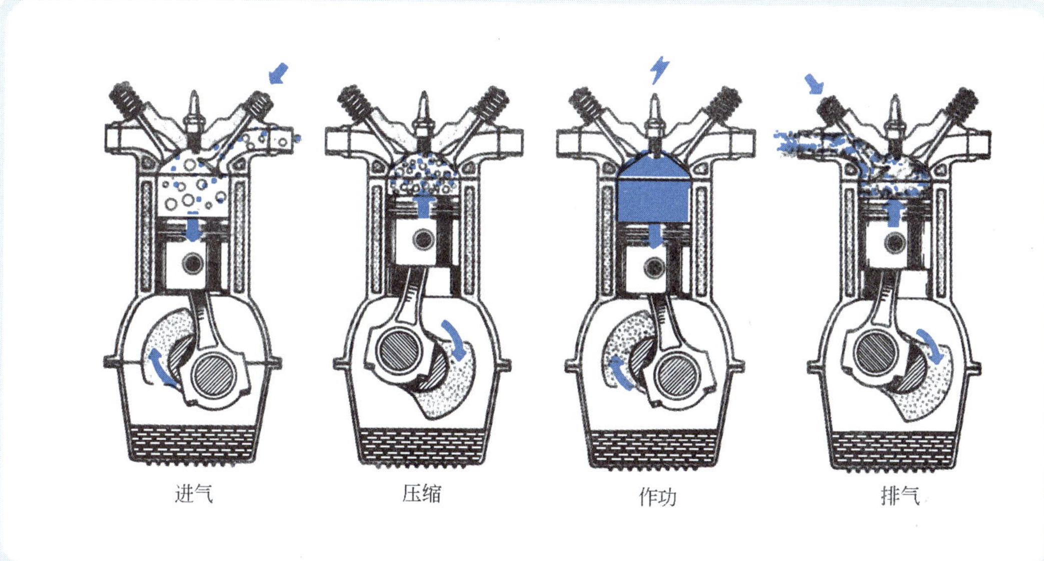

连杆与曲轴的运动将活塞的直线运动转变为回转运动，汽车的运动近似于人脚蹬踏板的运动。

活塞式发动机之王，4 冲程发动机的工作原理

将汽油与空气混合，压入狭窄的容器中后，点火燃烧爆炸而膨胀作功，对活塞产生作用力，并转换成回转运动，这就是活塞(往复)式发动机的工作原理。

现在主要介绍 4 冲程发动机，当然，后面所述的柴油机、2 冲程发动机也是活塞式发动机，它们与回转式转子发动机在工作原理和类型上有所区别。

4 冲程发动机如图所示，因工作时“进气”、“压缩”、“作功”、“排气”四个冲程反复循环而得名。在一个循环周期中，活塞上下运动两次，作功一次，以这种工作原理工作的蒸汽机已有 200 年历史，现已成为主流汽车发动机。下面介绍各个冲程工作状况。

进气冲程：进气门打开，活塞下降使缸筒内产生真空（比大气压力低的压力）。吸入汽油与空气的混合气，此为进气冲程。

压缩冲程：下降到底的活塞在曲轴的作用下上升，混合气体被压缩，直到压缩为原体积的 1/8～1/4。此时进气门处于关闭状态。

作功冲程：当活塞达到上限时，火花塞在电流作用下打火，点燃混合气体(正常燃烧)，产生的膨胀力将活塞压下。

排气冲程：因燃烧而下降的活塞重新开始上升，此时排气阀打开，燃烧的废气排到气缸外，从而完成 4 个冲程。之后再重复进气冲程。

[注]以上是最基本的工作原理，产生进气混合气的化油器和气门驱动及电子点火系统略。它们的结构和工作原理请参照后面所述的各项内容。

冲程速度

由上述 4 冲程发动机可知，活塞以多大的速度进行往复运动发动机才起作用呢？一般的汽车，发动机转速 50～7000 r/min，如取 3600r/min，即 1 秒转 60 转的高速。则活塞 1 秒钟做 60 次往复运动。

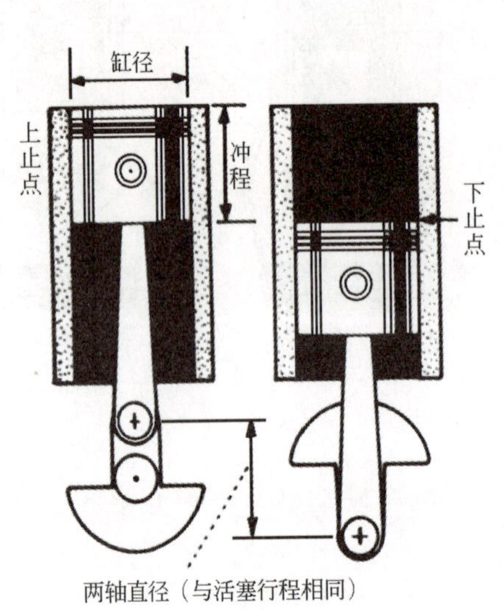

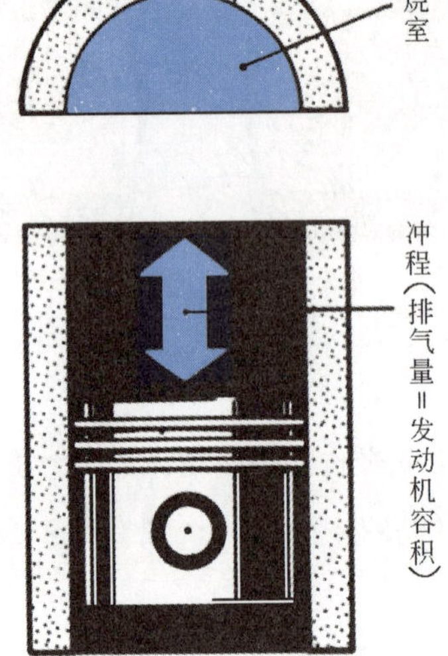

（总排气量＝活塞面积×冲程×气缸数）

而活塞在上止点和下止点的速度为零，可见活塞反复进行着巨烈的加减速运动。

缸径×冲程为气缸容积(cc)

气缸的直径称为缸径，其与活塞工作冲程的乘积表示发动机的排气量(mL)。

所谓活塞的工作冲程是活塞上下运动达到极限时即活塞在上止点和下止点的距离。此时，不论活塞在哪个位置，其速度都为零。

上图是 1 缸的工作情况，一般来说无论是 500mL 还是 2000mL 排量的发动机，其缸数只有 2 缸、4 缸或 6 缸。但是因为气缸为圆筒状，计算的数值不能得出整数，正确的应是 498mL 或 987mL 等非 10 的倍数。

还有活塞工作时的体积，因吸进和排出气体量相同，所以它与燃烧室容量无关。

与缸径相比，冲程长的称长行程发动机，现在已较少使用。与缸径相比冲程短的称短冲程发动机。它有利于提高发动机的转数，增加输出力和汽车加速度。介于长、短冲程之间的，即缸径与冲程相等的称为等径程发动机。

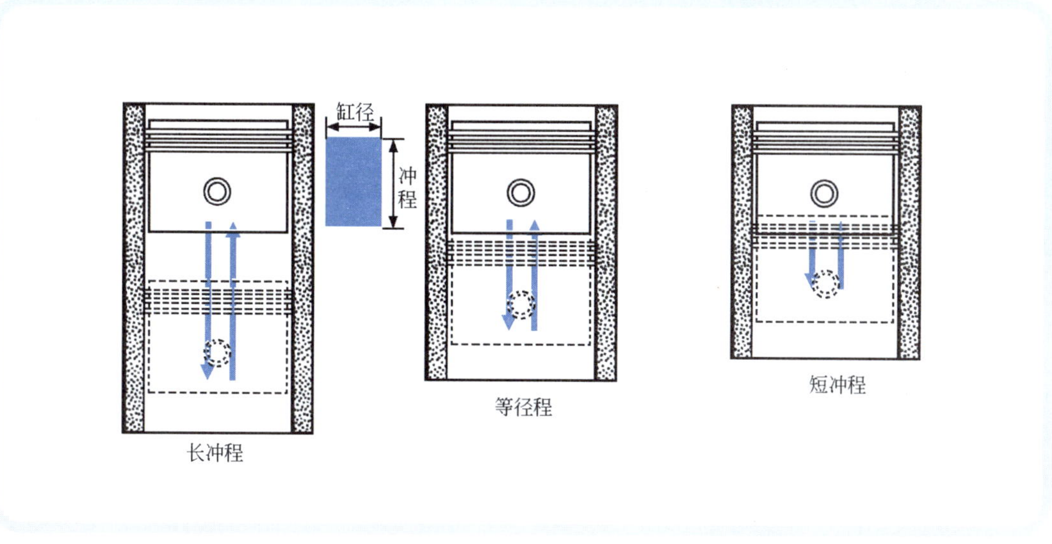

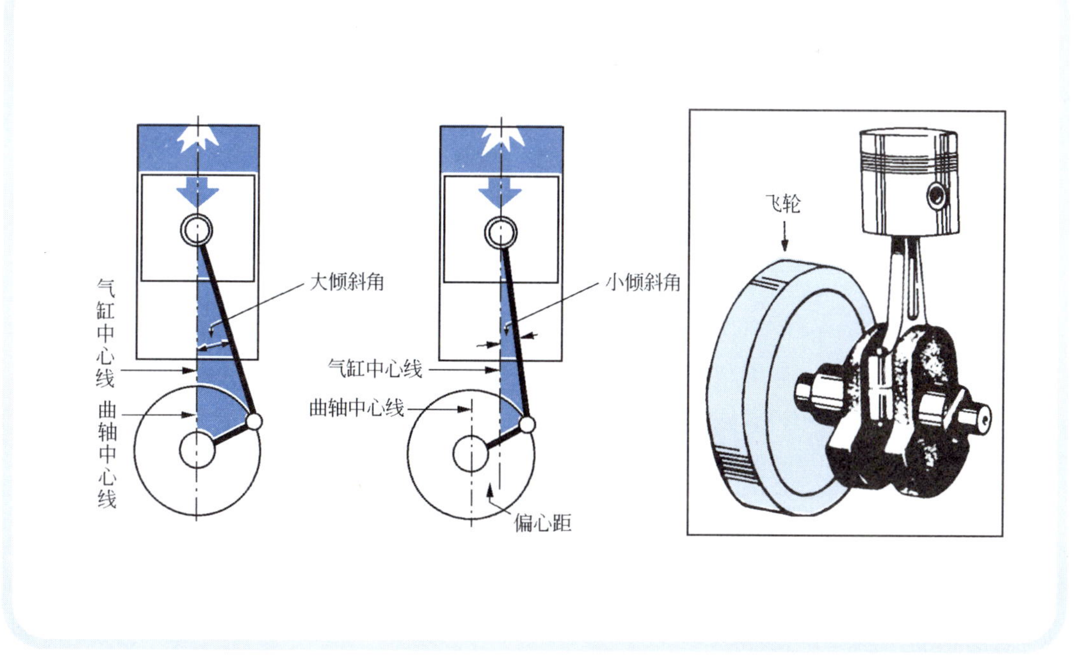

看不见偏心距的气缸

活塞下降时，连杆的运动对气缸壁产生一个侧压力，如果侧压力较大，就会加剧气缸与活塞间的磨损，降低输出功率。因此气缸中心线与曲轴中心线相错开数毫米，就会使连杆的倾斜角减小，减弱侧压力，这叫偏心距气缸（用肉眼看不见的）。

储存转动惯量的飞轮

活塞在进气、压缩、排气冲程中会受到很大的阻力，如将作功冲程中的多余能量由飞轮储存下来，在上述冲程时释放就会使发动机的运动顺畅。飞轮及与外周齿圈相连接的起动电机使发动机起动，利用大面积圆盘通过离合器传递动力。

多气缸曲轴形状复杂

虽然有飞轮，但完全平衡活塞往复运动的惯性力也非常困难的。一般气缸数量越多，越容易平衡，尽管如此，也不可能完全消除振动。

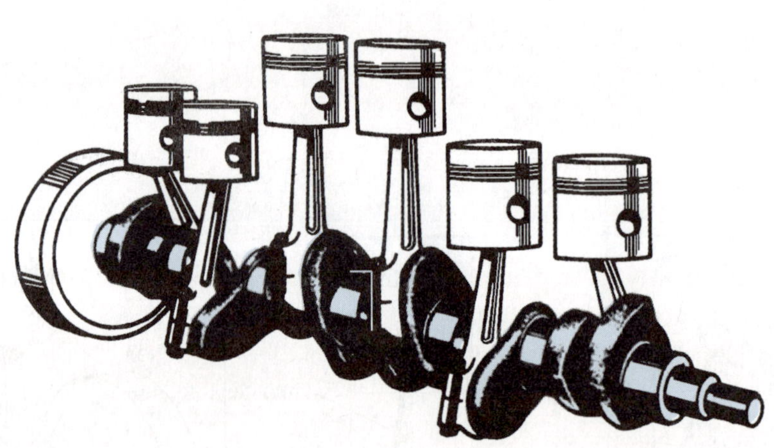

（多气缸回转平滑　但曲柄角度复杂）

气缸

发动机主体“气缸”

气缸是发动机的主体，它一般包括带有活塞的气缸体，带有燃烧室和气门机构的缸盖，及位于下部的带有润滑油槽的油底壳。

缸体和缸盖用铸铁制或铝合金制造，有多个气缸时，气缸排成一列。

气缸体与气缸盖上设有通入冷却水的冷却水套，(空冷发动机用外部的散热片代替)，防止因活塞过热而磨损。

缸体与缸盖用螺栓连接，为防止接合面的气体泄漏，在它们之间加气缸垫。

●气缸垫

为了能够耐高温、高压，气缸

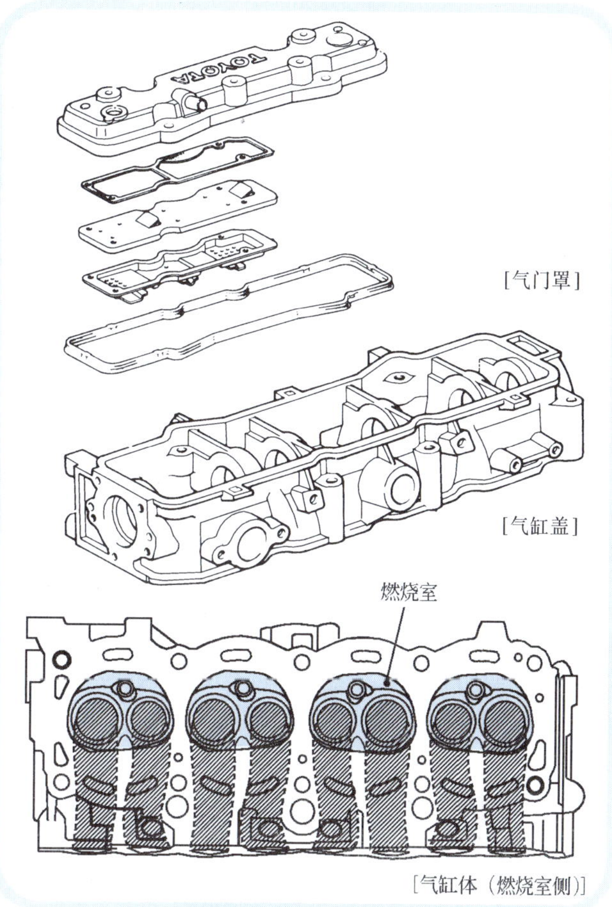

[气门罩]

[气缸盖]

[气缸体（燃烧室侧）]

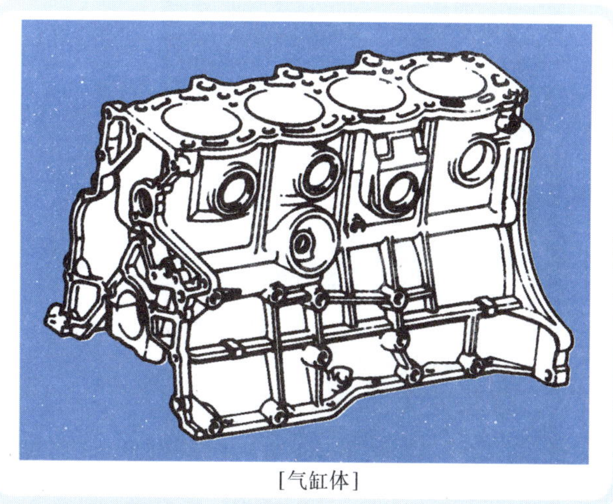

[气缸体]

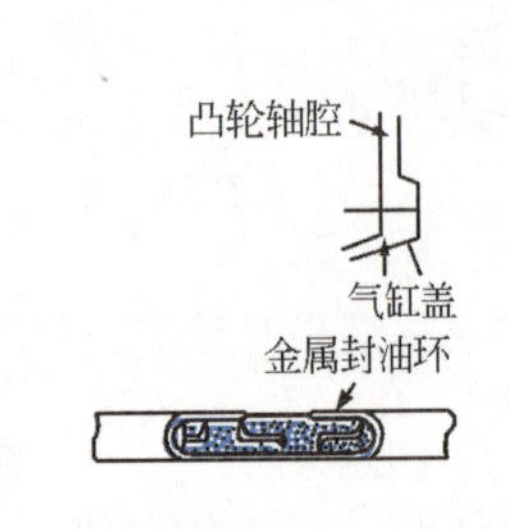

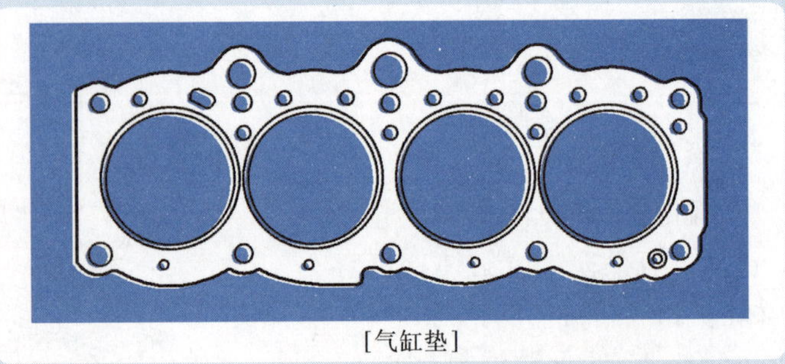
[气缸垫]

垫一般用石棉和铜质材料制成，而在密封燃烧室时，将金属封油环嵌入铸铁环槽中。

发动机上部是缸盖和燃烧室，其周围是冷却水循环水路，即水套通往进气门、排气门的水孔。设置较为复杂。其中还有连通气门的气体通路，如进气歧管（进气孔），排气歧管（排气孔）、安装火花塞孔及润滑油路等。

气缸如用轻质铝合金材料，相对活塞而言，气缸壁内表面耐磨性较低。所以常嵌入铸铁缸套。也有的气缸不用嵌入缸套，而在缸体内镀铬等。

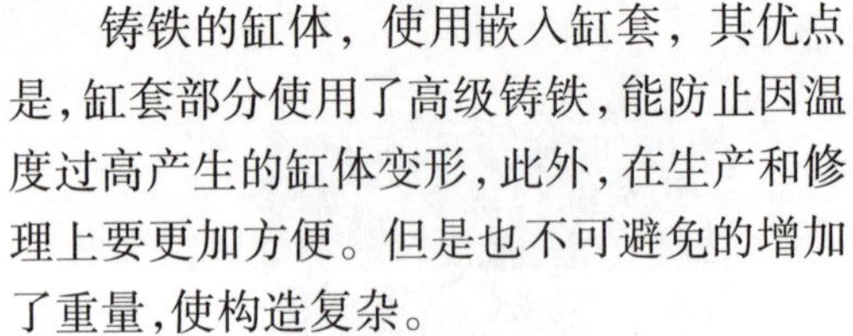
铸铁的缸体，使用嵌入缸套，其优点是，缸套部分使用了高级铸铁，能防止因温度过高产生的缸体变形，此外，在生产和修理上要更加方便。但是也不可避免的增加了重量，使构造复杂。

缸套在铸造时，采用高速旋转，用离心力增加材质的均匀度的离心铸造法。在壁上用多孔铬可较好地保持润滑油。缸套厚度一般为 1 ~ 3mm，压入时可用液体空气（液态二氧化碳）冷却，用很小的力就可以嵌入。缸套的种类有外侧直接接触冷却水的湿式及不接触冷却水的干式。

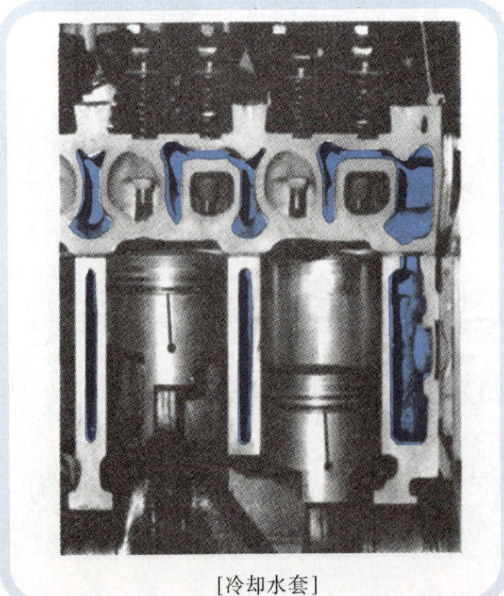
[冷却水套]

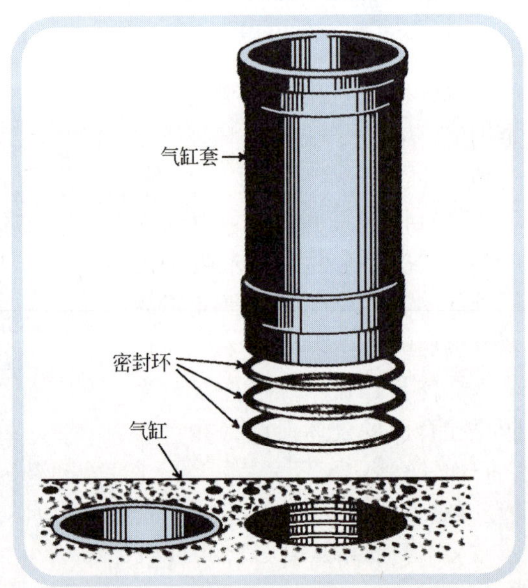

燃烧室

动力之源——燃烧室

燃烧室在发动机的顶部，在那里可使密封在其中的可燃气与空气（严格说是空气中所含的氧气）瞬时燃烧，产生的膨胀力作用在活塞上，进而推动车轮旋转。汽车的动力源就是从燃烧室里产生的。可是单纯的燃烧并不能满足高效率、实用、安全、无公害等条件。所以作为整体不能忽略燃烧室本身的形状和燃烧室周围的结构对其性能优劣的影响。下面就举几个具有代表性的燃烧室。

半球形燃烧室：热效率最高。因火花塞的位置处于燃烧室的顶部，火花塞传递路径短，抑制了爆震（后述）且积炭少。气门的倾斜角原来流行的是90°角，近年来出现了多种形式小角度的燃烧室。

多球形燃烧室：比半球形的要复杂，进、排气门大小相同，在一条线上形成了两个球形的形式。

屋背型燃烧室：为使燃烧室容积急剧收缩，设计为“屋脊”的形状。如图所示，为使活塞头部不与气门接触，设计一个凹槽，在活塞上部设计成突起状，减少燃烧室容积，有利产生强涡流。

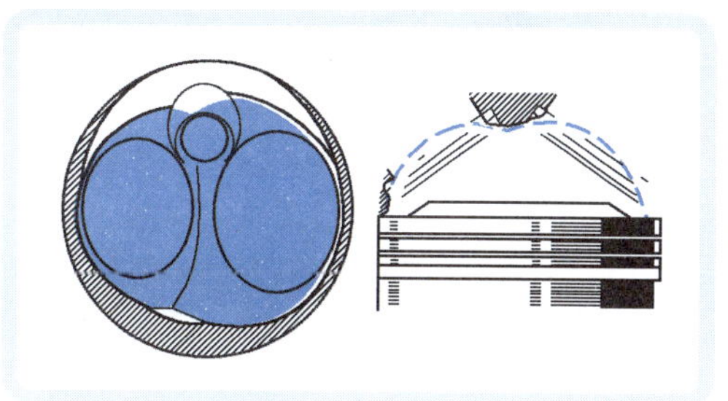

楔子型燃烧室：从侧面看横断面为楔型，大多采用气门排成一列的形式，这样压缩时易产生涡流，冷却区较大，有利于抑制爆震。适用于高压缩。

浴盆型燃烧室：因与西方浴盆相似而得名。为防止进气温度上升，使残余的气体能向侧面溢出，它是介于半球型和楔型之间的类型。

另外也有楔型的浴盆型，即压缩比较高的“斜浴盆型”。

为使燃料与空气能在燃烧室内充分燃烧，常采用涡流与挤气的方法。涡流是流入气体产生旋涡，也可以称为诱导紊流，在进气管弯曲部分等处，让进气阶段的混合气体产生旋涡，使燃料与空气能充分的混合。

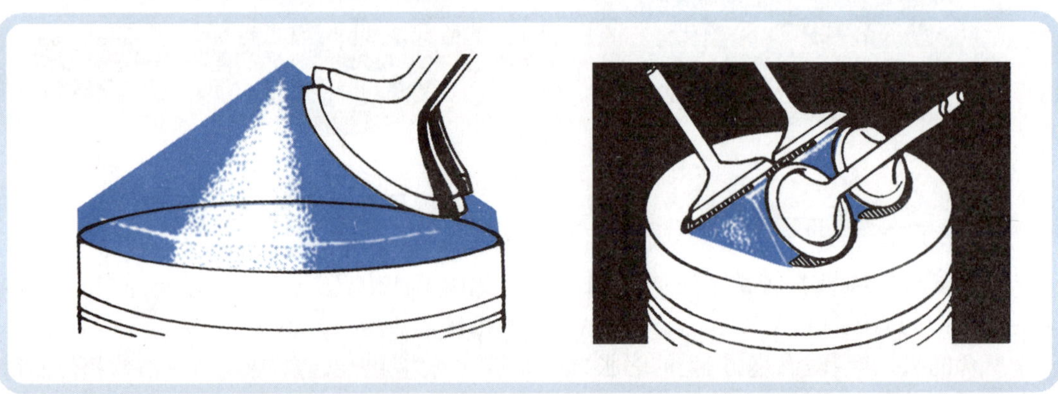

新锥型(喇叭型)燃烧室应用在本田 城市轿车上,使用压缩比达到 10 的无铅汽油。火焰传播最短距离很长,可达到上、下底面及周围垂直部位,即使是用高压缩比的燃料也不发生爆震,它为 66.0×90.0 的超长冲程。

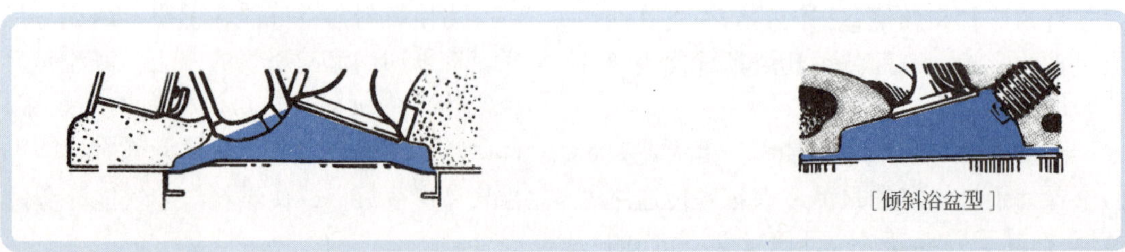

[倾斜浴盆型]

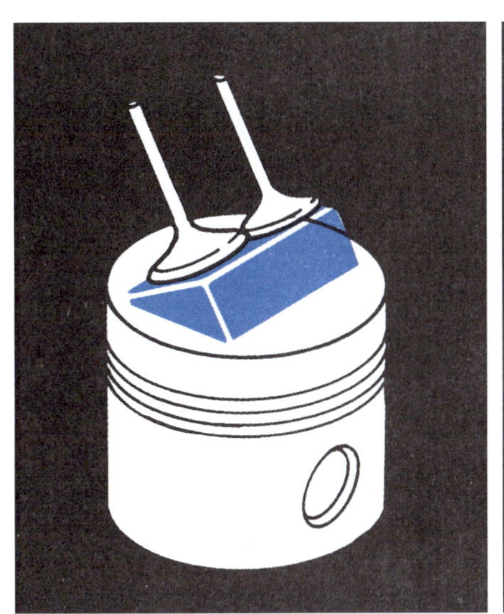

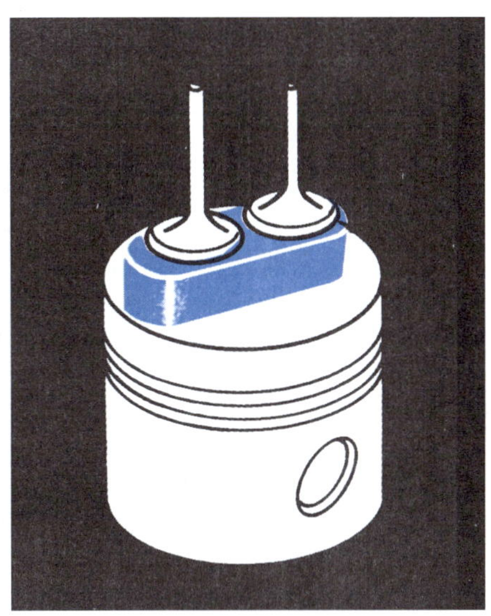

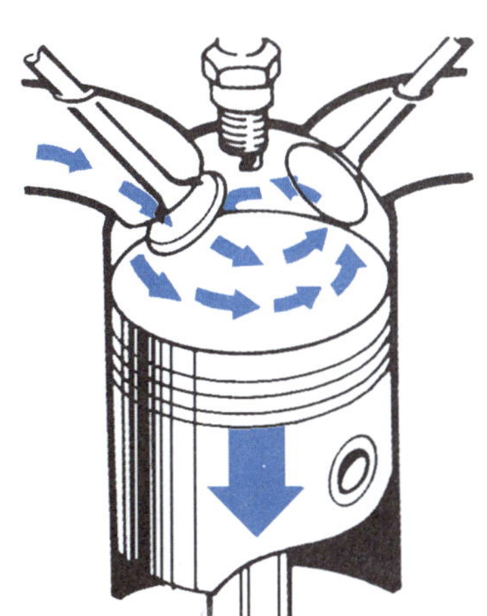

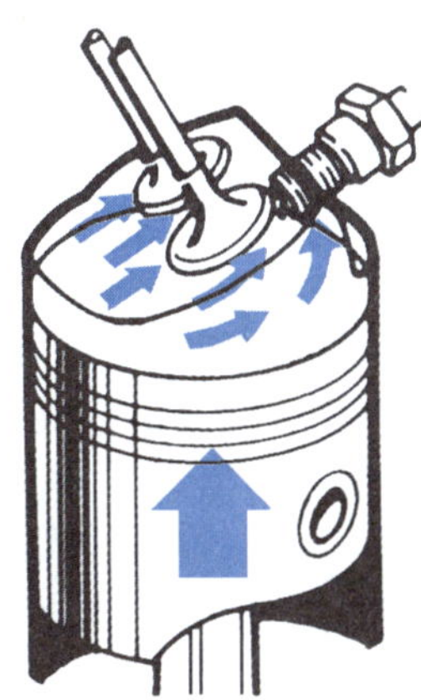

[涡流与挤气使燃烧室内产生“涡”]

挤气是推压产生的旋涡，也称为压缩紊流。在活塞在向上压缩时，混合气体按燃烧室的形状被压缩，同时产生的旋涡。它的目的是使燃料与空气充分混合。

除此之外，在燃烧室内必须更快地吸入更多的空气。所以与排气门相比，进气门的直径要大，并采用冲程短的活塞，达到高速往复运动的效果。为使气体的进、排气速度提高，加大气门直径。但因气门直径是圆形的，所以也有一定限度，相对而言4气门的性能最优。

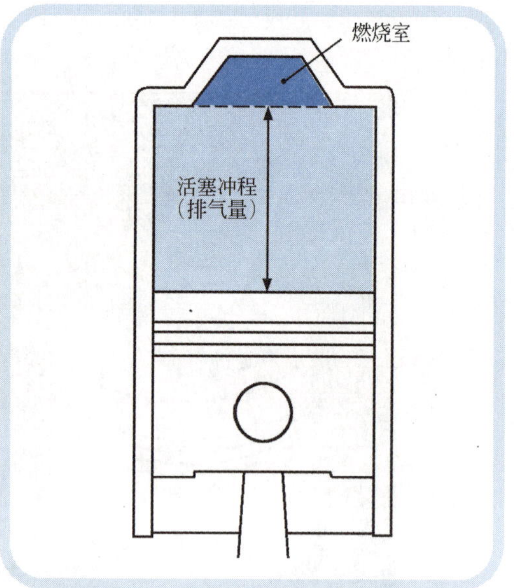

独立燃烧室

燃烧室是活塞在上止点位置时，气缸盖与活塞顶端形成的空间，活塞下降到下止点位置时的容积称气缸容积，它包含燃烧室容积。所以气缸容积减去燃烧室容积就是活塞的排气量。发动机的排气量用毫升(mL)表示。如果是多缸发动机的话，它乘以气缸数就等于实际发动机的排气量。

综上所述，虽然活塞反复进行着往复运动，但燃烧室的容积不变，从这种意义上说，在气缸内燃烧室是独立的，但是，活塞达到下止点时会有以下的关系，进入混合气的容积与排气量相同，它在接下来的压缩冲程中将气体压入燃烧室中。而燃烧室的容积和形状，也是影响发动机性能的重要因素，它们也能反映出那一时代发动机的性能。

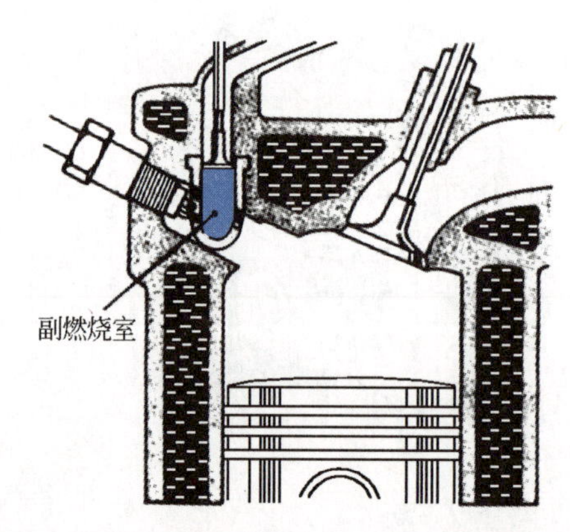

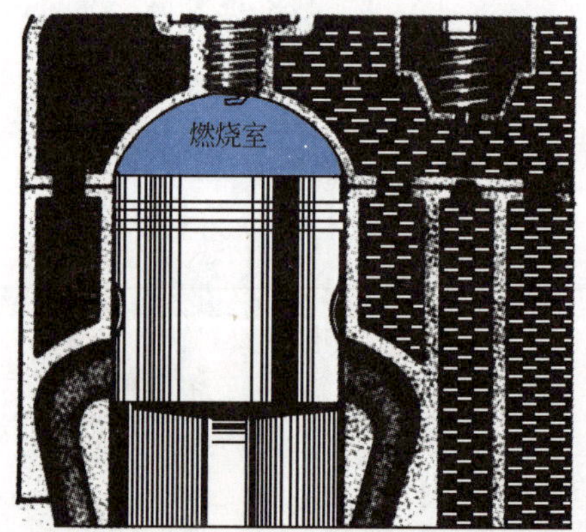

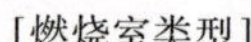
[燃烧室类型]

副燃烧室：过去仅柴油机的燃烧室的上部有一个小的燃烧室，近年来部分汽油发动机也设计成这种结构。这是为了更好的防止大气污染，净化尾气，而在主燃烧室中燃烧稀薄的混合气体的同时，向副燃烧室中输入较浓的混合气体，作为稳定的“火种”，为了控制火焰大小，在副燃烧室中设有阀门。

柴油发动机燃烧室：其原理是向高压空气中喷入燃料，使其自然点火。它带有副燃烧室，且活塞顶部为凹形，使喷入燃料时产生更多旋涡。

2 冲程发动机燃烧室：它几乎都是半圆球形，与 4 冲程发动机不同，没有带有气门且压缩比较低。为了使混合气在燃烧室中逆转，一般设计成火花塞突出的半圆球形。

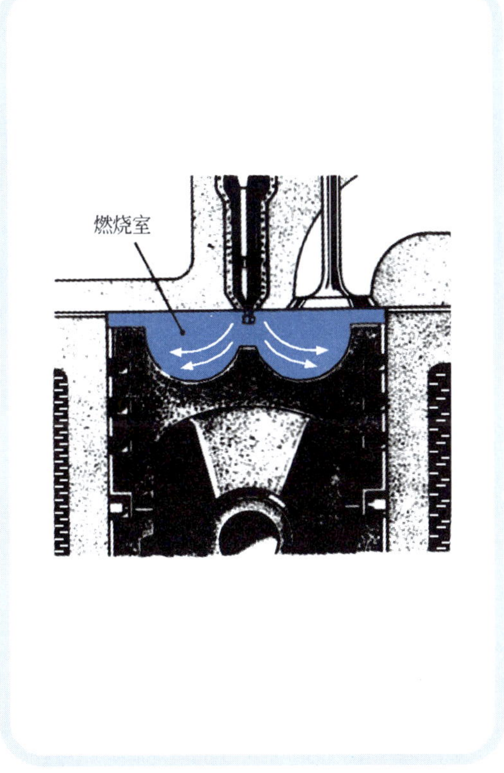

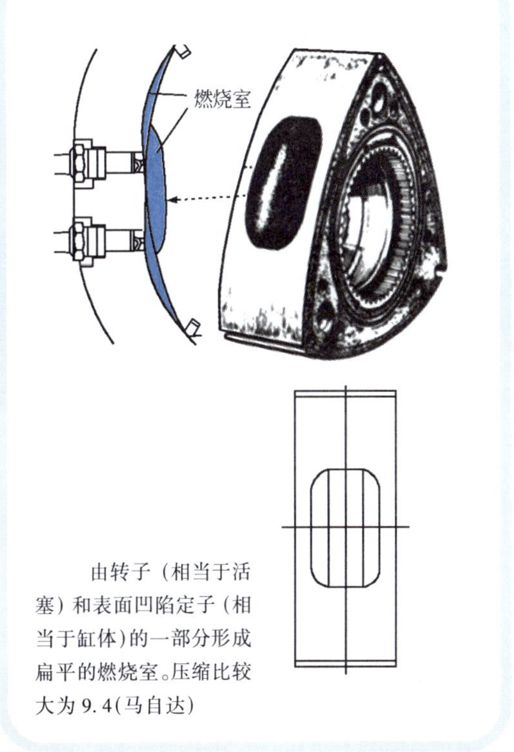

由转子（相当于活塞）和表面凹陷定子（相当于缸体）的一部分形成扁平的燃烧室。压缩比较大为 9.4(马自达)

压缩比越大……输出转矩越大

汽油发动机的工作原理是吸入汽油与空气的混合气（可燃气）到缸体内，活塞上升时燃烧室内可燃气被压缩，通过火花塞点火产生爆燃。所以压缩比越大，输出转矩越大。

为此尽可能大的提高混合气压缩比，

当然也有限度，其被压缩的比例称压缩比。

压缩比如右图所示，用缸体的容积 V_1+V_2 与燃烧室容积 V_2 的比值表示，即 $(V_1+V_2)/V_2$。在说明书上一般写成 9.0 或 9∶1。也就是说被压缩后气体的容积为进入混合气的 1/9。现在轿车混合气的压缩比在 7.5～9.0 之间。

空燃比为

质量比 15∶1

体积比 8500∶1

汽油是碳水化合物，它在高温时分解，与空气中的氧气反应，化学方程式为 $C+O_2 \rightarrow CO_2$（二氧化碳），$2H+1/2O_2 \rightarrow H_2O$（水蒸气），可见在生成水蒸气与二氧化碳的过程中要放出大量的热量。这就是燃烧，反应剧烈时就发生爆炸。

在空气不足时，则 $C+1/2O_2 \rightarrow CO$（一氧化碳），这样发生不完全燃烧，就要在发生变化过程中产生一氧化碳和 HC（碳氢化合物）。燃烧温度越高，混合空燃比越接近理想时，就能生成 NO_X（NO 或 NO_2，氮氢化合物）。所说的空燃比是汽油完全燃烧时汽油与空气的比率，一般汽油为 1，空气的相对质量为 15（体积约 8500）。根据汽车行驶状态其值也会有相应变化。

●提高压缩比的方法

因为高压缩时需要较大的力，所以压缩比越高，输出力越大，膨胀力做功也就能产生较大的推力。

汽车比赛时，发动机需要改进性能之一就是增加压缩比，提高输出力，其方法有将气缸盖与缸体之间的气缸垫换成厚度薄的，或将气缸盖磨削，或使活塞鼓起等。无论哪一种，都是通过减小燃烧室来提高压缩比。这样做当然容易引起爆震，所以要有一个限定值。

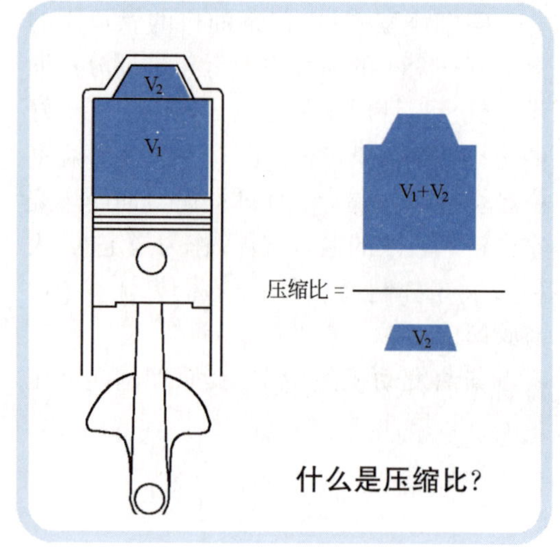

什么是压缩比？

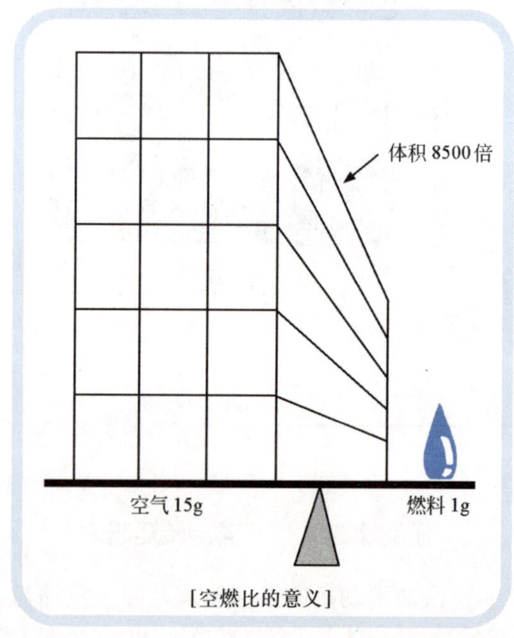

[空燃比的意义]

在燃烧室中的异常燃烧——爆震(爆炸)是怎么引起的

在燃烧室内的混合气有时也发生异常燃烧，这是由于燃烧室过热的壁面引起的剧烈燃烧。这种现象不但能产生不良的振动和噪声，也使燃料消耗状况恶劣并且发动机的寿命也受影响。这种现象叫爆震或叫爆炸。

下面详细说明爆震的现象。如左图所示，表示正常燃烧的过程。从上图开始依次从由火花塞点火开始，到火焰正常燃烧，至最终的气体(尾气)平稳的燃烧过程。这属丁正常燃烧。

与此相对右图表示的就是异常燃烧情况，没有等到燃烧尾气就自然点火了。这样就引起了异常的压力波，“咣咣”地发出了尖锐的金属声，严重者会发生活塞破损或损坏。

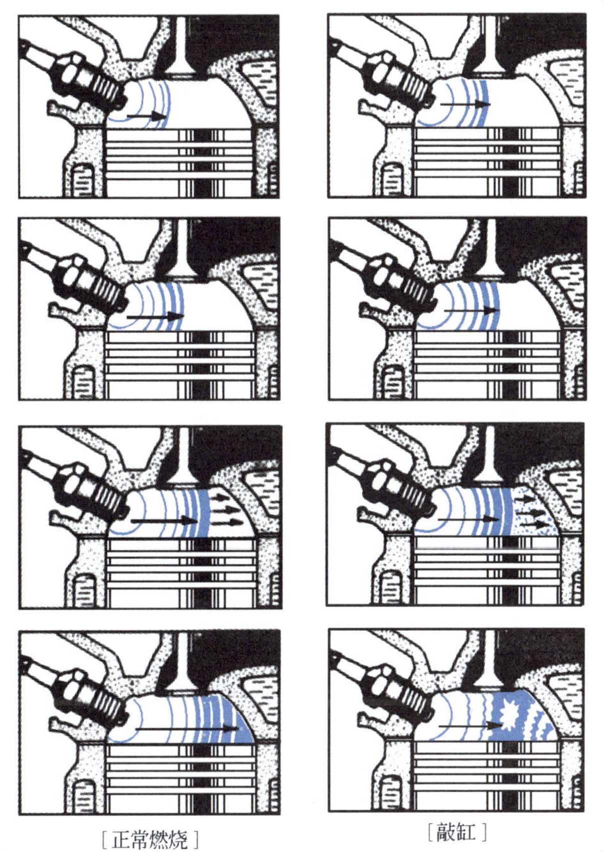

[正常燃烧]　[敲缸]

在火花塞点火前点火早期点火

早燃是指在火花塞点火前因某种原因产生自燃的现象。在压缩冲程结束时由于火花塞电极部分、绝缘部分或堆积物、排气门等过热的表面残热点火燃烧，之后火花塞也点火。这样使气缸壁温度急剧上升，输出力急剧降低;转速不稳。严重时造成不回转或连杆损坏。还有可能即使关闭了点火开关，发动机仍继续回转(汽车发动机因自然点火继续发动)现象。

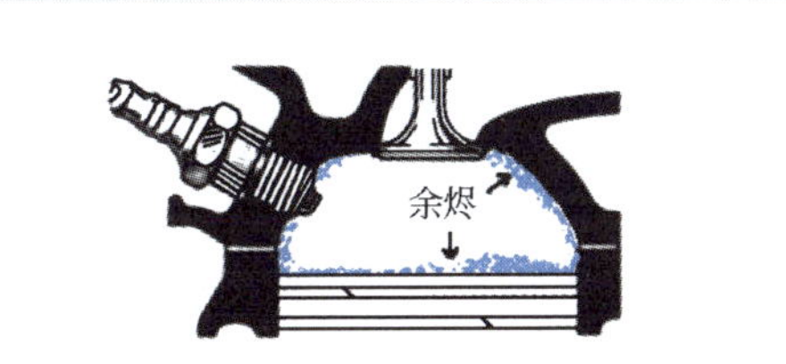

汽油是如何提炼的?

石油是由大量几万年前在海中浮游的生物的残骸堆积而成的。驱动汽油发动机的汽油,驱动柴油机的柴油,驱动燃气轮机的煤油等都是由石油提炼而成。那么这里就着重介绍汽油是如何被提炼的?

从地下或海底抽上的石油一般称为原油,它的杂质很多,不能用作精密发动机的燃料。用其他类型的燃料,也不能高效地驱动发动机。

原油是一种含有从可燃气到固体石蜡数千种物质的混合物,但所含的是大多是碳氢化合物及少量的杂质。对原油进行处理,就能精制出各种产品,即炼油。在石油联合企业中这些炼油厂里林立着许多粗圆仓筒和与之相连的无数条管道。

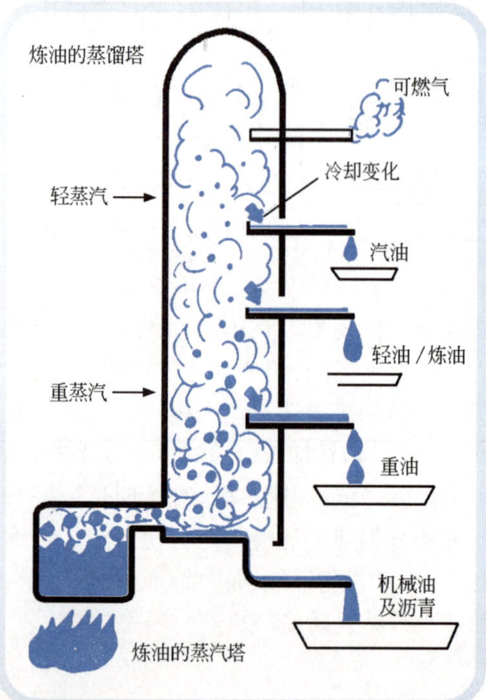

炼油的最基本方法是蒸馏,是将石油送到粗圆筒中,在圆筒侧面的导管中进行分离。

表示该方法的简图如左下图所示。首先,用锅炉将石油烧沸蒸发。然后将其蒸汽从粗大的蒸馏塔圆筒的下部输入。

这样,因为较轻蒸汽上升到塔的上部,此时越轻的气体越向上,越重的蒸汽越留在下部,开始简单的分离。

接着使这些蒸汽冷却液化后下降。在塔内各部位,从上至下安置接盘,各液体就能通过与接盘相连的导管分别流到不同的油槽中。这样就把不同的燃料分离开了。

其分类如图所示,汽油从最高位置流出,轻油从较低的位置流出,重油在更低的位置流出来。

最简单的方法是蒸馏法,它是利用各自的沸点不同而采用不同的容器进行分离,最先分离出的是汽油。

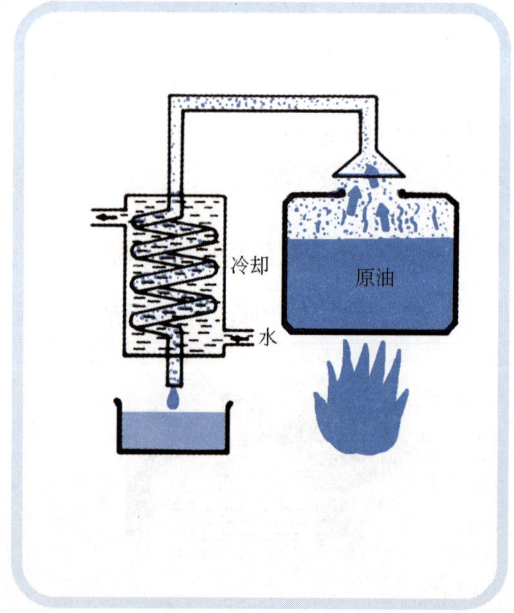

辛烷值是什么

不产生敲击的汽油，即前述的不易产生爆震现象的汽油，称为抗爆性强的汽油。在实际的驾驶中，驱动汽车行驶且不产生敲击的汽油会使人感到舒适，同时噪声也低，发动机的寿命也长，所以尽量要使用抗爆性强的汽油。那么汽油的抗爆性是由什么决定的呢?

汽油原本是由氢元素与碳元素组成的碳氢化合物，对此做如下分析：

汽油的组成

	石蜡系（脂肪族）	环烷系	烯烃（脂肪族）	芳香族
含量(%)	50~60	30~50	0.5~2	2~4
抗爆性	最大	普通	较大	最大

实际的燃料是由石蜡系、环烷系、烯烃系、芳香族等200多种碳氢化合物组成，如上图所示，石蜡系最多占50%~60%，其抗爆性最小，所以问题也最大。

分析一下石蜡族。其中所含有的正庚烷一点也没有抗爆性。即便是性情急、易爆的碳氢化合物和含有具有抗爆性的异辛烷中和也形成性情温和的碳氢化合物。

因此含异辛烷百分比越高其抗爆性越强，所以用正庚烷和异辛烷含量的混合比例表示抗爆性，即以“辛烷值”为单位表示抗爆性。

例如含有20%正庚烷和80%的异辛烷比例称辛烷值为80。但辛烷值最高只能达到100，且燃料的价格也很高。使用四乙基铅的抗爆剂则比较容易地使辛烷值达到100以上。

四乙基铅本身不是燃料，它是一种稳定剂。但它在燃烧室内除生成氧化铅这种有害物质外还会有使燃烧室内产生堆积物的副作用。需要注入二氯乙烯和二溴乙烯的混合物对其清除，制成辛烷值96~98的高辛烷值汽油。普通的汽油标准辛烷值是86~88。

机动辛烷值

以上是化学上的辛烷值，因发动机构造和运动状况不同，也可使其不易爆震，用物理辛烷值或机动辛烷值予以区别。

[暴躁　正庚烷 40%]

[温顺　异辛烷值 60%]

(辛烷值比例 60%)

活塞

在燃烧产生的高温高压的恶劣条件下，活塞要在气缸内高速往复运动。活塞要最早承受燃料燃烧产生的能量，并担负着能量传递的重要作用。为此它的材质质量要轻，强度要高，热膨胀要小，并且还必须有良好传热性能。

活塞的构成如下图所示，由活塞体和镶嵌在活塞头部的活塞环及与连杆连接的活塞销等组成。

活塞的规格用直径与高度表示，其头部会因温度高变形，直径会因温度高有微小变化，所以常用活塞下部的直径表示。

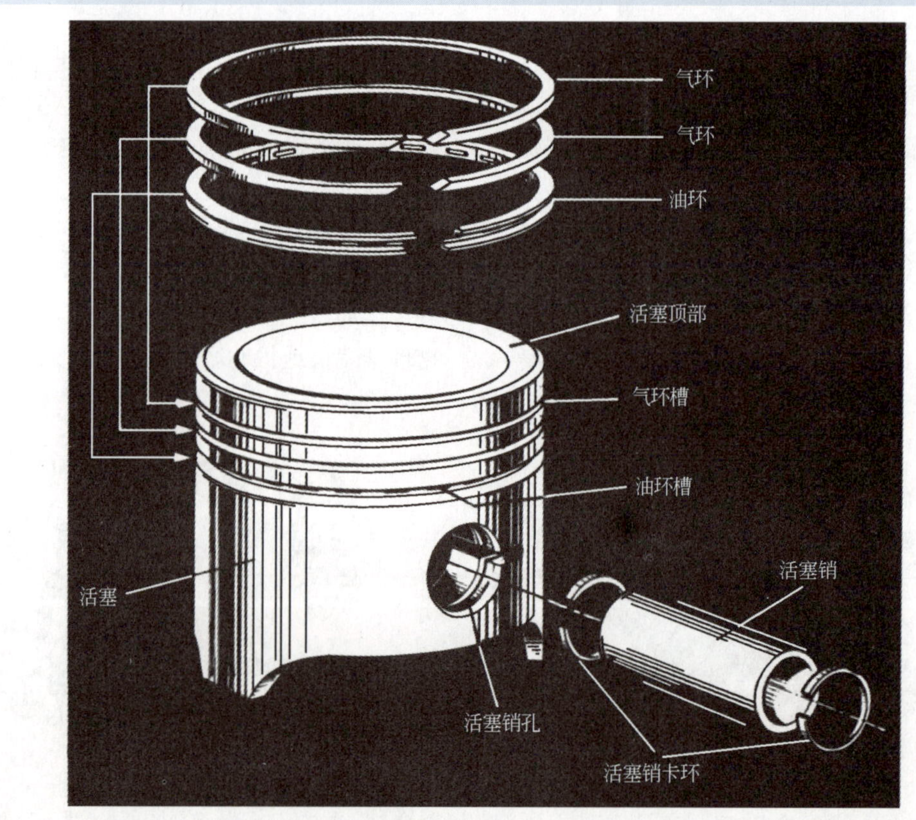

活塞的材质几乎都是铝合金，其他的也有铸铁，还有锻造的。铸铁活塞主要用于柴油发动机，近年来客车用的高速柴油发动机也使用铝合金制的活塞。

铸铁活塞价格便宜，与气缸的热膨胀系数相同，又因铸铁具有润滑性，故摩擦损失小，所以以前都是用铸铁制的活塞。可是它的质量大，进而惯性大，不利高速往复运动，热量传递较恶劣，还存在混合气自然点火等问题，近年在高速发动机上不再被使用了。而镁合金比铝合金轻，但价格过高，几乎不使用。

铝与铁的相对比重，铁为 7.3，铝为 2.8，但热传递效率铝是铁的 3 倍，由此可知，铝质活塞与铸铁活塞相比要轻，而且还可尽快散热。

但是与此相反，铝的热膨胀性是铁的 2 倍，它对温度变化过于灵敏，这是一个很大的缺点。因此最近使用热膨胀小的铝合金。

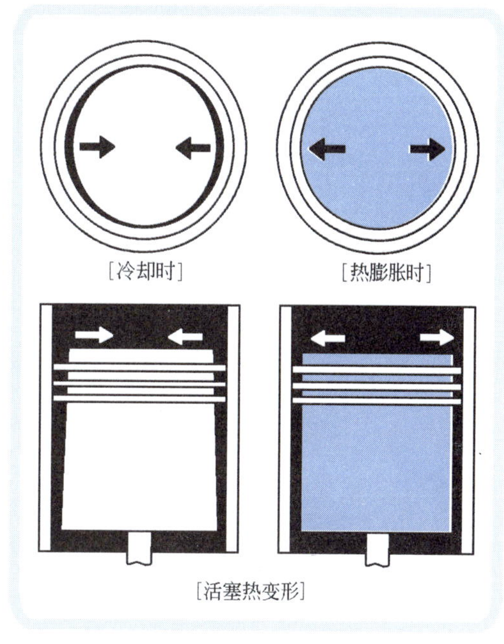

[活塞热变形]

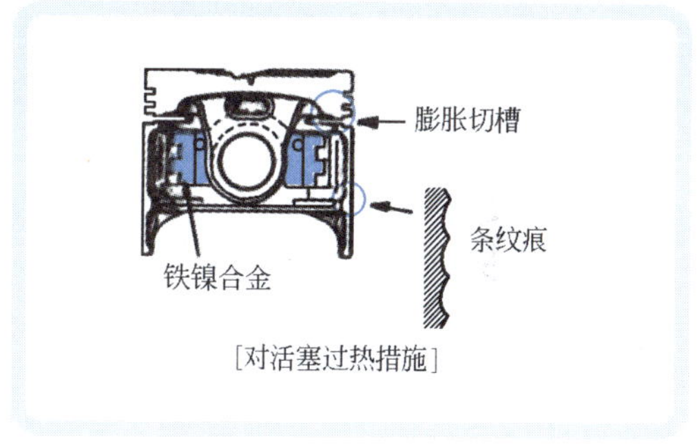

[对活塞过热措施]

活塞热变形

一般来说，铝制活塞的温度，头部约 300℃，下部约 130℃，铸铁活塞头部约 500℃，下部约 160℃。

为了承受这种高温不仅仅要从材质上改进，还要利用各种手段进行散热，使其不变形以便更好地发挥其功能。

活塞用椭圆的圆锥形：镶入活塞销的活塞销座部分，体积较大，这部分相对膨胀较大，此处预先将销座部分制成短径位于销座轴线的椭圆，当温度升高就成圆形。又因温度高时碟形的头部比侧缘部的膨胀率高，所以做成圆锥形，当温度升高时变形成圆筒状，上述的变形是用肉眼看不见的微小变形。

铁镍合金：镍含量较高的铁镍合金膨胀系数极小，所以一般使用在销座内侧，在销座处涂上镍合金后就能抑制向内侧的膨胀。

膨胀切槽：它是在裙部设置的沟槽，有水平形、T 形、U 形等类型。这种沟槽可避免膨胀，即膨胀时沟槽变窄。

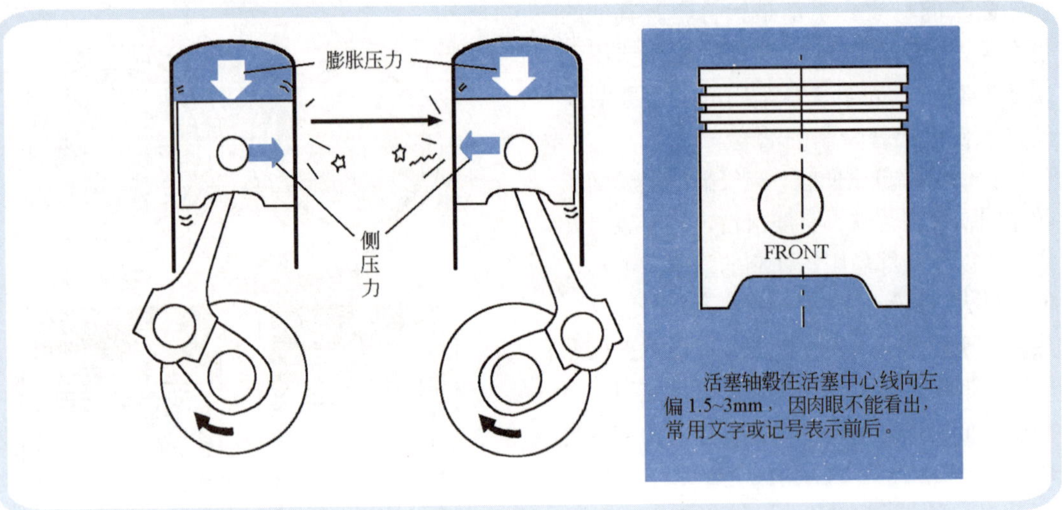

活塞轴毂在活塞中心线向左偏 1.5~3mm，因肉眼不能看出，常用文字或记号表示前后。

活塞举起 2 台车

一般轿车上的发动机，在燃烧室中做功气体使活塞受到的压力是每平方厘米约为 300~500N，这对活塞半径约 4.25cm 的中型车来说，1 个活塞受到的压力约为 28000N，即在瞬间承受的压力可举起 2 台中型车。

侧压/偏心活塞

做功压力使活塞受压时，连杆发生倾斜，使曲柄回转，但与此同时曲轴要受到车身及从路面上传递的负荷，活塞也要从侧面推动曲轴回转。

如图所示，考虑曲轴向右旋转的情况，在压缩冲程连杆向右上推动活塞，活塞的右侧面对气缸施加一个压力，并随着压缩的进行而增大。

在上止点处点火膨胀力做功，连杆向右侧移动，与此相反，活塞摩擦气缸的左侧壁而下降。这种活塞对气缸壁的作用力称作侧压力。

由于活塞与气缸壁间有很小的缝隙，当在左右位置变换时，活塞会对缸壁产生冲击而发生声响。如先将活塞位置向右侧压力那一侧偏 1.5~3mm，则活塞在左右位置变化时，就改变了冲击值，会减少敲缸声，对气缸右侧壁的摩擦损耗也会减少，这样能有效地防止产生的烧缸现象。根据上述理由，几乎所有的活塞销孔中心都向左有一个偏心。一般我们将活塞头部因振动而产生的敲打音叫敲缸。

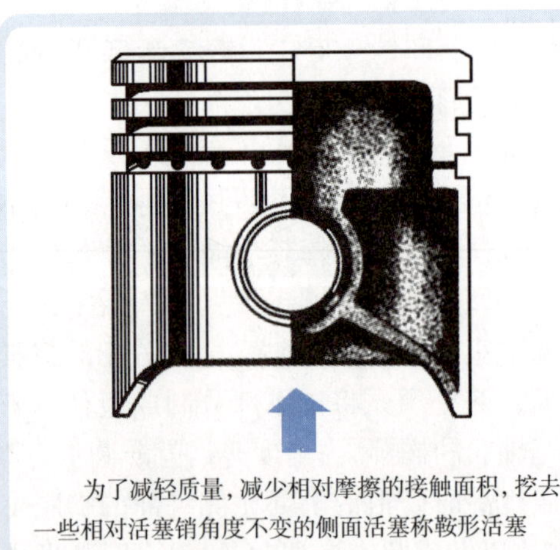
为了减轻质量，减少相对摩擦的接触面积，挖去一些相对活塞销角度不变的侧面活塞称鞍形活塞

[活塞环种类]

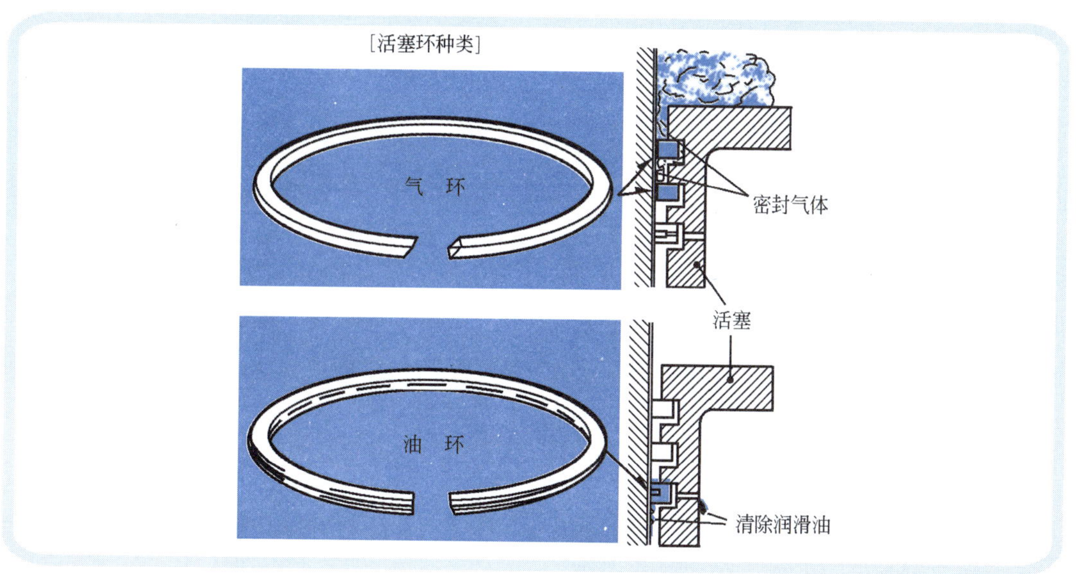

活塞环跳动

活塞环就是套在活塞头部的三个铁环，它随着活塞一起做上下往复运动。三个铁环看起来像是一样的，但实际上最上面两个活塞环是密封环（气环），下面的1个是油环。

前者的作用是对缸内的混合气或燃爆气体及排气进行密封，而后者是消除气缸壁上残留的油渍。但是两者都是由于活塞环本身的弹性贴紧气缸的内壁而起到密封作用，它与活塞环槽间稍微有点间隙，这间隙是给活塞热膨胀提供的余量，防止活塞与气缸壁抱紧。气环有2道，第2道是对第1道活塞环间隙泄漏气体的二次密封。

油环的作用是防止密封环与缸壁间的润滑油进入燃烧室。因此与气环的形状及功能有所差别。

此外，上述2种活塞环都有将活塞的温度向缸壁传递的作用。

活塞环的作用

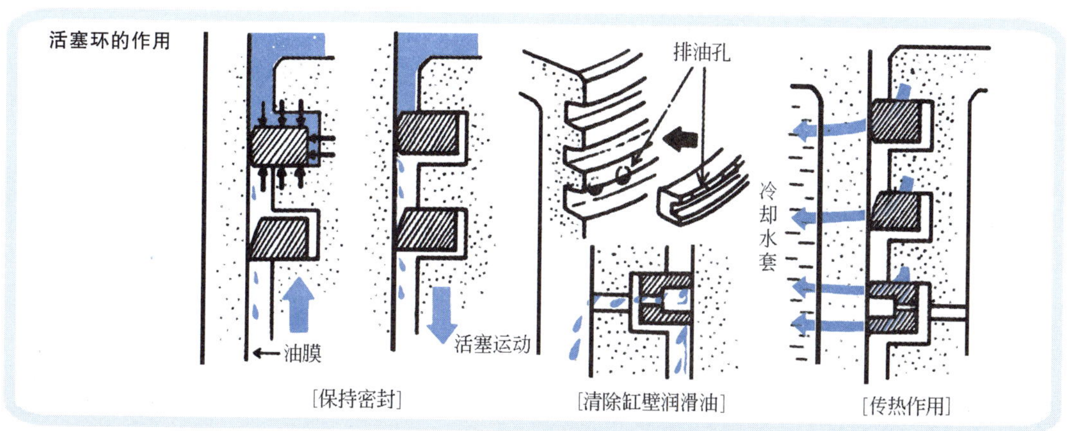

[保持密封] [清除缸壁润滑油] [传热作用]

气环的微妙作用

气环是指活塞环上面的那两个环，它与活塞一起往复运动，同时还有如下图所示的微妙作用。

活塞环镶在活塞上的活塞环槽里，为了不受活塞热膨胀体积变化的影响，稍微留有间隙。可是因活塞上下往复运动，每次活塞环都要受到一个反方向的作用力，所以活塞环要受到活塞环槽上下两侧的交变冲击力。其中，只有在膨胀做功冲程时，在高压气体的作用下，活塞环比活塞要先动作。

利用高压气体的压力，从背后向外侧压活塞环，使回转速度、滑润等受到影响而产生复杂微妙的动作。

其基本的动作如下图，从其动作可见，活塞环质量越轻，作用面积压力越大，效果越好。

活塞环口

活塞环本身是能从活塞上摘开，它并不是一个满圆，而有一个切口，叫活塞环口。活塞环在装在活塞上时这个环口对上，大致接近全圆的形态。但是环口处有微小的间隙，为活塞环因温度升高膨胀而留有余量。

活塞环的回转运动

综上所述，在开口处即使有很小的间隙，我们也会担心气体从此处有泄漏。从一个活塞环开口处的所有泄漏量，会被下一个活塞环阻挡。但如果 3 个开口并在一起，气体就会从此处泄漏到曲轴箱中，所以实际上的 3 开口，没有一个会是对齐的，将开口相错排开，就能不断阻止气体的直接泄漏。活塞环没有使其转动的定位销，一般不能通过回转运动使它与缸体的磨合平均分布。

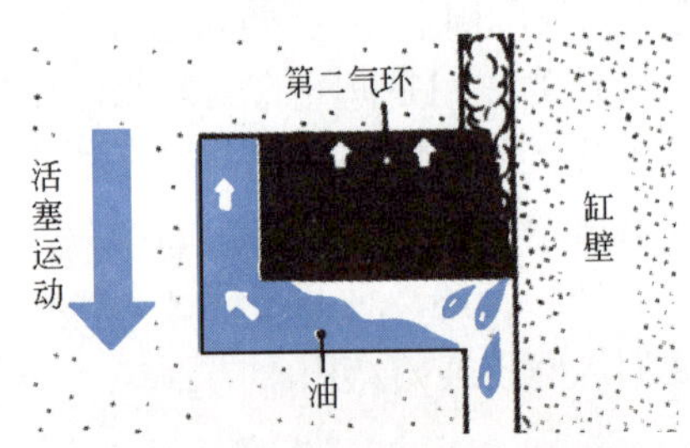

①吸入冲程：活塞环槽与活塞环上侧接触防止存在槽中的油侵入。

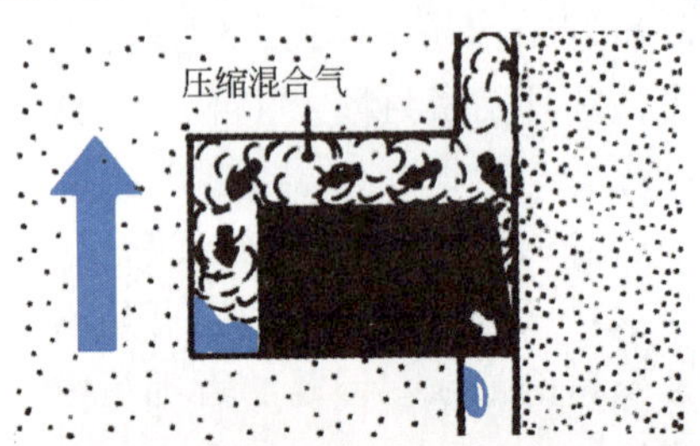

②压缩冲程：活塞上升活塞环被向下压，从上面进入的混合气不能溢出。

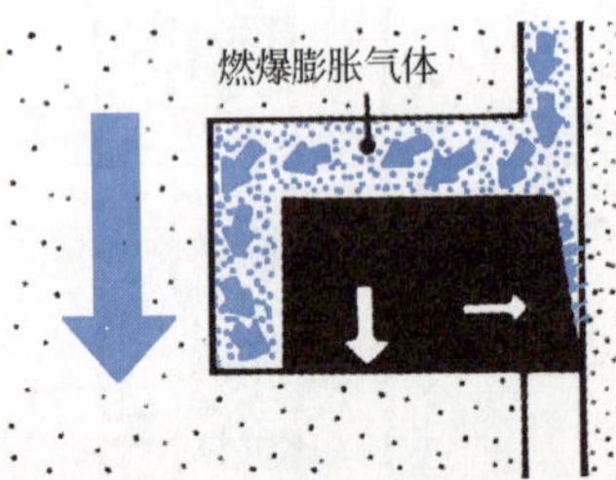

③膨胀（作功）冲程：气体强力作用活塞环，防止混合气从活塞环下面溢出。

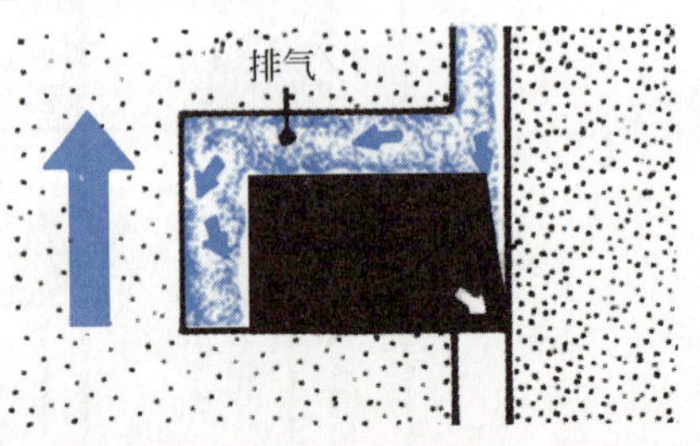

④排气冲程：与压缩冲程相似的动作，在上述中，对活塞的动作没有影响的只有③。

油环的作用

油环的作用是在向气环提供润滑油的同时，清除滞留在缸壁上的残油，阻止其泄入燃烧室。为此油环上开有许多窗口，被刮下了的油滴就是通过这些窗口流到活塞内壁再进入油底壳。油环与气环相比不受膨胀气体做功的背压，它必须依靠自身的张力与气缸内壁密封，为此通过切割槽、增加拨销等增加一点接触面压力，但由于发动机的转速高，为进一步满足接触面压力的要求还要采取加膨胀器和线圈弹簧并用等方法。

钢组合油环质量轻而压力大，除油能力强且耐磨性高。它将两个衬片冲向缸体方向压进一个轨道槽中，再放到活塞环槽中。

切槽型油环是最简单的一种油环构造形式，油通过其中间孔流到活塞内。

带膨胀器型油环由于钢制的膨胀环在活塞环槽中向缸体方向有一个扩张张力，所以能产生一个较大的侧向力。

螺旋胀簧型油环它与上述活塞环类型具有相同的作用，相对于其他活塞环它有一个均匀放射外张压力，即使缸体圆度变化，也能与其紧密相连。

钢组合型油环质量进一步减轻而接触压力提高（接触面积小），清油能力强（油的通路畅通）。

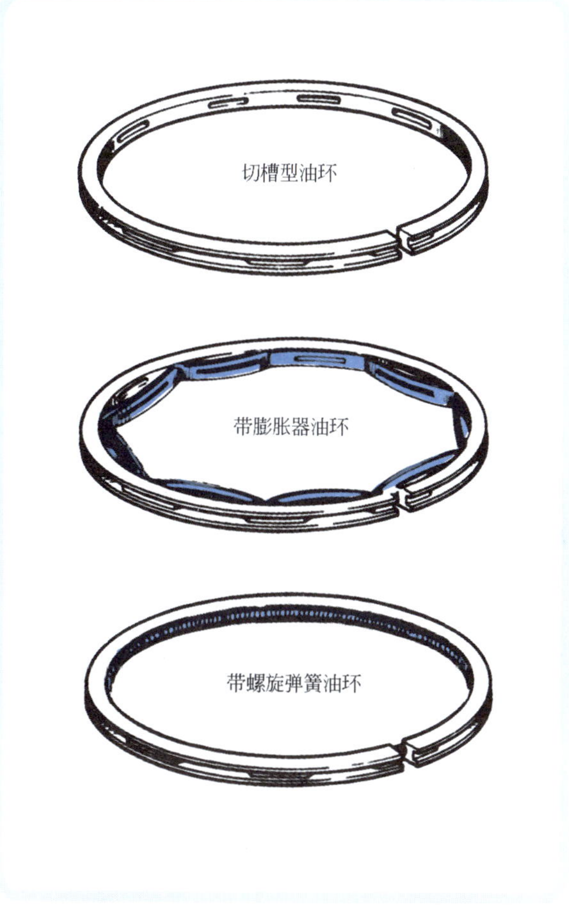

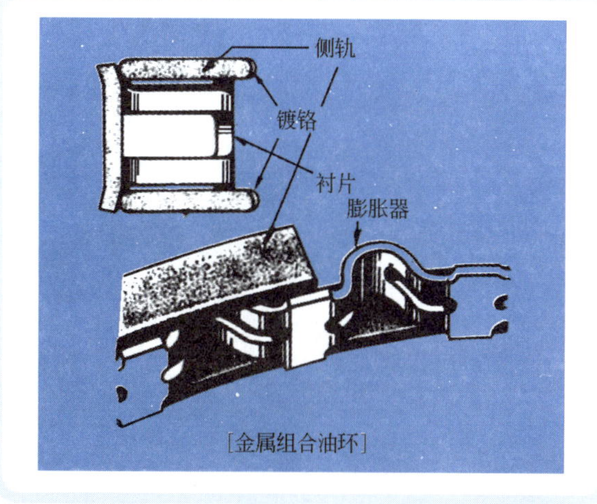

[金属组合油环]

连杆与曲轴

一般地，连杆靠近的活塞端称为小端(小头)，曲轴靠近的一端叫大端(大头)。一般连杆大头分为上、下2部分。连杆大头轴承采用可更换的轴瓦(铜/铅系，镉/镍系，镉/银系等合金)。2轮车等小型发动机也常使用滚柱轴承。

连杆自身的断面一般为I字形，材质一般为碳素钢，对于高压、大功率发动机使用铬钢、锰钢、钼钢等特殊钢，为减轻质量也有的用轻质合金。

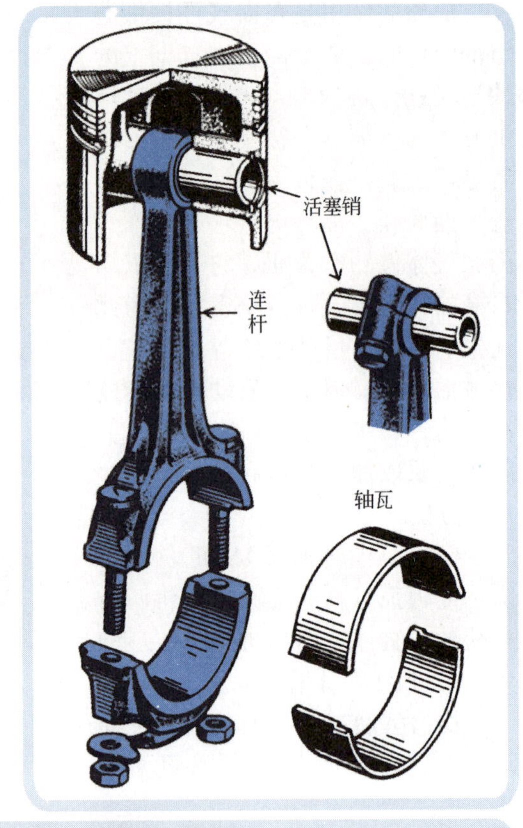

■无声轴

在曲轴两侧配置平衡轴，并由曲轴带动回转。

这是为了平衡和消除活塞上下运动而产生的振动、上下运动途中引起的连杆倾斜而产生的横向振动、做功膨胀振动等。它能抑制4缸到8缸的噪声与振动。轴的运动方向是相反的。

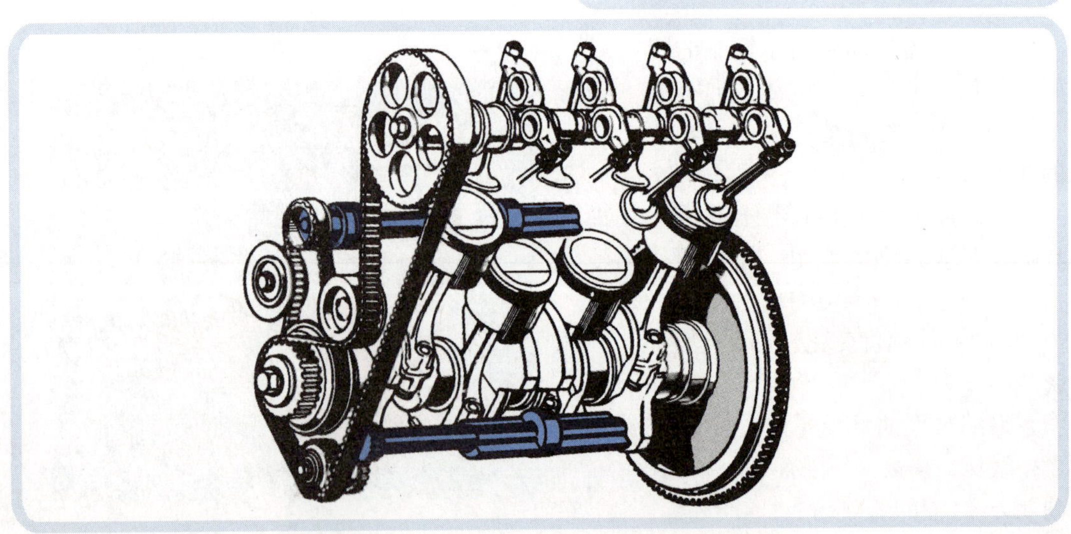

曲轴是一种通过连杆将活塞的往复运动转换为回转运动的装置。它必须能承受较大的力和较高的转速，还要有高强度、高刚度，才能平稳圆滑的运动。所以它是一种精密的零部件。

曲轴材质用铬、镍或锰合金钢淬火或调质。一般用锻造（锻造：金属加热压制成形），这种形式弹性好，密度大，而且能够制成复杂的形状。

曲轴一般采用整体结构，但单缸、2缸也用组合式结构。从外观上看，由与气缸数成比例的曲轴销、曲柄、轴径组成。曲柄的对面有平衡重。（参照图）

曲轴的一端带有飞轮，起动机的齿轮从外侧与其环形齿轮相啮合，此外，通过变速器与离合器相接或切断将发动机的动力传递给驱动轮。

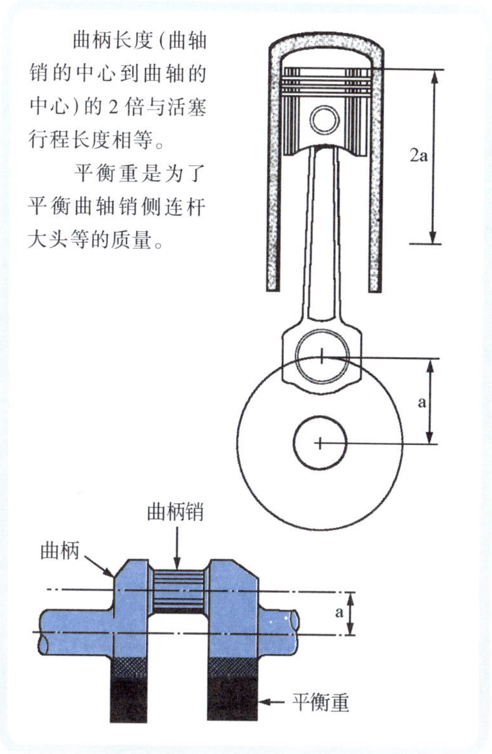

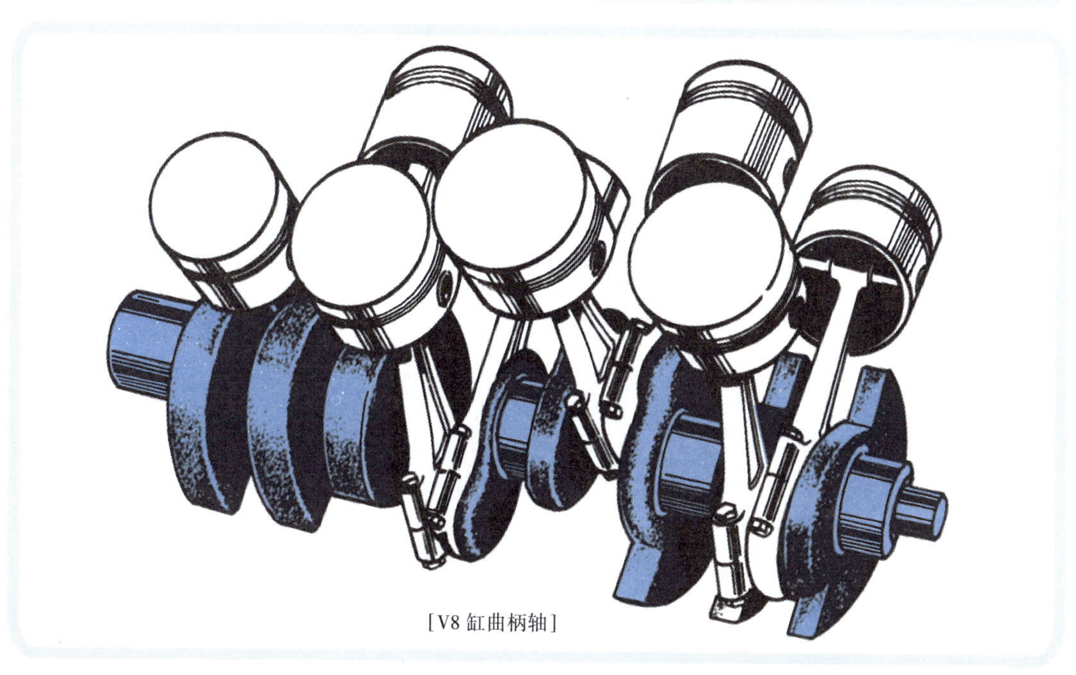

［V8缸曲柄轴］

配气系统

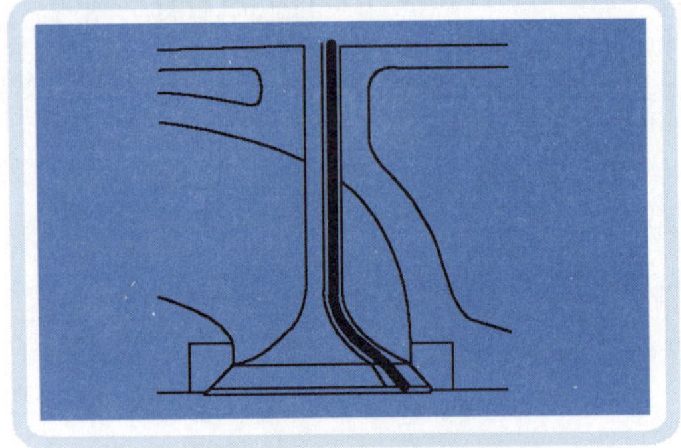

气门百年发展历程

可以说配气系统是四冲程发动机最大特征,其基本结构已有近百年的历史。气门的形状呈蝶形,一般由弹簧使其关闭。

在四冲程工作中，气门在吸气或排气时打开，使燃烧室与缸体内的气体进行交换,气门开关的装置与曲轴回转同步,它除传动皮带之外还传给顶杆等，它是靠凸轮推动。但是气门打开,只是在进气、压缩、作功、排气四冲程之中的进气与排气的二个冲程，所以推动气门的凸轮轴的转速必须是曲轴转速的 1/2。故采用调速的链轮或齿轮的直径比为 2∶1。

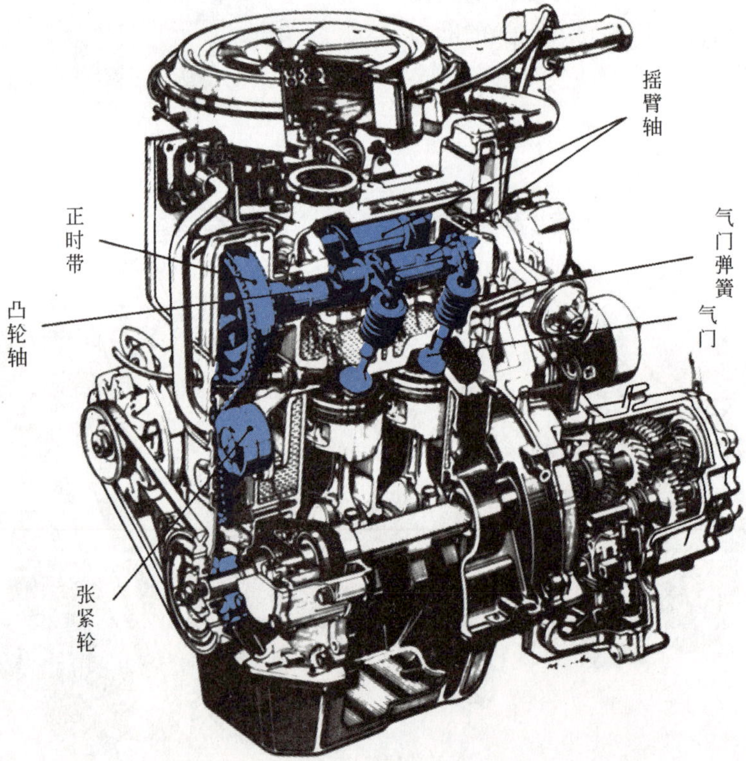

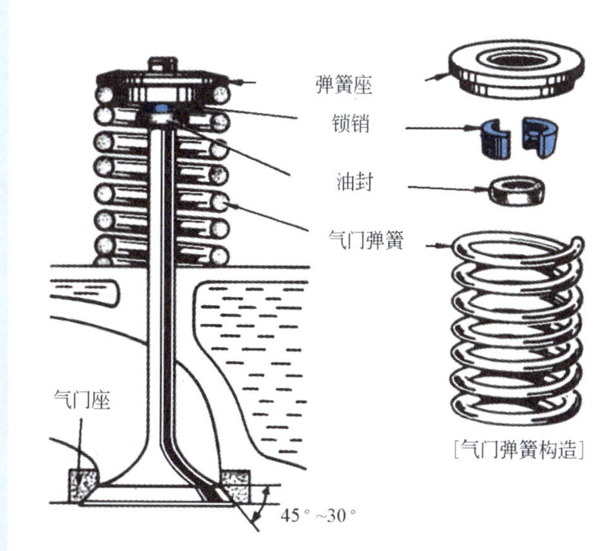

[气门弹簧构造]

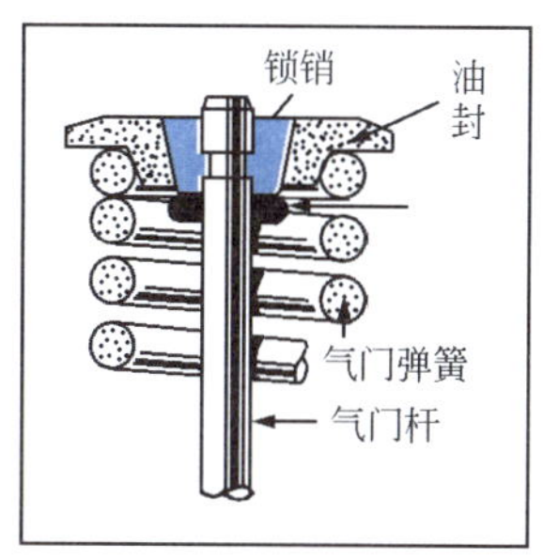

锁销构造简单但很巧妙地将弹簧与气门固定在一起。在气门柱头的环槽处，从两侧放入锁销，由锥形面锁紧，这样可承受剧烈的往复运动，而且为了使阀面能均匀磨损可自由回转。

气门弹簧一般使用单层或双层。弹簧一般用定位器夹紧，由简易对开式的锁销固定，也有的用不分开的销轴固定。油封向气门供润滑油以减小摩擦损失，并防止过剩的润滑油进入燃烧室。

气门与燃烧室密封处称为气门座，一般此处为45°或30°角。上面镶嵌的可更换的圆环称气门座套。气门座一般用含斯特莱特耐热耐磨合金和含钴50%、含铬30%左右的合金，它对除四铅乙醇的无铅汽油之外没有摩擦损耗。

进气门与排气门的不同

气门有进气门与排气门两种，外观上很难区分。但一般来说，进气门的直径稍微大一些，与有混合气反复进入且能被冷却的进气门相比，排气门的头部长期经受排气高温。因此在材质及冷却方面都要有所考虑。

正时齿轮是2∶1

●正时齿轮/链轮

对于4冲程发动机，曲轴每转一周凸轮轴回转1/2周，所以链轮也好，皮带也好，用齿数是与曲轴直接相连的齿轮的2倍的齿轮直接驱动凸轮轴，是使气门开闭同步的最好方法。

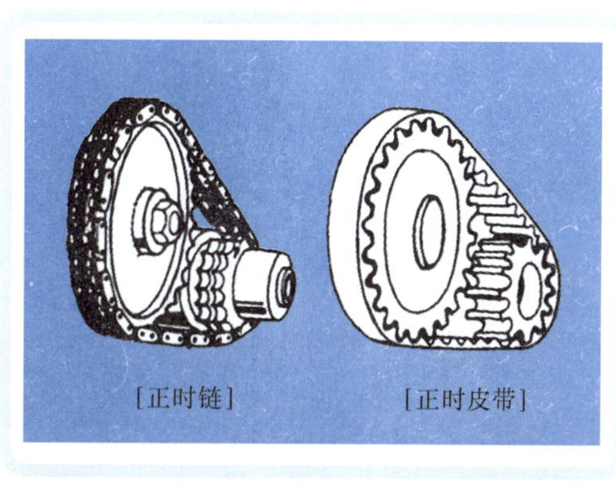

[正时链]　[正时皮带]

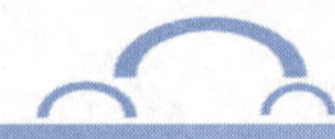

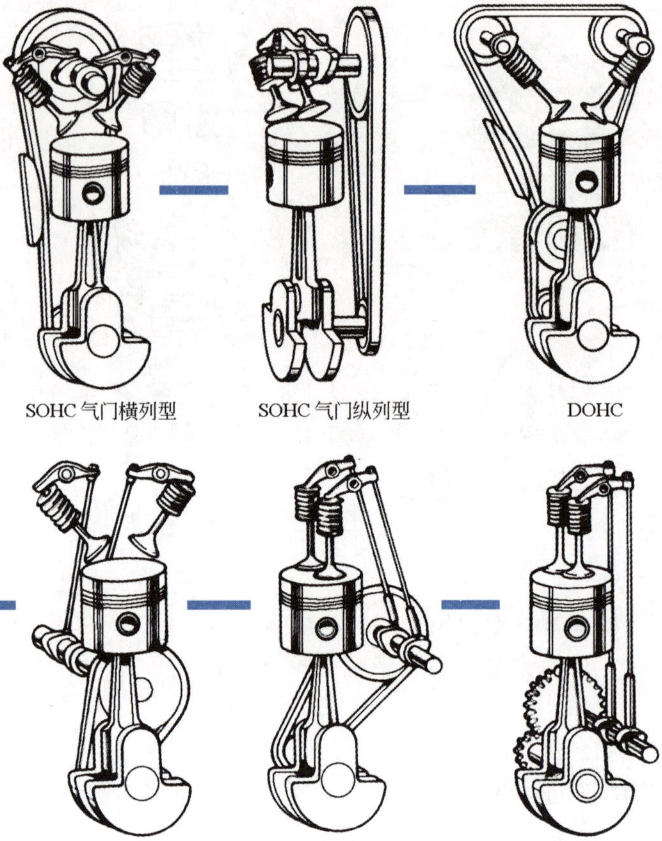

[OHC(顶置气门上置凸轮轴)]
SOHC 气门横列型
SOHC 气门纵列型
DOHC
[OHV(顶置气门中置凸轮)]
OHV 中置凸轮顶置气门横列型
OHV 中置凸轮纵列气门型
OHV

[SV(侧置气门)]

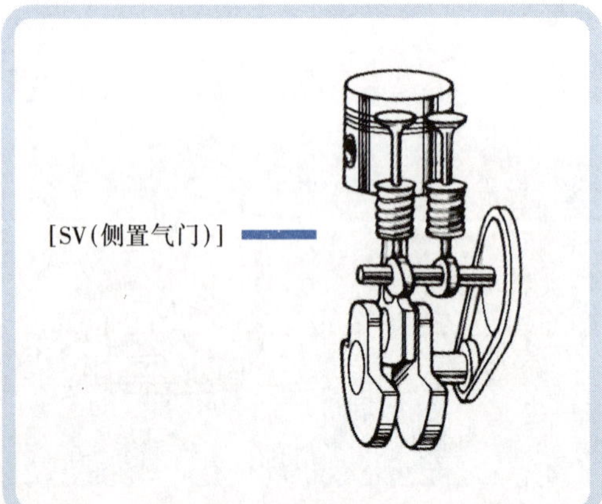

气门类型从 SV 到 OHC

气门系统按气门的位置分类，大致分为 OHC 和 OHV 两种类型，也有 SV 和 FV 型，但现在已不常用。OHC、OHV 也称为顶置式。

OHC 型从上部型分，凸轮轴大致分 SOHC 和 DOHC 型。S 表示单式的意思，凸轮轴 1 根，D 表示双的意思，凸轮轴有2根，上部型是相对缸体，指上部超过凸轮轴。

从 SV 到 OHV 及 OHC

那么，在实际应用中，上述的气门类型有何不同呢？那么首先从 SV 讲起，就很容易理解了。因为现代的发动机是从 SV 开始经 OHV 发展到 OHC。

SV＝构造简单但性能差

SV 即侧置气门，如前页下左图所示，进、排气门沿着气缸轴线并列设置。它是构造最简单的一种气门系统，它比发动机体还低，也不存在 OHV 型中存在的推杆间隙调整问题。最大的缺点是燃烧室的形状因气门部分横向设计而成平面形，压缩比不能提高，效率也差，所以只用于低速发动机，现已成为历史。

OHV 型＝推杆有致命的弱点

在气缸的侧面水平放置凸轮轴，摇臂经推杆推上去，凸轮经压板压下气门使气门打开。这样可以说气门是在气缸的上部完成的。燃烧室可以是半球形或楔形，所以能提高压缩比，热效率也提高，使发动机输出高转速、大力矩。在 OHC 型普及前几乎都是这种类型，现代的发动机还留有这种形式。

缺点是因有较长的挺杆，发动机变热时气门系统因热膨胀发生体积变化，因此挺杆和摇臂处要留有微小间隙（称为气门间隙），否则会出现凸轮不能抬起，气门处于压开状态，从而引起气体泄漏或气门烧结的现象。

为此发动机冷却时因挺杆间隙产生噪声增大，并且在发动机长期使用时，残存气门间隙也会增大，所以必须常用调整螺钉进行调整。

而发动机在高速回转时会使往复运动的挺杆惯量增加，这不但限制了转速，而且产生了刚性问题。这样挺杆越长，质量越大，影响越大。

于是研制了高升程凸轮，它比挺杆短，惯性也有所降低，可承受较高的转速。当然凸轮轴的位置也有所提高。为了驱动凸轮轴需用链轮，链轮没有往复运动，也没有必要调整因膨胀产生的间隙，它是一种面向高转速发动机的设计，但并没有完全脱离使用挺杆。为开发更高性能发动机，开始向 OHC 型转型。

顶部设置的 OHC 型

凸轮轴设置在气缸上部的形式叫 OHC，即顶置式，它有什么优点呢？

首先，顶置式凸轮没有往复运动部件，其次凸轮直接与摇臂接触，因为这 2 点消除了由高速运转产生的不稳定调速，使其能平稳地实现气门的开闭。

因凸轮轴在气缸上部的关系，它与曲轴之间要采用较长的皮带轮或链轮。为防止皮带打滑，产生不同步现象，一般使用带齿的皮带。

在发动机高速运转时，在主动轮与从动轮之间没啮合的链条或皮带中间部位容易引起振动，在此部位可加设张紧轮或减振器，这种装置用弹簧及液压油等控制，在防止链轮、皮带振动的同时，对其由于长期使用而产生的膨胀还具有自动调整的功能。

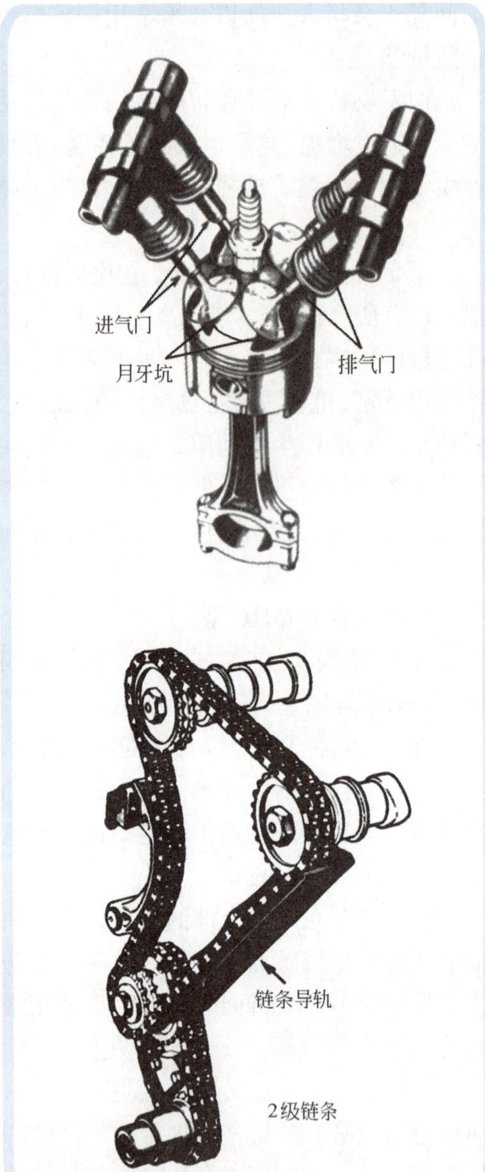

DOHC(双凸轮)4 气门

以上所述是 OHC 的基本特点，这种 OHC 型式又分 SOHC 和 DOHC2 型。S 是指单数，D 是指双数，对于凸轮轴数 S 表示 1 根，显然 D 表示 2 根。DOHC 即为双凸轮轴。

采用 SOHC 时，不必再借助摇臂间接地推压左右分离的气门杆头。但当凸轮旋转时，气门的随动性要差，高速旋转时更差。从与 摇臂的关系来看，气门配置角度受到了限制，燃烧室形状也会受到影响。

对于 DOHC，上述的问题不但得到了解决，而且在 1 个气缸上可安置 4 个气门，这样在增大气门面积的同时减少了惯性，所以进气效率也得以提高。但是因有 2 根凸轮轴，链条和皮带传动也变得复杂，发动机的质量及成本增高也在所难免。

以上讲述了从 SV 开始经 OHV 发展到 OHC 的气门类型。为追求发动机高转速、高性能，DOHC 型 4 气门方式将会有更大的发展。

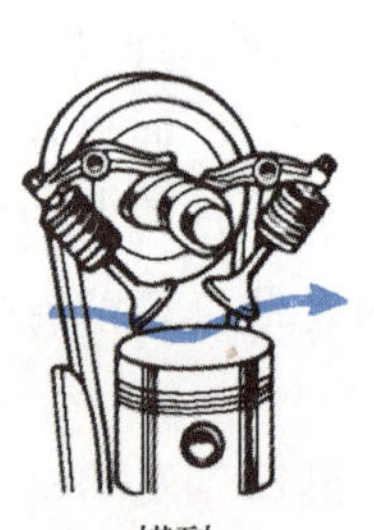

横列

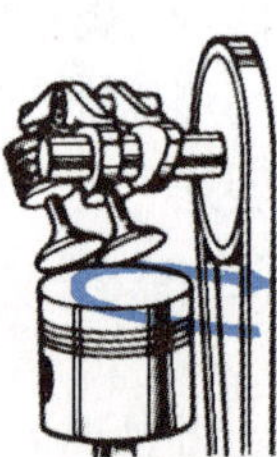

纵列

[横列与纵列]

OHV 和 OHC 的气门配置有相对横向并列，即前面所述的横列。它多用于半球形燃烧室，它的主要特点是，进、排气流动速度高，有利于发动机的高转速。“横”的意思是相对气缸气体横向流通。后者多用于楔形燃料室，对产生涡流有利，气体流动为 U 形而得名，也称纵列。

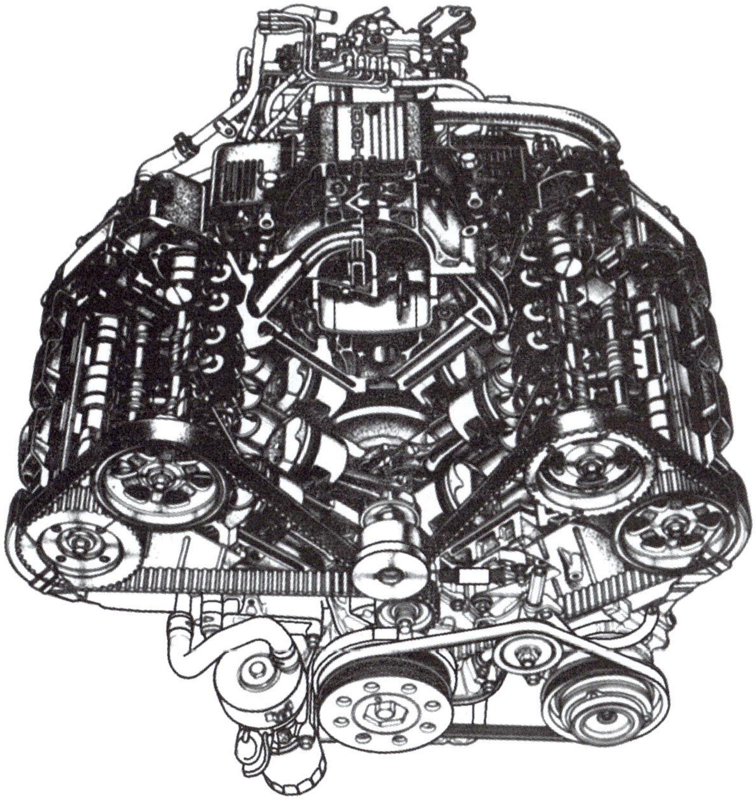

[V 型 6 缸 DOHC4 气门发动机]

T-VIS 的工作

T-VIS 是丰田可变点火系统的简称，丰田 24 气门（4 气门 ×6 气缸）用于赛车的发动机。进气歧管与各气缸的通路，每 2 条独立设置一起。侧面通道设有进气控制阀，它根据发动机的转速大小而开闭，这就是 24 气门发动机的特点。所以它不仅在高速时能输出高速度、大转矩，而在低、中速时也有良好的性能。

下图是它的侧视图。在下图中，从上面看有 4 气门。分进气通道和带有进气控制阀的可开关支路。

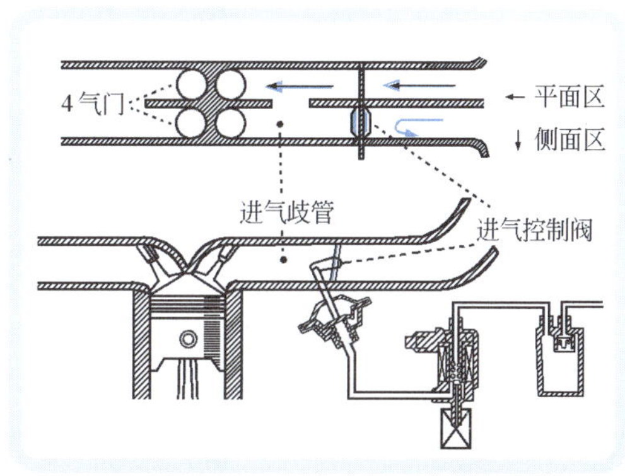

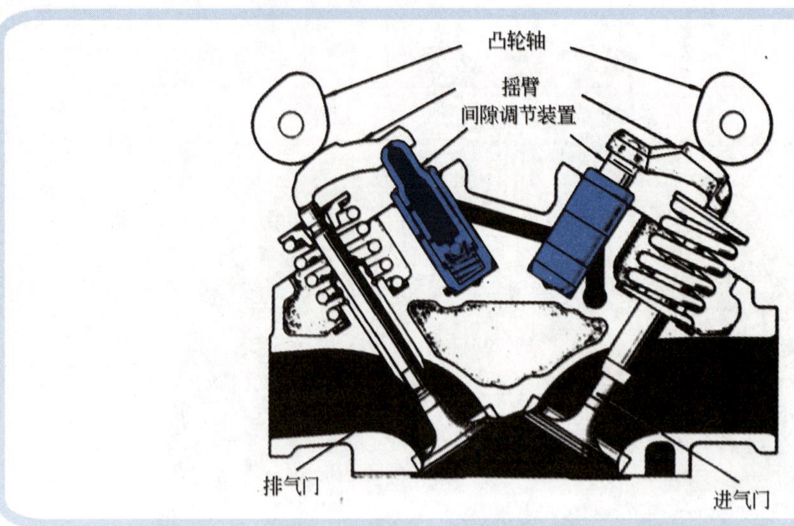

无声的气门间隙调节装置

即便是 DOHC 型，也有凸轮不直接压在气门杆顶部而借助摇臂的实用例子。如下例子所示。它与一般的类型有所不同，摇臂不再是一般的杠杆式，而是将一端用调节器支撑，调节器内部有油和弹簧，可以自动调整气门的间隙余量。它的优点是没有相对摩擦且噪声低。调节器的实际工作过程是，当气门打开时，调节器缸体和柱塞内因为有液压油，柱塞在油压的作用下，保持平衡而不能向下运动。当气门关闭时，在复位弹簧的作用下推动柱塞向上，使气门的间隙余量为 0。（如图所示：F 图为丰田·1G-EU 发动机的 SOHC。）

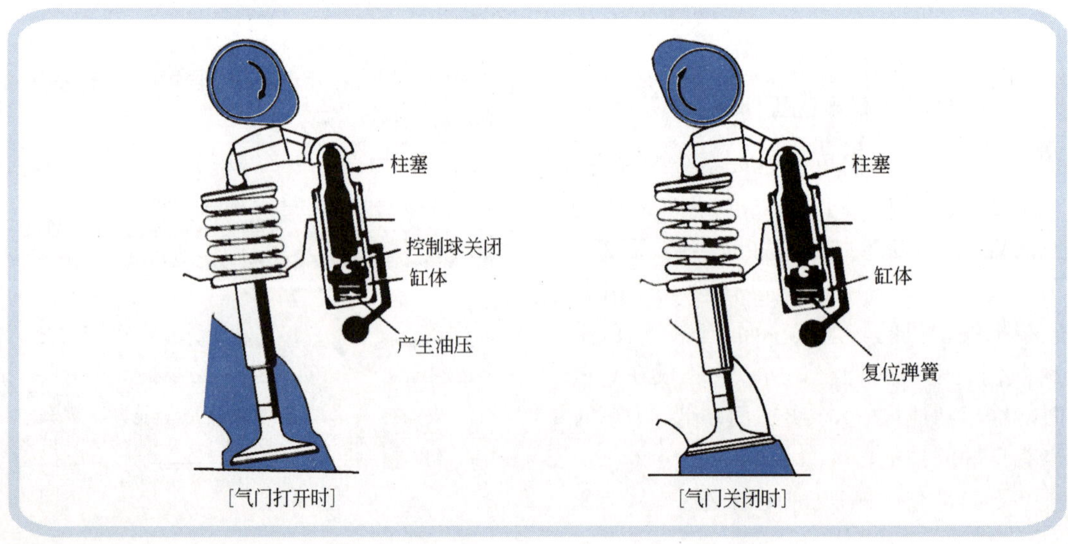

[气门打开时]　　[气门关闭时]

配气正时

气门的开关应与发动机的转速同步，但作为流体的气体有一定的惯性，所以在低速运转时要发生变化。发动机转速越高，气门打开的时间越长，同时会有排气门未关，进气门已打开现象。这种现象叫进排气门重叠。下图为进排气门重叠时间及两气门开闭起始时间与活塞角度（位置）关系图，称配气相位图。

由图可见，进气门在排气门关闭前打开，而且是在活塞到达上止点之前，这是因为高转速发动机，进气具有一定的惯性，所以就利用这个惯性，提前打开进气门，大量的混合气快速地进入气缸。但是如果气门提前打开过早，也会使排气滞留，所以当然要有一个界限。

进气门关闭位置约在过活塞下止点30°角位置，这是为了避免惯性造成的影响，同时也是为了减少气缸压缩冲程的压缩损失。其次，活塞必须经过上止点后关闭排气门，因为在到活塞上止点位置时，废气不可能完全地排出。

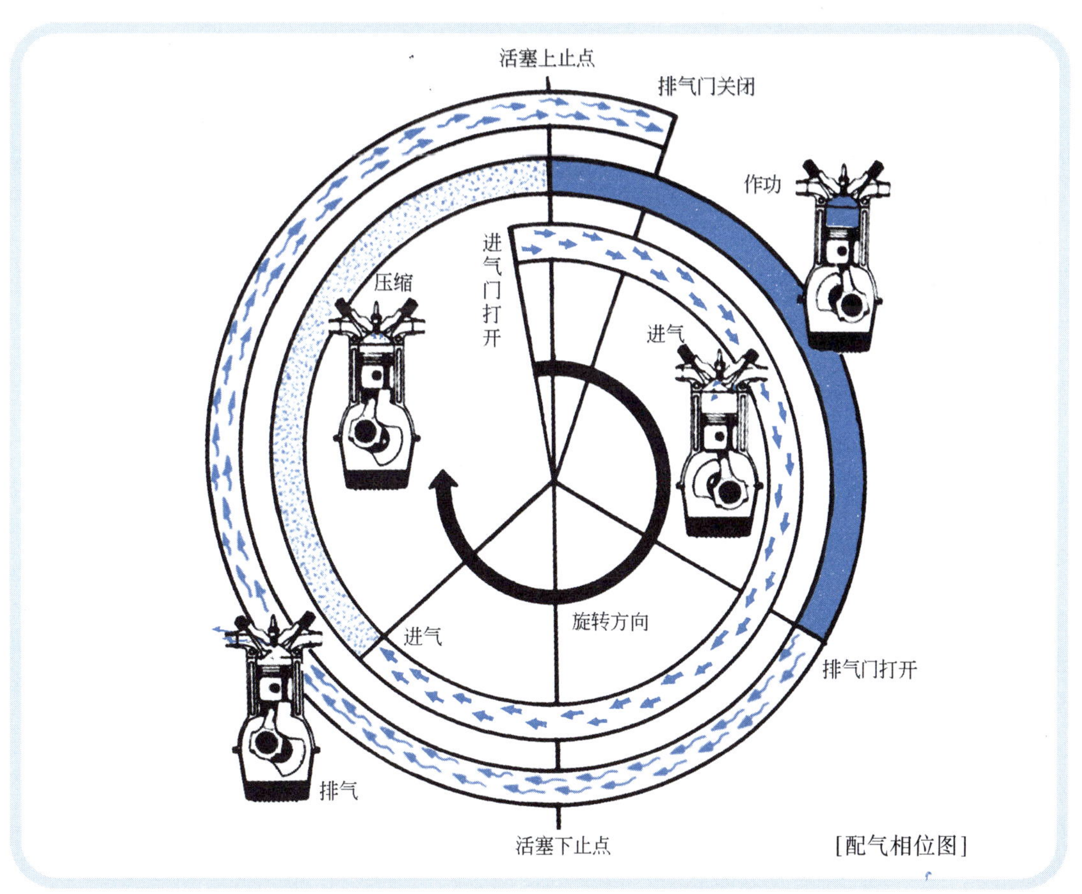

[配气相位图]

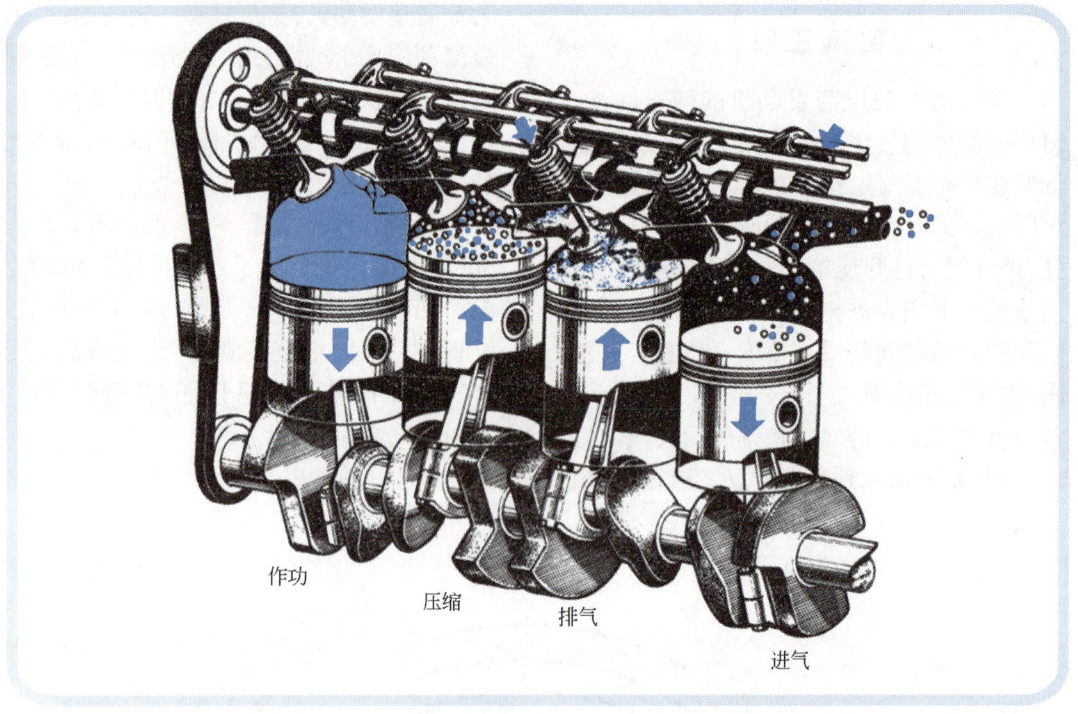

气门的实际工作

上图所示为4缸发动机气门的工作原理，下页图所示的仅为其中一个缸气门工作情况。但活塞的位置、凸轮的动作、气门的开闭方式等均可参照此图。下面对下页图所示的各气门工作情况作详细地说明。

①进气冲程

活塞处于下降阶段，一个凸轮向上偏转挺起摇臂；摇臂另一端压开进气门，汽油和空气的混合气在大气压的作用下，由此处进入气缸。

②压缩冲程

活塞下降到底后开始上升。同时凸轮轴以曲轴的1/2速度旋转。这是因为曲轴侧的传动轮的直径是凸轮轴侧传动轮直径的1/2。这时2个凸轮的凸缘都还没有顶起各自相对应的摇臂。排气门则在弹簧力的作用下处于关闭状态。此时，在进气冲程①进入的混合气体被压缩。

③作功冲程

压缩冲程接近尾声时，火花塞点火，燃烧室内的混合气体点火后做功。气体急剧膨胀推动活塞运动，带动曲轴旋转。此冲程中的凸缘也没有达到顶起摇臂的位置，两个气门仍处于关闭状态。

④排气冲程

活塞在到达下止点位置后，开始重新上升，排气门侧凸轮旋转其凸缘部位顶起摇臂使排气门打开，此时开始排气。进气门侧凸轮的凸缘接着也旋转上来，随之再从进气冲程①的工作开始重复进行。

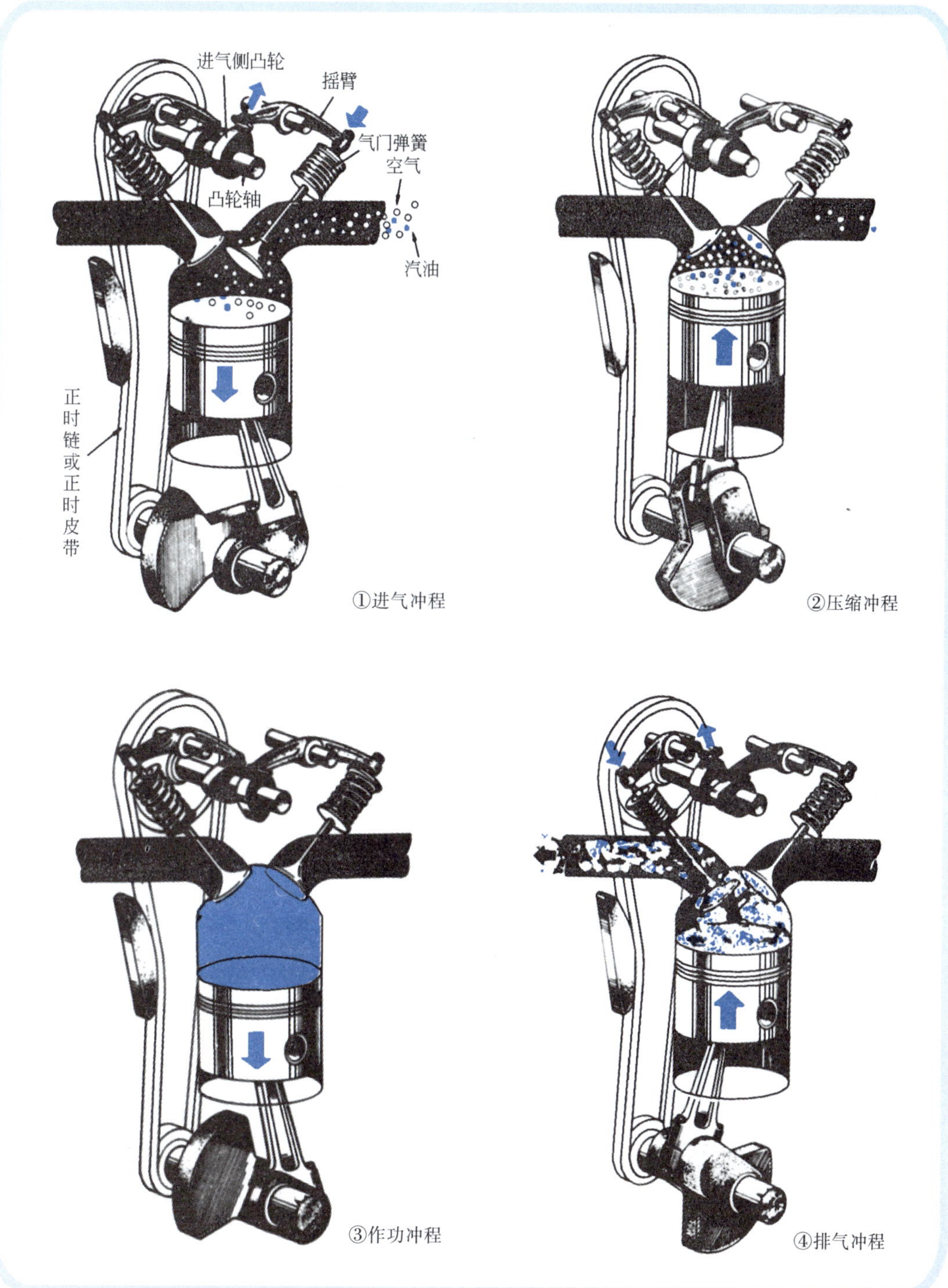

①进气冲程

②压缩冲程

③作功冲程

④排气冲程

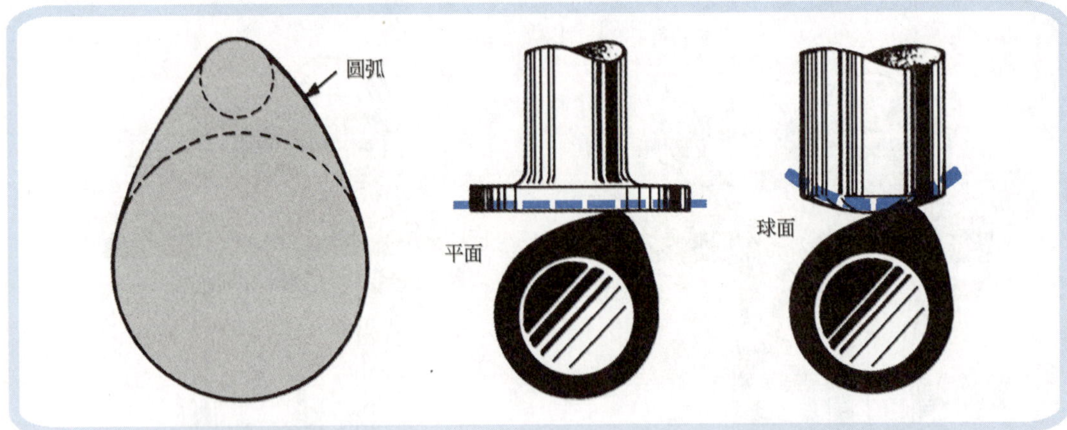

凸轮的形状为卵型，与推杆的关系将怎样

为了避免气门机构的剧烈冲击，凸轮与凸轮轴的回转中心同轴且为一体。凸轮本身的形状一般如上图所示选用圆弧凸轮。而与凸轮接触的挺柱的接触面有平面形与球面形，根据发动机的特性区别使用：

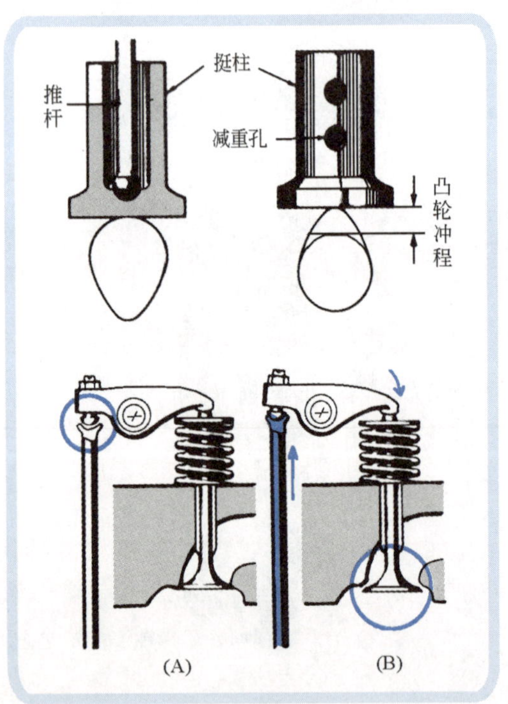

对于OHV型气门，挺柱在凸轮和挺杆之间传递凸轮的运动。对于OHC型在凸轮和气门之间使用柱塞型。这是DOHC类型，对于SOHC型，摇臂以杠杆方式推压气门。

挺柱与推杆的关系：OHV型的挺柱一般是空心的。其底部为凹形，此处与推杆下端球形部位紧密相接。这样推杆的角度可变化，相应的燃烧室的形状也可多样化了。在空心的挺柱上开有小孔是为了减轻其质量以适应剧烈的往复运动。

气门间隙：如左图A所示，如没有气门间隙，推杆受热膨胀时就像图B那样，气门与燃烧室之间出现缝隙，气体将有泄漏，使发动机性能下降。

液力挺柱：上述的气门间隙在发动机较冷时，会使噪声变大，液力挺柱的作用是克服此缺点使气门能按要求关闭，液力挺柱的内部装有液压油，凸轮一动，油压就使内部弹簧自动地进行气门间隙调整。

气门损坏发动机

●自身的惯性力和碰撞速度

简言之，发动机的输出力随着转速的增高而增大。增加转速的同时也就增加了做功次数，这样功率才会提高。但也并是能无限制地提高，因为排出气体速的速度、燃烧速度、冷却、润滑等都有一定的限度。

如果超出这些限度的话，首先配气机构就会被破坏。这是为什么呢？它们会起到什么作用呢？

气门弹簧使气门关闭，在凸轮的作用下气门被强制打开。凸轮只是由摇臂和链条或推杆等部件构成配气机构的一员。

其次再看一下系统的功能……。凸轮产生加速度是，在凸缘向上旋转时为正加速度，凸缘顶点一过就又变为负加速度。当凸轮产生的加速度为正时，凸轮～气门间的质量，都由凸轮来承受，并由凸轮旋转带动。当凸轮加速度为负时，因凸轮～气门间质量的惯性作用，会使其仍然有向上运动的趋势，气门也就仍然被压开。

发动机转速越高，本身的惯性也就越大，也就有可能很快将气门再打开，使气门处于常开。这时发动机的速度称为“碰撞速度”。

●跳跃/喘振/重开

更为困难的是，配气机构是一个刚性较弱的弹性系统，该机构中无论哪一个的固有频率被凸轮施加作用力的激振相谐调时，系统都会发生共振，这种现象称为“跳跃”。气门弹簧也会偏离正常的运动，开始产生压力波动，称之为“喘振”。而气门弹簧将气门关闭，马上又打开的现象称之为“重开”。

这种状态使发动机噪声变大，气门正时混乱，发动机输出功率急剧下降，最终有可能使气门与活塞产生冲击而损坏发动机。

从根本上说，4 冲程发动机工作过程是由回转运动到往复运动的模式变换。它所带来这些机械上的问题是由于再此过程惯性发生变化造成的，从而产生了上述现象。

如此说来，配气机构就是 4 冲程发动机的弱点，反过来说，发动机的输出能力是由配气机构承受高转速能力和寿命决定的。这么说决不是夸张。

化油器

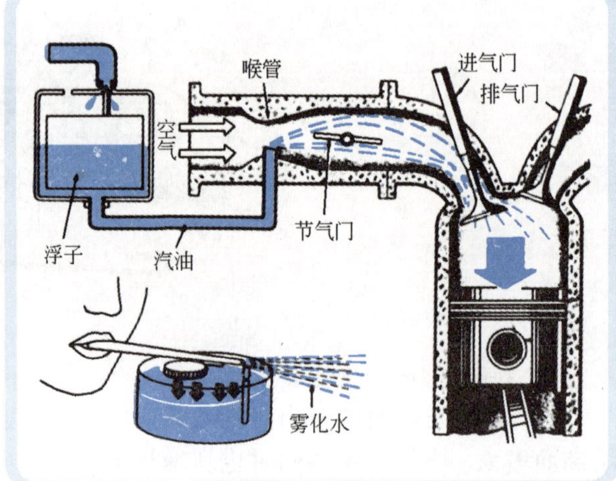

喷雾原理：用一细管吹气，使气体产生流动，利用流动的气体与槽内之间的大气压差，将水从水槽中吸上来，同时产生雾化。化油器的作用就是利用发动机活塞下降产生的真空使空气吸进来。

化油器的雾化作用

化油器安装在汽油发动机的进气通道上，是一种把汽油雾化后送入气缸的装置。它是一种和汽笛等一样的小型铸铝部件。内部有像蚁穴一样的通油管路，是一种复杂、精密的机械装置。汽油发动机需带有燃料喷射装置，柴油发动机不需安装化油器。

化油器也称为汽化器，因此很容易把它当作使汽油汽化的装置，但实际上大部分汽油的汽化是在气缸内进行的。所以更准确地说化油器是汽油与空气的“自动计量、雾化、混合的装置”。为什么需要自动计量呢？汽车在行走时，交通等状况不断发生变化，为此必须实现自动计量。其次，为什么要雾化、与空气混合呢？汽油雾化后与空气混合，使汽油颗粒与空气接触表面积加大，从而加快蒸发、汽化为气体，这样利于在短时间内燃烧。其燃烧速度是在 1s 内可进行 50～100 次。希望加快汽油雾化，使发动机输出功率增大。

汽油供应的计量是由驾驶员踩加速踏板改变节气门来控制的，汽油的雾化原理是，当发动机的活塞下降时，气缸内产生真空，在压差的作用下，汽油经进气门进入气缸，在流动过程中与空气产生碰撞冲击。而在化油器内，射流的作用会使汽油中混入气泡，这更有助于汽油微粒化。

在化油器中雾化的汽油与空气混合称混合气。混合气通过与化油器相连的进气歧管（进气歧管也称吸气管）输送到气缸。为防止灰尘进入发动机内，在空气进入化油器的进口处一般设有空气滤清器。

化油器分类

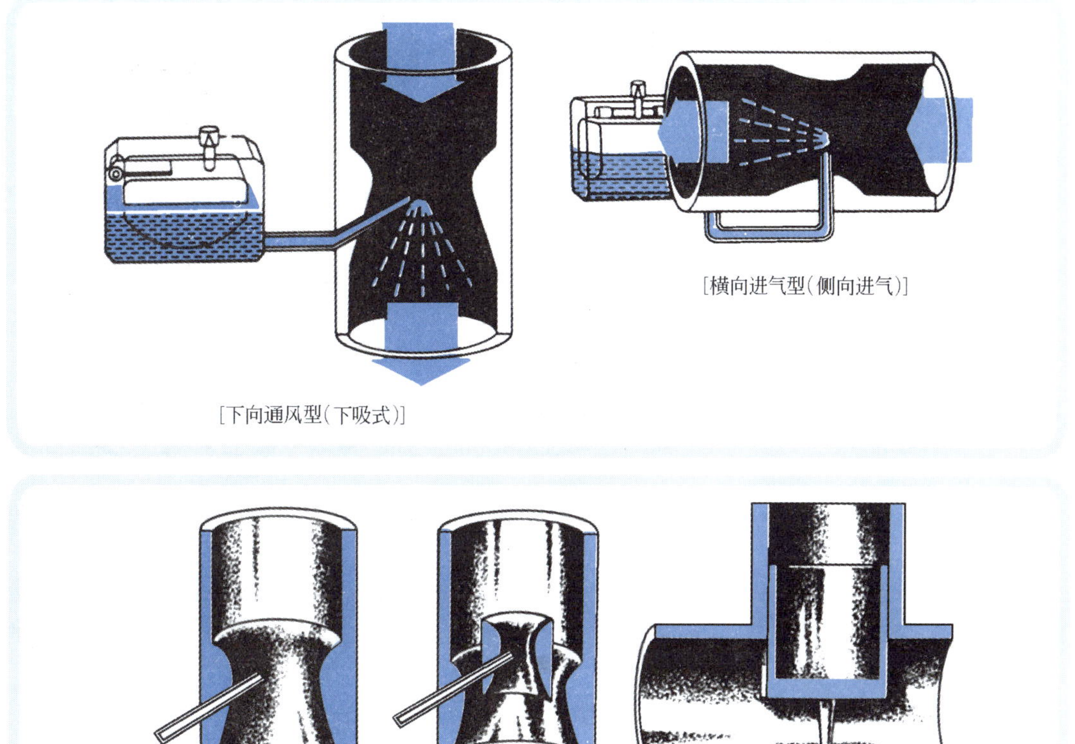

[横向进气型(侧向进气)]

[下向通风型(下吸式)]

[单喉管]

[双喉管]

[可变喉管]

通风方向分类

●向下通风型

这是最常见的类型，空气从上向下流动的同时吸入汽油。与侧置气门向上通风型的发动机相比，流动方向与燃料颗粒重力方向相同，所以效率高，容易实现起动、怠速，又因安装位置高而利于检查、维护。相反，其缺点是因空气滤清器在化油器上部，增加了发动机整体高度。

●侧面通风型

适用于赛车用高速发动机，进入燃烧室的混合气路径呈直线，比较短，因而进气阻力降低。同时，空气滤清器又安装在它侧面，使发动机的高度降低。

按喉管分类

固定喉管：空气通道的狭窄处称为喉管，气体流速在此处较高而产生负压，进而吸入汽油。其喉管直径固定不变的称为固

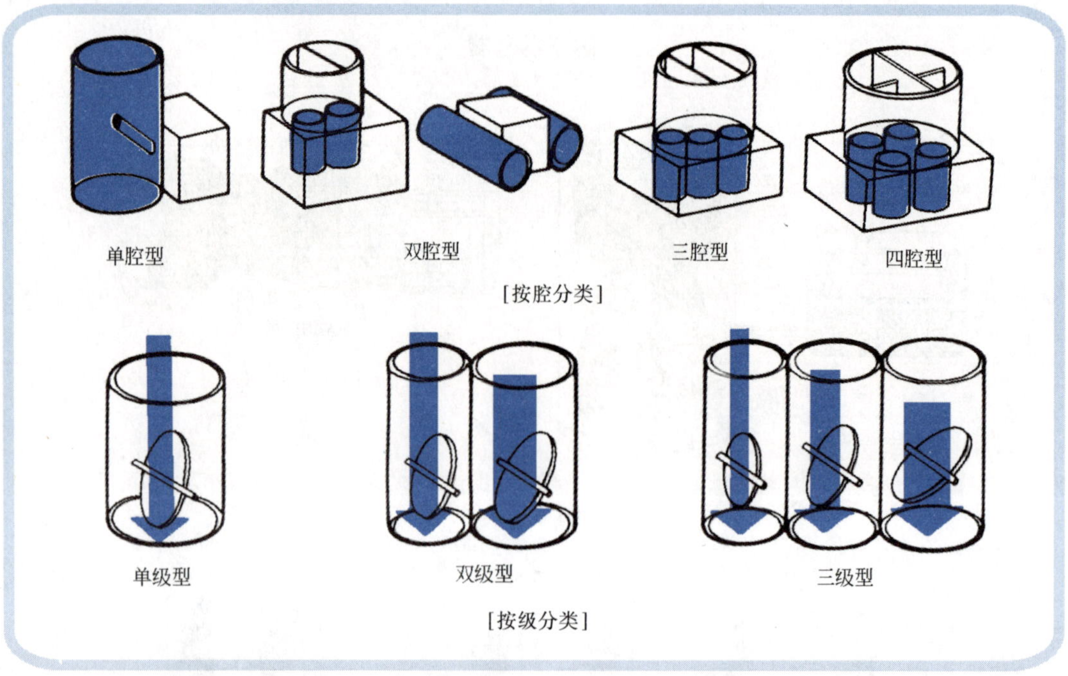

定喉管。为了使大量的空气获得较高的流速，双、三喉管也是常见的。

可变喉管：这是为克服固定喉管的缺点而设计的。当活塞运动方向与空气管路成直角时，喉管的直径是可变的。同时汽油的供应量也可以通过安装在活塞上的针阀自动地调节。

按腔数与级数分类

●腔数

按空气通过化油器的腔数分，腔数为 1 个的称为单腔，它是最简单的类型，有 2 个腔的称为双腔，有 3 个、4 个腔的分别称为 3 腔，4 腔。多腔的适合多缸发动机，4 腔适合 V8 缸发动机等。

●通风级

根据汽车不同的运行状况，要设定不同的通风级别，根据腔径大小和节气门的角度来实现的调整各级通风量。

●复合型化油器

由以上的 2 种类型组合的类型称双重型，也称双喉管。即使腔径相同，它与气缸相通状况也有不同的。如双腔双级型，腔径也是不等的。当发动机从起动到中速时只有一个腔在工作，当输出最高功率时，第二个腔也加入工作，以降低燃料消耗，提高效率。3 腔 3 级型是在 2 腔 2 级的第 2 腔和第 2 级后再增设 1 腔 1 级。此外还有 3 腔 2 级和 4 腔 2 级等类型。

●多连化油器

除了腔数与级数的组合型外，还有将 2 个以上同类化油器并列安装的例子，用于连动机构同时动作的发动机，这种发动机常常安装在跑车和赛车上。

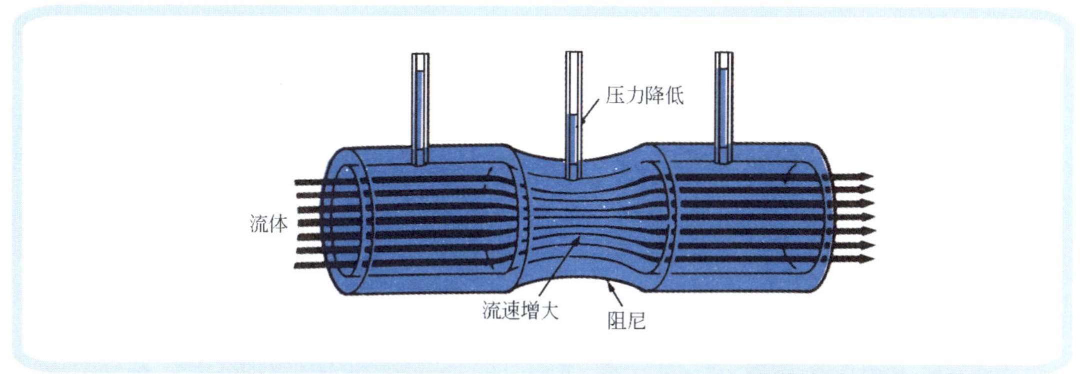

有趣的阻尼原理

化油器的壳体即形腔的特点是中间细，因此当空气流过此处时速度增加而压力下降，这种构造已被许多机械设备采用，称为“喉管”(阻尼管)。

在化油器上，主喷嘴突出进入这种细的喉管内，汽油由此处被吸入(由浮子室侧的大气压差压进来）同时与流入的空气产生冲击而雾化。

通过阻尼孔后，气体速度的增加压力下降，所以从喷嘴处吸入的汽油量也就增加，形成与空气相均衡的燃料，使发动机转速、空燃比基本保持一定值。

渗　气

混合气中的汽油最好都是细小的颗粒，并且与空气混合均匀。为此在喉管处，喷嘴和浮子之间开设气孔，称之为渗气孔。让汽油流到喷嘴前与空气有所混合，这样在喷射汽油时，除使汽油颗粒均匀细化外还能使喷嘴高度高于浮子室的液面，从而减轻与汽油及喷嘴内壁接触时的表面张力和粘性阻力，急剧加速时的连动性好。当关闭燃料时，燃料能迅速停止供应。

●渗气与浮子室的关系

主喷嘴的位置比浮子室液面高，汽油却不向下流，其原因是，从渗气管中间进入的空气在汽油中形成气泡支撑使汽油不向下流。预先混合气泡有助于汽油与空气的充分混合。

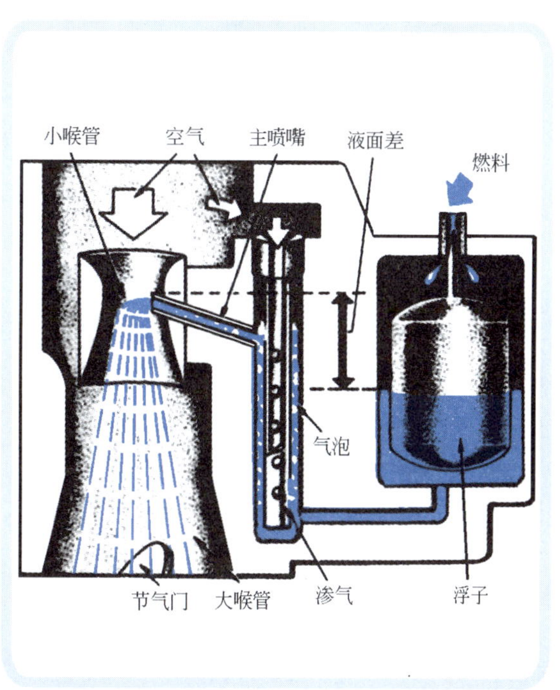

浮子浮沉

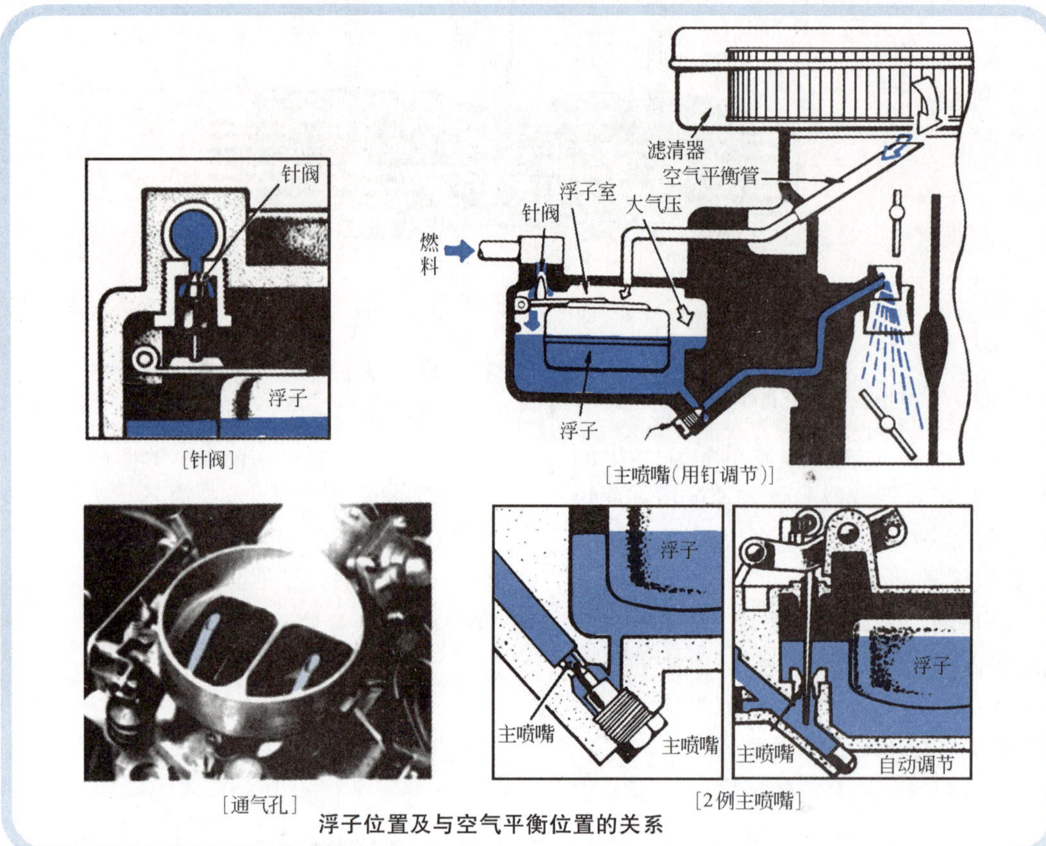

浮子位置及与空气平衡位置的关系

●浮子/针阀/空气平衡管

浮子浮在浮子舱（室）中的汽油液面上。材质选用防锈黄铜，也有的用耐油橡胶。浮子上部有针状的针阀,它与浮子室顶部的燃油通路的入口处相接。因发动机供油使浮子室内汽油减少，浮子随之下降就使与燃油通路入口处的针阀打开。于是被针阀关闭的汽油就会流入浮子室，随着流入浮子室的汽油量增加，浮子将重新漂起，而针阀也会再次将阀口关闭，阻止汽油继续流入。上述过程在发动机运转过程中反复进行。

浮子室内的气压比大气压低，故汽油能被压入，如空气滤清器阻力（因灰尘一点点堵塞而产生）不平衡，就会产生燃油供应过量，所以一般在空气滤清器下部化油器的入口处设有空气平衡管。由此处的气压作用于浮子室。

●主喷嘴

针阀设在浮子室的入口处，出口处则设有主喷嘴。浮子室内的汽油通过主喷嘴的狭窄通道，到达前述的渗气管路，然后从喷嘴喷出。从主喷嘴喷的喷油量随着发动机的转速自动调整。

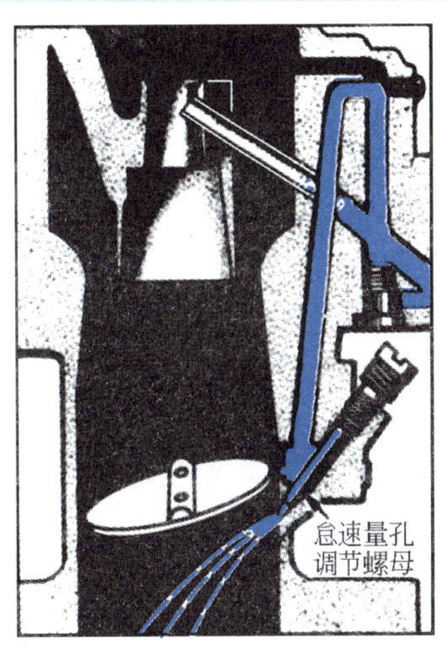

加速与怠速

●加速泵

车辆在加速时发动机输出力也要相应提高，进入的空气与燃料量必须相应提高。只要使节气门全开就能通过高速下降的活塞获得所需的空气量，但光靠此吸入的燃油就显得不足，此时就需要用加速泵将所需不足部分的燃油送到喉管中。

●怠速调节

车辆停止行驶时，发动机处于低速运转状态称为怠速。此时驾驶员的脚松开加速踏板，节气门关闭。那么喉管中气体流动速度就会很慢而不能吸进燃油，这时从节气门靠发动机侧的小孔会流出少量的燃油，它能保持发动机低速运转，用怠速量孔调节螺钉调节它的油量。

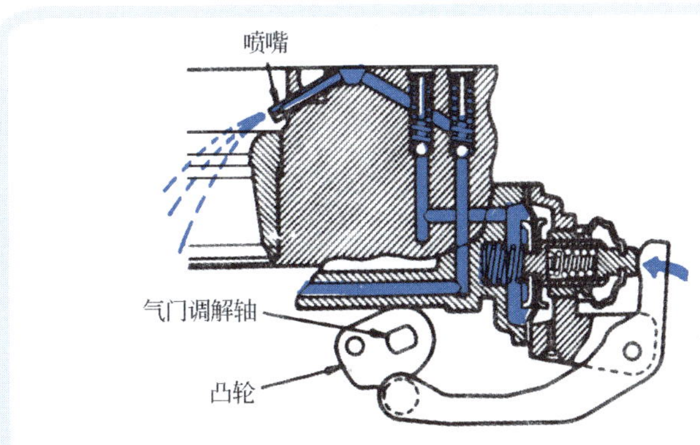

与上图的柱塞型相比输出效率较高的膜片式加速泵

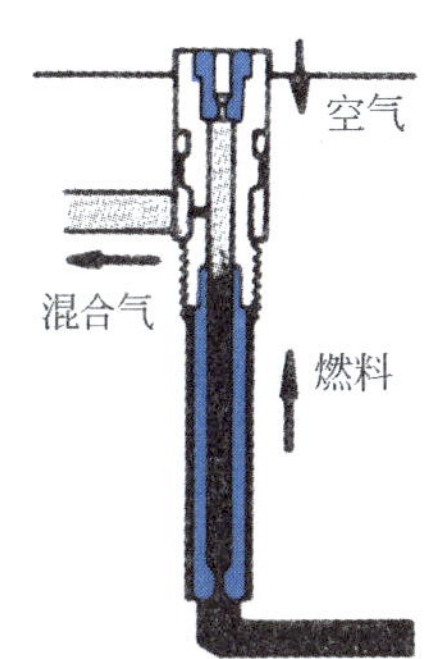

空气与燃油混合稳定，怠速稳定性增高的对向型怠速喷嘴

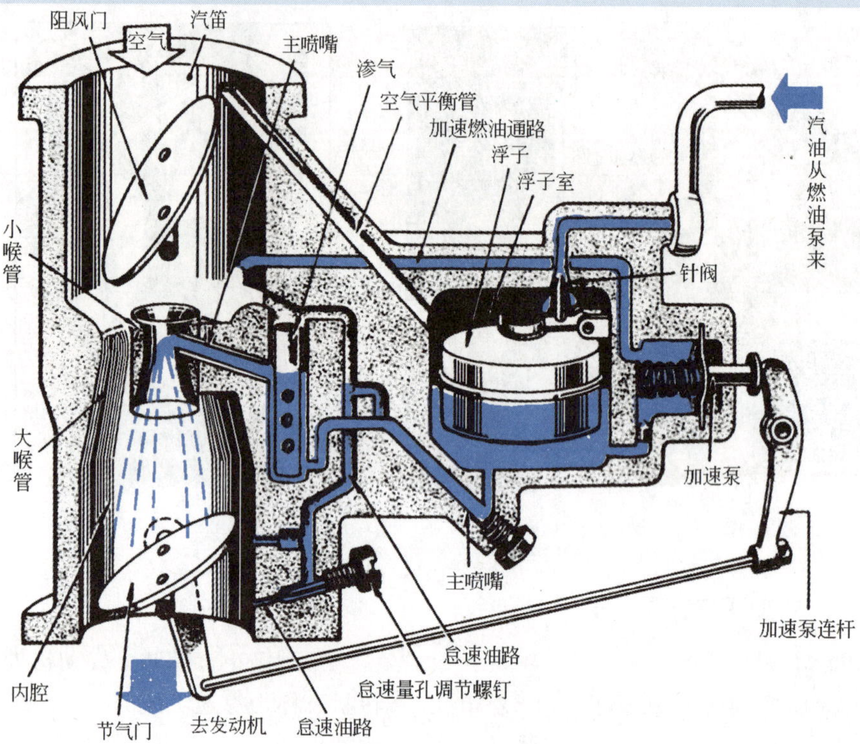

阻风门
空气
汽笛
主喷嘴
渗气
空气平衡管
加速燃油通路
浮子
浮子室
汽油从燃油泵来
针阀
小喉管
大喉管
加速泵
主喷嘴
加速泵连杆
怠速油路
怠速量孔调节螺钉
内腔
节气门
去发动机
怠速油路

[固定阻风管化油器的基本构造]

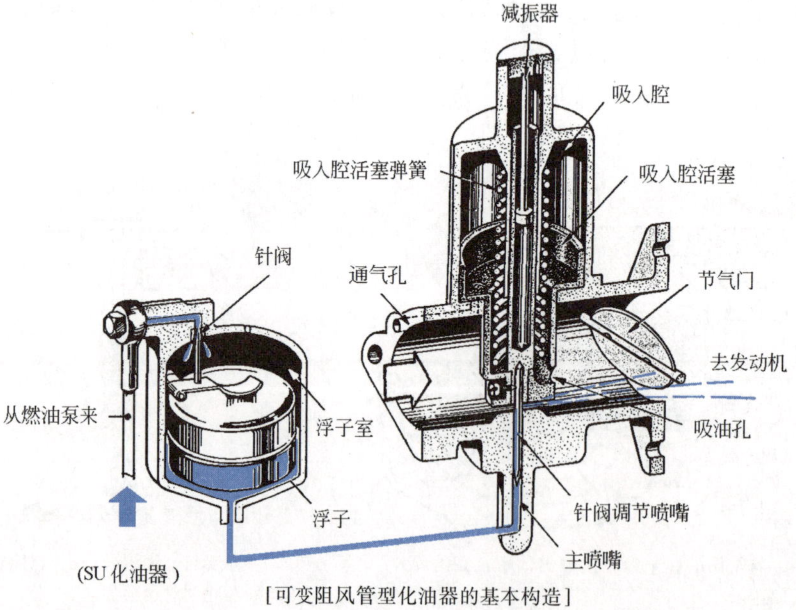

减振器
吸入腔
吸入腔活塞弹簧
吸入腔活塞
针阀
通气孔
节气门
去发动机
从燃油泵来
浮子室
吸油孔
针阀调节喷嘴
浮子
主喷嘴
(SU 化油器)

[可变阻风管型化油器的基本构造]

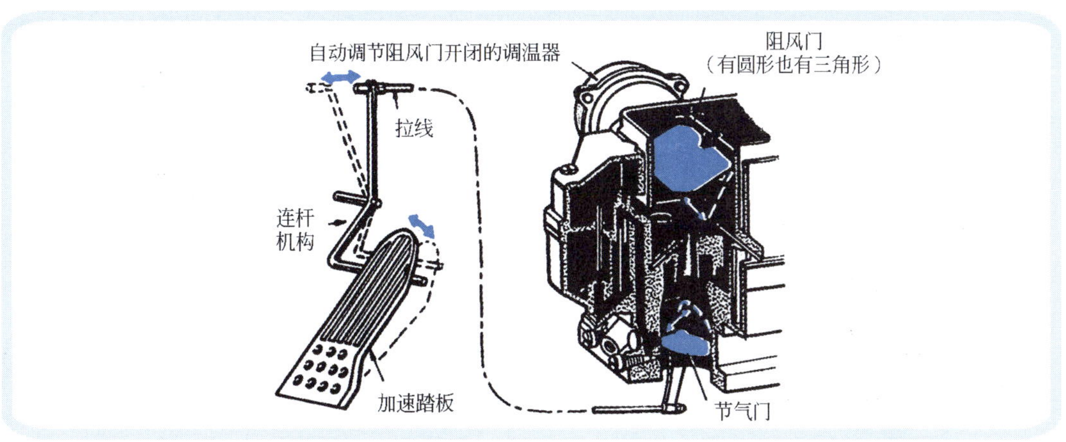

节气门与连杆

通过喉管的空气量是靠驾驶人的脚来控制，由加速踏板实现，踏板和节气门用拉线等连接，所以一踩踏板节气门就打开，进气通道面积就增加（参照上图），大量的空气就会流入，燃油量也随之增加，结果使发动机输出功率增加。

阻风门的必要性

阻风门在靠近空气滤清器的化油器进口处。主要用于在发动机的冷起动，由于靠发动机的温度或手动关闭，空气的进气量减少，同时在发动机侧产生负压，使高浓度的混合气进入燃烧室，而较容易地起动发动机。

↑以与节气门连动的阻风门为例，在寒冷天气阻风回转时，因为比通常怠速时的转速低而使发动机停止，图中所示连动连杆就是自动提高怠速转速的装置。

←在发动机起动后，膜片式的阻风门迫使开启阀马上就有一个开度。它是一个向发动机提供不过浓的混合气的机构。起

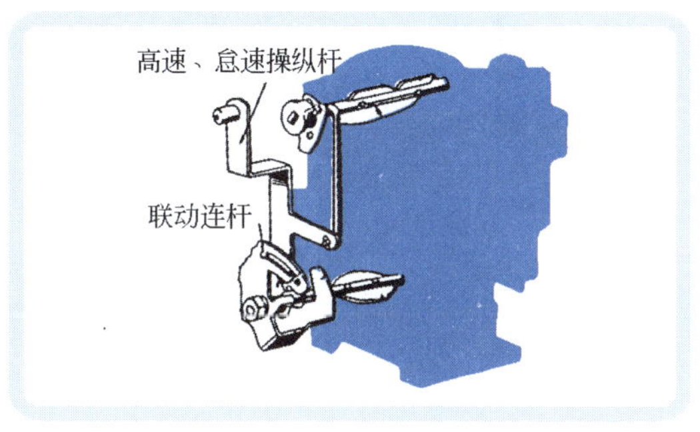

动后的发动机完全燃烧促动器开关的膜片接通负压，通过一拉杆使节气门保持一定的开度，环境温度调节开度是靠双金属弹簧的伸缩自动控制。

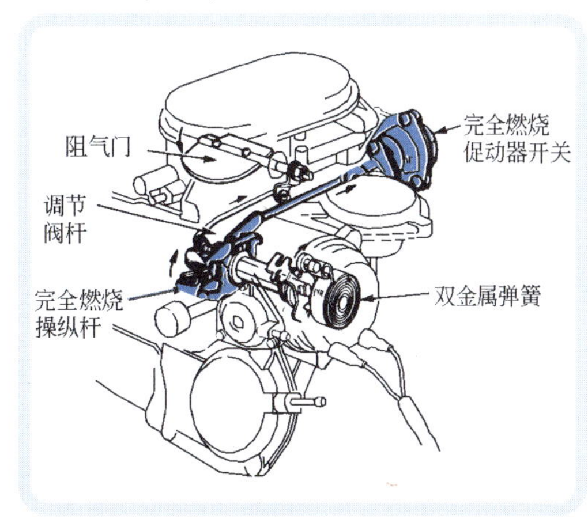

固定喉管式化油器的基本工作原理

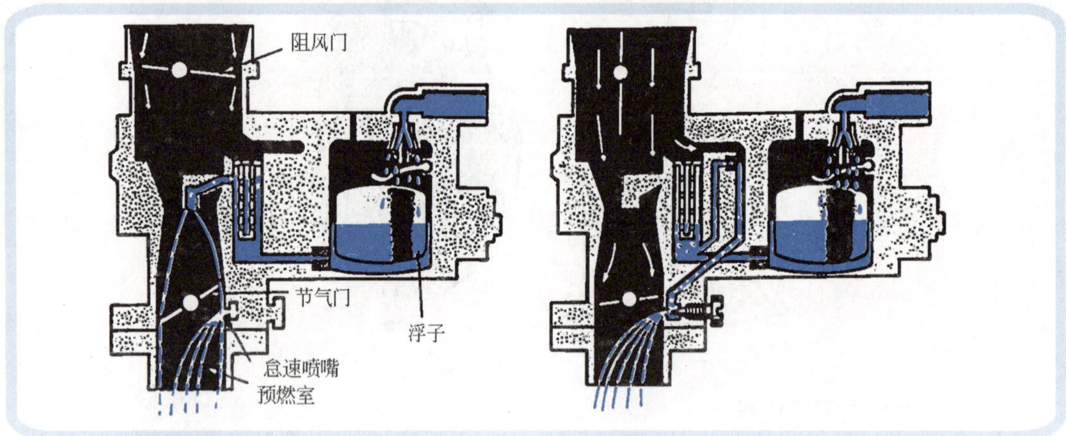

起动(寒冷时)

阻气门全关闭，节气门处于稍微打开状态。进入的空气较少因而发动机活塞下降，预燃室内产生负压，高浓度燃油混合气从怠速喷嘴中喷出。

怠速/低速

阻气门全开，节气门处于微开状态，燃油从怠速喷嘴喷出，混合燃油的空气经怠速通路流入，发动机保持低速运转。

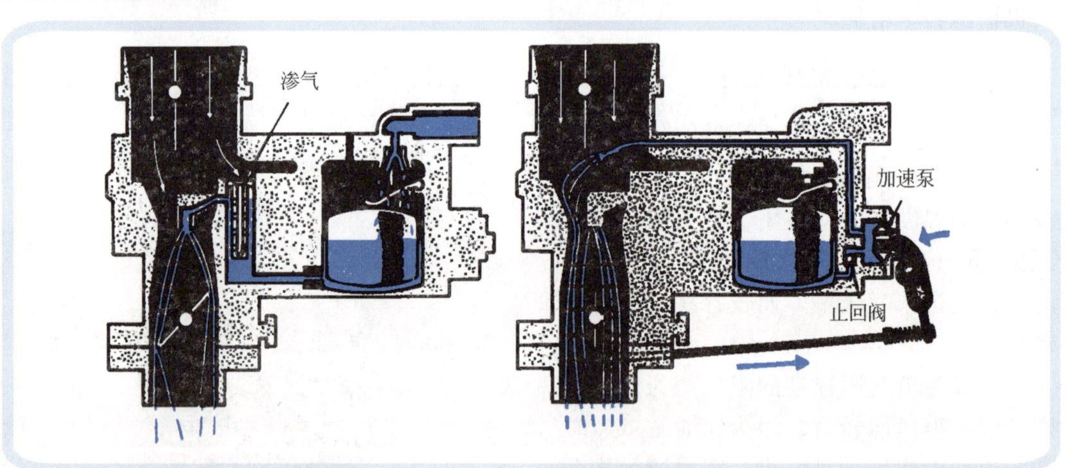

中速以上

节气门打开，燃油从主喷嘴中喷出，空气与燃油量都增多，发动机输出功率增加，此时从渗气管混入的空气有利于燃油的雾化。

加速

与节气门连动的连杆带动加速泵。经过安装在浮子室中的加速通路，过量的燃油向阻风管内喷射，为防止发动机熄火，止回阀使燃油不连续地流动。

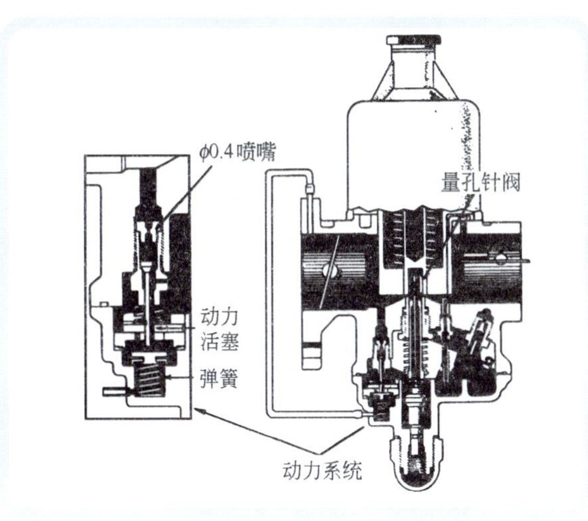

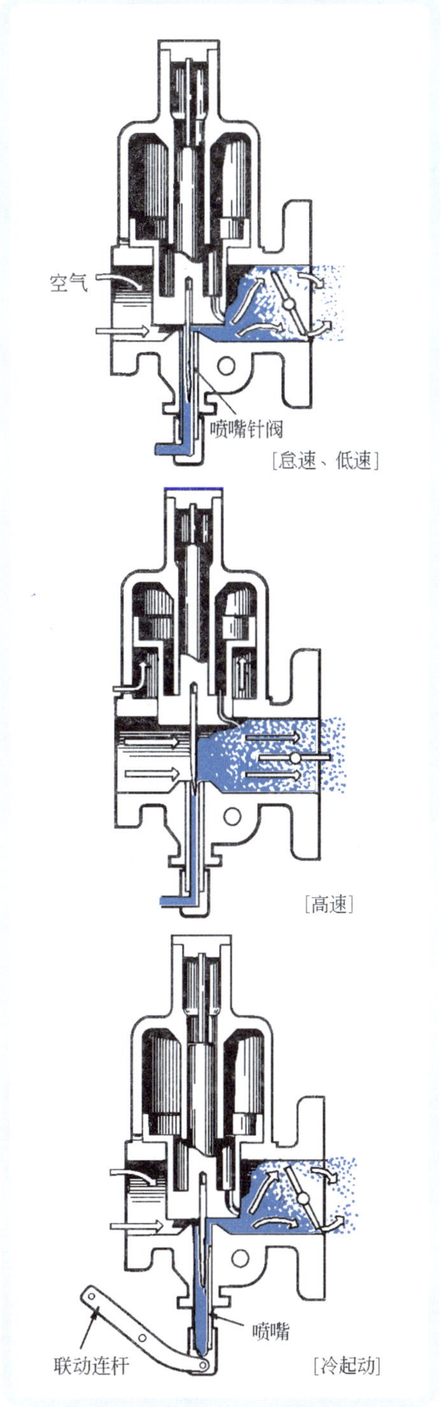

可变喉管型化油器基本工作原理(SU 化油器)

怠速→低速

节气门处于微开状态，喉管处负压很小，从通风孔进入的作用在进气活塞的大气压产生的压力差很小，不能克服压下活塞的弹簧力，活塞不能抬起，因此与活塞连着的深插在喷嘴内喷嘴针阀，喷出的燃油量较少，发动机继续低速运转。

低速

节气门处于全打开状态，通过喉管的空气流速也很高，这部分的压力根据阻尼原理，会向下传递。于是通过化油器吸入，然后再到进气活塞上部的化油器的进气腔。所以它会与通气小孔的大气压产生较大的压力差，使活塞被向上推动，停在与弹簧力相平衡的位置。

冷天起动

对于固定型喉管（前页例子），在蝶式阻风门关闭，化油器内负压增大同时，进气量减少，所以对于有较浓燃油供给的发动机起动更容易。对于可变型喉管，用联动装置代替阻风门，联动连杆使喷嘴位置降低，增加了与喷嘴针阀间的间隙，喷射出高浓度燃油使发动机起动更容易。

●加浓阀

由于发动机活塞下降，与之对应的负压也发生变化，要开闭主量孔附近的加浓量孔通路。加浓阀就是一种通过控制加浓量孔的燃油，自动地改变空燃比的装置。

进气歧管负压力小 = 空燃比高

因为负压减小，加浓活塞下降，加浓阀被压下。为此从加浓量孔输出燃油，空燃比增大。

进气歧管负压力大 = 空燃比低

因为负压增大，加浓活塞上升，加浓阀在弹簧的作用下也上升。因此从加浓量孔输出的燃油被切断，使空燃比降低。

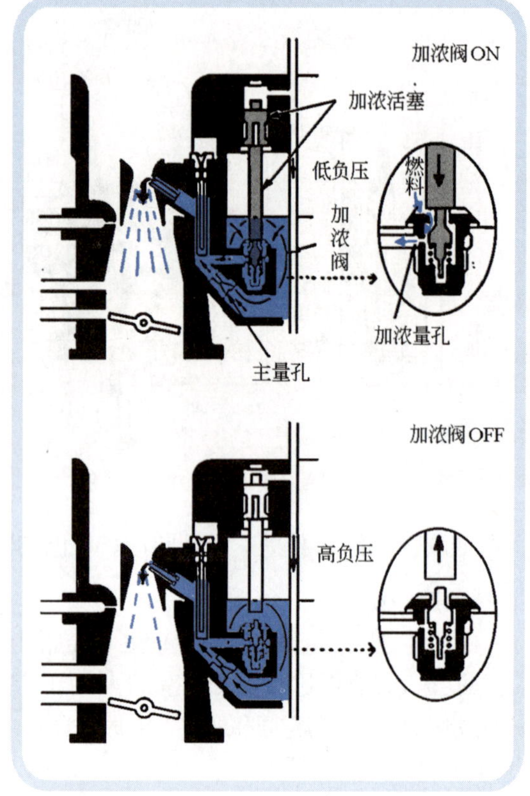

燃油传递路线

轿车的油箱一般位于车的后座席下或车行李舱下。由电磁式汽油泵通过管路把燃油送入化油器。并在管路上安装防止燃油挥发的装置。

蒸发罐的内部一般放有活性炭。它能将从油箱中挥发的汽油暂时储存起来，发动机起动时，下部与外部的空气一起进入发动机中。

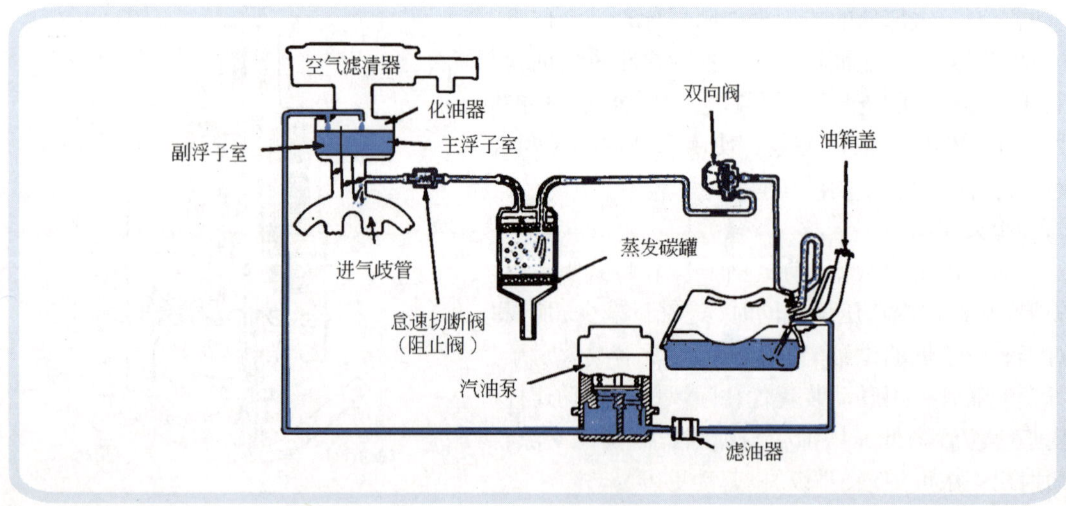

汽油泵工作

●机械式汽油泵

由于油箱与发动机间存在一个安全距离，油箱内的汽油要由汽油泵送到化油器中。机械式汽油泵的壳体是上下分离的，由轻合金压铸而成，并在其间加隔板。隔板起隔膜、分隔的作用。它一种带有特殊的织物编织成的耐油橡胶圆盘，周边固定，中间可上下运动。这样不必担心液体的泄漏，它依靠隔膜的上下运动吸入排出，间歇供油。隔膜通常在弹簧力的作用下顶在上侧，要用摇臂将其压下，摇臂由凸轮驱动，凸轮与发动机、气门用凸轮轴相连，并由凸轮轴上的齿轮等驱动。

●防止气阻泵

夏季，发动机的温度较高，混入汽油中的气体由于膨胀产生气泡，不能正常供油，这种现象称为气阻现象。为防止气阻现象，有的泵的构造是使泵输送一部分燃油，通过其他的阀门返回油箱循环使燃油冷却。

●电子式油泵

如前所述，机械式汽油泵在构造上不能安置在发动机缸体的侧面，而电子式油泵在任何位置都可防止气阻现象。其基本结构与工作原理与机械式油泵相同。构造是在膜片内安有衔铁，它靠电磁阀的通断做往复运动。工作原理是：电流流过线圈时，因电磁力的作用，吸引铁心，铁心与膜片的轴为一体，膜片克服弹簧力动作后输出燃料，如果轴继续上移，则会压触到控制杆，使触点断开停止供电。消除电磁力后，膜片在弹簧力的作用下返回原处。

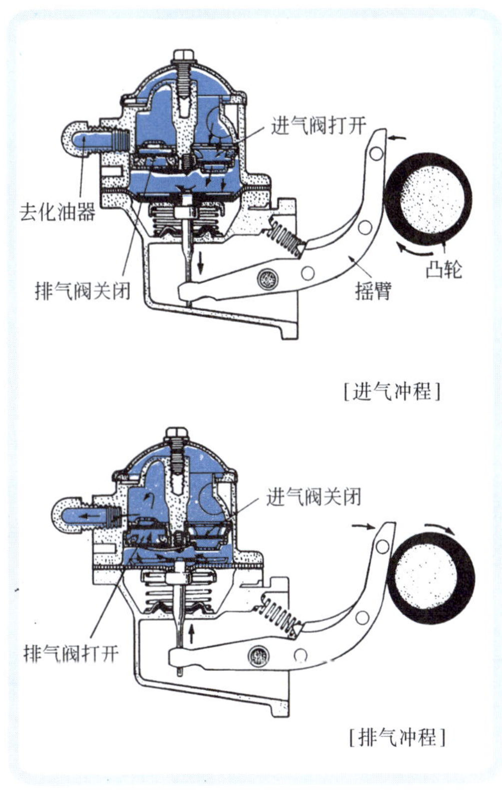

[进气冲程]

[排气冲程]

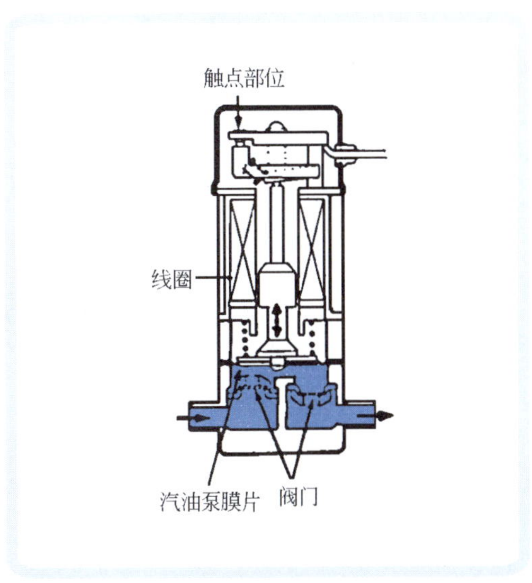

●韦伯化油器

它是由意大利韦伯公司制造，原来是多用于跑车和赛车等高性能发动机上。它是横向通风的双腔型化油器（图中只能看见一个，背面还有一个与其并列）初看像可变喉管，实际是固定喉管，是一种燃料喷射量大的高速化油器。它不太适应中低速行驶，在6缸发动机上，这种类型的化油器连装3个。在现代汽车上它已被汽油喷射取代，应用越来越少。

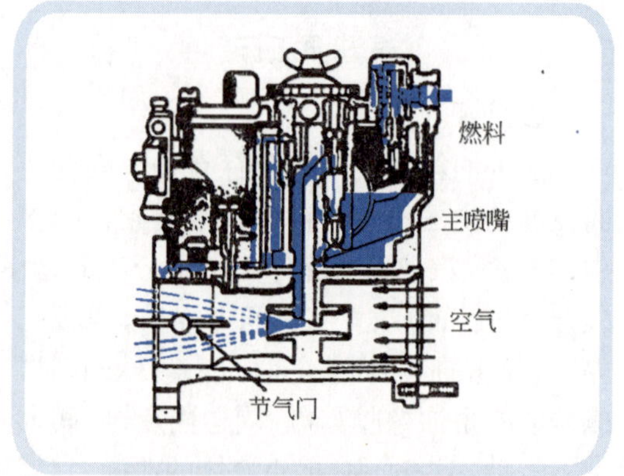

●V型化油器（丰田商品名）

这种化油器，是一种可变型喉管（SV型化油器）常常横向安装，进气采用向下通风的方式。还有，与原来SV型的进气活塞上下运动时采用的液压缓冲器相比，这种化油器采用滚珠轴承，摩擦阻力减少，平衡区间也很小。为什么称为V型呢？这是因为进气活塞的一部分被切成V型。

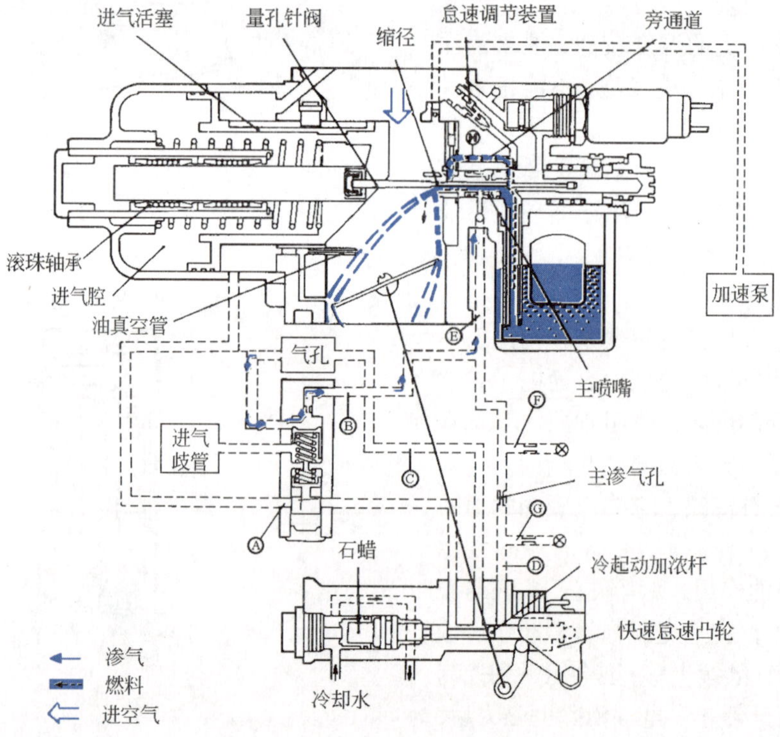

化油器内部结构

前面介绍的各种化油器的结构和工作原理，实际上已经简化了。为了便于理解，只显示其中的一个断面。实际上，如显示的那样，从不同角度看各断面都不同。看都看不懂，相当复杂。

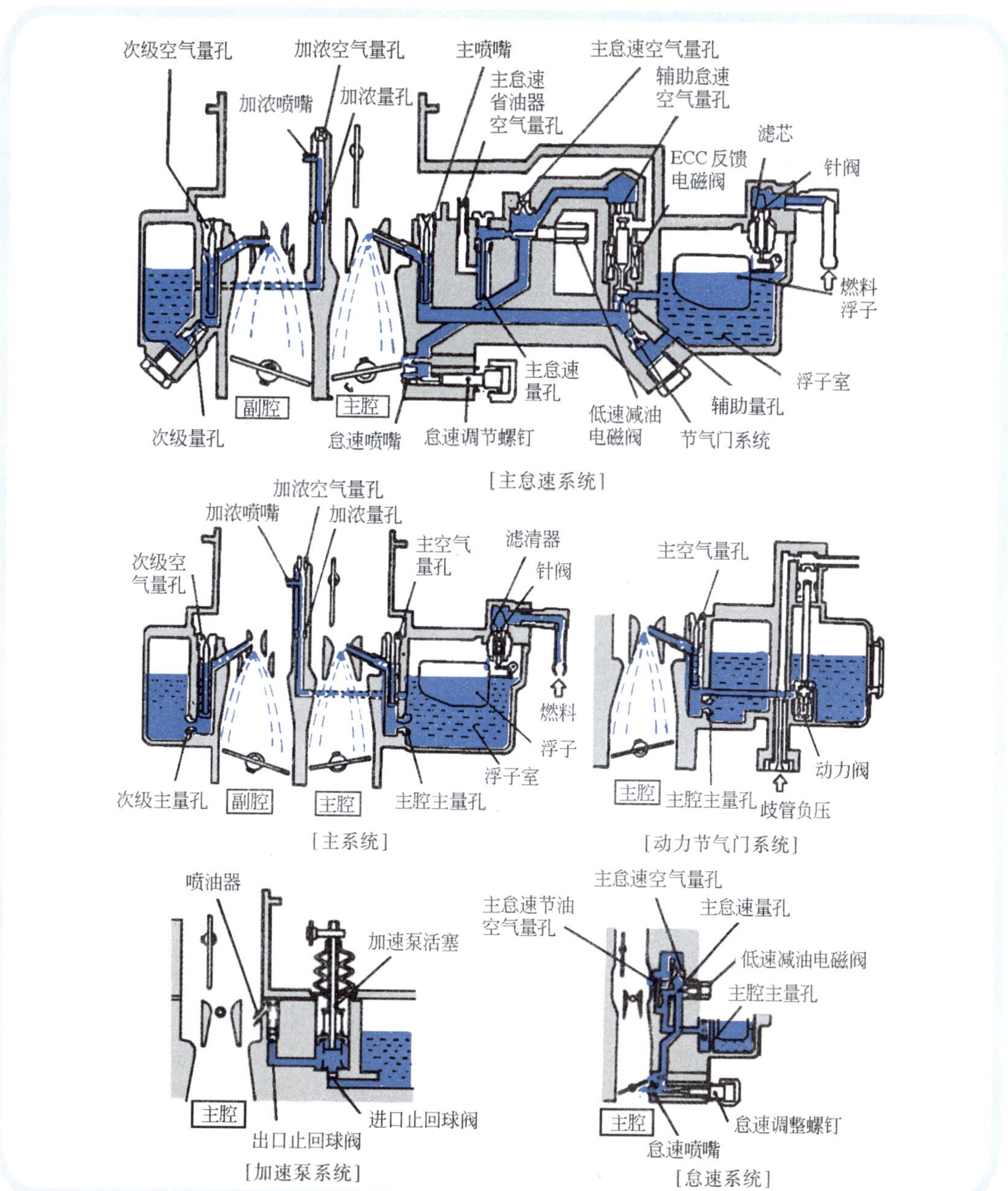

［主怠速系统］

［主系统］

［动力节气门系统］

［加速泵系统］

［怠速系统］

进气与排气

高效除尘空气滤清器

发动机工作时吸入的燃料与空气量对比值，对于一般车辆来说，汽油1L，要有空气5000～10000L。因此如果不除去漂浮在空气中的灰尘杂质就会损伤发动机的气缸，或因摩擦损耗而降低发动机的寿命。空气滤清器就是起到除去空气中杂质的作用。如没有空气滤清器，发动机寿命就要缩短1/3。即使安装空气滤清器增加了进气阻力，使输出功率略有降低，但它同时也消除发动机的进气噪声。

现在一般使用的空气滤清器是一圆盒，把纸布或合成纤维制的滤芯放入其中，这种结构通常称为干式。在空气入口处的管道要向外突出一截。相对干式滤清器，湿式采用油槽过滤的方式，现在已经很少用了。当空气流过油面时，它用油粘掉空气中的灰尘。

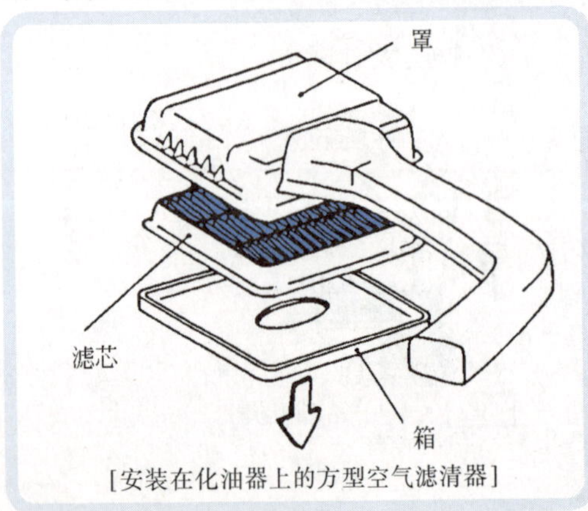

[安装在化油器上的方型空气滤清器]

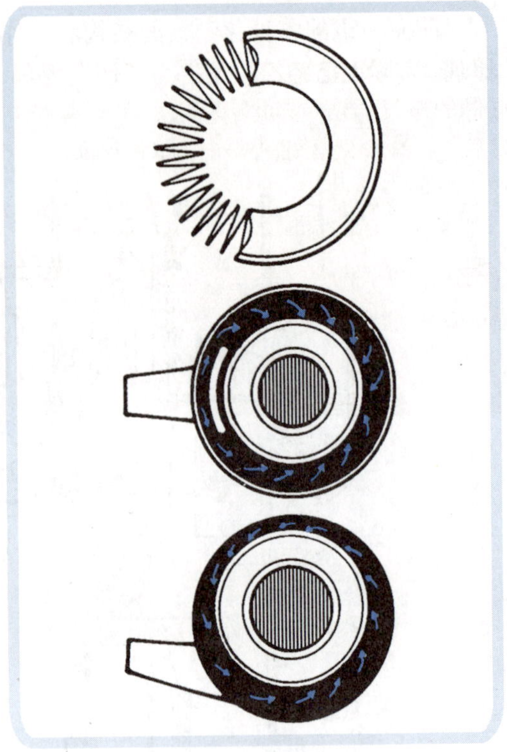

此外还有半湿式，它结合干式与湿式滤清器的优点。采用聚氨脂类发泡体渗油。

如上图所示是空气滤清器，按进气角度不同分为2种类型。

干式滤芯为了增大面积采用复合折叠的形式，但如果折得过密，因材料的有一定的厚度，褶间隙变得狭窄，反而使过滤面积变小。

进气管在滤清器壳体中央，与滤芯分离，空气向两侧流动。而管道偏心则使空气先沿着外周运动，大的杂质会被排到外侧。必须在提高进气效果的同时，充分发挥滤芯对空气的过滤效果。

看上去简单实际并不简单的进气歧管

通过滤清器的空气，经过化油器时，带出的燃油形成混合气。我们将通往发动机缸体的进气通道，称为进气歧管。“多进气歧管”是指从化油器出来的混合气，向各气缸进气的分路管道。

虽然结构简单，但它不仅能准确地将混合气送到各个气缸，而且还要符合一些较难的性能要求。使液态的汽油沿着进气歧管的壁面流动，并且等量分配给各气缸，汽油不仅在化油器内汽化，同时在进气歧管内也可汽化。

进气歧管的长度，断面形状等对进气效率有很大影响，常常改进这些参数来提高进气歧管的进气效率。可见进气歧管虽只是一个简单的管道，却发挥着意想不到的效果。

进气歧管材质一般用铸铁铝合金。为使内部光滑，提高进气效率，在其内侧常压上铜套。

进气歧管加热：在发动机温度较低时，为了加快汽油汽化，可利用排气歧管高温排气对进气歧管进行预热。但是当发动机温度提高后，进气的膨胀会使发动机容积效率下降，降低它的动力性能。所以要利用节温器（膨胀率差较大的金属板或线圈）自动地控制进气通道的热量。

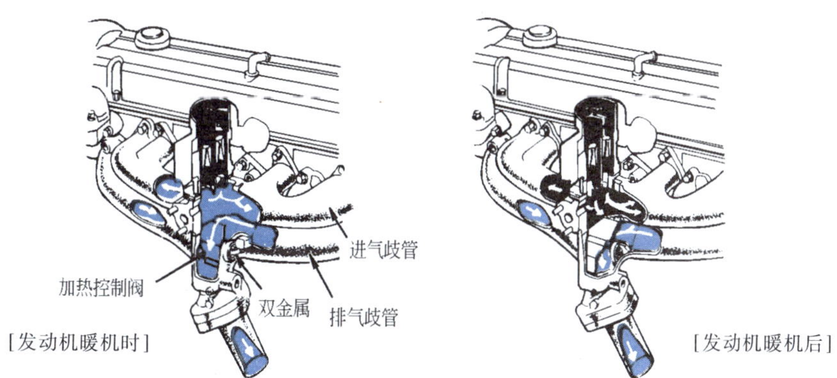

歧管的加热装置

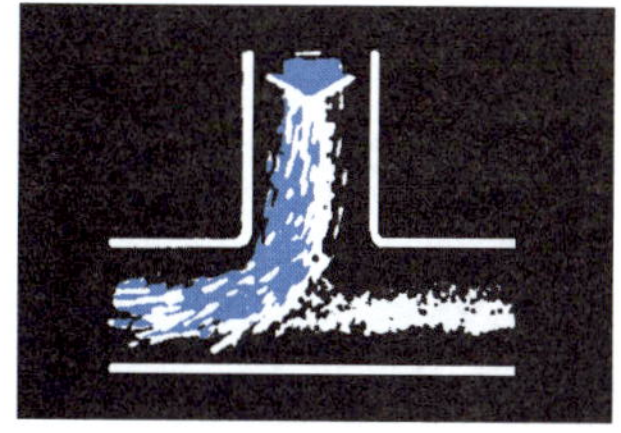

最常见的形状为直角分流，因流体有损耗，阻力也高，最适合左右分流。

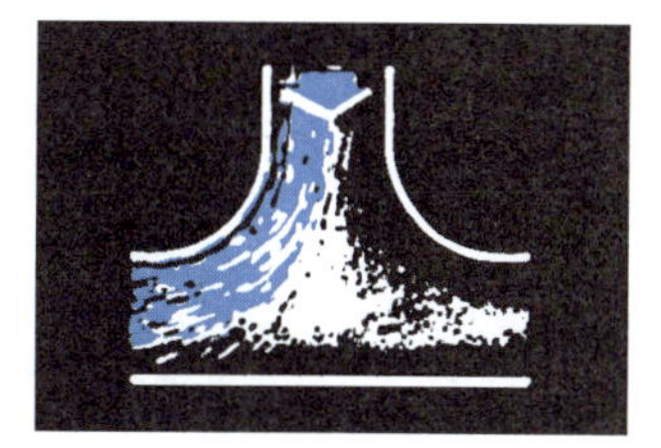

空气流动性好，但与管壁接触部位产生流速差，不能分离混合气，在管壁上易产生汽油膜。

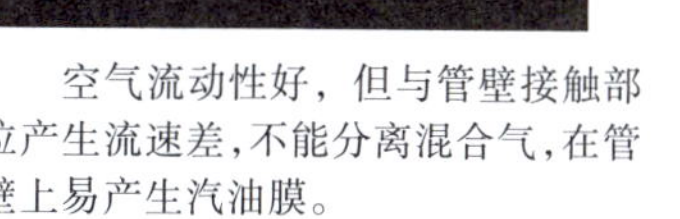

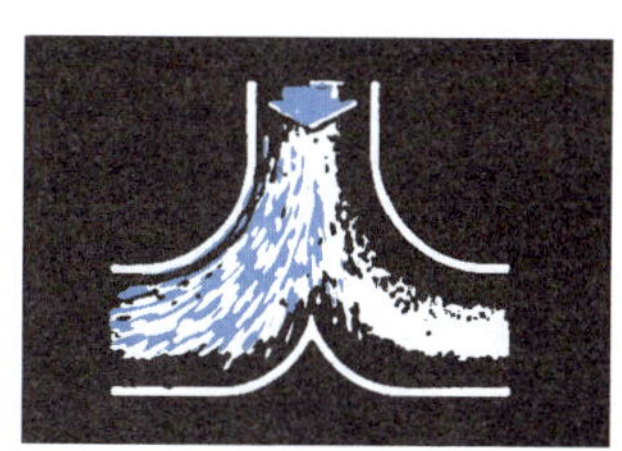

如图所示流动性好，从左向右（图的上侧）混合气体流动方向发生变化时，一部分混合气体受管道突出部位阻碍而滞留，不易均匀混合。

分流的基本形状与性质

干涉困扰的排气歧管

排气歧管与前面所说的进气歧管具有相反的作用，它将从发动机各个气缸顺序排出的气体汇集到一条管道，再通过消声器排出。排气时，排气的流速与受到的阻抗，对动力的影响等与进气的情况相同。但不必担心进气时液态燃料集结，产生油膜。为减小管道对气体流动的阻力，而将管道截面设计成圆形。

排气歧管交汇点处的角度在大约30°时较好，没有形状要求。

●排气干涉与背压

多缸发动机的排气汇集在一起，通过消声器排出，在车身设计、车辆重量、成本上等方面都可满足。但因排气的汇集会使各气缸相互干涉会产生逆流，造成排气情况恶化。称“排气干涉”。这种现象也同时要引起排气压力的增大，对气缸施加的压力，称之为“背压”。它是阻碍废气从发动机排除的阻力。发动机输出功率也会因此降低，当这个压力达到10kPa时，输出功率就会降低3.5%。管道弯角越急，汇集的管道数越多，排气干涉就越高，背压的问题也就越严重。

对4气缸的排气歧管有如下的形式，每2缸的歧管汇集一起后，再进行汇集，就形成所谓的双重类型。这样在排气效率上就有所提高。不采用双重类型而延长排气歧管也能避免排气干涉，弯角延缓一些会更好。与铸铁歧管相比，钢管内壁光滑，阻力小，效果要好一些。因此体育比赛用车经常使用不锈钢制排气歧管。

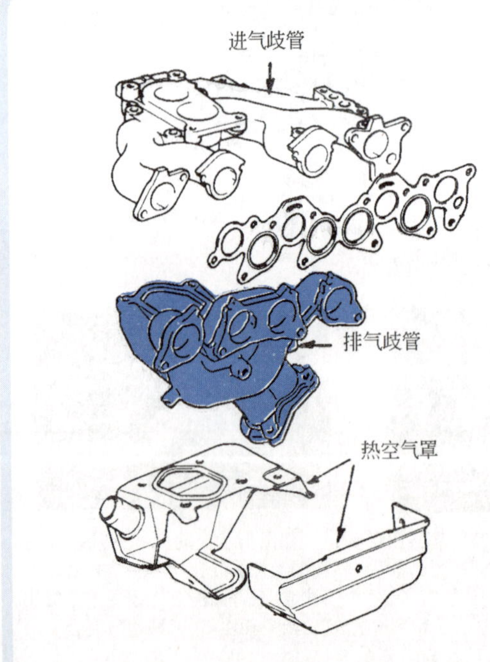

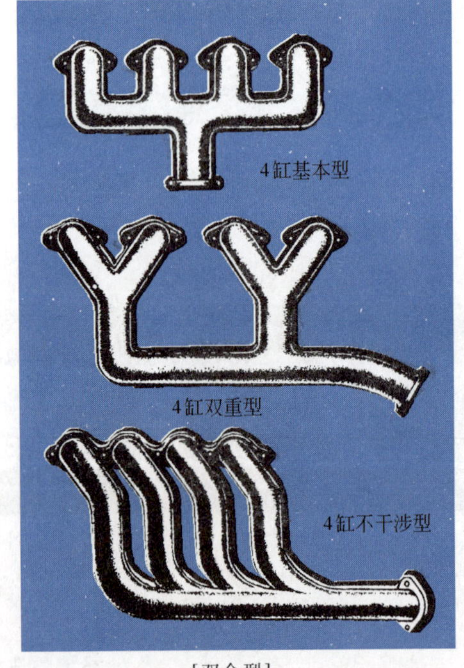

[双金型]

消声器消声

发动机排出的废气，压力为 300～500kPa、温度为 600℃，它被间歇地排放出来。如果不安装消声器则会产生刺耳的噪声。消声器一般安在从排气歧管接出的长排气管前部，废气在这里消声后再经排气管向大气中排放。

消声器是一种消耗废气声能使其达到最低阻抗的装置。它分为共鸣型（应用共鸣衰减原理）和膨胀型（管路中设有膨胀室）2种，它们基本上都装有耐热吸音材料。许多场合也用它们的复合形式。

●消声原理和能量损失

消声器消声原理是，进入到消声器内的声波受到膨胀室内壁的反射，相互冲击干涉使能量损失，所以为提高消声器的消音效果，消声器的内部做的越复杂，消音效果越好，但是声波与一部分反射声波冲击后，与膨胀气体干涉也会产生阻抗，从而降低发动机输出功率。因此要尽量减小的阻抗，使噪声降低，若使这相互矛盾的双方达到统一非常困难。一般来说，消声器的容积必须是排气量的 15～20 倍，据发动机转速不同功率损失可降低 5%～10%。然而，对跑车而言，不需要很静，相反要求有适当强烈的排气声调而增加一种快感。

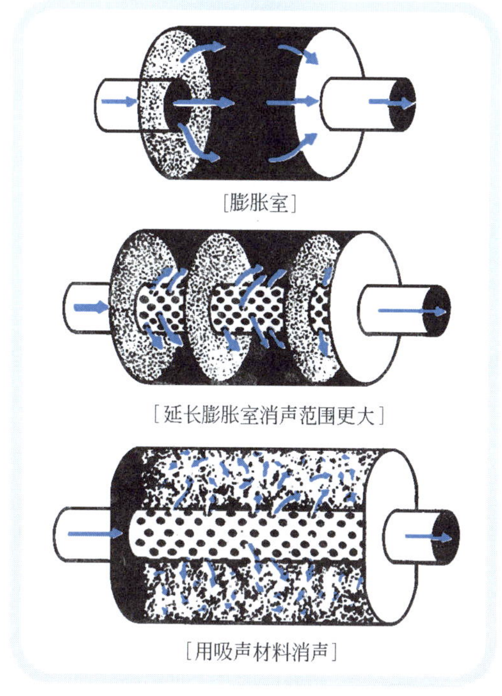
［膨胀室］
［延长膨胀室消声范围更大］
［用吸声材料消声］

●吸声材料

吸收声能的吸音材料应用较广的有玻璃板、石棉、岩棉等。这些物质必须对高温、高速度的废气有很高的承受力，吸音性能不好的也不能使用。吸音材料有多孔性，长时间使用易被废气中含的水分、碳粒子等所堵塞，造成性能降低而使吸声性能下降，进而还会与废气流产生共振而发出异声，此时应及时更换吸音材料。

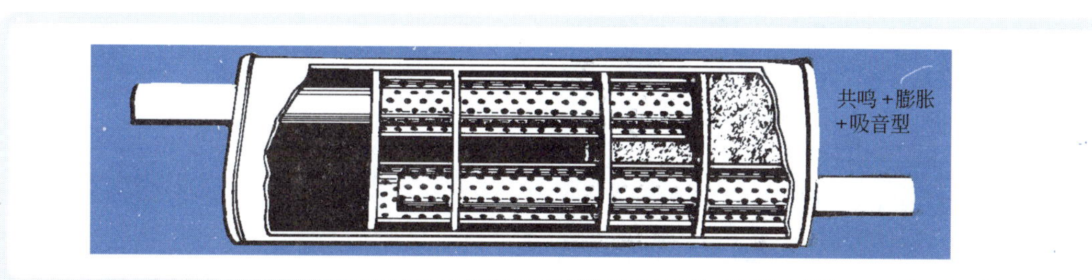

喷油系统

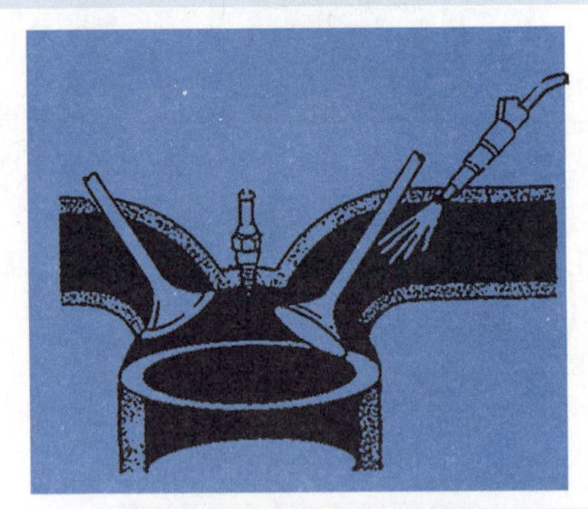

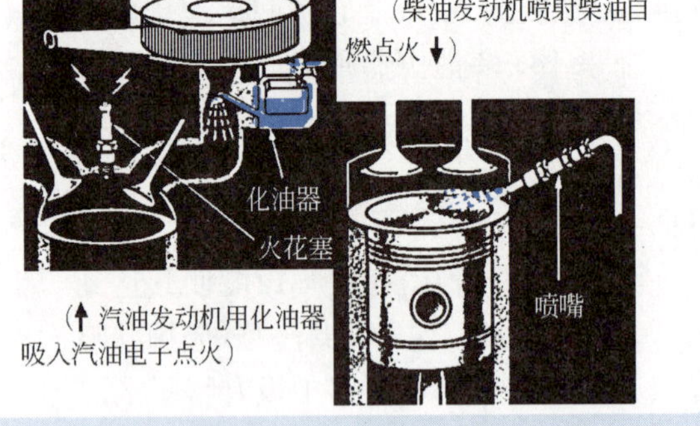

向发动机喷射与燃油喷射

所说喷射是“注射”的意思，燃油喷射是将燃油向发动机内注射的意思，也称“燃油直接喷射”。早期这种装置用在柴油机上，柴油机喷射的是柴油，汽油发动机喷射的是汽油，这样说已经很明确了。

一般发动机带有的化油器，通过发动机活塞下降产生负压而将燃油吸出。燃油喷射是用油泵给燃油加压，通过喷油泵向发动机内喷入燃油，但是柴油发动机因高压而产生高温空气，喷射的柴油会自燃点火，相对汽油发动机喷射的是汽油，点火方式采用火花塞电点火的方式。

汽油喷射大多是采用歧管喷射和进气口喷射两种方式，而不是像柴油机那样向燃烧室直接喷射“高压燃油”，因此不需要柴油机那样高压泵。

●喷射

汽油喷射中主要解决如何准确地向各气缸分配燃油和减小进气阻力这 2 个问题，从而弥补化油器缺点。它首先在跑车领域中发展起来。可是只用机械的机构如何正确测定发动机空气进气量，喷射出适量的汽油，是非常困难的。这是制约汽油喷射发动机普及的一个关键性问题。

然而因大气污染问题和燃油消费税突然上升，这种系统的性价比也相应提高，随着电子技术的飞速进步，使这种系统的理想电子控制有了可能。因此“电子控制燃油喷射方式”即电子控制燃油喷射装置在高性能车辆中迅速地普及。

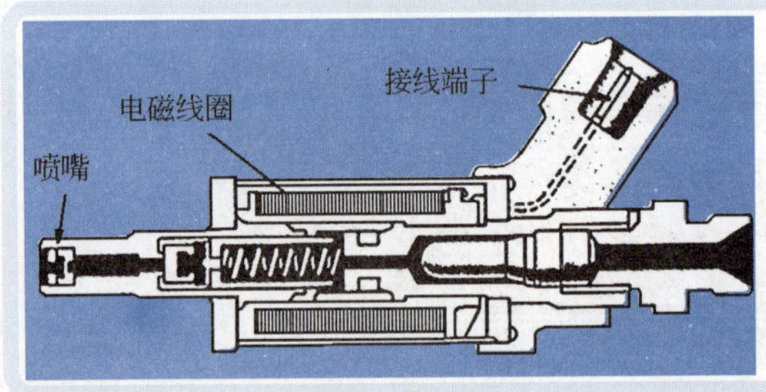

汽油喷射的喷射器，前端有直径约 0.8mm 的喷嘴，当电磁线圈上有电流通过的瞬间，产生的磁力将打开喷油泵柱塞下端，燃油则从喷嘴喷出。

3个系统

汽油喷射系统分为3大系统。

●进气系统

它是燃烧时供应必要空气的系统，通过空气滤清器进入的空气，由空气流量计检测其温度、流量后将信号送入电脑，再由电脑来决定喷油量。混合气的空燃比是确定喷油量的一个重要参数。或者说空气量是一个重要依据。

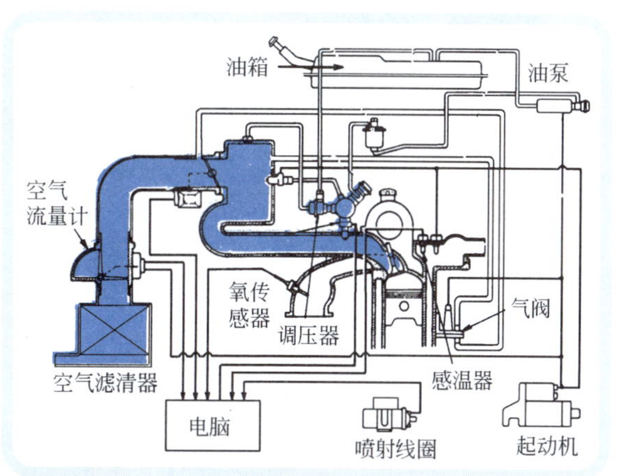

●燃油系统

油泵从油箱中吸油，经过滤油器过滤后，由压力调节器调压再由喷嘴喷射。喷射后的余油再流回油箱里。冷起动时，喷射器只是在发动机起动而冷却水温度较低时，喷射的燃油雾化将大于正常量。而在减速时、发动机转速超过规定值时，停止喷射。所以也可以说它是燃油截止装置。

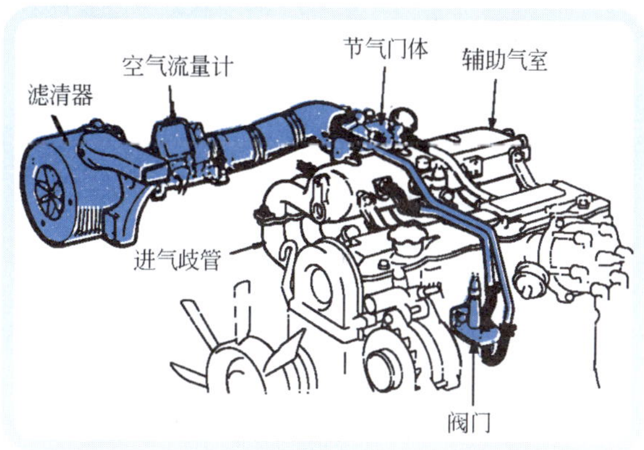

●控制系统

检查进气量、发动机负荷、水温、进气温度、加减速度等传感器信号。从这些传感器上提取的电信号，设定与发动机输入特性相适应的空燃比，由电脑计算控制燃油喷射器的开度（虽然是瞬间，但电流流通时，产生的磁力吸引喷油器的铁心，喷油嘴打开，此时燃油喷出。这就是喷射时间）。

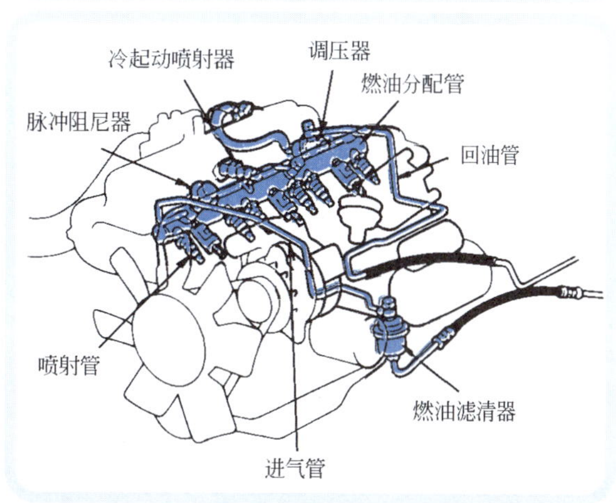

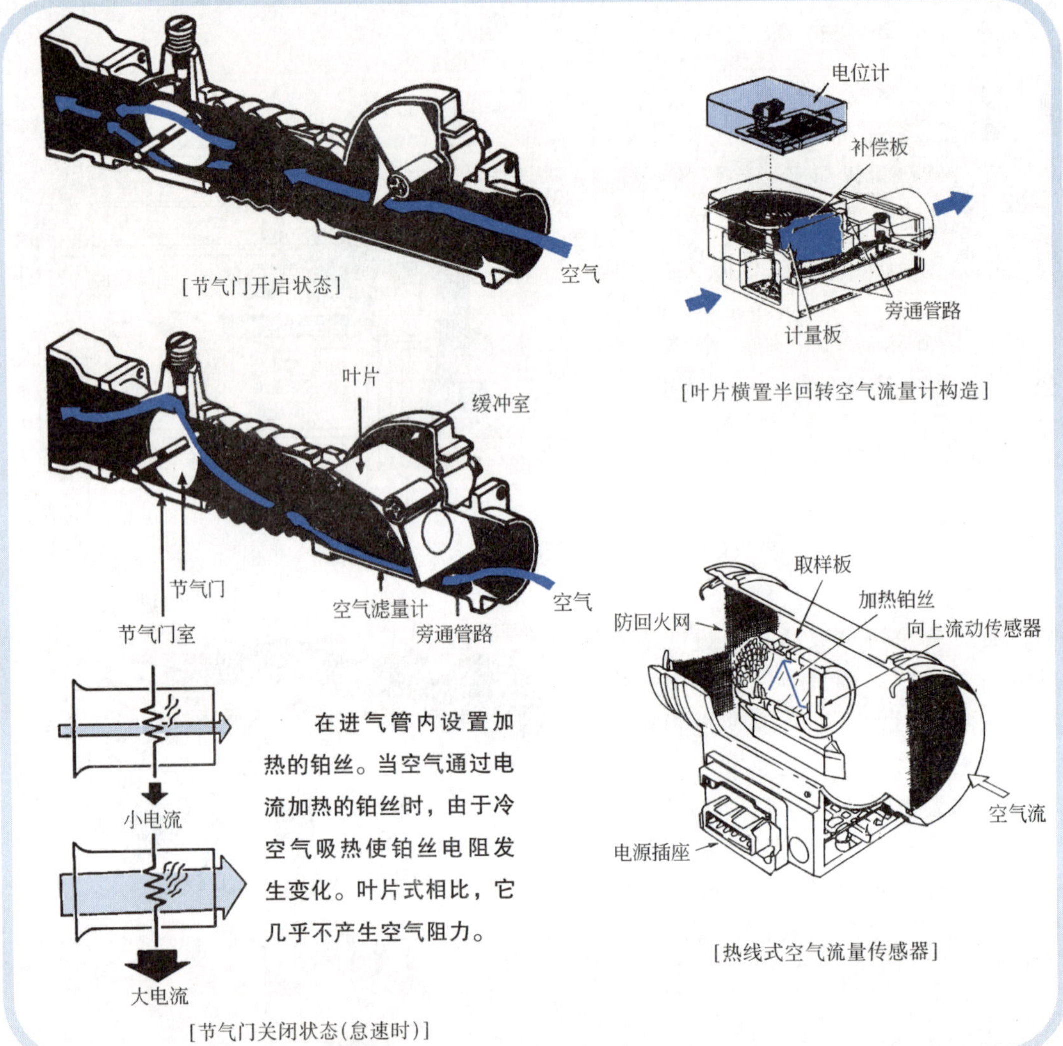

[节气门关闭状态(怠速时)]

空气流量计

●空气流量计的功能

发动机的进气量可由电压的变化来检测，电脑根据检测的信号来决定燃油的喷射量。它还与加速踏板的踩踏角度有关,由节气门开度的大小，决定通过空气滤清器空气量的多少。顶开空气流量计中的叶片(也称计量板)，如流入的空气量不变，则复位弹簧在某一平衡角度停止。于是由与叶片轴同轴的电位计检测出进入空气的电气量，此时的缓冲室具有抑制叶片脉动的作用。

而空气调节器能使暖机运转时所需的空气通过处于关闭状态节流阀的支路供给燃烧室。

●节气门开度传感器

安装在节气门体上，从节气门的开度可检测出发动机的状态（怠速或者高负荷状态）。电脑根据此信号增加燃油供应（输出功率增加时增加燃油供应、在暖机加速时增加燃油供应）或切断燃油供应。切断燃油供应使节气门开度传感器处于怠速触点ON位置上（节气门全闭），发动机转速超过规定转速，发动机制动时，停止燃油喷射，实现节能及防止催化剂转换器（为了防止大气污染，在排气管道中间安装的一种装置）过热。

●进气温度传感器

是检查进气温度的传感器，内置与水温传感器相同的热敏电阻，安装在空气流量计内。根据此信号来提供与进气温度相适应的燃油量。

●水温传感器

检测发动机的冷却水温度的传感器。它内置的热敏电阻，可以根据温度不同，阻值变化较大的特性检测水温。再根据此信号的大小来提供与水温相对应的燃油量。

●起动定时器时间开关

低温起动时（冷却水温度在22℃以下），冷起动喷油器喷射燃油，提高起动性能。但是因起动机还在继续旋转，为防止损坏，要控制喷射时间。

●氧传感器

根据固体电解质应用氧气的浓制作原电池原理，在管状的氧化铬表面贴上一层薄薄的金属铂，氧化铬两面就会产生氧的浓度差，从而产生电压。根据理论空燃比，由于铂的催化作用，氧传感器温度越高，表现出的电压特性变化幅值越大。氧传感器安装在排气管内，外侧与排气相接触，内侧通入大气，可根据它产生的电压检测出氧的含量即空燃比。

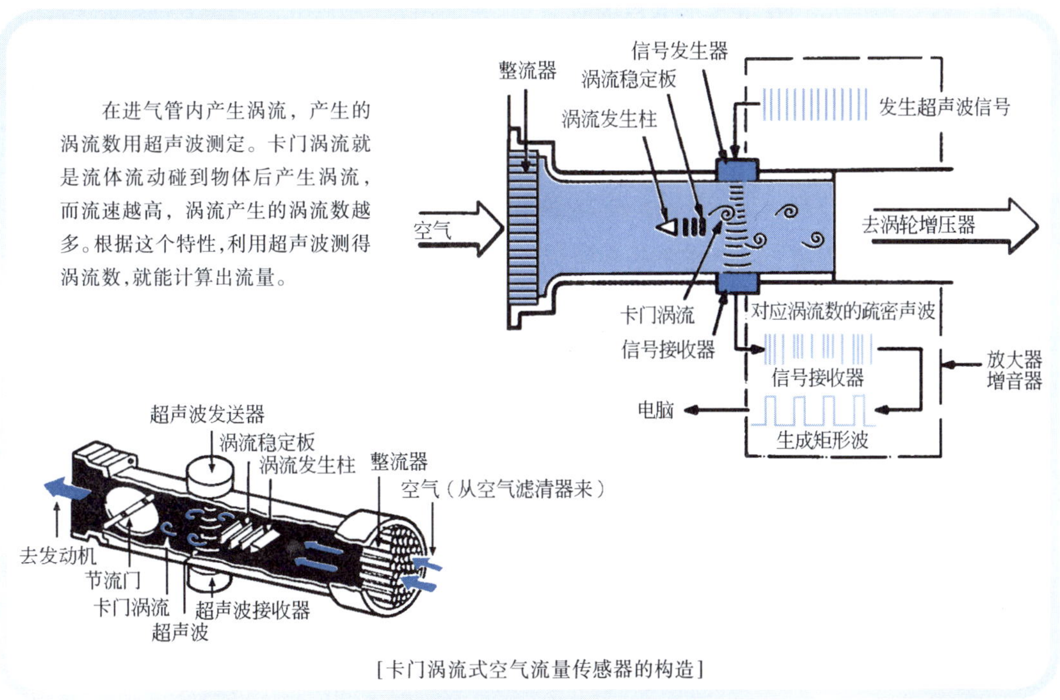

[卡门涡流式空气流量传感器的构造]

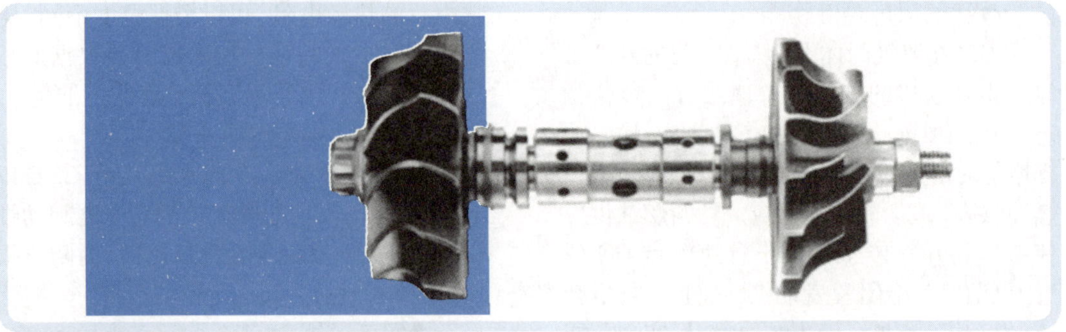

涡轮增压器

涡轮增压器是涡轮和增压器的合成词。废气使涡轮旋转，涡轮驱动空气压缩机向发动机供应高于标准值的空气，相应地要燃烧多于常量的燃油，因此具有更高的动力特性。

这种装置最初是应用在飞机上，为防止在高空中因空气稀薄使发动机动力不足而采用一种手段。应用在汽车上的目的有所不同，但基本构造原理相同。但质量增加1kg左右，发动机的输出功率就会惊人地增长了20%～30%。

为什么有如此的效果呢？这是因为发动机工作后的排气所含热量，大约是发动机产生全部热量的33%全部排放到大气中了。（发动机产生的能量如果是100%的话，则冷却散热能量占30%，机械损失占5%，实际上只将剩下的30%左右的能量被发动机输出，有效利用）。

增压器的作用

涡轮增压器也称增压器，它不是利用废气。是利用曲轴上的齿轮来驱动空气压缩机，也称为发动机的增高装置，即机械式的增高装置。它在1908年已经应用于实际。在1922年，安装鲁茨式增加器使汽车的功率提高了20%。

原来的涡轮增压器也是增加器的一种，但与其结构不同，另取名为涡轮增压器，以便与增压器相区别。而把第二次世界大战中飞机所使用的涡轮增加器称为“排气涡轮”。

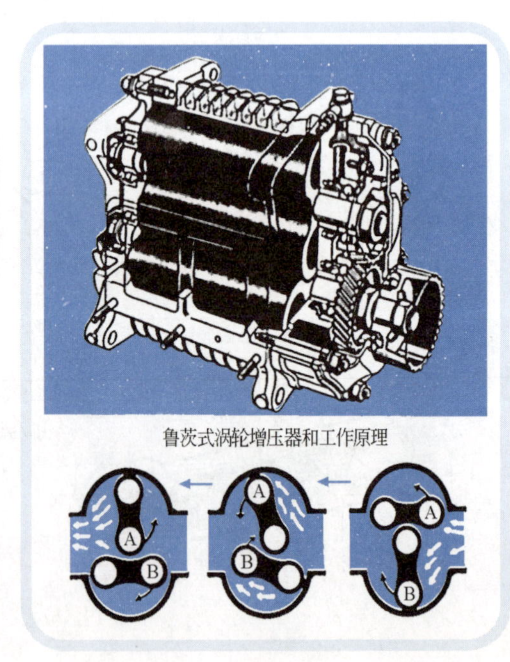

鲁茨式涡轮增压器和工作原理

●基本构造

从发动机排放出来的废气汇集在涡轮叶片处，由于气体的流动，推动叶片旋转。叶片通常一边散发排气热（约 900°），一边以 2～5 万 r/min 的高速旋转。在与其同轴的前部驱动离心式空气压缩机中，进气被压缩，压强达 1.5～2 个大气压后输送到燃烧室，但不做节制使增高压力不断地增大，发动机就容易产生敲缸，使发动机输出功率降低。为此用调解器来调解，当增高压力超过规定值时，推杆将阀门打开，废气从涡轮机入口处的溢流门溢流。

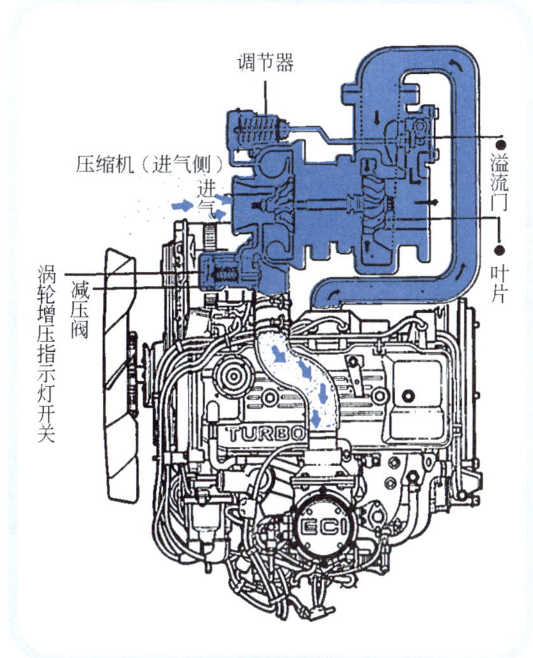

三菱车用涡轮增压器

最高转速 12～15 万 r/min

最大增高压力 330mmHg

●涡轮机叶轮材质

涡轮叶轮是一种径向的叶轮（叶片呈放射状，喷射方式为轴流式）。一般把圆盘本身称为涡轮叶轮。这叶轮通常要承受900℃的高温（不能冷却），还要承受巨大的离心力，并且要求质量小，因此常选用耐高温的镍合金。希望将来能使用更轻质的陶瓷类材料，这样质量会比现在的减少了1/3，涡轮的时滞也将得到很大的改善。

●涡轮机的功能

从发动机排出的气体集聚在排气歧管后，由涡轮机的入口处流入涡轮机壳体内。因为流通面积逐渐缩小，所以向涡管内流入时，流速逐渐增大。

此时废气对叶片产生力的作用并向出气口流去。为使废气顺利流出，叶片安装时要与旋转方向后倾斜一个角度，这个角称为“冲击角”。

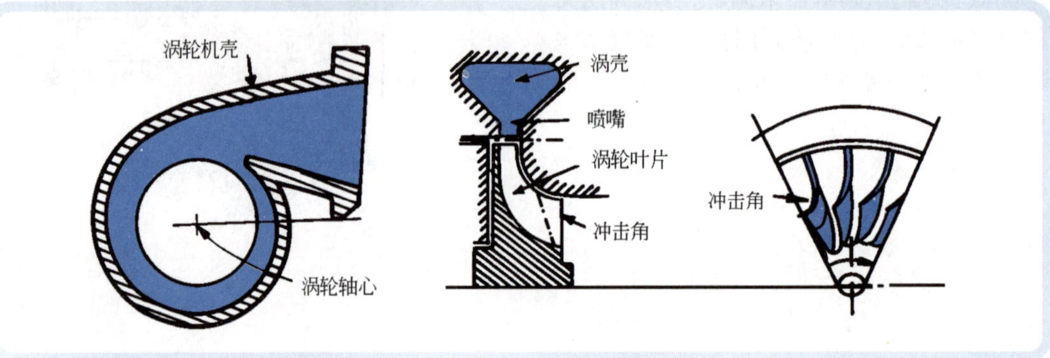

●压缩机的材质和形状

与涡轮机在外观上相似的压缩机叶轮，是用特殊铸造方法制造的复杂三次曲面，薄壁厚度在0.5mm以下的叶轮叶片有12～20个，呈曲线形放射状排列着。为了使其质量轻且耐热，选用铝质材料制造。但是对于轿车用涡轮增压器，因为道路和行驶情况复杂，需要的空气速度的变化范围大，所以设计的叶轮质量好与坏、叶轮的形状，都是影响涡轮增压发动机及车辆性能的重要因素。

压缩机叶片向与回转方向相反的方向弯曲呈后背形，最适于像汽油发动机那样要求空气量范围大的发动机。但用普通的铸造方法就不能制造复杂的曲面。

●感应角和半叶片

叶轮高速旋转吸入空气，在进气口侧通常与空气流方向平行，与进口处流束的速度分布一样，在进口处的叶片方向与旋转方向一致，这称为感应角。这个感应角如与空气流方向不一致的话，就要产生很大的冲击，发生能量损失，使后边的流束与空气相分离，功率降低。

以进口处的叶片的起点开始位置为例，在12个叶片中，每隔一个叶片长短相间排列。其理由是，为提高高速气流的进气效率，减少与进入空气相接触的部分，以降低阻抗。而为了防止压力波动，必须考虑空气的流束与叶片数相平衡。这种形式称半叶片型。它多用于小型的叶轮。

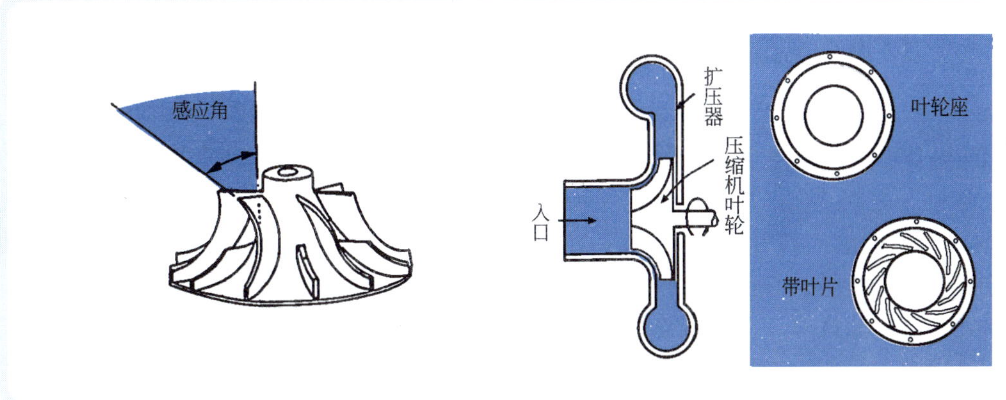

●增压器

增压器是指压缩机外周固定部分，是使压缩空气更高效率地转换成压力的容腔，有的不带叶轮，小型发动机就没有叶轮,使用扩压器。

叶轮型在空气流量变化小时效率高，流量变化大时效率较低。所以流量变化范围较大的小型发动机不用叶轮。

另外,为了兼二者之长,叶轮角度做成可变的,即也可带叶轮的增压器,它适用流量变化范围广,效率更高。

●轴承问题

支持最高转速达 16 万 r/min 超高速旋转的涡轮增压器旋转轴的轴承，是一种内置轴承。这是普通轴承不能承受的。所以通常采用可回转的浮动轴承。

浮动轴承在转子轴及中间壳（固定外侧的壳）之间，能够自由转动，转子轴与浮动轴承间、浮动轴承与中间壳间充满润滑油，相对转子轴浮动轴承的转速是它的 30%，相对滑动速度并不高。由于高速回转断油故障不多，另外，转子轴的振动也因 2 次油膜的吸振作用，得到了缓冲。

半浮动轴承与上述浮动轴承相比，是带突缘的半固定轴承，其长度较短，使用的润滑油也减少，加上轴承座不回转，摩擦损耗小。采用铝合金的材质，不用铸铁材质使它有更多的优点。

●气体密封和油密封

对于轴，用活塞环（气环）密封气体，用油封密封润滑油。

气体密封是防止涡轮机侧的排气侵入。在涡轮机侧的转子轴上开一个环槽，嵌入一个小径的气环，气环在中间壳侧，由弹簧圈固定。转子轴上的环槽与气环在旋转时可以产生相对滑动。

在中间壳里的轴承有大量的润滑油流入，用于轴承的润滑和冷却。为了润滑油不被压缩机的负压所吸走，在涡轮机侧嵌入同样的气环进行密封。

尽管如此，对于油的密封效果并不好。为此在密封板与止推套间加工一个螺旋环槽，起到一个类似螺旋泵的作用。油被中间壳压回，被压回的油再由离心泵的小孔溢流。

涡轮增压器 MEMO

●时滞

涡轮增压器是依靠废气的能量驱动叶轮转，带动与之相连的压缩机吸入空气并压缩,实现废气能量再利用。若踩下加速踏板的过程均匀,发动机加速过程良好,废气驱动涡轮状态才能良好。但在减速情况下急踩加速踏板，压缩机也并不能立即达到高速状态。转动不能正常传给压缩机,其原因是涡轮传动的效果不好。这种踩加速踏板,不能实现快速反应,产生时间的滞后现象称时滞。

为了避免时滞现象是，应尽量选用轻质的叶轮,或在减速时使进气压力上升,使叶轮再循环,且回转速度下降。赛车用二个小涡轮就是对其很好的应用。

●爆震传感器

汽油发动机的压缩比过高时要发生爆震(由于异常燃烧产生震动)现象。涡轮机相对排气量输出力大，故爆震是一个致命的缺点，也有可能在几分钟之内就发生发动机烧缸的现象。

为此带涡轮增压器的发动机要尽量使压缩比降低(例如从 8.5 降到 7.3)。因为在涡轮增压器不太起作用的中低范围内产生的转矩小,燃料消耗率高。为使压缩比不至过低,要安装爆震传感器。

在爆震发生时传感器立即检测出振动，使点火时间稍微推迟；不再发生爆震时,将点火时间提前回来。

●柴油机涡轮增压器使用情况

柴油发动机最大的优点是燃料消耗率低，但同时输出功率低、不利于高速回转、噪声大。但因涡轮增压器作用而使转矩增大，它的各种性能大幅改善。从这一点来说,汽油发动机只是功率大幅度提高,柴油发动机的整个性能都得到了改善。可以说涡轮增压器的实用化是在柴油机上得到了充分体现。

对于柴油发动机，是用涡轮增压器可避免爆震现象，但同时它的压缩比不再下降而最高增压压力增大，最高燃烧压力也过高，这样当然要引起发动机各部分强度、冷却系的改善等问题。

●中间冷却器的重要性

因涡轮增压器作用，被加压的进气温度要上升，在进气歧管内的流动时，由于内摩擦的作用也要产生热，如果放任不管不仅会使效率下降（因膨胀，增压状况变坏),而且容易产生爆震,则不得不延迟点火时间。使最佳转矩输出与点火时间错位,造成转矩大幅降低,排气温度上升,叶轮入口处温度会超过允许温度。使涡轮机寿命降低。

为此采取的措施是，让加压后的进气温度下降,而使增高压力上升,为使此输出力增加使用了中间冷却器。最初这种系统只是安装在赛车和跑车上，近年来被许多轿车也应用了涡轮增压器，使其效率大幅提高。有的跑车将水冷式涡轮增压器与发动机冷却散热器结合在一起使用。

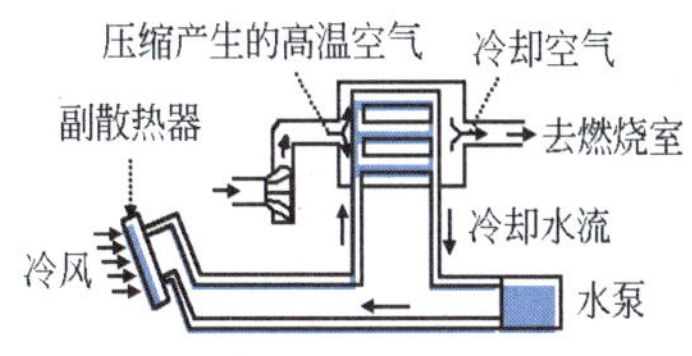

[水冷却中间冷却器系统图]

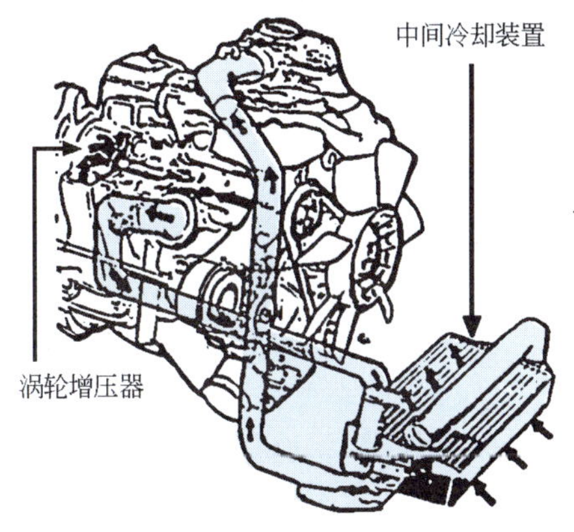

[中间冷却装置]

[中间冷却器的种类]

水冷式是一般在发动机本身的散热器基础上另加一个副散热器，虽在结构造成复杂、成本增加，但效果很好。但是用水给空气冷却，产生的温水再用副散热器通过空气流通将水冷却，这种方式与并用发动机冷却用散热器方式相比要多一个档位。因为空冷时用空气使气体冷却，与水冷式相比效率低，制造的散热器普遍比水冷式的大一些。

●化油器式的涡轮增压

下面所述的为带涡轮增压器的燃油喷射发动机的情况，那么一般的带涡轮增压器化油器结构与工作原理是什么样的呢？

化油器 + 涡轮增压式的发动机本与燃油喷射式相比价格低。燃油喷射式发动机多安装电子控制系统，对涡轮增压器来说较为有利，它能防止瞬间的爆震，对点火时间的精密控制也很简单，安装也简单。

下面介绍化油器的情况，首先涡轮增压器相对化油器的位置有上流（涡轮增压器在空气滤清器侧），下流（涡轮增压器在发动机侧）两种。其特性有较大差异。

采用上流配置，化油器不需要改造。但因化油器距发动机远，对于加速操作发动机的反应就慢了。为此涡轮机单元与进气歧管要尽量靠近，特别是对于涡轮机的外壳。

若采用下流装置，因增大施加给化油器压力，首先必须加强各部分的强度。还有原来由大气压力控制的浮子室的油面的高度问题也突现出来，流过喉管处的空气流速因增高部分并没的增高，而相对吸入燃料减少。即只是空气量增加而燃料却减少，燃烧室吸入燃料更为困难。所以必须有增加燃料供应量的装置。

发动机冷却系统

↑发动机截面和水套(着色部分)

用空气冷却、水冷＝发动机的冷却

发动机的冷却装置主要是水冷式，它是通过水在缸体外周的水套内循环流动使发动机冷却。变热的冷却水再流到散热器中，由行驶或冷却风扇产生的风将水冷却，然后再返回到水套中去。

空冷式多用于小型发动机，薄板状风扇与缸体较大面积相对，由风将其热量带走。而4轮车等的发动机是用安置发动机室内的风扇强制冷却(成本低,但噪声大)。

如果不冷却发动机就会产生下述现象,失去发动机的功能。

①润滑油过热而不能润滑，活塞和气门烧结。

②燃烧室发生异常燃烧。

③各部分因热膨胀而产生变形,间隙变大。

④容积效率变差,功率下降。

但是如果发动机过冷也会导致工作不良。所以要用节温器控制冷却水流入散热器的流量。另外，冷却风扇可用于低速行驶和停车时的发动机的冷却，在中、高速行驶时也有很多情况要减速。所以可利用一部分高温的冷却水，作为车室内的暖风设备。

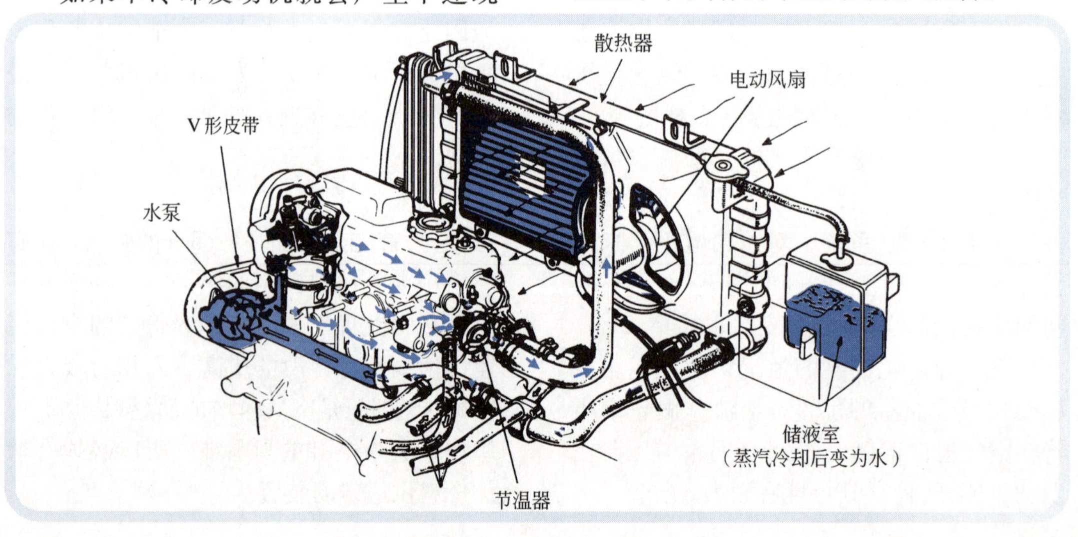

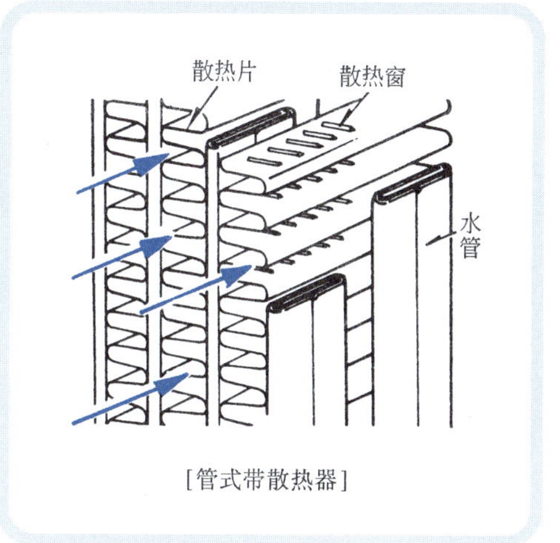

[管式带散热器]

散热管由管带式散热片和水管组成，这种形式是现在批量生产汽车中的主要形式。如左图所示，在每一个水管之间嵌入一层波形板，具有构造简单，散热效果好，加工容易。成本低等优点。为了紊流空气提高散热性，在散热片上开有散热窗口。

●散热器构造

散热器又称放热器，由一种叫做水管的扁管相距一定距离相通联接，以增加散热面积，水管上连接着散热片，增大散热面积。依靠在水管及散热片表面上的通风将热水的热量带走。

基本组成就是起主要散热作用的水散热管（管与散热片）。散热器的上面有上水室，下面有下水室。它还安有注水的水嘴和放水的排水栓。

●节温器

冷却水温度为 70～80℃，这个温度是用节温器自动控制的。功能原理是，由于温度变化，使粉沫晶体膨胀收缩，开闭阀门，粉沫晶体的主要成分为石蜡。另外也有用乙醚类的膨胀力来调节金属容器的伸缩，使阀门开闭，波纹箱就属此类。

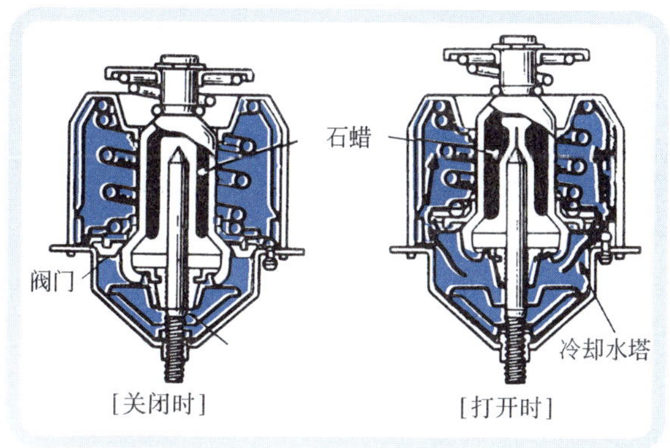

[关闭时]　[打开时]

过大浪费！冷却损失

发动机冷却的热量是燃烧热能，若不加利用，除排放之外也没有别的办法。其能量损失极大，如右图所示，能量的 1/3 要排放到空气中。因此今后急需开发不需要冷却的陶瓷发动机（磁器耐高温）。现在还未实现，但如果实现的话，就可制造出轻质、节能的发动机。

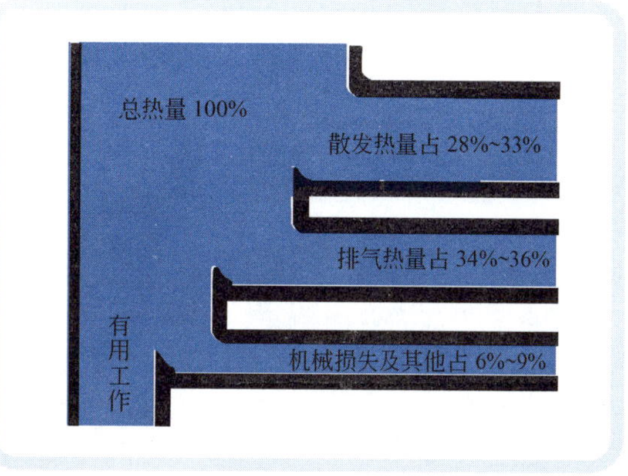

发动机润滑

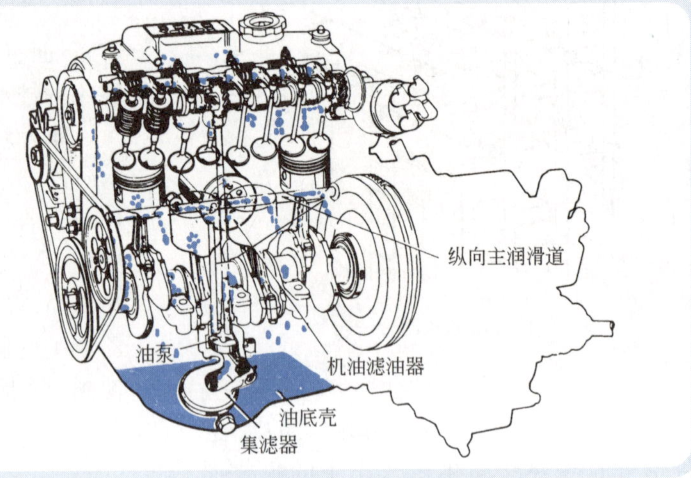

润滑机构

润滑机构不断地向发动机旋转部分、相对运动部分提供、补充、循环润滑油，不仅减少了摩擦阻力使其顺利地工作，还起到使该部分冷却、防止腐蚀、保持燃烧室的密封性等作用。

润滑油存放在发动机下部的油底壳即油槽中，而在发动机开始旋转时，同时发动机的动力的一部分传递给油泵使其吸油。油泵的压力将润滑油送往各润滑部位。润滑后的油滴，返回油底壳后再反复循环。这种运作反复进行，油中就能混入金属屑和杂物，避免相对运动部位过早磨损。所以要在润滑油路上安装机油滤清器进行过滤。

需要润滑的部位有曲轴、连杆轴承、凸轮轴轴承、油泵和分电器的驱动齿轮、活塞销、活塞及活塞环(与缸体的接触面)、正时链、凸轮、挺杆、推杆、摇臂、气门杆、密封圈唇边等。它们是利用油泵输送或油的飞溅润滑。

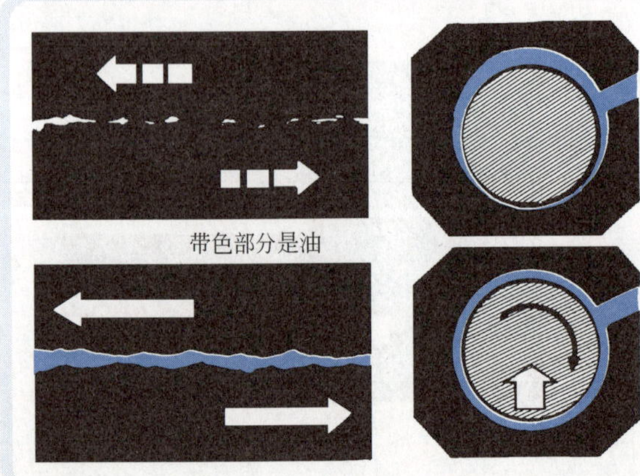

固体之间相接触表面，用肉眼无论怎么看都很平，但在显微镜下细看都是凸凹不平的。接触表面的相对运动就产生了摩擦，润滑油流入时，淹没了凸凹处，消除粗糙，摩擦阻力消失。当润滑油流入回转轴的轴承间时，除直接减小摩擦力外，润滑油由于受到回转轴的回转力而被推往轴本身的下方，使其对轴有一个向上的支撑力而大大地减小摩擦阻力。

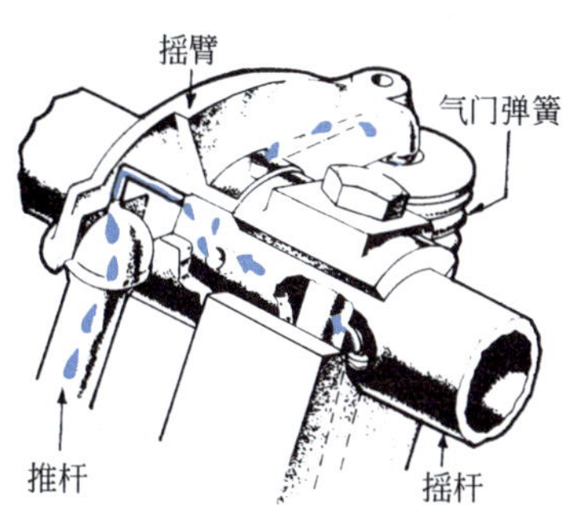

[凸轮轴/气门的润滑]

←凸轮轴和气门部分通过气缸体内油孔压送的油，从摇杆→轴→流向摇臂前端滴到进、排气门上，最后再给阀杆和导向润滑。如果润滑油过多就要侵入燃烧室。所以决不能过多。

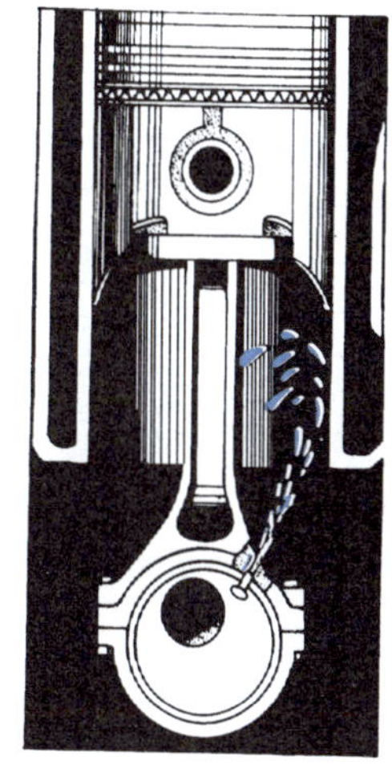

[向气缸壁喷润滑油]

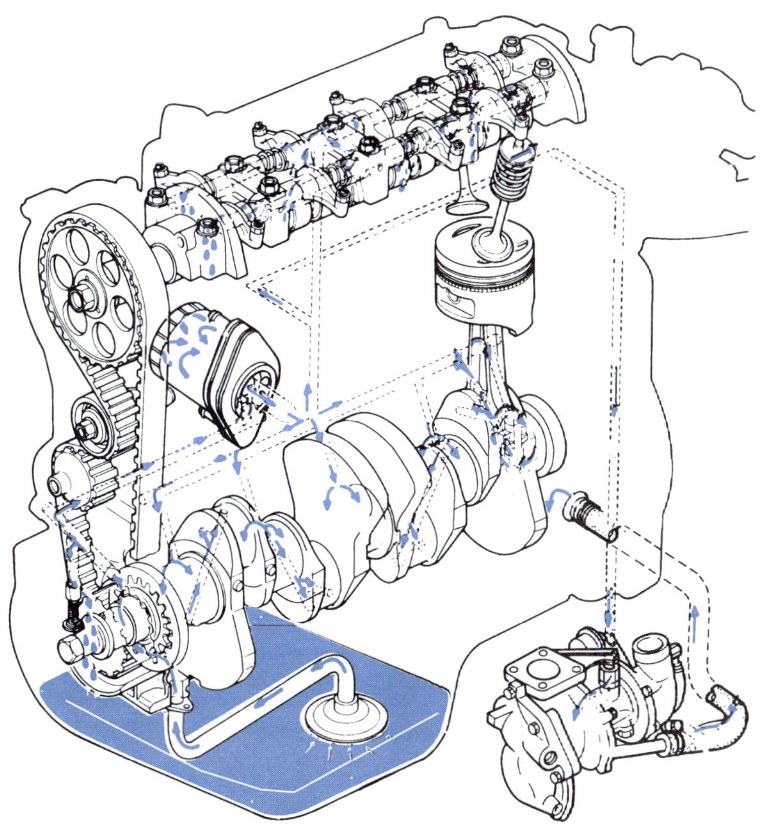

[发动机润滑系统图]

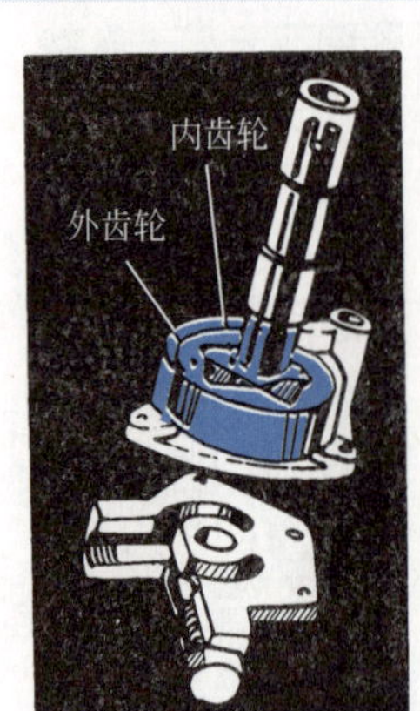

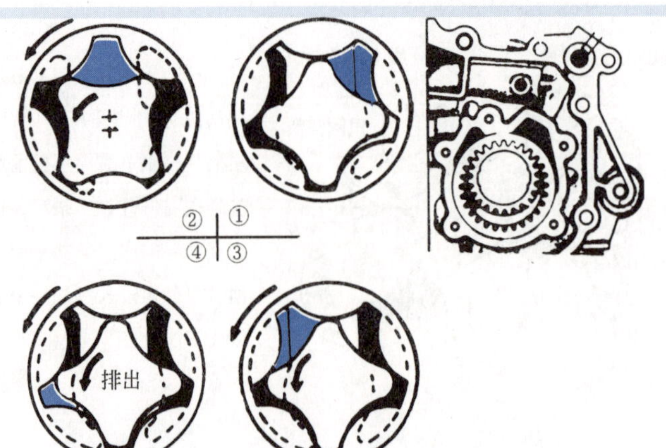

[内啮合齿轮]

●油泵的构造和功能

机油泵是一种由发动机的曲轴或凸轮轴通过链或齿轮驱动用来压送润滑油的装置。机油泵的典型代表有转子式(也称内啮合或旋转式)和齿轮式2种。转子式的工作原理如图所示，内齿轮和外齿轮相啮合(内、外同向旋转)压送润滑油，它的结构紧凑，输出流量大而且压力高。

在齿轮式机油泵的泵体内，有2个并行放置的啮合齿轮，它依靠齿轮的齿侧压送润滑油。与转子式相比，齿轮式的2个齿轮并列且容积大，其优点是油的流动脉动小。在出油路上安有压力控制阀，在低温起动等油压超过限定压力情况下可实现自动控制。

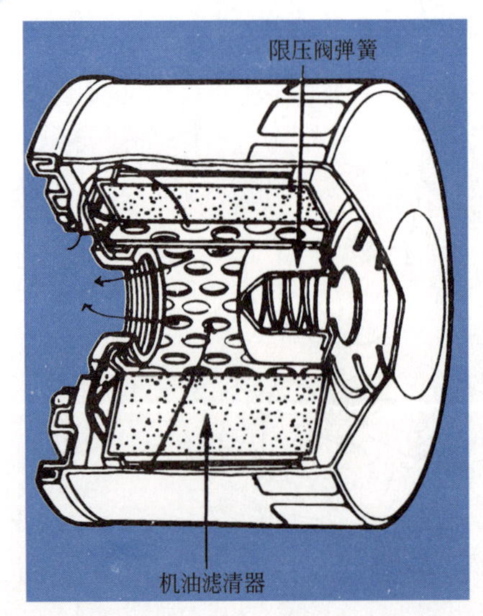

[机油滤清器]

机油里混入了摩擦损耗的金属屑和铁磁性物质等，要用机油滤清器过滤。机油滤清器的材质有滤纸，近来滤芯和壳体多以整体的一套装置进行更换。过滤器的网孔堵塞、污染时，机油滤清器前后的压差增高，安全阀打开，机油不再通过机油滤清器，以防止机油压力降低。

[齿轮式机油泵]

没滚珠也没有滚柱的发动机轴承

对于质量较重的轴，如曲轴，在高速旋转时要在回转部分要使用轴承，这里用的轴承并非常用的滚珠轴承和滚柱轴承。它是一种由二个半圆板形轴承衬瓦所组成的上下可分割的轴承，称为滑动轴承。这种轴承（也叫轴瓦）和回转轴间必须有一定的间隙。润滑油可以进入其中并使传动轴悬浮起来。像前面讲的那样，由于回转使润滑油进入轴颈的下部，因速度梯度形成一层厚的油膜而避免了摩擦。

有带轴向法兰的主轴承，有不带法兰的轴承。带法兰的轴承是防止轴的轴向移动，不带法兰的上面嵌有止推垫圈也能起到同样的作用。轴瓦的材质以白色金属锡合金为主或在轴承轴瓦中加入铜、铅等金属。

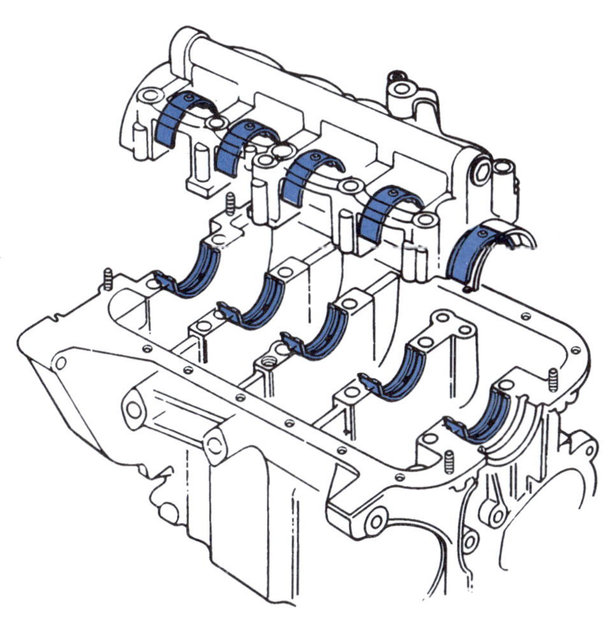

直列 4 气缸发动机装有 5 个主轴承。

右图左侧是常用的带法兰的主轴承，右侧与止推垫圈组合的无法兰主轴承。

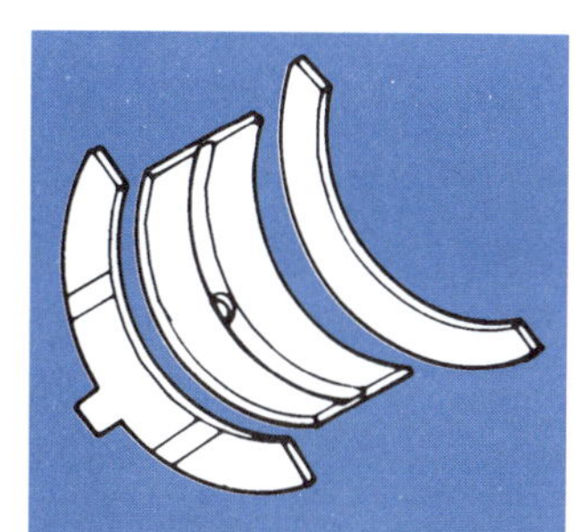

发动机电气系统

汽车需要的电力，是将发动机输出功率一部分用来发电，给蓄电池充电并存储。并对应分配给发动机、照明、仪表、及室内各需要电力的系统。其消耗的电力反过来再因发动机旋转发电，反复不断地向蓄电池补充。

上述电器装置中，消耗电量最多的且电气系统最复杂的还是发动机周围的电气产品。

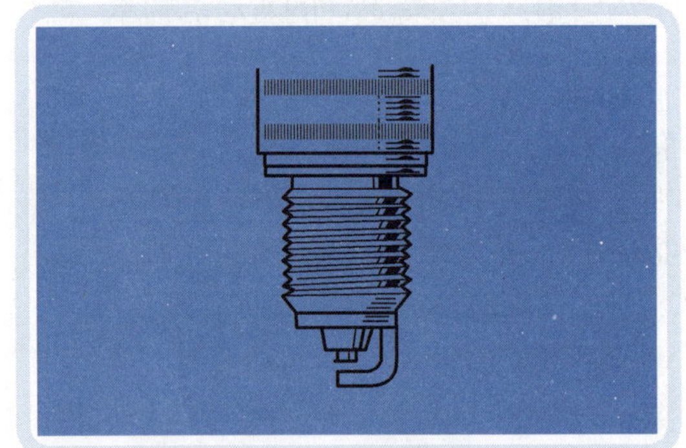

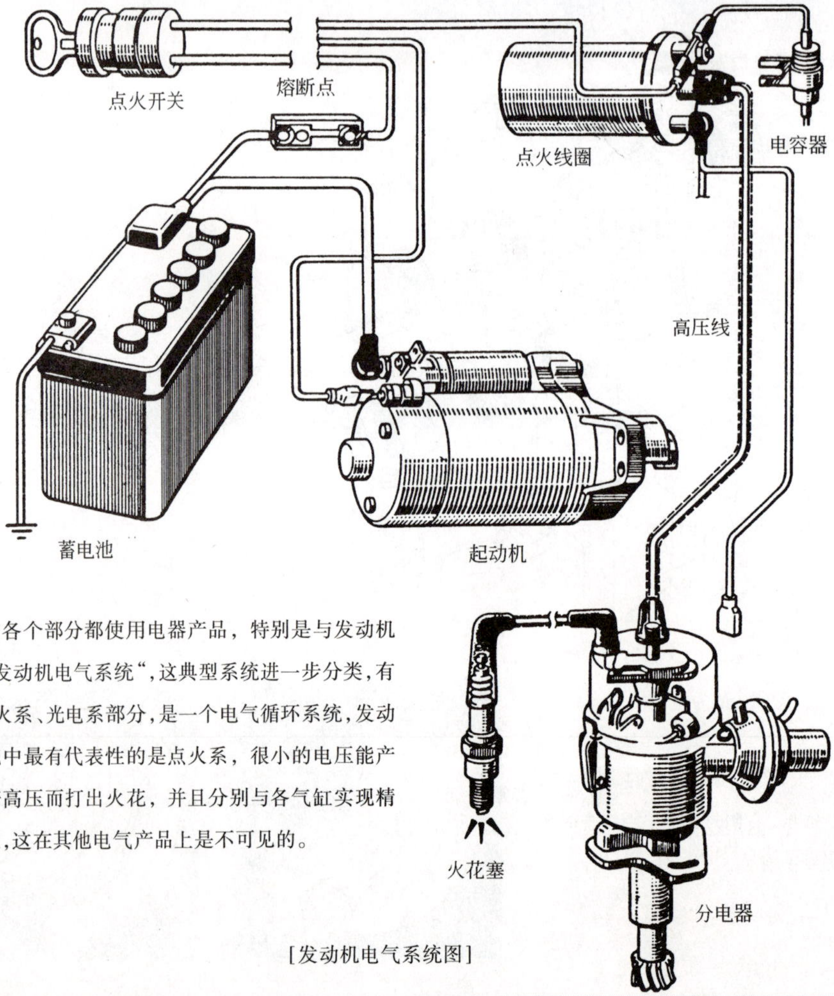

点火开关
熔断点
点火线圈
电容器
高压线
蓄电池
起动机
火花塞
分电器

汽车的各个部分都使用电器产品，特别是与发动机相关的称“发动机电气系统“，这典型系统进一步分类，有起动系、点火系、光电系部分，是一个电气循环系统，发动机电气系统中最有代表性的是点火系，很小的电压能产生其1千倍高压而打出火花，并且分别与各气缸实现精确同步系统，这在其他电气产品上是不可见的。

[发动机电气系统图]

点火系统

发动机周围的电力按如下周期循环。

①发动机要工作，首先起动机得旋转。②起动机从蓄电池得电后旋转驱动发动机的飞轮齿圈。③活塞往复运动压缩混合气。④同时凸轮轴驱动分电器旋转，在内部凸轮的作用下，触点打开。点火线圈产生高压电流，其电流通过分电器上部的分火头传递给火花塞而跳火。⑤火花塞点火、爆燃，混合气的膨胀作功推动活塞，发动机产生能量，同时发电机旋转发电，并向蓄电池补充其此前消耗的电能。

●蓄电池

在电解液中放入正、负极板的是湿电池，壳体内的铅板每二个为一对。并加入稀硫酸（硫酸和蒸馏水），铅板一个为正极，另一个为负极，一旦上电，就发生化学反应。一般汽车的蓄电池为12V。从壳体外部看是只有一个蓄电池，但实际内部并排放置着数个连在一起使用。

●起动机

起动机是发动机的起动装置。由蓄电池供电起动并带动发动机。同时操纵单向离合器，小齿轮与同发动机曲轴相连接的飞轮外齿圈相啮合，并驱动其旋转。减速比为1∶10。

综上所述，发动机先起动开始旋转，下面介绍的是起动机先旋转，这就要考虑它因超速旋转而被损坏的情况。为此使用单向离合器，它的作用是，只在起动机旋转时传递转矩，而在发动机侧向回转时不传递驱动转矩，也就没有了“超速旋转”。

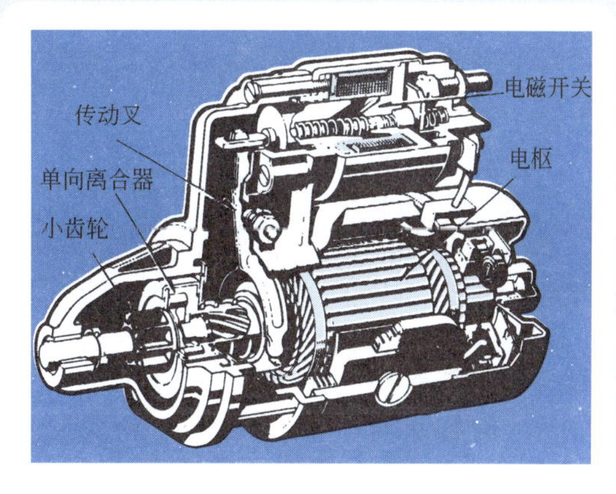

↑［起动机构造和作用］

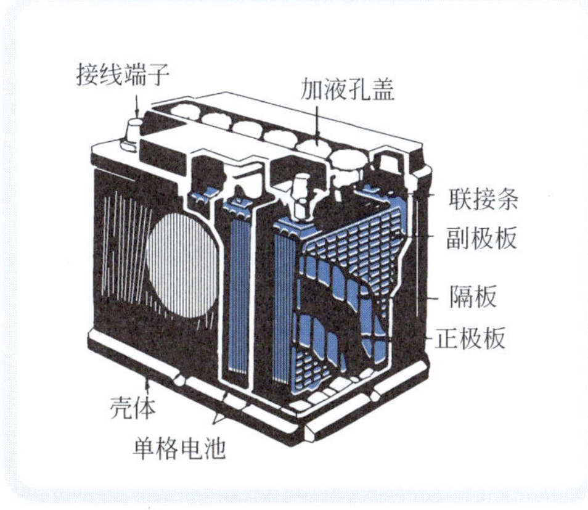

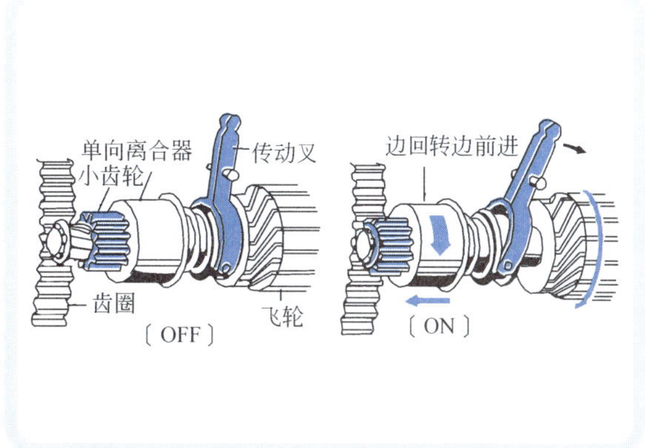

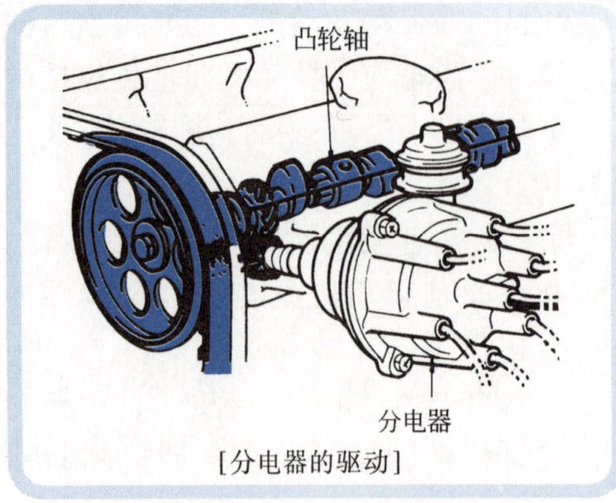

[分电器的驱动]

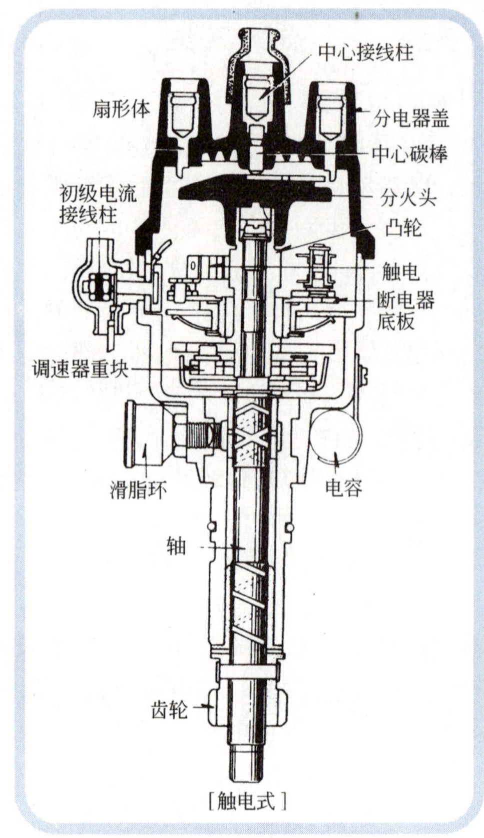

[触电式]

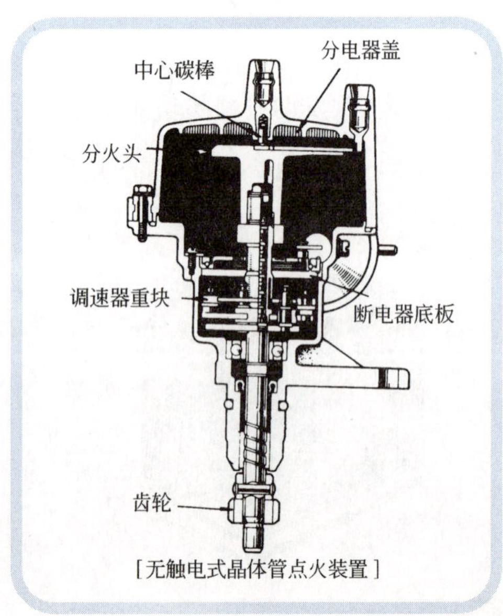

[无触电式晶体管点火装置]

分电器 3 大功能

●分电器

分电器也称配电器，实际上它不仅用于配电还具有以下 3 个功能。

①将电流按气缸的点火顺序协调一致地传递,即起分电器的作用。

②电流断路开关,这是指为使火花塞跳火而得到高压电流,起到回路断电器的作用。

③点火提前装置,这是火花塞点火自动控制的一种装置,即“点火提前调解器”。

从结构上分,第 1 部分是配电器,在上部,相当于分电器盖;第 2 部分是接触电路器,在中间;其下面是第 3 部分的内置点火提前装置。还有从分电器盖到下部中间贯通的中心，最下面是齿轮。它借助发动机的凸轮轴等，得到回转动力，以发动机转速的 1/2 速度旋转。下面按顺序说明。

分电器部分

从分电器上盖中引出几根粗线,其中只有中间的 1 根与点火线圈相连,而其他的与气缸相对应（2 气缸 2 根，4 气缸 4根),并与各缸的火花塞相连。分电器盖里中央是碳棒，周围有与气缸数相同的带缺圆的金属端子。它与分火头相连。分火头用耐热的合成树脂制成。上面有通电的金属动臂,在其回转时分配电力。

动臂中间部分常与中央碳棒相连，其他部分不接触，约有 0.3～1mm 的间隙，这个间隙比火花塞侧的大，所以在火花塞这侧能产生高压。

断电器部分

断电器有触点式和晶体管无触点式及介于两者之间的半晶体管式三种形式。

对于触点式，位于中心回转轴的凸轮将动臂压下，使与其相连的触点被压开。触点间隙通常在 0.5mm 左右。于是火花塞的点火线圈(后详)由于高压而跳火。

晶体管式的开发，克服了上述断电器接触触点因烧损引起的振动。也没有机械接触的摩擦，不需进行像触点式那样调整触点，即使在高速旋转下也没有振动现象。在低速旋转时可输出高电压，所以从限制尾气排量方面看，低转速燃烧状态也良好。

半晶体管式仍旧使用接触触点，但通过触点的电流非常小。其原因是，增加了晶体管的特性，充分利用整流功能，只是将触点的微量电流(约 0.5A)增到 4～5A，送到点火线圈。因此触点的消耗也减少了，同时延长了触点的稳定性和使用寿命。

点火提前角

令人惊奇的是，火花塞的跳火是在活塞运动到上止点前一点处。实际上火花塞跳火时，汽油被点燃并扩展整个燃烧室，然后活塞被压下，虽然是瞬间的事，但也是需要时间。若真如此，活塞到上止点后点火活塞就会先下去，反而来不及了。但是如果转速太低，那么稍微转过上止点后点火会好一些。相反地，若高速旋转，点火时间还必须再早一些。

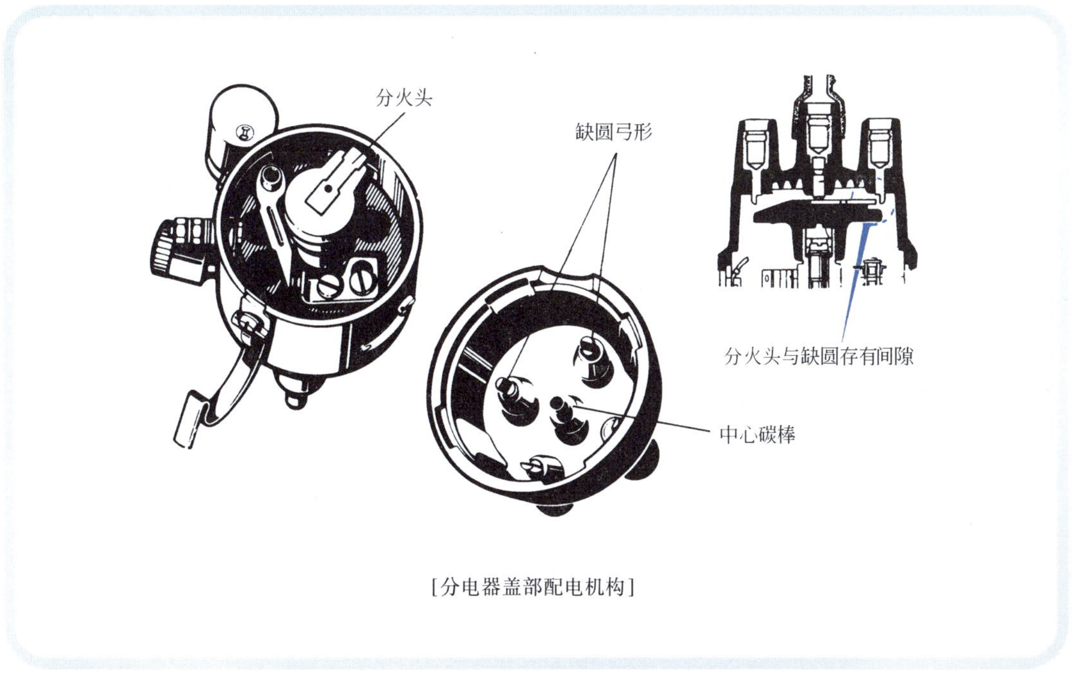

[分电器盖部配电机构]

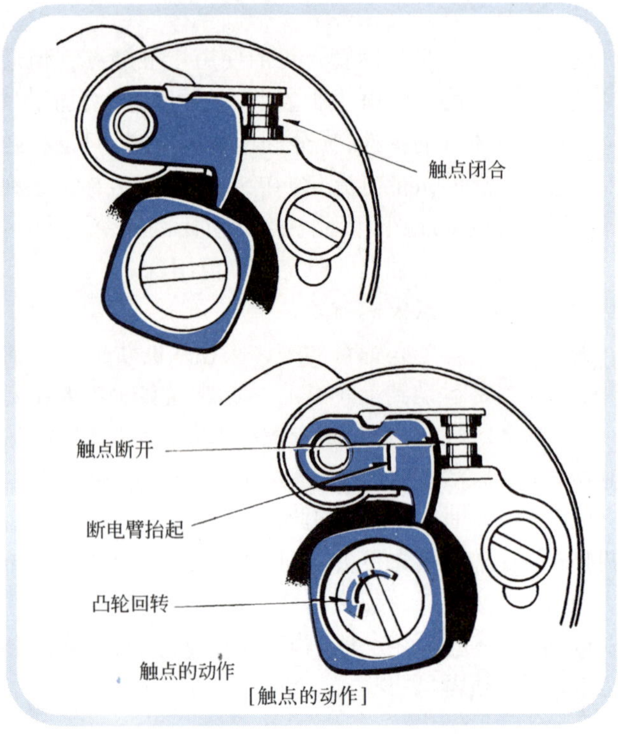

[触点的动作]

凸轮与触点的动作

触点的动作如图所示。左上图的触点是处于关闭状态。在这种状态时，中心轴上的凸轮的凸缘低处和断电臂相接触，而不能顶开断电臂，在弹簧的作用下触点处于关闭状态。随着中心轴回转，凸轮的高凸缘处就会克服弹簧力而顶起断电臂使触点断开。这就是触点的基本动作。

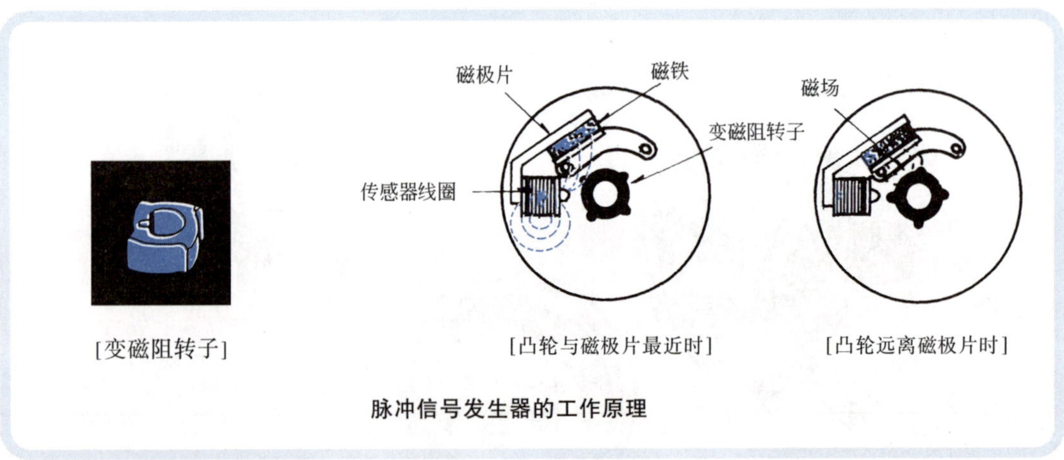

[变磁阻转子]　[凸轮与磁极片最近时]　[凸轮远离磁极片时]

脉冲信号发生器的工作原理

[无触点晶体管式]

无触点式是在凸轮轴上安有变磁阻转子，在其附近固定称为脉冲信号发生器的电信号发生器。因凸轮轴回转使变磁阻转子随之回转，则发电机传感器线圈与变磁阻转子突起部位发生间隙变化，而引起线圈磁场的变化，使点火线圈上产生感应电压。

点火提前消除噪声

离心式点火提前角调节装置

也称调速器提前装置，当其转速加快时，调速器重块在离心力的作用下向外甩开，有错开凸轮位置和重块与调速器上下分离的例子。（B 图）

真空式提前角调节装置

也称真空点火提前角调节装置，进气歧管的负压越大，膜片借助推杆使断电器底板稍微旋转，因此错开点火时间。

电子控制点火提前角调节装置

这种电子控制点火提前角系统是在明确发动机的 ECU（确定点火时间）状态的前提下，预先储存对应最佳点火时间。并由传感器向点火线圈传送发动机的最佳点火时间。以前的系统，只能根据发动机的转速、歧管中气体的压力按比例地控制，现在对发动机的状态可以自由地控制。因为以曲柄的转角为基准的同步齿数有 24 个，旋转一周发出 24 个脉冲，根据此脉冲每 30°就能正确地检测出曲柄的转角。

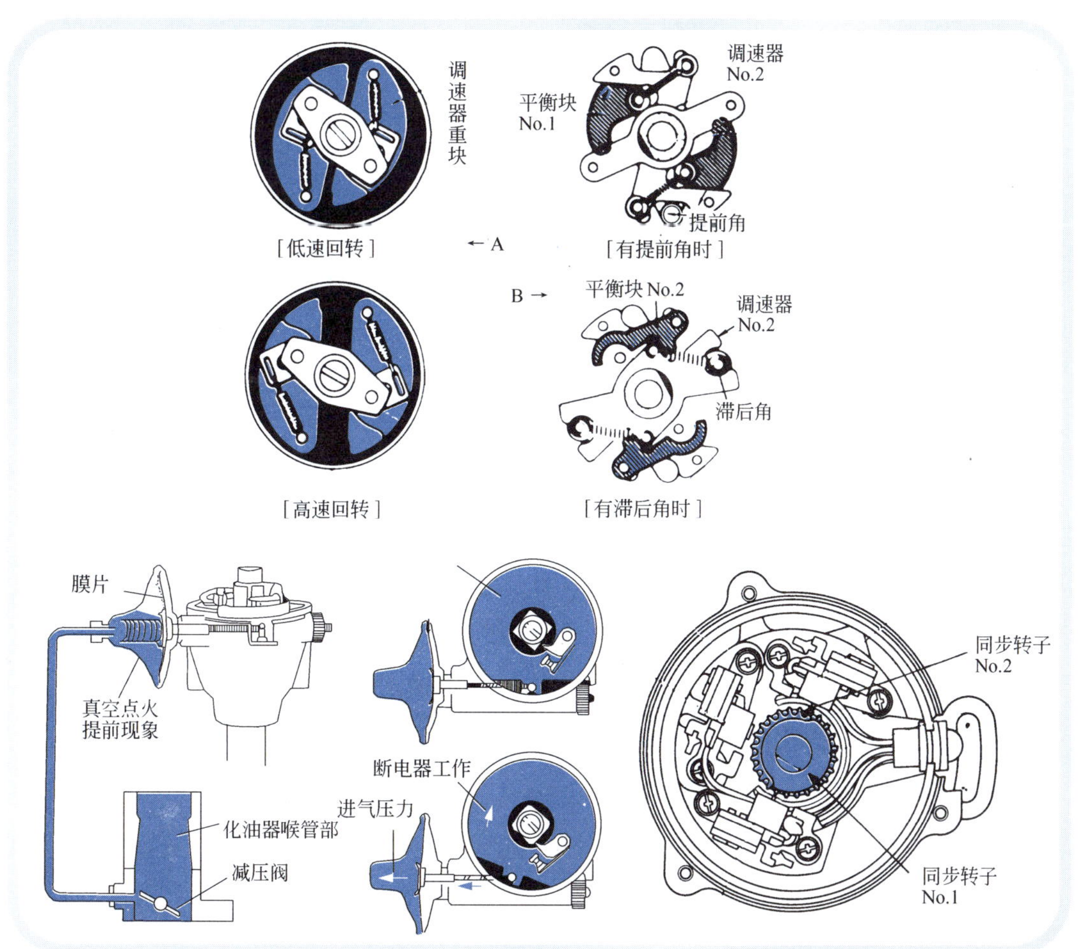

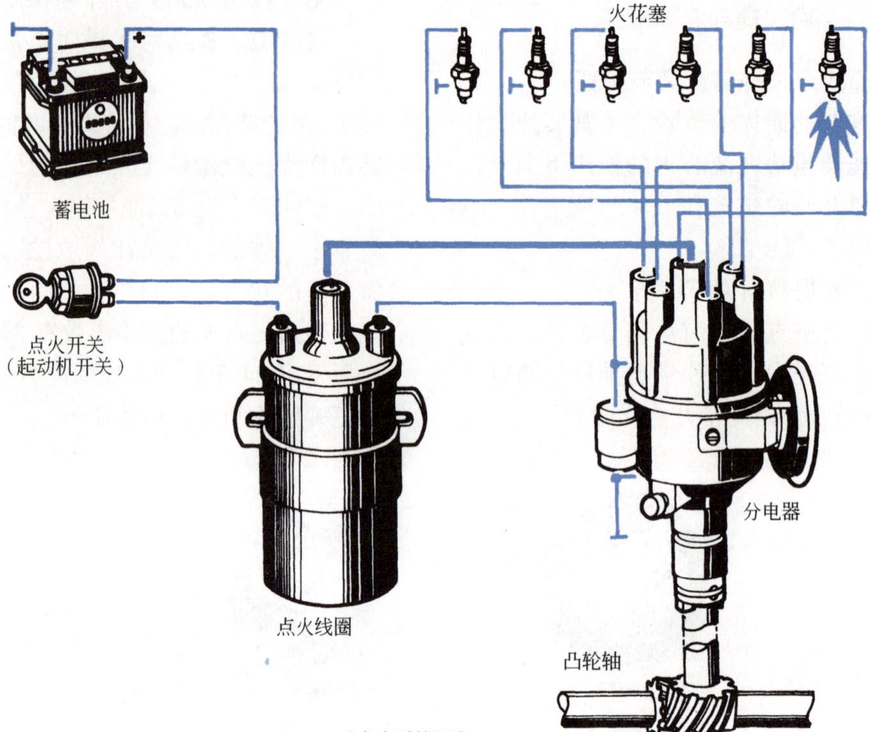

［点火系统图］

从 12V 到 10000V

点火系统的魔术师

汽车上蓄电池储存的电压只有 12V，为了使火花塞能跳火必须要达到 1 万 V 的高压，这是如何实现的呢？这就是点火线圈的功劳了。

点火线圈构造是：在薄铁片的铁心上，绕上绝缘的电线形成初级线圈，再用更细电线、在壳上绕成匝数更多的次级线圈。初级线圈选用低压线，次级线圈选用高压线，与分电器壳上的中心碳棒相连。初级线圈的匝数为 200～500 匝，次级线圈用高质量的漆包铜线卷上 15000～20000 匝。初级线圈的直径为 0.5～1mm，次级线圈则在 0.1mm 以内。

●高压电产生原理

接触断电器断开，切断初级线圈回路（前述触点断开状态）。为什么点火线圈能产生 1000 倍的电流呢？

点火线圈的触点因为凸轮作用而被压开（断开），使初级回路电流大小在瞬间几乎为零，此时触点易产生跳火，所以必须切断电流。故用电容与触点在电路中并联，将此时产生的高压电荷吸收。用 2 张锡箔纸或在铝箔纸中间夹上一层绝缘纸（石蜡纸），卷成筒状，就是一个电容。因为它可充电，所以能吸收电荷。而且电压变化再急剧，它也不受影响。

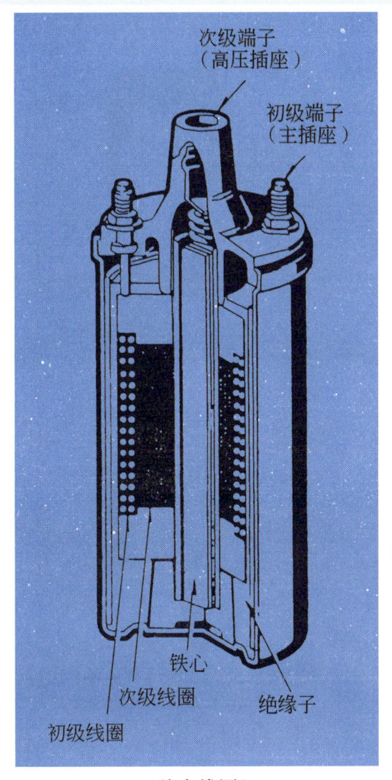

[总火线圈]

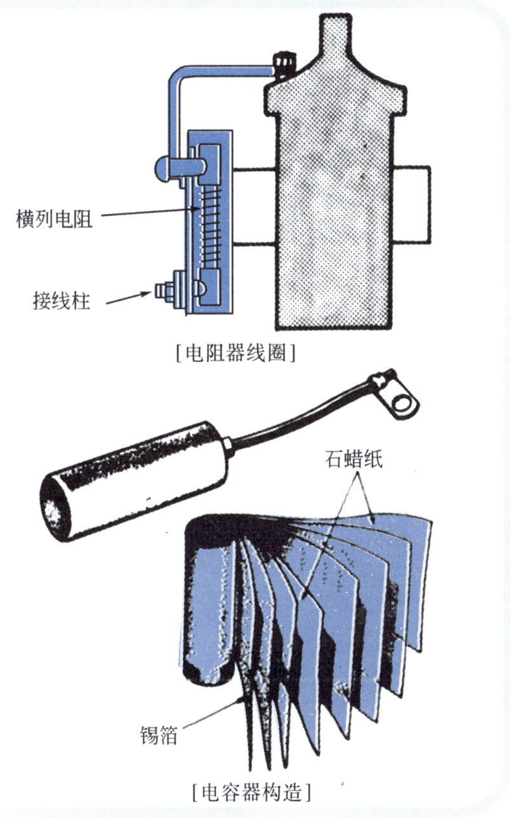

[电阻器线圈]

[电容器构造]

在回路断开的瞬间使触点电压降低，杜绝触点跳火。

那么，此时初级电流急速消失，而次级由于电磁感应产生电压。我们称之为感应电压。此时初级电压与次级电压的比值等于初级线圈与次级线圈的匝数之比。也可以说“在次级回路中，磁束变化快，产生与次级线圈匝数成比例的高感应电压”。

如此次级回路中产生了较高的电压，在火花塞间隙中产生跳火。从能量的角度上看，是在铁心中储存的电磁能转化成热能产生火花，在瞬间为汽油点燃提供热能。

●点火线圈的种类

为固定壳体内的线圈和绝缘子，在其内填入绝缘的沥青（沥青混合材料），这样的点火线圈称为沥青线圈。

如加入油来代替沥青，则在线圈温度上升时和车辆振动等情况下，使油强制循环。线圈本身的热量会从壳体的表面散发到空气中，这种线圈称油线圈。

在发动机高速旋转时，从触点闭合时间的关系上看，限定了流入线圈的电流，所产生的电压就会下降，于是连上一个电阻器，使线圈产生的电压下降至 6V 左右。次级上产生的较大电压，则称此为“带电阻器的线圈”。在磁性体上缠镍铬系的耐热合金就形成一个电阻器。产生的电压对转速影响不大。

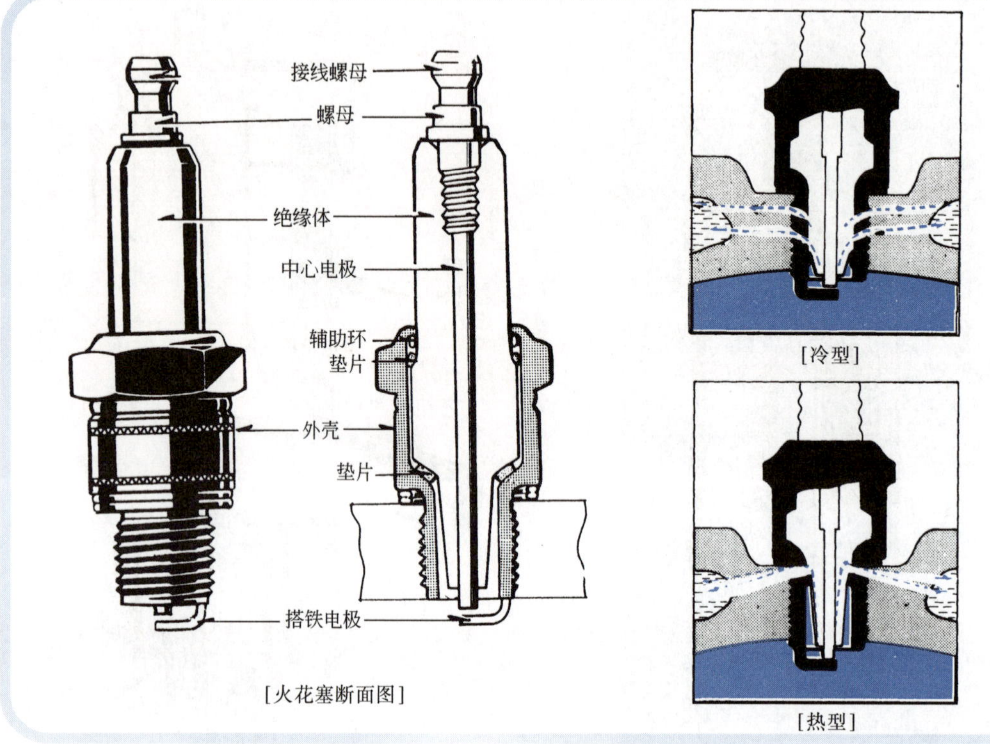

[火花塞断面图]

[冷型]

[热型]

冷热火花塞

点火火花塞通常称火花塞。

为了达到在发动机燃烧室内的混合气中跳火的目的，必须提供如下条件：

施加 1 万 V 以上的高压电，并能承受 2000℃的高温、50 个大气压的高压。必须有较高的机械强度和耐热性。而且，为了防止短路，要有能适当保温的绝缘体。要使碳完全燃烧，“保持自己洁净”同时不仅只是在自己表面着火，还必须考虑传热性能。

贯穿火花塞中心的中央电极的材料采用高熔点的镍合金，与接地电极（螺纹下部弯曲 L 形的电极）的间隙一般为 0.6 ~ 0.8mm，但也有的为 1mm。

因为火花塞的尺寸是国际上统一的标准，所以对于所有的车辆具有通用性。但必须注意以下事项。

●旋合长度不同

发动机缸盖上火花塞拧进螺纹的长度叫做旋合长度。旋合长度长的，叫长旋合，旋合长度短的，叫短旋合。如果旋合长度与旋入的缸盖壁厚不同时会产生什么现象呢？

它会产生如下的结果。

①旋合长度过短：导致点火效率不高，输出功率下降，燃料消耗增加。

②旋合长度过长：旋合长度因暴露而产生热，容易引起异常燃爆。而且由于降低了燃烧室的高度，它也容易与活塞的顶部发生冲击造成损伤。

如上所述，使其有 1mm 左右的误差才不会有问题。

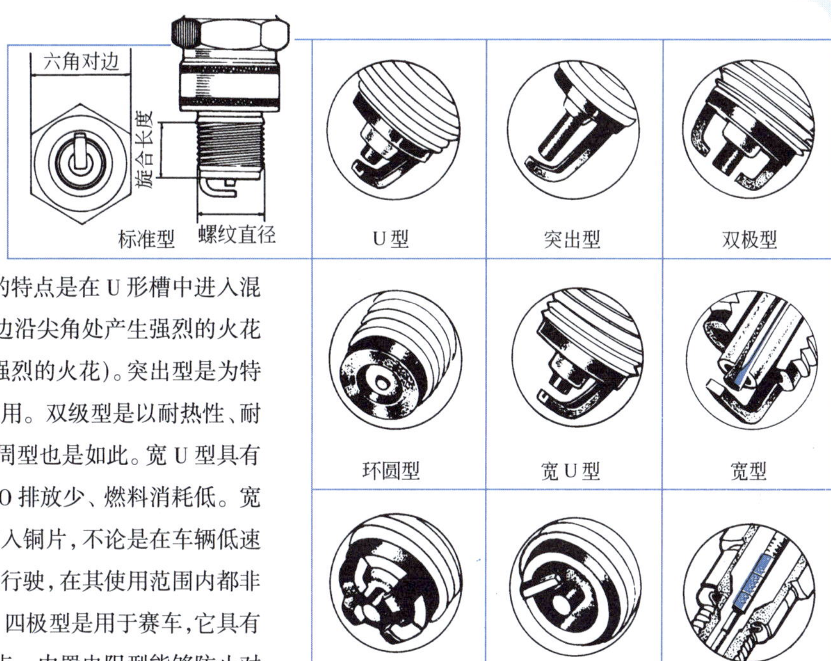

代表例，U型的特点是在U形槽中进入混合气，而在两侧的边沿尖角处产生强烈的火花(电在尖角处产生强烈的火花)。突出型是为特定的专用发动机使用。双级型是以耐热性、耐高温性为目的。环周型也是如此。宽U型具有良好的点火性和CO排放少、燃料消耗低。宽型是在电极前部压入铜片，不论是在车辆低速运转还是连续高速行驶，在其使用范围内都非常稳定，跳火强烈。四极型是用于赛车，它具有寿命长、耐高温特点。内置电阻型能够防止对汽车收音机、电子器件的影响。

[火花塞的种类]

●热值差

火花塞必须要散热，但另一方面，像前面所说的那样若使自身洁净还需保持一定的温度。然而发动机的特性和运行条件会使温度与火花塞不完全一致。所以必须使用与发动机相适应的火花塞类型，才能使发动机运行平稳。这样就用一个能反映火花塞散热程度的数值来表征这种关系，称为热值。

冷型

一般来说，发动机输出功率越大越要选用热值高的火花塞，热值越高散热性越好。所以称为冷型。常有人错误认为冷型热值低。也许是误当作冷却型了吧。

热型

对于小功率发动机等，做功产生的热量低，火花塞过冷(进入发动机冷却水套的水带走热量)会降低了自己的清洁度。在点火处易积碳。而在绝缘体顶部（接近跳火处）细长的空间，如传热导体加长，散热就变得较慢，它这对自体的清洁就有了热保护作用。这时的火花塞称为热型。此外也有介于两者之间的中热型。

赛车用火花塞

赛车上的火花塞，特别耐高温，热传导性强，为了承受较高的膨胀压力其强度也要高。材质和构造也不同于普通的火花塞。简单地说，电极放电部分除了镍合金外，也有的使用铂合金、银合金等。绝缘体用高纯度的氧化铝材料。但寿命长不一定是其必须要考虑的。

复杂的点火顺序

2 缸以上的多缸发动机火花塞的点火顺序复杂多样。4 缸发动机的点火顺序就不是按气缸的顺序进行的，

4 循环直列 4 缸发动机的点火顺序是 1—2—4—3 或 1—3—4—2，为什么呢？对于有 4 个循环的 4 缸发动机来说，曲轴每转 2 圈，点火 1 次。

如图所示，曲轴中央有 2 个活塞，在两侧成 180°角的位置上还各有一个活塞。1 缸点火使活塞受压时，4 缸活塞就要下降，只不过与 1 缸不同步。如果 2 缸与发动机一样振动激烈，那因为它是吸入冲程。

相反 2 缸与 3 缸的活塞都上移，那么它们哪个是压缩冲程呢？在 1 缸之后做功的是 2 缸还是 3 缸?无论是 2 缸还是 3 缸点火做功，活塞被压下的同时 1 缸和 4 缸活塞都要上升，所以接着的点火是 4 缸，下面所示为 2—V 型 8 缸的点火顺序。

●直列 2 缸

点火顺序当然是 1—2，曲柄夹角有 360°（2 个活塞在同样的位置并列）和 180°（2 个活塞上下各一个）两种。4 个冲程每回转一次，分别有一个缸点火方式和两个缸同时点火方式，对于 2 冲程发动机的曲柄夹角成 180°的多一些，每转一圈各缸分别点火 1 次。

●直列 3 缸

点火顺序为 1—3—2 或 1—2—3。2 循环顺序相当于 4 冲程 6 缸的 1—2—3 或 3—2—1。

●直列 4 缸

点火顺序为 1—2—4—3 或 1—3—4—2。曲柄夹角为 180°，每转 2 圈点火一次。

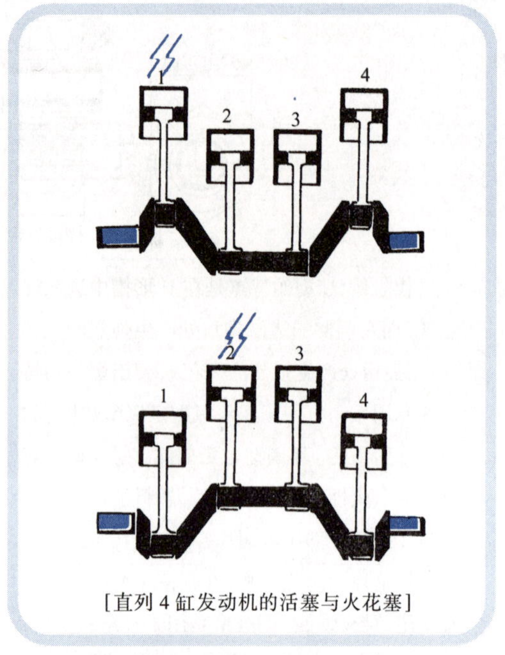

[直列 4 缸发动机的活塞与火花塞]

●直列 6 缸

曲柄夹角为 120°，每转 1/3 圈点火一次。点火顺序为 1—5—3—6—2—4、1—2—4—6—5—3、1—5—4—6—2—3 或 1—2—3—6—5—4。

●V 型 6 缸

每 3 缸为一组，V 型曲柄夹角成 60°角或 90°角，点火顺序为 1—2—3—4—5—6。曲柄夹角为 60°角的较多。

●V 型 8 缸

曲柄夹角有 180°和 90°两种，曲柄夹角是 180°的点火顺序为 1—8—2—7—4—5—3—6，1—8—3—6—4—5—2—7。曲柄夹角是 90°的点火顺序为 1—8—4—3—6—5—7—2。

这样必须控制点火时间与发动机同步，利用离心力、化油器自动调节使之与进气气压相适应。点火提前角一般在 5°~30°左右。

发动机的综合电子控制

随着现代电子控制技术的发展，促进了各种传感器应用，在此之前已详细阐述了点火系统、进气系统的控制方式。用传感器可检测汽车的行驶状态，发动机工作的状态，踩踏加速踏板、制动踏板的情况，然后由电脑按照驾驶员的意志发出指令，控制混合气中汽油的含量和火花塞的点火时间。其控制系统图如下图所示。

●ECU

ECU是电子控制装置的英文缩写形式，先将所有的信号集中在这里，电脑将预先输入记忆装置中的理想信号与该信号比较后，向进气系统和点火系统发出指令。

●按照驾驶员意图判断的传感器

这个系统使用了多个传感器。将驾驶人的意图直接传递给ECU传感器，有与加速踏板连动的节气门传感器，检测制动踏板是否踩下的制动灯开关，检测变速器是否切断的空档/离合器开关。

●发动机的医生

图的右下方的试验端子，是用于发动机诊断的微型计算机，它检查发动机的工作是否正常。医学用语的“诊断”是判断、鉴别的意思，不知什么时候就这样称呼这种装置了，也有人简略地说为诊断。

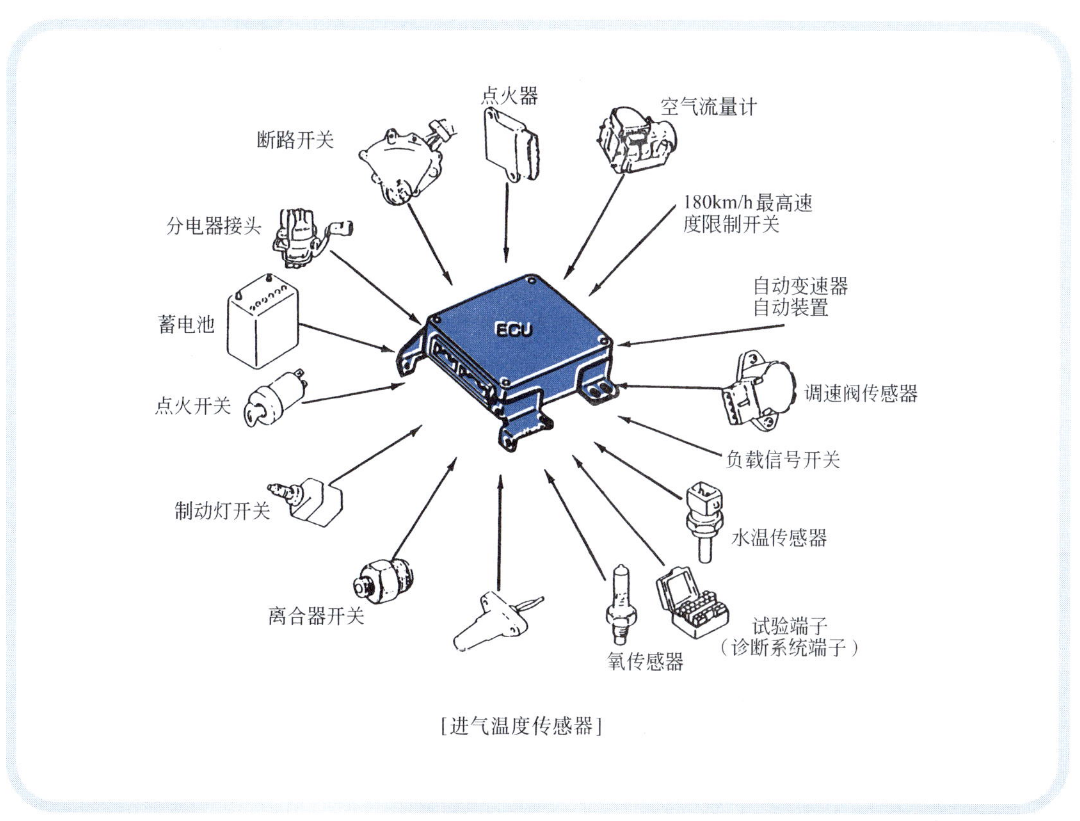

[进气温度传感器]

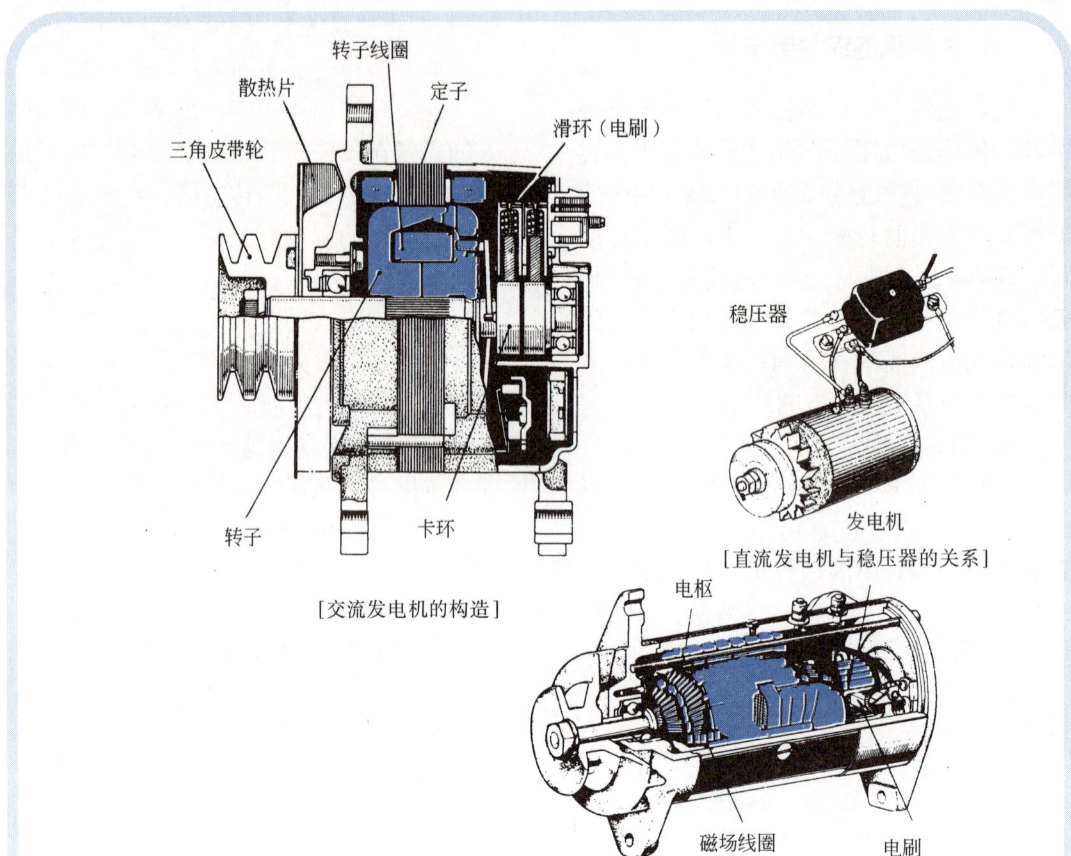

［交流发电机的构造］

［直流发电机与稳压器的关系］

［直流发电机的构造］

即使怠速也发电的发电机

汽车发动机主要使用交流发电机，过去也使用直流发电机，但交流发电机质量轻、体积小、耐高速，而在怠速、低速运转时也能充分地发电。但使用时为把使交流电转换为直流电，需要使用晶体二极管整流器，使电流只向一个方向流动。不需要发电机断路继电器和电流调节器等辅助器件。但必须要用交流发电机稳压器。

●低速也发电的理由

交流发电机在低速时也能发电的理由如下，直流发电机发电时，磁场线圈电流由于电磁感应产生感应电压，因而必须要有相当高的转速，否则效率就下降。

交流发电机发电时，因为由蓄电池向磁场线圈供电，所以低转速时效率并不下降。即使在怠速、点火等情况下，即使蓄电池消耗较大也能满足充电。交流发电机简称为“AC”。

限定发电的稳压器

充电系统基本上由发电机和蓄电池组成,但这么说并不够够切。如再加上发电机的电压、电流调整装置就可以成为一个完整的充电系统了。

交流发电机的稳压器是电压调整装置(直流发电机的稳压器是限制电流过大、防止电流逆流装置)具有如下作用。

发电机的输出电压与转速成比例。因为转速越大,电压就越高,所以必须调节电压不能超过 12V。可是当发电机的励磁电压变低时,输出电压也变低。

所以用稳压器调节低电压，通过磁场线圈时输出电压的是下降的。

●稳压器的构造

稳压器由电压调节器和继电器组成。

电压调节器是由电压线圈和带有 2 个触点的可动磁铁组成，电压线圈在交流发电机的电压磁场中产生磁力作用。

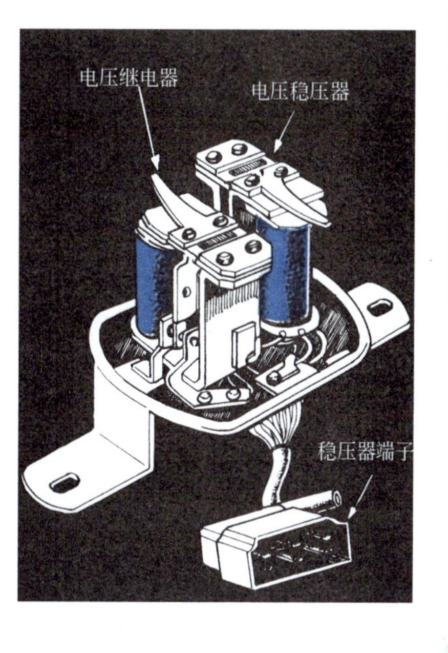

壳体的内侧因为通过交流发电机转子线圈的电流较弱,所以要连接电阻。用充电指示灯显示继电器是否工作。

早期电气点火装置

1853 年法国的斐索最早发明了的现在所用的点火线圈，它采用低压断续点火方式，由德国人博世制作并在 1887 年使用。高压磁电发电机（也称磁电机）于 1900 年问世。在 1902 年电流断路开关两端连上电容器,对其进行了改进。迄今磁电机再没有本质变化。早期电火花装置的结构如右图照片所示，外围罩上一个大型的质量低劣的马蹄形磁石。

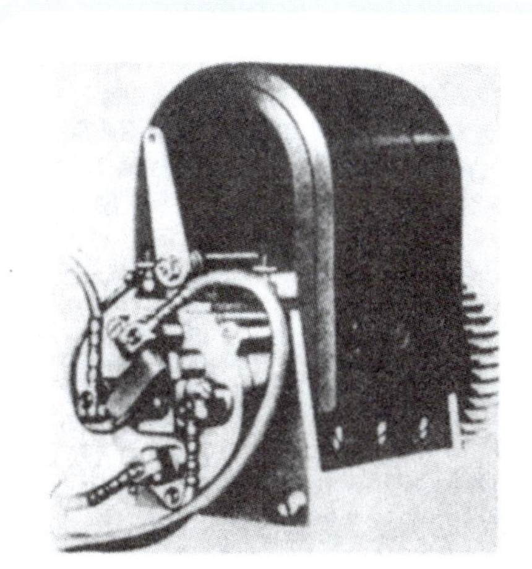

[博世的早期磁电机(1897 年)]

柴油发动机构造与工作原理

柴油发动机不产生跳火

柴油发动机最显著的特点是，不像汽油发动机那样使用电点火，而是向高压空气中直接喷入燃料（不是汽油而是柴油）使其自燃点火。

与汽油发动机不同，它压缩的不是燃料与空气的混合气，只是将空气压缩，这样就不必担心可引起异常燃烧，压缩比一般达到 15～23：1 的高值（汽油发动机一般为 7～12：1）。压缩比的提高也会使膨胀比相应地提高，从而得到较高的热效率。

气缸内只有空气被吸入，没有必要使用化油器，因此柴油发动机没有化油器。没有它的代替品。但安装了一个高压、精密的喷油泵。

柴油发动机燃烧室的温度比汽油发动机的高，柴油燃料价格比汽油便宜（因国家而异），这些是柴油发动机经济性好的主要因素。

另外，它也有 4 冲程和 2 冲程的 2 种方式（转子式没有）。轿车一般使用 4 冲程发动机，轿车不需要像大型卡车、公共汽车那样的大功率发动机，需要的是质量轻、速度高的发动机。活塞和缸盖都可用铝合金制（卡车、公共汽车用铸铁制），来提高柴油机的速度。

柴油机的燃烧室有一个较大特点，活塞的头部有各种形状沉凹，使吸入的空气能产生涡流。它特别安装了一个用于预燃的小室。在同样的预燃室内压缩空气时，因压缩会产生涡流。轿车都以涡流式的燃烧室为主。

●涡流室式

涡流室是一个在主燃烧室上边或横侧安装的球状或蘑菇状的副燃烧室，在压缩冲程时，空气在此处将产生涡流（挤气涡流），同时向此处喷入燃料，利用此涡流使燃料与空气充分混合燃烧。

预燃室式是向预燃室内喷入部分燃料，使它燃烧后再向主燃烧室喷射其余燃料的燃烧方式，它是一种比较缓和的2段式燃烧方式。涡流室式是在副燃烧室即涡流室内的燃料全部燃烧的方式。涡流室的容积一般占整个燃烧室容积的60% ~75%。

它的优点是，利用压缩空气时产生的涡流使燃料与空气充分混合，提高平均有效压力。另外，压入气体的速度越高，产生的涡流越强，空气的利用率也越高。使发动机的转速可达4000~5000r/min。由此可见柴油机也可适用于轿车。但其缺点是结构较为复杂，在低速时，产生涡流较弱，点火滞后较大，容易产生柴油爆震(后详)，起动时需要预热(后详)。

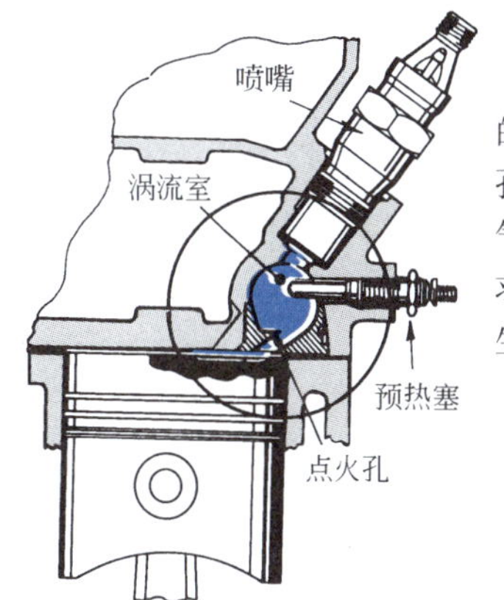

←涡流室的形状和点火孔的位置按空气压缩行程要求，使空气产生涡流。

使喷射的燃料与空气在最佳状态混合、汽化、燃烧。→

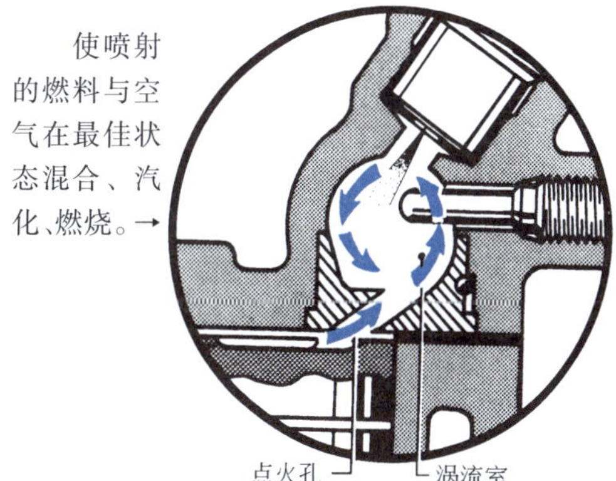

涡流型燃烧室各类型(箭头是喷射方向)

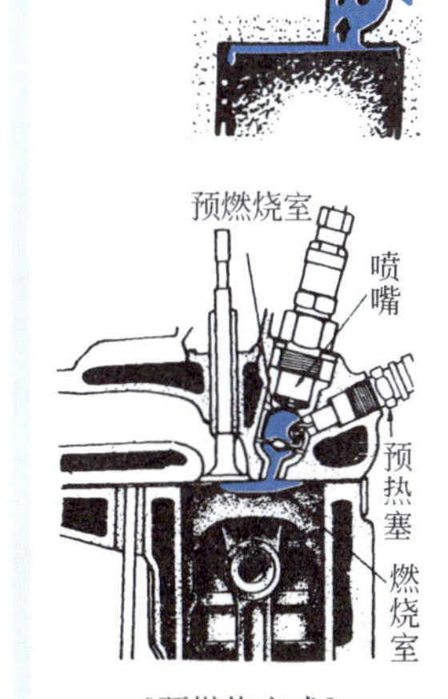

[预燃烧室式]

也被称作预燃烧型的副燃烧室的容积是主燃烧室的30% ~50%。在预燃烧室内燃烧一半后再使主燃烧室燃烧。因此空气预燃料混合充分，减少柴油爆震。

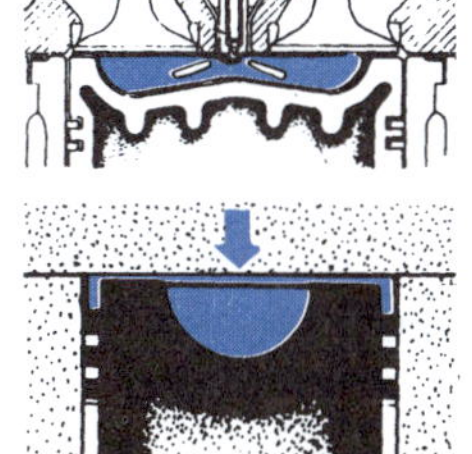

[直接喷射式]

也称为直接喷射型，以大型车辆柴油机为代表。它采用开放式喷油嘴（多孔式），以1500~3000kPa的高压喷射，燃烧室有多种形状，热效率高，但不适合高速回转。

[铸铁活塞]

柴油发动机的活塞，以前是细而长，活塞环数也多，用坚固的铸铁制造。

可是现在轿车用的车用高速柴油机活塞几乎都是铝合金制的，活塞环也只有3个。

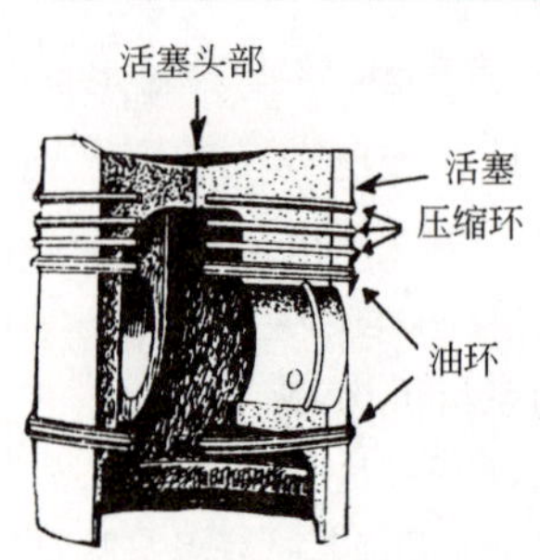

铝合金活塞

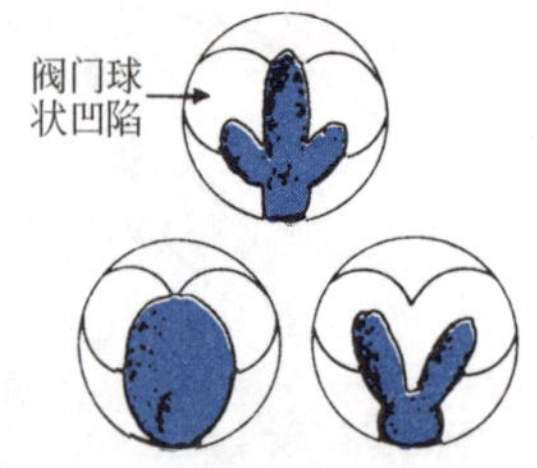

[活塞顶部凹陷示例]

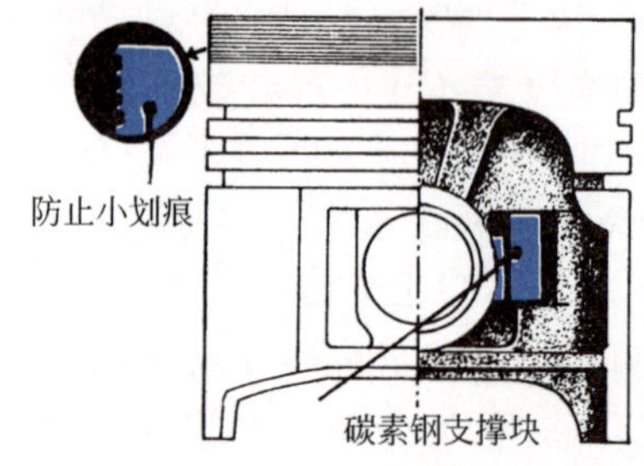

[为了调解热膨胀放入碳素钢支撑块和防止划痕沟槽的示例]

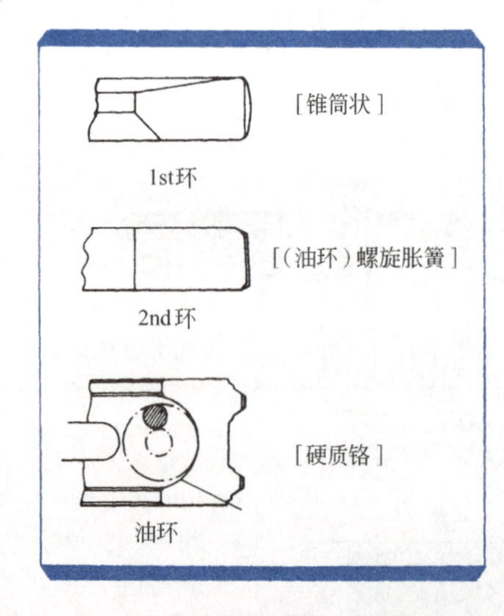

例3组活塞环

以前为了承受高的爆发压力，柴油发动机的活塞用铸铁制造，看起来非常坚固。活塞细而长，其上部有4个活塞环，下部有1个(油环)。

近年来，特别是轿车使用的高速柴油发动机，使用的活塞几乎与汽油发动机的活塞一样，用铝合金制造。活塞环也是以上部3个，下部1个。或只有3个的类型为主。另外在活塞的上面，因压缩冲程发生涡流的关系，多设计成有浅凹陷的复杂形状。

高压喷油嘴

向燃烧室里喷射燃料（柴油）的喷油嘴有轴针型（单孔式）和开放型（多孔式）两种。现在主要使用轴针型（也称为节流型）。而喷油嘴由喷油嘴壳体固定在发动机缸体上。

节流型用于预燃烧室式或涡流室式这些具有副燃烧室的点火方式，但是只有一个较大的直径喷孔，在其中有一个上下可移动的针阀，针阀的前端呈喇叭状，阀口关闭时，其前端稍微探出一些，阀打开时，缩回口中（如图所示）。

●节流型喷油嘴的作用

燃料由喷油泵输送，其压力与喷油嘴开始喷射时压力相同，针阀克服螺旋弹簧力而抬起，使前端打开，产生缝隙。

于是，燃料通过这个缝隙喷射出来，但开始喷射时，因为喷油孔的面积狭小，只能喷出少量的油，这种状态称节流冲程。阀进一步抬起，喷油孔面积增大，成为主喷射。在副室式的燃烧室中，燃烧滞后期间（从喷射开始到着火时间）的喷射量较少，能减轻柴油机爆震。开始喷射时的压力 800～1500kPa。

●开放型喷油嘴的作用

开放型喷油嘴的针阀的前端呈半球状。在其前端开有数个呈放射状的喷孔，相对喷油嘴呈某个角度（喷射角）。这个角度一般是对称的。有的发动机开在一侧，仍然是通过燃料的压力压开针阀进行喷射。

喷孔的直径多为 0.2～0.4mm，喷射初始压力为 1500～3000kPa，喷孔的数量和其直径是控制喷雾颗粒大小和喷雾距离的重要因素。

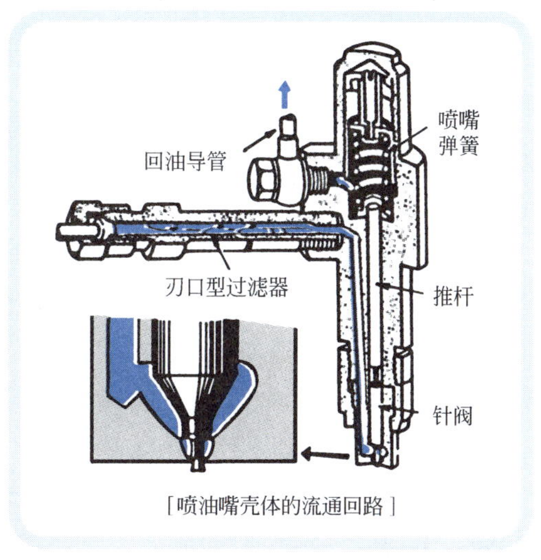

［喷油嘴壳体的流通回路］

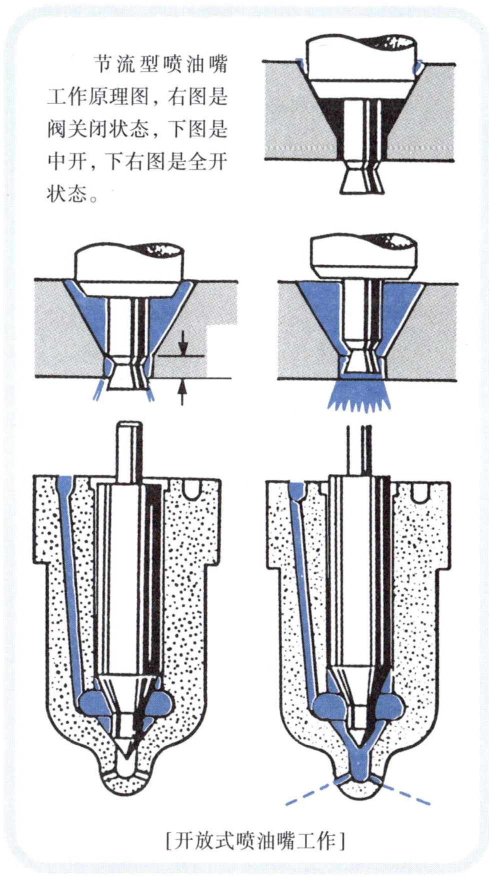

［开放式喷油嘴工作］

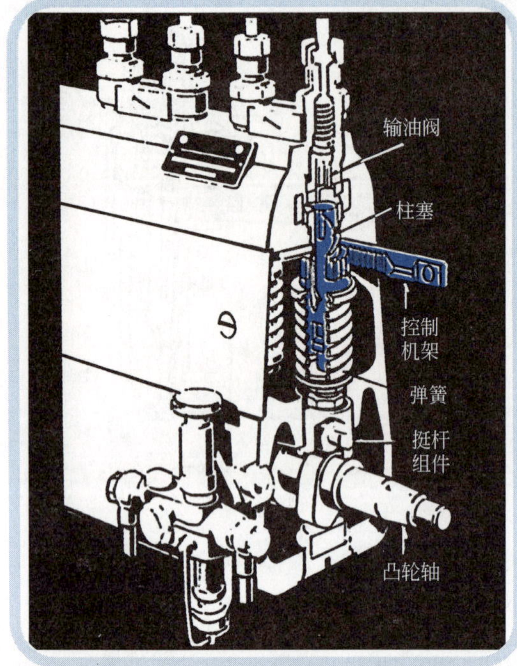

喷油泵的精妙

由燃油喷油泵向燃油喷油嘴输送燃油，是柴油发动机的一大特征，与前面介绍的汽油发动机的点火装置(燃油直接喷射方式)的“低压喷射”不同，柴油发动机具有强有力的燃油喷射泵,其外形象一个大型的泵。它位于发动机的侧面,喷油泵的作用有以下几点：

①用高压(1000kPa)输送燃油。

②输送燃油的量非常精确。

③在适当的时间输送燃油。

④可微调对应的负荷。

喷油泵有“柱塞式”(列式)和“分配式”两种。它们各有所长。

●柱塞式喷油泵的构造和工作原理

与气缸相同数量的柱塞(活塞式泵)由凸轮轴驱动(推压柱塞),并成一列,故称为列式（柱塞式），以德国的博世所发明的柴油机为代表。

泵下部的凸轮轴由发动机的曲轴通过齿轮或者链驱动（减速1/2）。由于这凸轮的凸缘推压，使柱塞在一定的冲程间进行往复运动而吸入、压出燃油。在柱塞缸体中,缸体与柱塞精密配合,起到密封作用。有少量燃油从间隙泄漏，可对相对运动部位起到润滑作用。

对于凸轮轴除了有与气缸数相同的凸轮,按着喷油顺序(认为与汽油发动机的点火顺序相同)排列之外,还有一个驱动燃油输送泵（向喷油泵内输送燃油的泵）的凸轮,与凸轮直接接触的是挺杆滚轮,其上部设有调节螺钉,用来调节预冲程(后详)。

凸轮的形状

柱塞的往复运动上升时速度快，下降时速度慢。为防止柱塞的跳动并使其运动平稳,通常将它制成如图所示的复杂形状。但是,向喷油泵供应燃油的燃油输送泵的凸轮,没有必要那样复杂,形状较为简单。

柱塞的工作原理

在柱塞缸体的进油口周围，通常充满了从油泵输送来的燃油，柱塞的头部从缸体进油孔处下降时,燃油被吸进缸体内。这是“**吸油阶段**”。之后凸轮回转,再次向上推压,使柱塞的上端将进油口完全封闭时。燃油则从进油口被反向压出，但还没有压出时,称这个时期是“**喷油前阶段**”。

柱塞继续上升，柱塞上端完全关闭了进油口。燃油开始被压出来，这种状态叫“**喷油开始**”。喷油开始后,缸体内的燃油受到1000kPa以上的高压作用,将出油阀(防止逆流的阀门）打开，燃油被输送到喷油嘴,从喷油嘴喷入到燃烧室内。

这时被称为“**喷油**”阶段。

柱塞继续上升，与柱塞相连的斜切槽导程因与进油口相通，输送的燃油经柱塞内的轴心孔，从斜切槽导程流向进油口（排油口）。结果燃油压力下降，不能继续输送油。这种状态称为“**喷油结束**”。从喷油开始到喷油结束的柱塞冲程称为“**有效冲程**”。

之后柱塞进一步上升，在到达上止点之前，出油阀侧的燃油逆流返回到进油口（排油口）。如果凸轮继续旋转，柱塞开始下降，再进入燃油吸油阶段。因逆流返回到进油口（排油口）的燃油再被吸入，如此周而复始。

预冲程

柱塞从下止点到开始喷油处一段上升的冲程，我们把这段喷油前的冲程称为“预冲程”。该冲程大小可用挺杆上部的正螺纹长度的伸缩来调整。这种调节在下止点时，能最大限度地保证进油口的有效面积和各喷油时间准确，如螺纹调整过长，则喷油时间会过早或过短，反倒起了相反作用。

柱塞与齿条的关系

柱塞输送燃油的工作如上所述，柱塞输送燃油的“有效冲程”，就是在柱塞的表面倾斜车铣加工的柱塞斜切槽的导程。回转柱塞，（柱塞上端部与进油口的间隙可调）就能改变“有效冲程”。

使柱塞回转可用控制齿条。它可左右移动，带动与其相啮合的小齿轮回转。它借助控制套筒与柱塞联动，只要齿条一动，柱塞就相应回转。但是，由于齿条可停止在任意位置，柱塞的斜切槽导程与进油口相连，所以冲程发生了变化。

以上说明的两点，就是柱塞机构的巧妙之处，柱塞一边上升，一边进行燃油的吸入和排出。只要柱塞回转，就能使燃油的输出量发生变化。

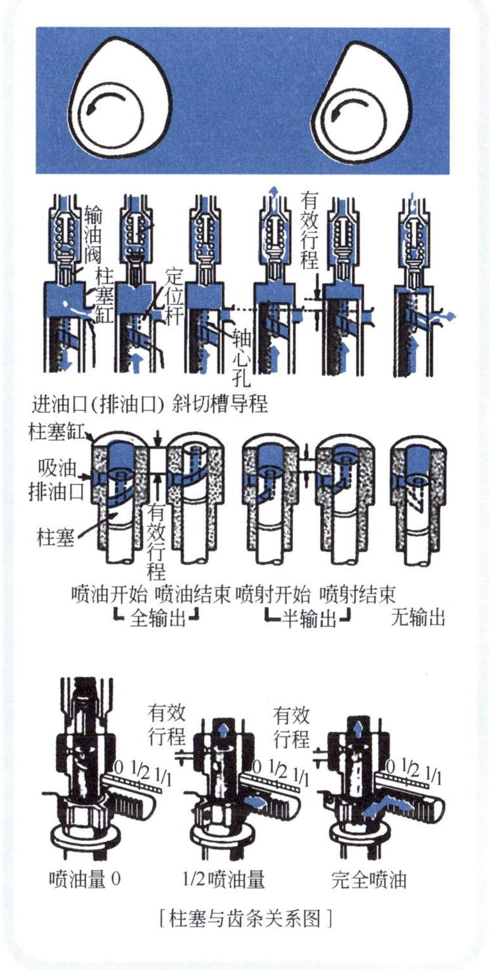

[柱塞与齿条关系图]

斜切槽导程形状和喷油特性

柱塞的斜切槽导程从柱塞表面上看是铣刀加工的直线，喷油量也相对齿条位置呈线性变化。铣切的曲线是在喷油量少的怠速附近，当齿条位置发生变化时，喷油量变化不大，怠速时喷油也不会散乱。

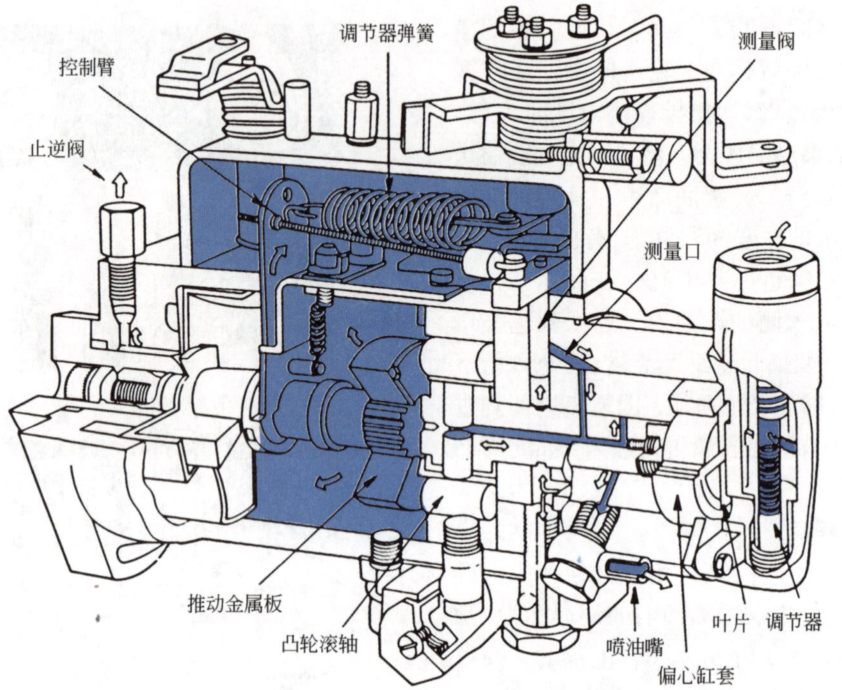

调节器弹簧
测量阀
控制臂
止逆阀
测量口
推动金属板
凸轮滚轴
叶片
调节器
喷油嘴
偏心缸套

分配式喷油泵

●分配式喷油泵的构造和工作原理

分配式喷油泵与前面所说的列式相比更小、更轻，随着小型、高速柴油发动机的发展，它被开发出来。它用一对柱塞加压使燃油按照喷油顺序顺次地分配给各个喷油嘴。由分电器这个名称很容易理解发动机分电器的各个功能，它与分配器具有相同的作用。

它体积小、质量轻、部件数量少，但它要求柱塞的工作转速与气缸数成比例地增加，使气缸数及最高转速受到限制（对于柱塞式一个气缸对应一个柱塞）。

分配式喷油泵的典型代表是英国的卢卡斯式、德国的博世式。下面分别介绍它们的工作原理。

卢卡斯式

由燃油输送泵从油箱中吸进燃油，通过燃油滤清器后输送到喷油泵，在喷油泵泵体上，有两个柱塞在缸体内相对安装，缸体由发动机驱动回转，所以，柱塞也要随缸体一起回转。此时，因凸轮轴凸缘使柱塞受压，起到泵的作用而向缸体中心的出油孔输送燃油。

这样，送出的燃油流到与缸体成直角的配油盘的通道里。缸体因为回转与其壳体和外侧固定的配油盘按各气缸喷射顺序进行喷射。上面简单地介绍了分配式喷油泵的输送、分配燃油的基本原理。

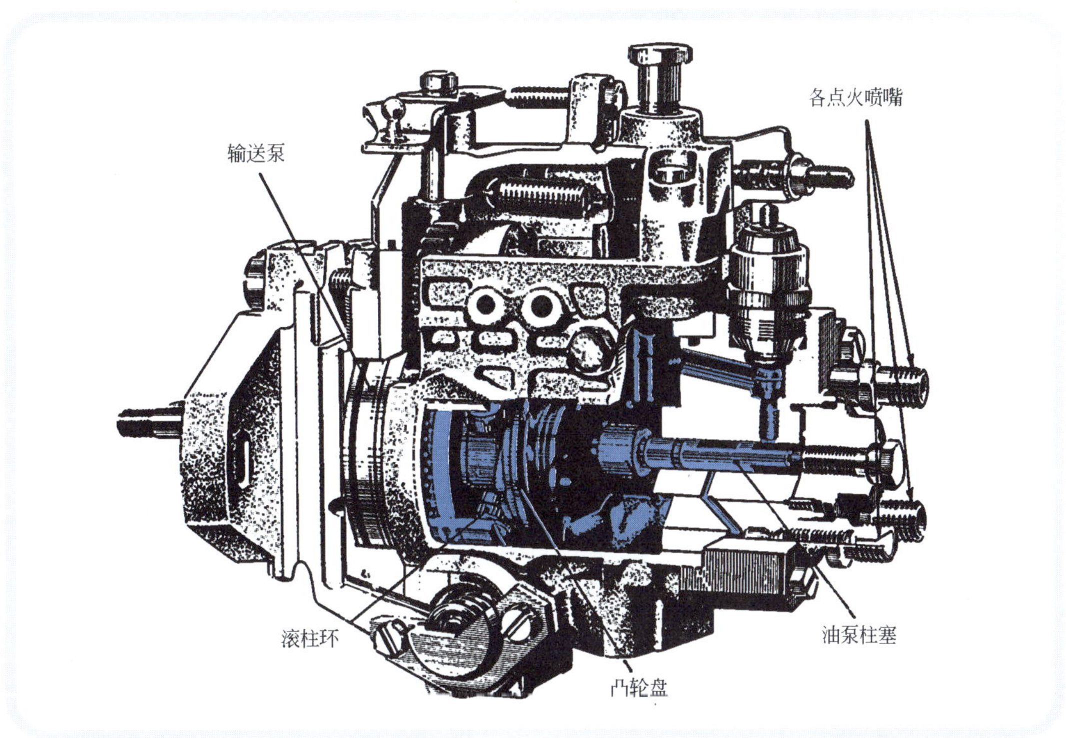

博世式

博世式也是小型、轻量的喷油泵，其构造与卢卡斯有相似的地方，以下所述两点是其主要的不同点。

一点是，泵的工作方式。卢卡斯式有两个相同方向的柱塞，在与轴垂直（径向）的方向上运动，而博世式是一个柱塞在轴向运动。

另一点是，卢卡斯式采用离心调速机构，在驱动轴上安装了调速器重块。博世式分别设计了调速器轴和齿轮并以此来驱动。

行走路线是：从油箱出来的燃油，经油水分离器和燃油输送泵过滤后，由偏心式油泵送给调节阀，经压力调节后充入泵体内。它除了对工作部位进行润滑，同时送给柱塞泵。多余的燃油和被工作部位冷却的燃油，通过溢流阀，流回到油箱再进行循环。

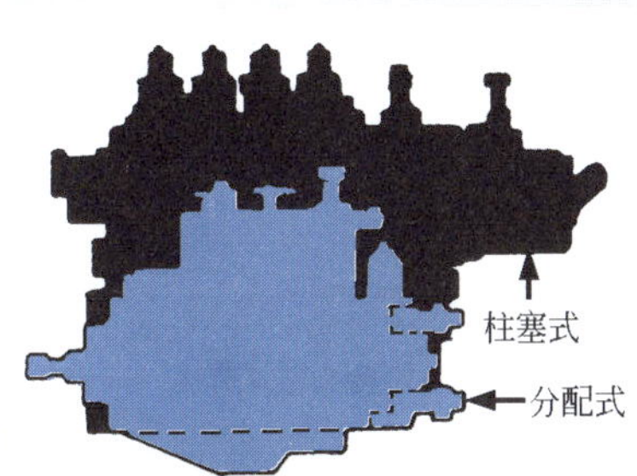

[分配式与柱塞式大小比较]

卢卡斯的工作原理

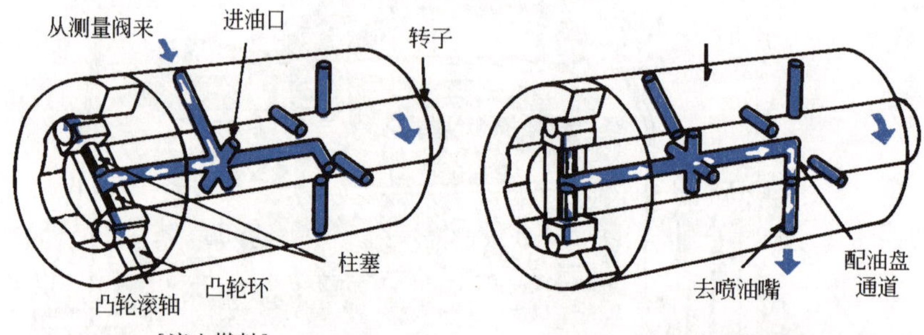

[流入燃料]　　[分配燃油]

[卢卡斯式喷油泵的燃油分配方式]

请将前述的卢卡斯式情况的柱塞的工作示意图，与下页的博世式进行比较。这是一个精巧示意图。在转子内的燃油通路随着转子旋转。同时，与固定的进油口的喷油通路始终保持一致。瞬间在柱塞和凸轮的作用下打开或关闭使燃油流入、喷射。

[吸入燃油]　　[分配燃油]

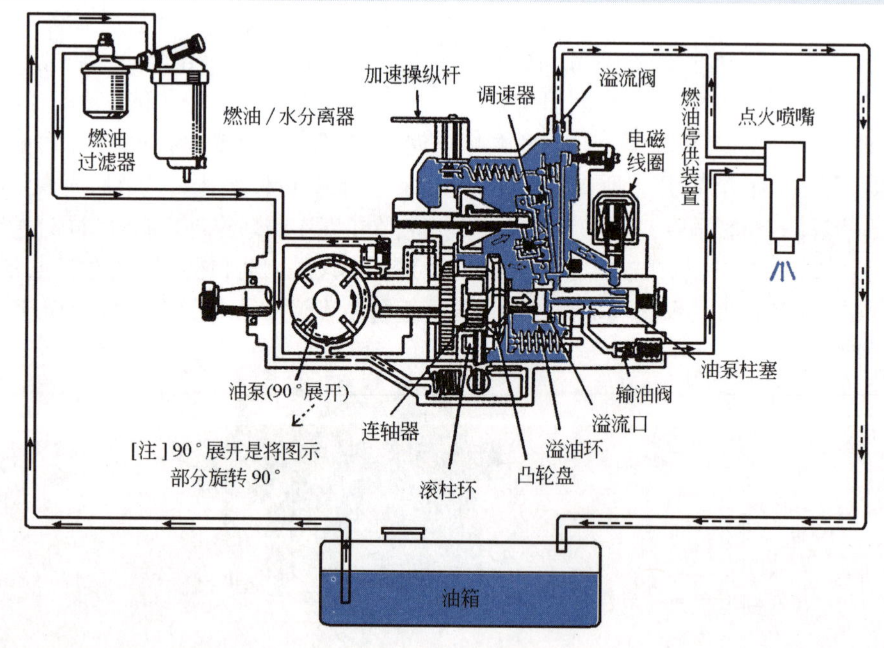

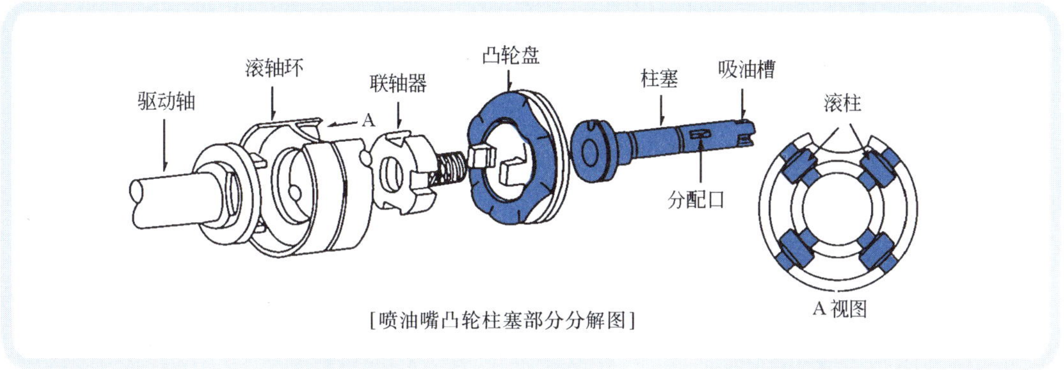

[喷油嘴凸轮柱塞部分分解图]

博世式工作原理

当与滚柱接触的凸轮盘旋转时，由于其表面为波形纹，柱塞进行往复运动，这就是该泵的基本原理。

进气冲程： 凸轮盘旋转，当波纹形的凹部旋转到滚柱处时，进油口与柱塞前端的4条吸油管之一相通。从进油口流入的燃油被吸入到柱塞腔和柱塞轴心孔。

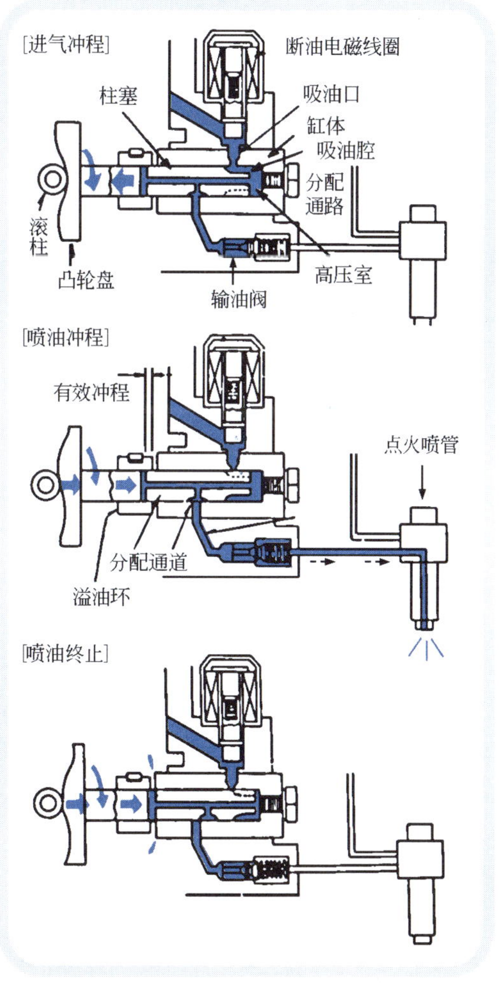

喷油冲程： 当凸轮盘旋转到波形纹的凸部接触滚柱时，进油口关闭，分配口与缸体的4条分配口之一相通。凸轮盘继续旋转，柱塞右移，柱塞腔中的油压上升。燃油经出油阀从喷油嘴向燃烧室内喷出。

喷油终止： 凸轮盘继续旋转，当波纹形顶部旋转到滚柱所在位置时，柱塞的溢油口与溢油环的端面相对，由于泵的作用燃油压回，同时压力下降，燃油输送结束。

保护发动机的调速器

柴油发动机是一种采用高压空气、自燃点火的发动机。所以一般在低速运转时不太稳定。如果此时燃油喷射量与其速度不能准确的对应，发动机就会停止或过高旋转，有时甚至使发动机损坏。

为了解决上述问题，让发动机带有一个喷油泵工作调速器（调整装置），这样发动机除在正常运转外，在低速回转时，燃油喷射量与回转速度之间也能保持一个正常的比例关系。这个调速器，与加速踏板的工作原理近似，能自动地控制燃油喷射量。另外，在防止发动机过快旋转的同时，加速踏板处于松开的状态，也能自动地提供一定的燃油喷射量，维持其怠速状态。

调速器有气动调速器和机械调速器两种，基本构造有所不同。也有集两种于一体的复合式。

从功能上划分，有全程式调速器和高低速调速器（此外还有恒速调速器，汽车上不用）。

全程调速器在整个转速范围内工作；高低速调速器只在怠速和最高速度时工作，以防止怠速时发动机熄火或防止超速。

●气动调速器

在发动机的进气管处有节流阀，正反方向旋转此阀，就能引起负压变化。调速器内的膜片就会被大气压与负压产生的压力差推动。膜片与控制喷油泵柱塞回转的齿条相连，从而使喷油量发生变化。这就是控制发动机转速的原理。

●机械调速器

利用离心力的机械调速器，当发动机转速提高时，安装在喷油泵的凸轮轴上的重块（飞锤）克服弹簧力向两侧张开。这种动作控制与之联动的齿条。同时踩踏加速踏板时也控制齿条。并与浮动杆共用一个支点。

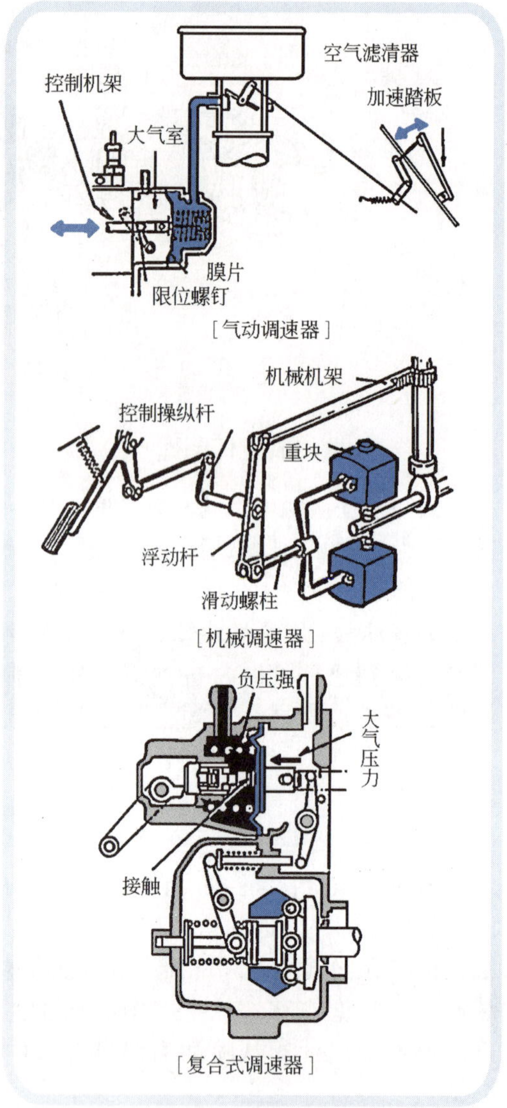

［气动调速器］

［机械调速器］

［复合式调速器］

●复合式调速器

它是一种在低、中速时气动调速器起作用，高速时机械调速器起作用的二级调速器。

预热起动

预燃烧室式和具有涡流室的副室式的燃烧室，缸壁面积较大，因吸热会使副燃烧室内的压缩空气温度降低。在天气寒冷时发动机起动困难。为此安装了电热塞，这是一种内置加热器的电气式预热装置。使用它可使副室内的压缩空气温度升高，对发动机起动较为实用、有效。它有两种，一种具有裸电热线线圈型，另一种把细电热线圈放置在线盒中的护套。

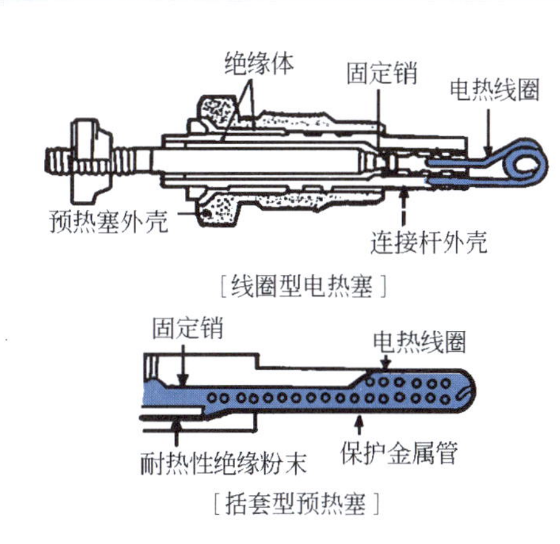

[线圈型电热塞]

[括套型预热塞]

陶瓷电热塞

上面所说的电热塞要求在短时间内将温度提升到 600～900℃。若使用氧化镁，从发动机点火钥匙转动到起动需要 3.5s，可是如果使用陶瓷材料，电热塞就能瞬时起动。陶瓷可快速升温，这种特性使它在汽车部件上有广泛的应用前景。

●陶瓷

陶瓷是较正规的名称，它就是我们常说瓷器。茶碗等就是对这种的应用。但它具有接近金刚石的硬度，并且在 1000℃以上高温也能保持这种特性。它因用于航天飞机机体涂层而闻名。

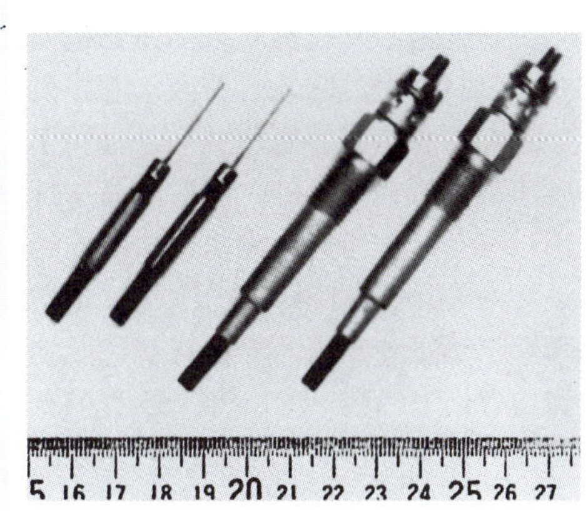

由自动停止装置停车

柴油机停车，不像汽油发动机那样切断开关，停止向火花塞供电，而是采用直接截断进气或者停止喷射燃油的方法。

●电动式进气消声器

点火钥匙旋置在停止位置时，小型电动机回转，齿轮减速牵引传动链关闭挡气板，进气被隔断。

●燃油喷射停止方式

用电磁阀切断与发动机进气管相连的负压及和调速器的负压室相连的通路，同时用真空泵给调速器的负压室加负压，使与膜片相连接的控制齿条向燃油减少方向移动，直到喷油量为零为止，这些工作只用开关就全都能自动地完成。

鲁道夫．狄塞尔博士

狄塞尔发动机的悲剧

由于狄塞尔发动机（柴油发动机）节能，适应时代的发展，现已普及。它是发明者鲁道夫．狄塞尔博士（德国人）经历了艰辛的历程后研究开发的。制造耐高压气缸的困难是制造普通气缸无法比拟的。当时的设计方法、制造材料都是很原始。但柴油机却要求精密和坚固的发动机部件。他多次努力但化为泡影。1913 年，55 岁的狄塞尔时在开往大西洋的船上失踪了，他是因为开发的过于辛劳自杀还是遇难，至今还没有定论。从 20 世纪至今，柴油机在大转矩的重型车、燃料安全的潜水艇、军车等方面被广泛应用。

为什么说经济性好？

首先狄塞尔发动机使用的燃料为柴油，它在日本出售价格大约是汽油的 2/3。其次，因热效率高燃料消耗费用低。与发动机相比压缩比提高了 1 倍，所以提高了膨胀比，热效率大幅提高，能产生较大的能量。

但同时也存在一些问题，狄塞尔发动机制造坚固，但质量大，振动和噪声比汽油发动机更剧烈，这式是至今还未在轿车生产中普及的重要原因。

狄塞尔发动机爆震

狄塞尔发动机具有独特的燃烧方式。汽油发动机是在低速、大负荷时燃烧不充分时产生爆震，由混合气体的自燃引起的。因此它是在燃烧的末期进行的。狄塞尔发动机在负荷、怠速时等燃烧冲程初期，本身不能点火。所以正好与汽油发动机相反。

具体来说，点火时向高温的压缩空气中喷射燃油。由于空气本身不能自燃，故要求后喷射的燃油一喷射，就要发生燃烧这样就要使用着火点低的火的燃油，或者提高气缸内的温度，使喷射时间相最佳。

十六烷值

正如上面所说，为防止狄塞尔发动机爆震，必须使用易燃性燃料。那么什么样的燃料符合这种条件呢？

狄塞尔发动机的燃料是柴油，柴油介于煤油和重油中间。相对密度为 0.82～0.87。精炼时蒸馏温度是 200～350℃，油的颜色为淡茶色。

十六烷值是表征在狄塞尔发动机用柴油性能的一种标准，有与汽油的辛烷值相似。它表示燃烧性的一个量，是衡量狄塞尔发动机爆震程度的主要参数。十六烷值越高，产生爆震现象越低。

确定十六烷值的方法如下，以燃烧滞后时间短的正十六烷和燃烧滞后时间长的阿尔法甲基萘的混合物作为标准燃料。用压缩比可变的实验发动机进行实验。实验油料和燃烧性用在相同的混合料中含正十六烷的容量（%）表示成十六烷值。一般市场销售的

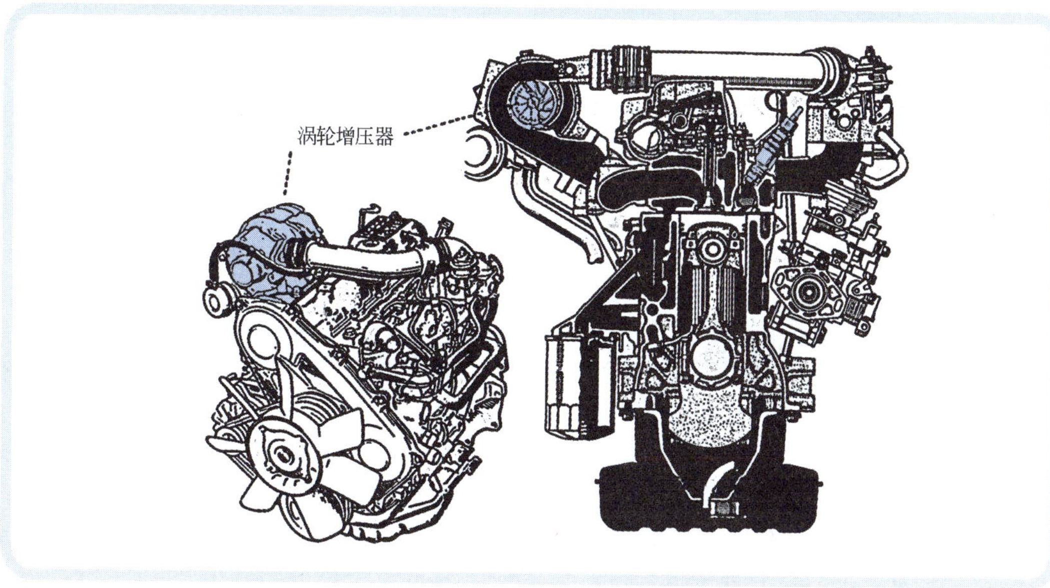

柴油(1号、2号)的十六烷值为40～50。

狄塞尔发动机与涡轮增压器的关系

很早之前人们便把狄塞尔发动机与涡轮增压器联系在一起。早在1911年,工业、船用的大型狄塞尔发动机的就发展起来。1920年左右车用狄塞尔发动机在美国各大城市的公共汽车上试用,另从1930年开始应用在赛车上。

狄塞尔发动机不象汽油机那样常常发生爆震现象,排气温度也比较低,较为实用。但是真正开始普及是在战后的航空涡轮增压技术的成熟之后。

狄塞尔发动机与涡轮增压器有极其相近的关系。转速变化不大的船用狄塞尔发动机几乎都有涡轮增压器。那么它为什么与涡轮增压器的联系这么紧密呢?

首先,虽然狄塞尔发动机的经济性好,但也有输出力低,不利于高转速的缺点。用涡轮增压器能最有效地补偿这种缺点,使其获得较大的转矩。

其次,对于汽油发动机压缩比越大,越容易产生爆震现象,有时电气点火产生的火花还没有灭,在火花塞点火之外,由(缸壁)热点产生点火而发生异常燃烧—爆震。为了用于,高压涡轮增压发动机必须采取多种措施防止爆震。

而狄塞尔发动机只对空气进行压缩,空气在燃烧室内的温度已达到500℃。此时喷入100～200大气压的高压燃油。其燃油颗粒从其表面一边蒸发,一边较慢(与汽油相比)地与空气混合燃烧,所以不发生像汽油发动机那样的爆震。因不爆震所以不必限制增高压力。

可是,压力不断增大,增高到超过最高燃烧压力时冷却就发生困难。发动机的各部分就会出现强度不够的问题,对此必须进行改进。实际生产中也尽能在允许的范围内提高发动机的增高压力。

转子发动机的构造与工作原理

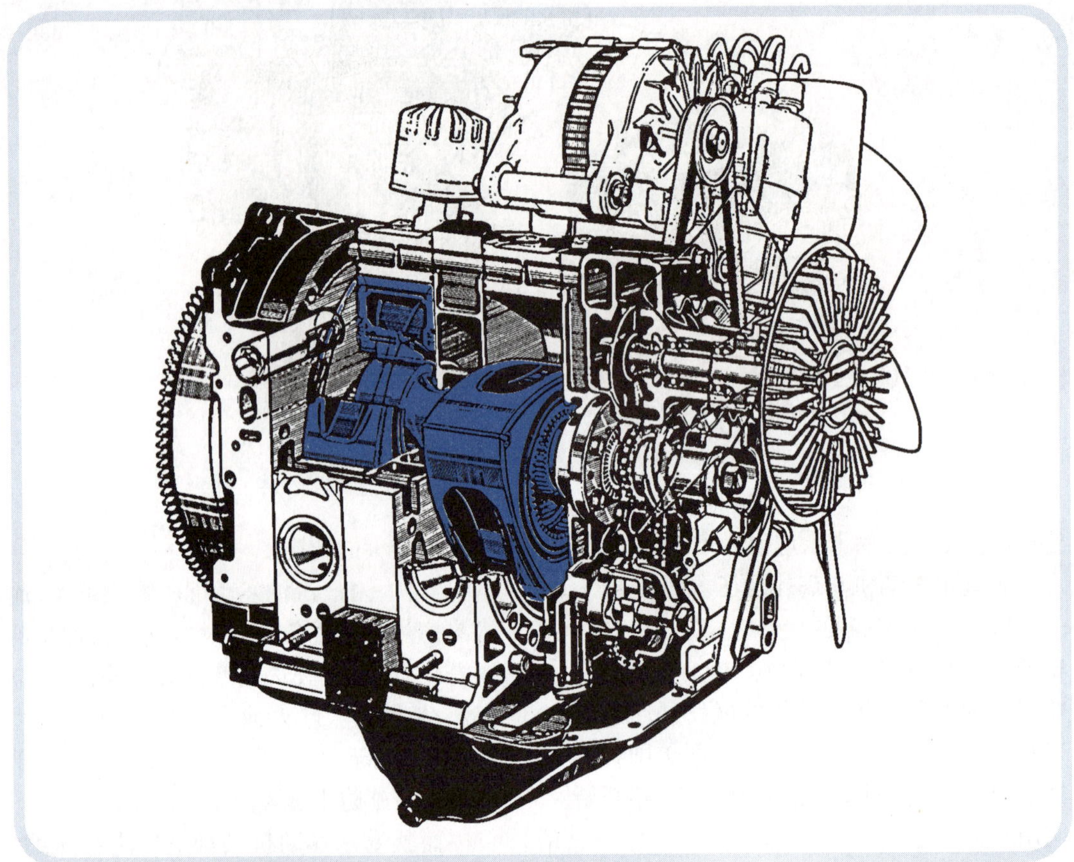

三角形活塞奇妙的工作

转子发动机内由一个三角形的转子，在椭圆形密闭腔内一边回转，一边吸入汽油与空气的混合气，然后压缩、电点火，因燃烧时气体膨胀产生压力对外做功（参照下页图）。

转子有三个顶点，在贴着定子壳内壁回转时使其容积发生变化。周而复始地进行着进气→压缩→做功→排气四个冲程。这些冲程中完全没有往复运动。

转子和定子壳之间形成三个工作室（三角形每个边分别与定子壳之间形成的空间）。同一冲程分别滞后一些，转子每转一圈，完成整个四个冲程的工作。在此其间吸、排气口因转子转动而开闭。没有像四冲程发动机气门机构那样复杂的装置。

但转子并不是按照一个正圆回转，而是一边按照一定的轨迹运动，一边做偏心的旋转。

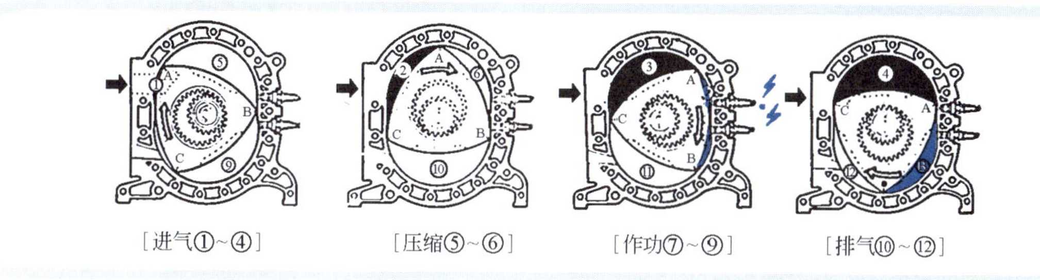
［进气①~④］　［压缩⑤~⑥］　［作功⑦~⑨］　［排气⑩~⑫］

难于理解的转子工作原理

转子发动机的工作原理与 4 冲程和 2 冲程活塞式发动机相比有些难于理解。活塞式发动机活塞由于做往复运动，其位置关系一目了然。对于转子发动机，也可认为是三角形的回转，相同顶点都在移动。很难确定它的位置。

可是如果仔细观察三角形活塞的运动，就应该发现它有上止点，也有下止点（有速度慢的地方）。也像 4 冲程活塞发动机周而复始地进行进气、压缩、做功、排气。因为它是由三角形的各边做相同的连续循环工作，所以难于理解。

为了阐明它的工作原理，这里分成上、下图例。上图用于理解 4 冲程的工作过程。下图是将各个冲程进行分解，按工作过程的顺序排成一列，这样就好理解了。正是这种连续运动，构成了转子式发动机独特的回转方式。

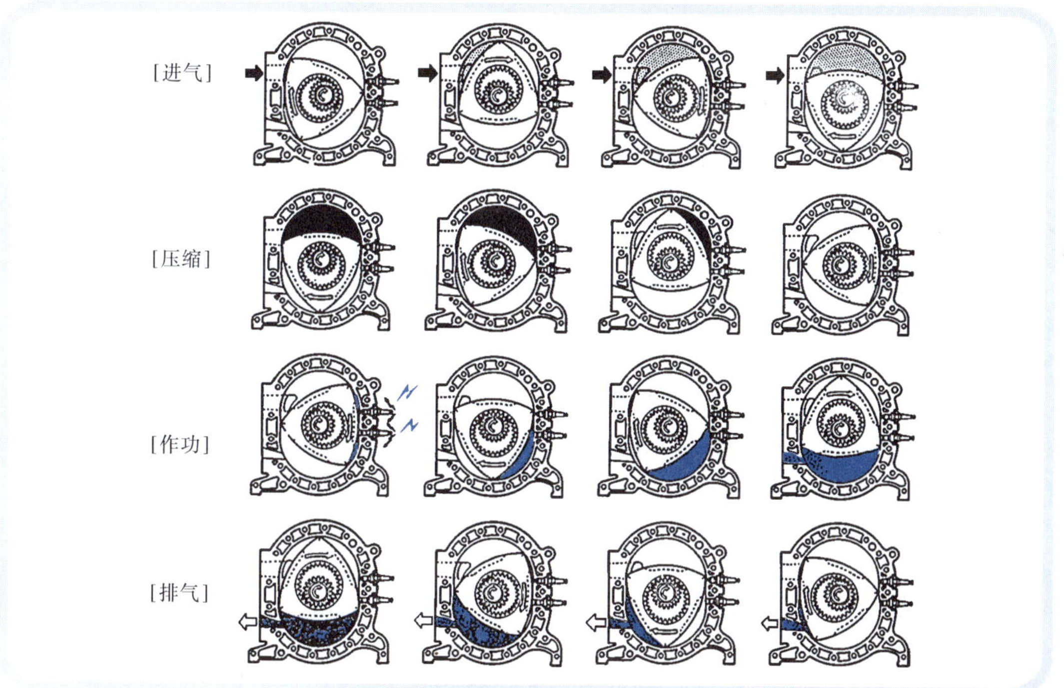

[转子与壳体的关系]

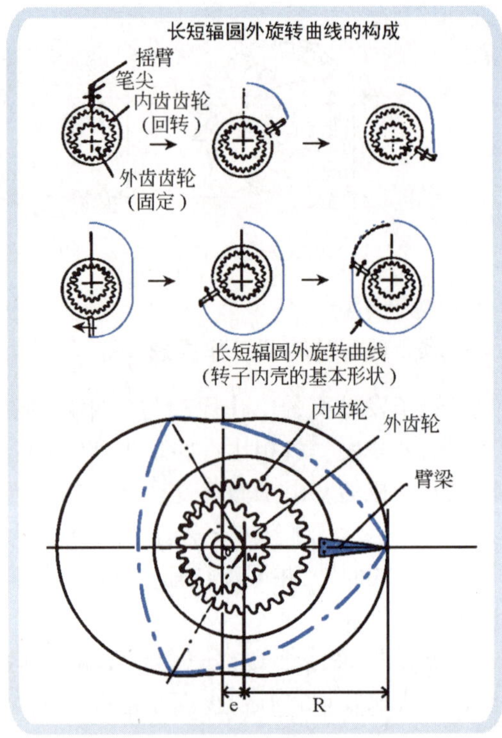

●余摆线曲线

初看转子和定子形状简单，但是为在定子内形成工作腔，并实现规律的旋转，转子还必须做成特殊的曲线形状。

在定子内侧形成的椭圆形曲线叫外摆线（简称余摆线曲线）。这个曲线是这样形成的，首先，固定在外侧外齿轮与内齿轮进行啮合运动。在内齿轮外周上任意一点上，安装一个带笔尖的悬臂。注意不要从齿轮上脱落，让其绕着固定齿轮做回转运动。于是笔就能描出某种曲线。2 个齿轮齿数的比值是该曲线的重要参数。如外齿轮和内齿轮的比为 2∶3，笔描出的曲线是 2 个半圆形，或说是椭圆形的外摆线圆。这就是定子的基本形状。

我们将 2 个齿轮的中心距离称为偏心（e），从内齿轮中心到笔的距离的长度称为制作半径（R）。余摆线曲线的形状由 e 和 R 决定。其次，像前面所说得那样，将内齿轮固定，让余摆线曲线回转，余摆线曲线逐步运动。此时在内侧有余摆线曲线不能达到的地方，把它们连起来后就形成余摆线曲线包络线。这就形成了转子的基本形状。

●工作室的容积变化和工作冲程

三角形的转子与定子之间形成三个工作室，是如何变化的呢？我们把它与 4 冲程往复式发动机进行一下比较。

如图所示的两个发动机都有排气→进气→压缩→做功 4 个冲程。4 个冲程反复进行期间的容积变化的图象都是正弦波。但两者有两个不同点。

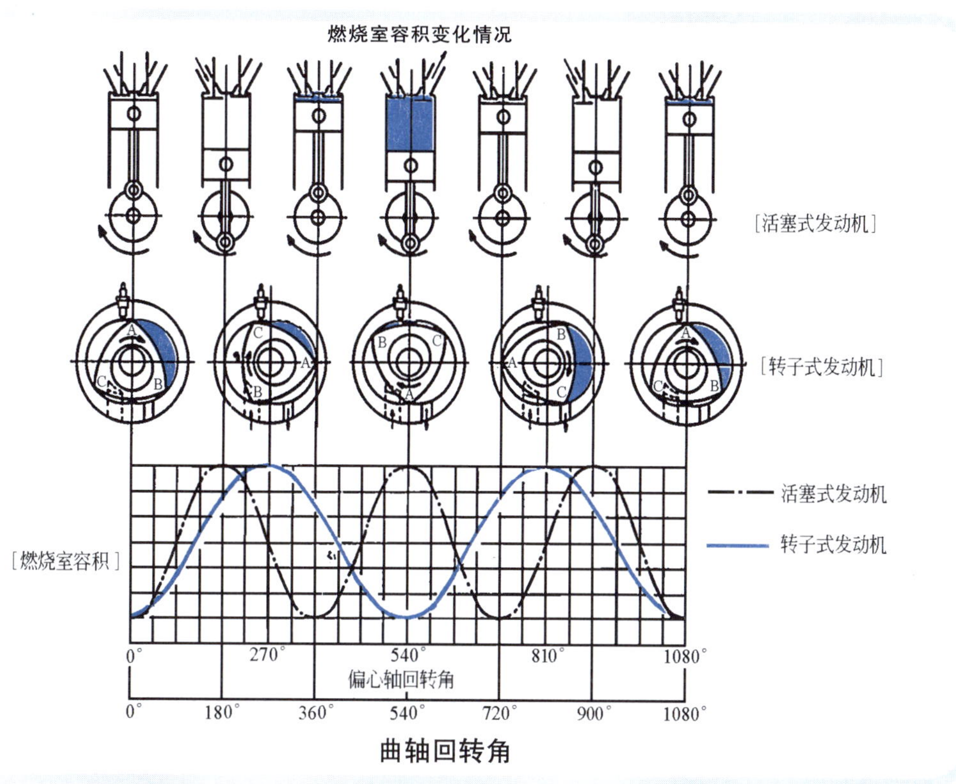

首先，在第一冲程（活塞式发动机是曲轴，转子式发动机是偏心轮轴）的回转角度不同，活塞式发动机是180°，转子式发动机是270°。其原因是，活塞式发动机曲轴转2转（720°）完成4冲程，转子式发动机完成4冲程转3转（1080°）。其转子只转一转。这样冲程时间就增长，回转力的变化不大。而且在高速旋转时，确保了进气冲程时间的充分。其优点是使输出力提高。

其次，转子周围有三个工作室，因为它们分别连续工作，这就把它们的回转速度和次数紧密地联系起来。在活塞式发动机的做功冲程，1缸发动机是输出轴每转2转做功一次，2缸发动机每转1转做功1次，4缸发动机每转1转做功2次。对于转子式发动机，转子周围有3个工作室，输出轴回转3转时，每个转子各有一次做功冲程。即发动机输出轴每转一转有一次做功冲程。马自达转子式发动机有两个转子，输出轴每转一转，有2次做功。这样做功的次数不再与活塞式发动机的2缸发动机相同，而是与4缸的发动机相同。

以上所述的是转子与轴的回转关系，转子转1转，轴回转3转。这与活塞式发动机活塞与曲轴的1∶1的关系完全不同。我们知道转子转得很慢。这样就不会引起密封部位的摩擦损耗和加速。而且中心的外齿轮固定，只起导向作用（贯穿齿轮的偏心轴旋转），不传递驱动转矩。这个齿轮称定位齿轮。

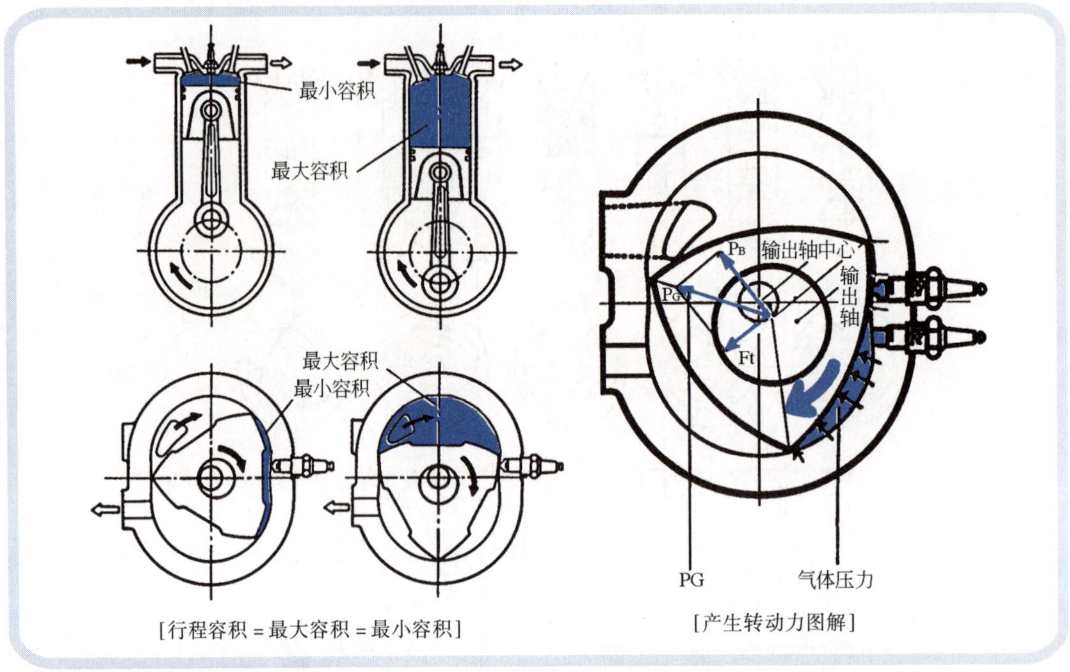

[行程容积＝最大容积－最小容积]

[产生转动力图解]

偏心产生能量

●冲程容积和压缩比

冲程容积是指排气量，转子式发动机的排气量用单室容积表示，即［单室容积×转子数］，单室容积是一个转子在工作时的最大容积与最小容积之差，这个概念与活塞式发动机的单缸容积是相同的。压缩比和活塞式发动机一样是最大容积和最小容积的比值(马自达转子式发动机几乎是9.4∶1)。

●产生输出力的示意图

转子式发动机之所以可产生输出力是由于三角形转子偏心回转。那么混合气体的燃烧产生的膨胀压力是如何转变成输出力的呢？

活塞式发动机在活塞的上面向下施加的膨胀压力，通过连杆和曲轴的联动转变为输出力。

转子式发动机结构如图所示，首先，对转子作用气体的总压力(PG)按箭头的方向压向转子中心。转子偏心轴或称为偏心轮轴的输出轴的偏心部分受到支撑，所以这个力(PG)作用于偏心部分的中心。把这个力在输出轴中心方向(PB)和切线方向两个方向上分解，切线方向（回转方向）的力(Ft)成为使输出轴回转的力(设偏心量为e时扭矩为Ft×e)。

这时随着输出轴的回转，支撑转子轴的偏心部分也回转，所以转子中心在半径e上运动（转子不是向吹风机风扇那样进行正圆回转，而是中心做圆周运动，同时转子本身也做回转运动，就是所说的行星运动）。

如上所述，转子式发动机不是做往复运动，而是作为行星运动，直接输出轴的转速和输出力(矩)。

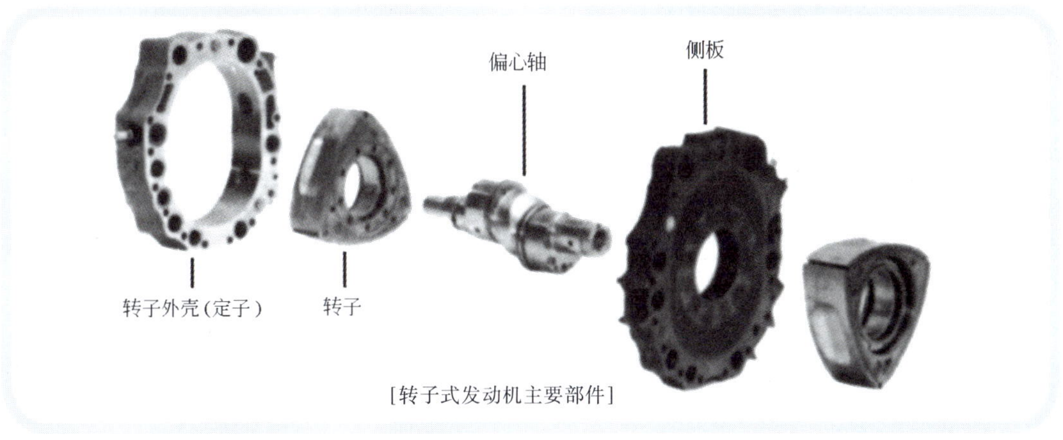

[转子式发动机主要部件]

右图是转子和其组成的环类，类似于活塞式发动机的活塞和活塞环，但形状完全不同。径向密封圈与活塞发动机活塞环中的气环相当。活塞式发动机中没有环状的O形密封圈和油环及侧密封垫。它起的作用是防止转子侧面部分气体和油泄漏。

这些环不是做正圆运动，是沿着余摆线运动。侧密封垫镶嵌在有三角形的孤状底边,单侧需要三组。

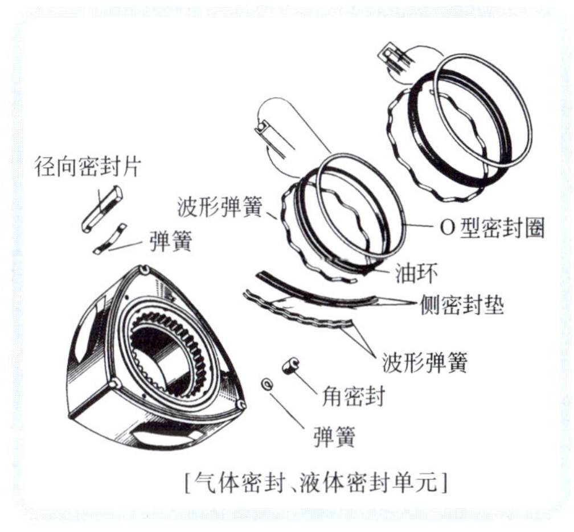

[气体密封、液体密封单元]

开发秘史，震纹—恶魔

在历史上人们对进行了很多思考和探索，但最终取得成功的唯一例子是马自达制造的转子式发动机，它是的以德国的福来克斯·汪克尔型为基础的。在研制的开始（1961年），最难解决的问题是如何消除转子壳的余摆线界面产生的震纹。震纹是由于与径向密封的共振在余摆线表面的镀铬层发生了波纹状的磨擦损耗，这种现象一发生发动机的输出力就会急剧下降。

为了解决此问题，全体职员煞费苦心，克服连续不断地失败，设计内部有格子状孔的金属板交叉孔式密封，制作了采用特殊方法用浸沾铝高强度的石墨密封。终于成功地消除了被称为魔鬼手印的震纹。现在使用经济性较高，表面镀铬的余摆线金属径向密封圈。

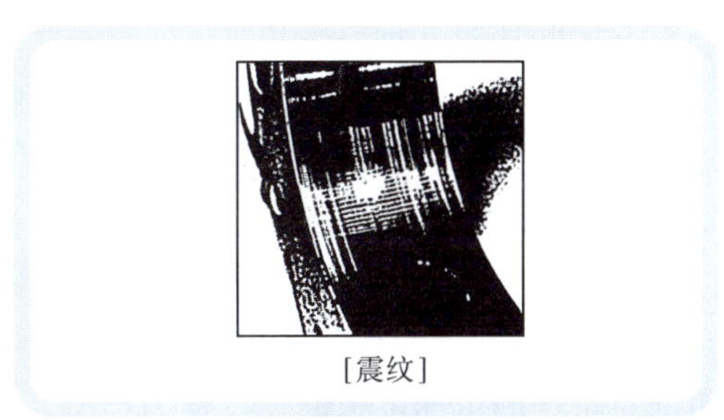
[震纹]

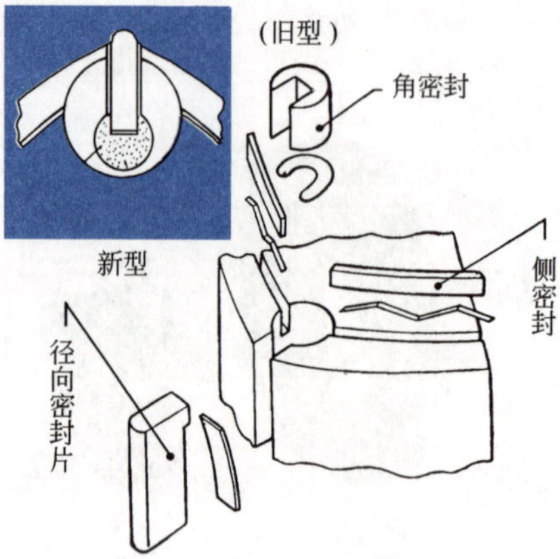

[气体密封结构]

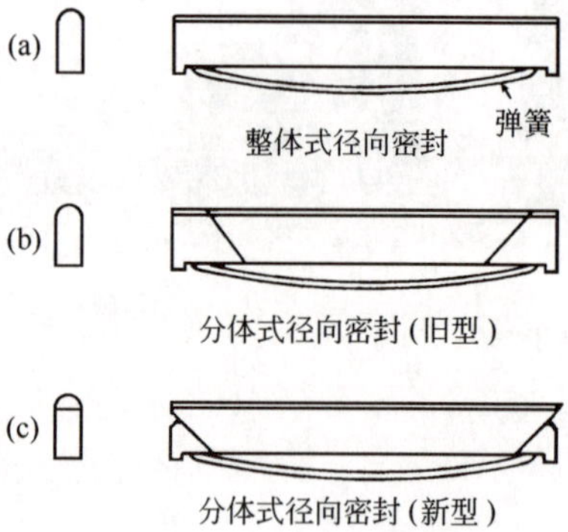

[径向密封的形状]

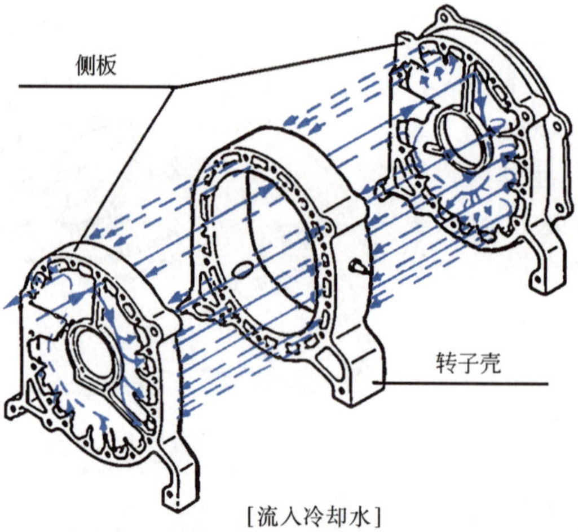

[流入冷却水]

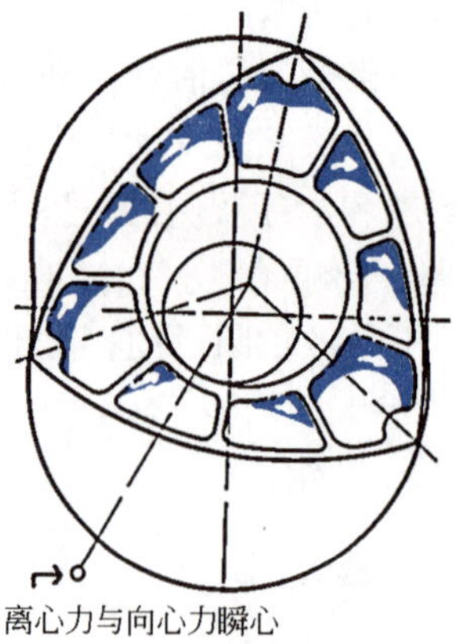

[转子的冷却]

●径向密封

防止做功气体和混合气泄漏的密封，有安装在转子顶点处的径向密封和防止侧面泄漏的侧密封2种。

以前径向密封采用石墨密封，现在则用金属密封。而外形也由一体分成三块。两侧密封片（侧片）被两侧的金属弹簧压紧，即使密封片被磨损，也能进行自动地补偿。使密封性能得到较大改善。径向密封卷角处角密封的根部也由◐型改良为◑型。

●转子的冷却

进行行星运动连续回转的转子的冷却，采用润滑油。上图表示转子中油的运动情况。通过输出轴向转子内部喷射润滑油，由于转子的行星运动而受到惯性力，它一边在转子内旋转，一边吸收转子内壁的热量。由于向心力作用而在转子中心从转子内被甩出，油再通过侧板流回。以此反复循环。润滑油流量可通过喷嘴处球的离心力进行控制。

●六孔转子发动机

这种转子式发动机相对一个转子有三个进气孔，总计六个气孔。三个气孔分别称为基本气孔、次级气孔、次级辅助气孔。两个次级气孔中的辅助气孔斜向切掉一部分，就组成了圆筒状孔阀。这个阀能在排气压力的作用下由调节器控制其回转。根据回转角度变化使阀开闭。当发动机高速回转时，或大负荷时，排气压力增大。在此压力作用下孔阀回转，当旋转到阀的切口处时，次级辅助气孔逐渐打开。

该系统采用孔口调速形式，对于降低基本孔的燃料消耗是很有效，而后由于高速、大负荷系统性能低下时，次级辅助孔口将起到很好的补充作用。

由此能使进气口打开时间延长，还能改善燃烧性，使其在淡化混合气下运转并降低怠速转速，经济性大幅度提高。

转子式发动机上所带有涡轮增压器的最大的特点是，没有像往复式4冲程发动机那样的进、排气阀。利用排气压力产生的排气涡流使发动机效率提高。如图所示为东洋工业开发的转子式发动机工作原理图。自然混合的气体进入发动机后，旋转阀进行配气正时。小型空气压缩机（与排气再利用2次空气供应泵共用）加压的空气，从其他的进气管路供给系统。因此消除了原来的延时，具有响应快等优点。

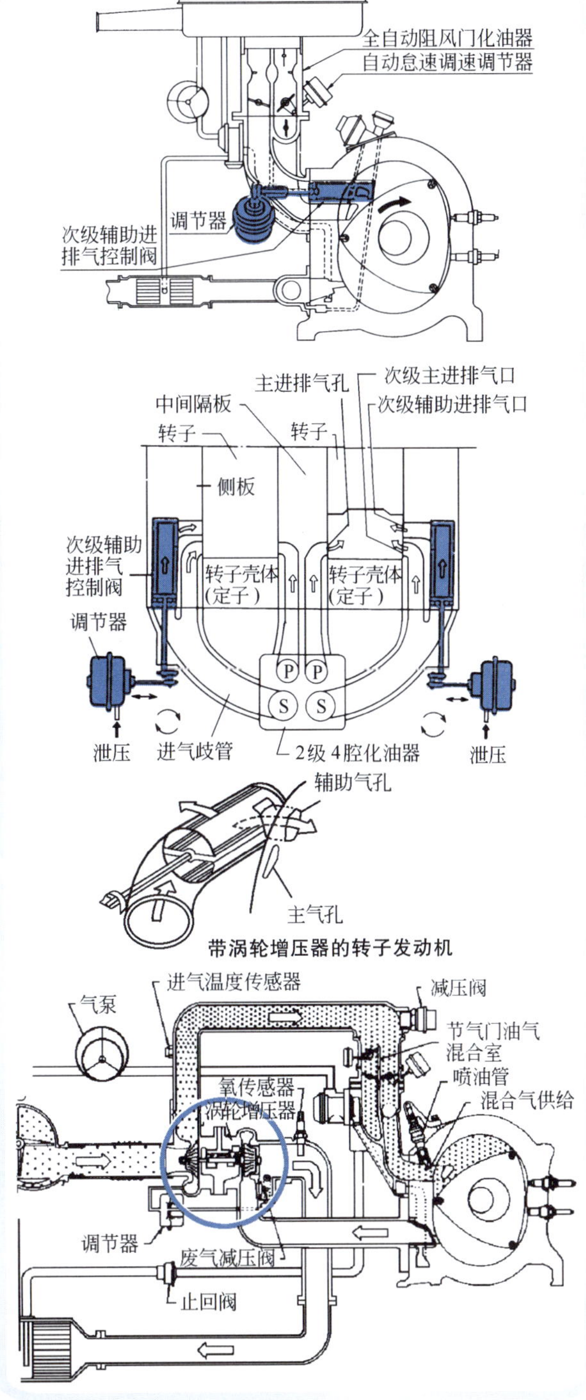

2 冲程发动机的构造与工作原理

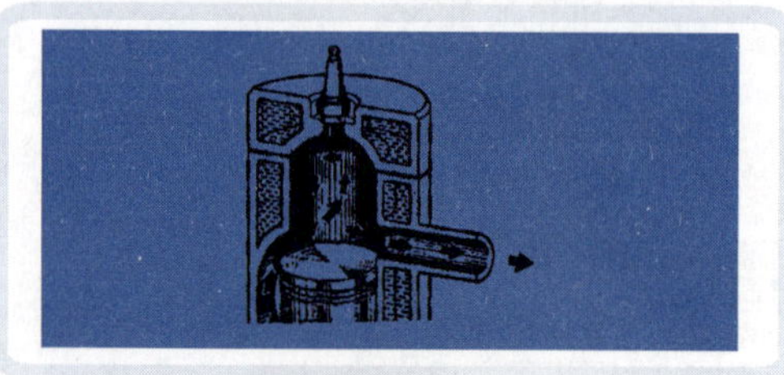

进气和压缩同时进行

2 冲程汽油发动机是往复式发动机中最简单的形式，它重量轻、结构紧凑，但是只能适于压缩比低和排气量小的发动机。现在多用于小轮摩托车和两轮机动机，但只有轻型轿车采用过这种发动机。它的外形与 4 冲程的非常相似，但没有气门机构，初看其工作原理与 4 冲程的发动相似，其实不然，下面我们看一下它的工作原理。

●进气、压缩冲程

4 冲程发动机活塞下降时是进气冲程，2 冲程发动机活塞上升时是进气冲程，这是完全相反的。

用化油器使汽油和空气混合与 4 冲程发动机相同，但混合气不是直接进入燃烧

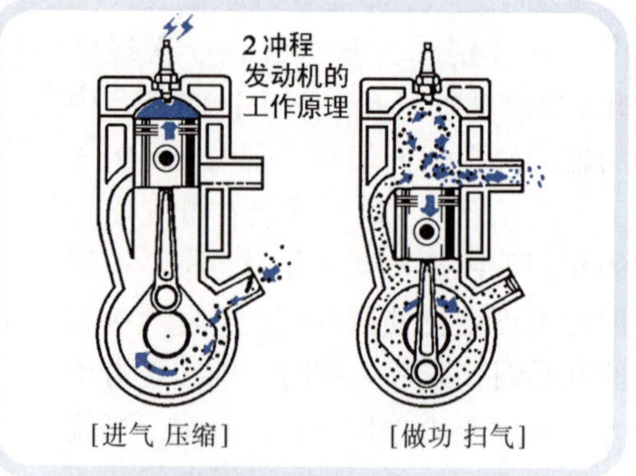

[进气 压缩]　　[做功 扫气]

室，而是在活塞上升时因负压首先被吸入曲轴箱中。4 冲程发动机是从上面进气，再从上面排气；而 2 冲程发动机从下面进气，从上面排气，所以如果化油器进气管与发动机下面连接，那么就是 2 冲程发动机。

然而，它还在从化油器到曲轴箱的进气管中间安装一个称为簧片阀的止回阀，它只有在进入混合气时才打开。当活塞在做功冲程的下降时，曲轴箱内气压升高，它防止混合气向化油器内倒流。这个阀结构简单，一般地只将金属片的一端固定即可。

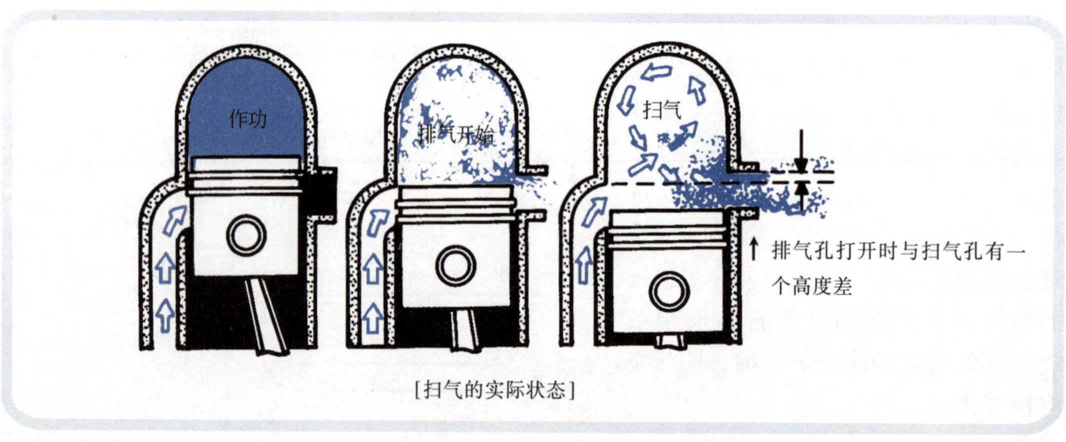

[扫气的实际状态]

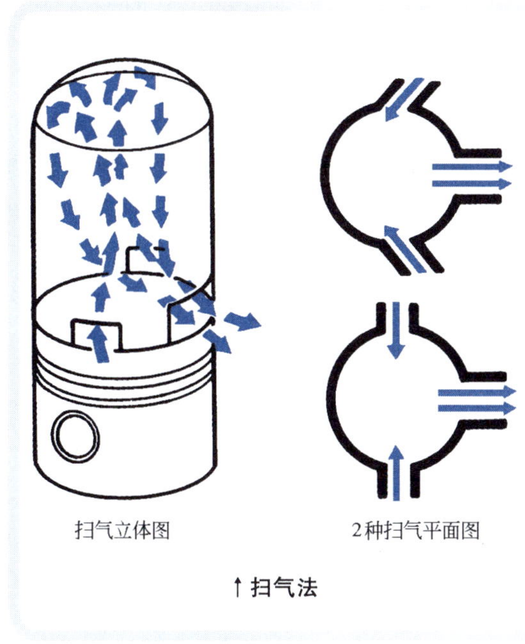

↑扫气法

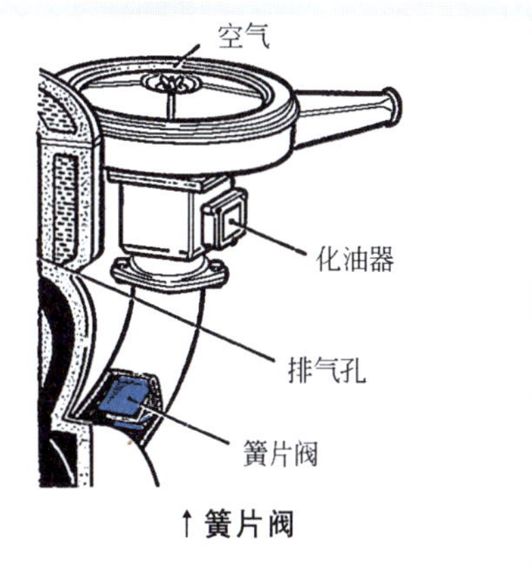

↑簧片阀

2 冲程和润滑

2 冲程发动机因为没有润滑油箱，过去是在汽油中按 1/20 的比例混合润滑油（润滑油当然也燃烧）。可是现在也有分离式润滑，对重要的地方用压力输送润滑油。

“扫气是扫除”

可是，在活塞在升时吸进曲轴箱的混合气的同时，实际也压缩了在活塞上部的先前进入气缸内的混合气。也就是说活塞同时做进气冲程工作和压缩冲程工作。相当于 4 冲程发动机的“进气、压缩冲程”。

●做功、扫气冲程

在这之后，被压入燃烧室内的压缩空气，由火花塞点火膨胀做功，膨胀气体将活塞压下，这个冲程向外输出力。

活塞下降运动接近结束时，活塞堵塞的气缸下部的排气孔逐渐露了出来，从此处将完成做功的气体排了出去。活塞再稍微下降，活塞堵着的扫气孔全部露出来。这时因活塞的下降运动，压缩在曲轴箱内的混合气因与扫气孔相连，故从扫气孔向气缸内喷入。但是扫气孔成一定的角度通向气缸，所以进入的混合气冲击气缸顶部燃烧室内室后而翻转，这样使残留的废气从排气孔被压出。这叫[扫气]。以上的冲程叫“做功、扫气”。

以上这种用气体排出气体，气体交换的过程是 2 冲程发动机的最大特点。结构虽简单，但若实现这种作用，扫气孔的位置和角度稍有偏差就不能达到高效率，也不能排出尾气，而且很有可能在燃烧室内残留大量的废气。

另外，扫气冲程接近尾声时为了不留下废气，无论如何也得用未燃烧的气体使其排出缸外。它没有 4 冲程发动机那样复杂的配气机构，除采用气体顶出气体的办法之外也没有别的办法。

发动机性能 MEMO

●发动机性能

发动机的性能参数用“最高输出功率和最大转矩”两个指标表示。这在产品说明书上是必须写清楚。而在性能曲线图上，表示发动机的最高输出功率和最大转矩的位置和性能曲线要醒目。

最高输出功率的意义

最高输出功率一般用千瓦表示。一千瓦是指在一秒钟内，将 102kg 的物体抬高 1m 所做的功。千瓦的单位称 kW。在产品说明书上千瓦用○○kW/○○r/min 表示，其中 r/min 表示发动机 1min 的转速。例如 100kW/5000r/min 是指，当发动机一分钟转 5000 转时，输出的功率为 100kW。它一般表示的是最高输出功率。如果发动机实际的转速比这个回转速度慢或者快，则输出功率都要降低。那么回转速度快了为什么输出功率还降低呢？这是受发动机的机械磨擦、混合气体燃烧速度的等多种复杂因素的影响造成的。所以高转速带来的未必是大功率。

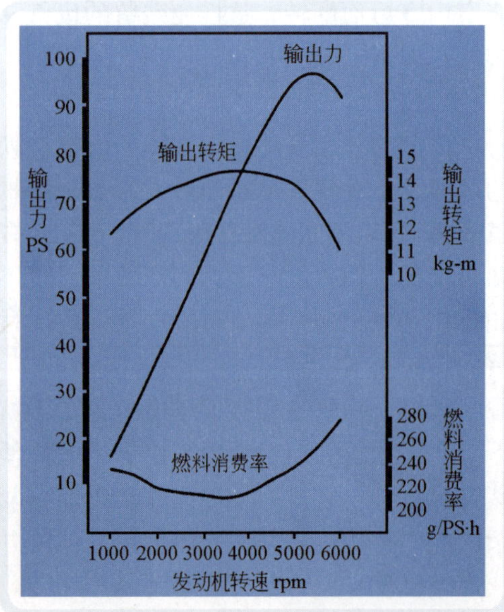

什么是最大转矩

转矩表示的是回转力矩。如人们用手拧螺丝的时候，这个力就可以认为是转矩。它的定义是，回转力作用位置与回转中心的长度，与其作用力的乘积。这转矩的大小，对汽车起动和加速性能、爬坡能力等有很大的影响。

例如，在 980N·m/3000r/min 式子中的 kg 后面加了个 m，这有什么含义呢？这表示这个发动机在一分钟里转 3000 转。此时距发动机回转中心，即曲轴中心一米远的地方作用有 980N 的力。这是说在一米远的位置上作用 980N 的力，而实际变速器等的齿轮直径非常小，所以等效作用是其几倍的力。如齿轮的回转速度降低几倍后驱动车轮，就能产生相当大的作用力。使重载车辆能够起动和高速行驶。

以上简单介绍了最大转矩的意义。从性能曲线图上看，如其高峰部分相对越平缓，则发动机在转速范围内的低行驶越平稳、越容易操作。如果转转曲线很陡，则不论转矩多大时，只要稍微踩踏加速踏板，转矩就增加、减少，有较大变动，车辆就不易驾驶。

●功率和转矩及转速的关系

功率为单位时间内所作的功，而转矩大小则是由工作情况确定的。那么功率与时间的关系就决定了工作速度。这个速度也就是转速。简单地说它们有以下关系，[功率 = 转矩 × 转速]。而标准功率的时间单位用秒，所以转速相当 1 分钟用 N·m 表示的功率 = 2π/(75 × 60)，简写为功率 = 0.0014 × 转矩 × 转速。则，转矩 = 功率(千瓦)/(0.0014 × 转速)。

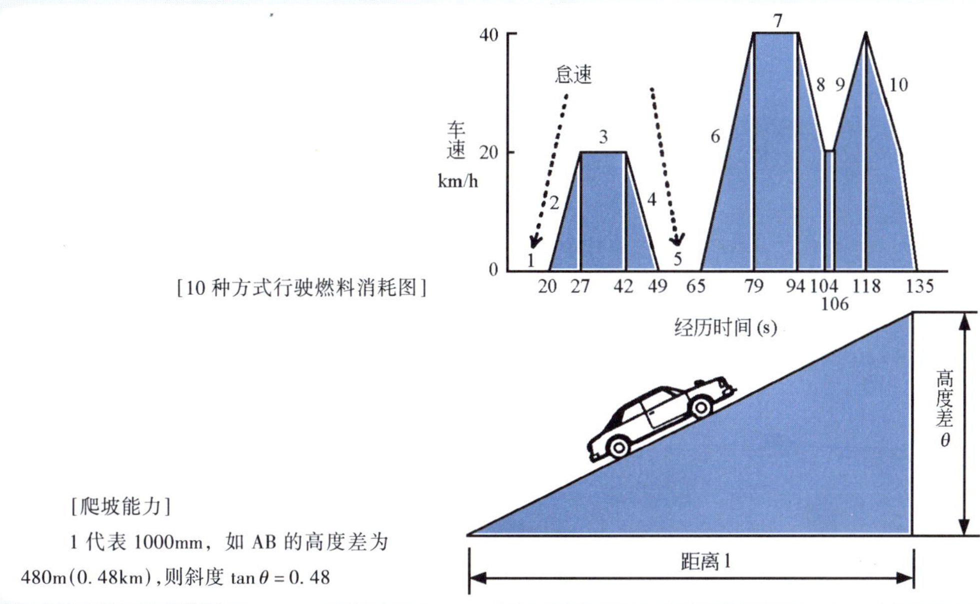

[10种方式行驶燃料消耗图]

[爬坡能力]

1代表1000mm，如AB的高度差为480m(0.48km)，则斜度 $\tan\theta=0.48$

●实际燃油消耗性能

汽车行驶时燃油消耗的性能简称［经济性］，它表示发动机的经济性能。通常记为○○km/L。意思为1L汽油能行驶多少km，该值通常反映汽车等车辆在额定载荷下的性能。

燃油消耗性能一般有“定点行驶燃油消耗”和“10方式”燃油消耗两种形式。它们具有如下含意。

定点行驶燃油消耗，在无风的平坦路面上以60km/h的恒速行驶，测量的燃油消耗量。在高速公路上，以与此大至相同的速度连续行驶时，燃油消耗量与此接近，但高速行驶、加速、停止或在停留多的市区行驶时，所测得的燃油消耗量要远远低于这个数。

10方式燃油消耗，它符合交通部车辆尾气排放标准，同时所测定的燃油消耗量与上述定地行驶燃油消耗相比，这个标准更为实用。10方式就是按10种特定的模式(图形)行驶，行驶路线图如图所示。

这个行驶路线图，纵轴是车速，横轴为时间。具体的行驶过程是:发动机起动后先进行20s的怠速，起动后用7s加速到20km/h,然后保持此速度行驶15s……。

考虑到高速行驶，1991年把这种模式增加到了15种，公布了10、15方式燃油消耗。实际测量时要在车辆上安装上电动仪表。

●实际爬坡能力的表示方法

表示汽车有多大的爬坡能力的指标是，在干燥的路面上车辆在额定载荷下，可能起动行驶的最大斜度。单位用[tanθ]，用三角形的底边与高之比来表示。例如，若水平行驶100m，上升垂直高度为45m时，则45/100，这时表示为tanθ=0.45。

但路面有凸凹不平处，山路有上下坡，雨天淋湿地面等，若按上述计算就不符合实际了。

环保发动机

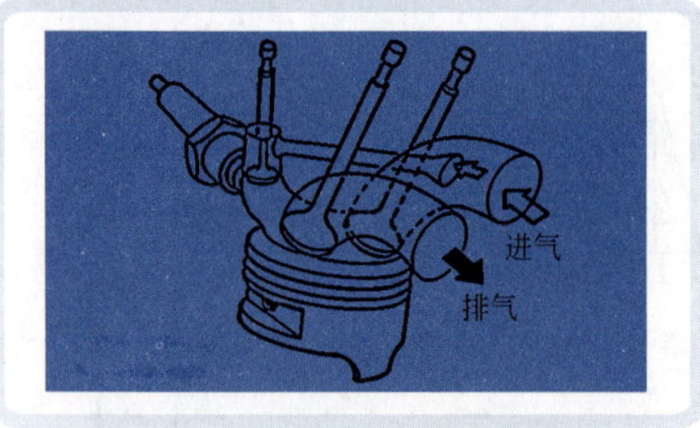

开发环保发动机(低公害发动机)的目的

●尾气排放标准

汽油发动机具有功率大的特点，但同时汽油燃烧时产生有毒的物质成为尾气排放出来,造成大气污染。因此美国的马斯基上议员在 1970 年的会议上提出了大气污染法修正案。这就是所谓的美国防止大气污染法。以此为契机,美国具体制定了汽车尾气排放指标，达不到规定标准的车辆不允许在美国国内行驶。

向美国大量出口的日本轿车，无疑也受到了这条法律的限制。同时在日本国内也决不能放任大气污染的问题。为此日本确定了自己的标准，投入了大量的研究开发经费和技术人员。进行无污染发动机即环保发动机(低公害发动机)的研究。

日本限制尾气排放，是从 1966 年对 CO 的限制开始的。20 世纪 70 年代美国防止大气污染法的实施，不断制定了对产品商非常严格的限制条例，之后每年又进行补充、修订。至今,尾气排放不仅仅是大气污染的问题,已经成为包括抑制地球变暖,解决环保的重要问题。

●尾气产生根源

汽油发动机尾气中的包含的有害物质主要有 10 几种,其中 3 种作为限制对象。从化油器、油箱缝隙泄漏、蒸发的气体也是有害的,对此也要具体处理。

CO[一氧化碳](Carbon onoxide)

一但被人吸入后，就与人体中的血红蛋白结合成一氧化碳血红蛋白。过多吸入会造成人的死亡。它无色无味。

HC[碳氢化合物](Hydrocarbon)

它是碳原子与氢原子的化合物。即碳氢化合物。是汽油燃烧的残留物。如果不太浓对人体影响不大,但对植物影响很大,是植物最大的敌人。

NOx[氮氧化合物](Nitrogen Oxidation)

汽油在高温燃烧时，空气中的氮气被氧化,而排出 NO_2 。与 HC 一样,不太浓的话对人体影响不大，但与 HC 混在一起排到空中时，受强烈阳光的照射就要产生光化学反应而产生光化学烟雾。

●气体相互间具有性质

例如，汽车低速行驶和汽车遇信号而停止怠速时 CO 产生量最多，当加速、减速时 CO 产生量减少,而在恒定的高速行驶时 CO 产生量最少。与此相对,HC 汽车在减速时产生最多，而在怠速、加速、恒速行驶时产生的 HC 急剧下降。

因为汽车在恒定高速行驶时汽油的燃烧接近完全燃烧，全部转化为二氧化碳和水。而在汽车在低速行驶时,因吸入空气不足而发生不完全燃烧，结果造成 CO 和 HC 增加。

《汽车排放有害气体比例》

◆从化油器及油箱中蒸发 ……… HC 20%

◆从曲轴箱泄漏的汽车废气 …… HC 25%

◆尾气 ……………………………… CO 100%

NO_x 100%

HC 55%

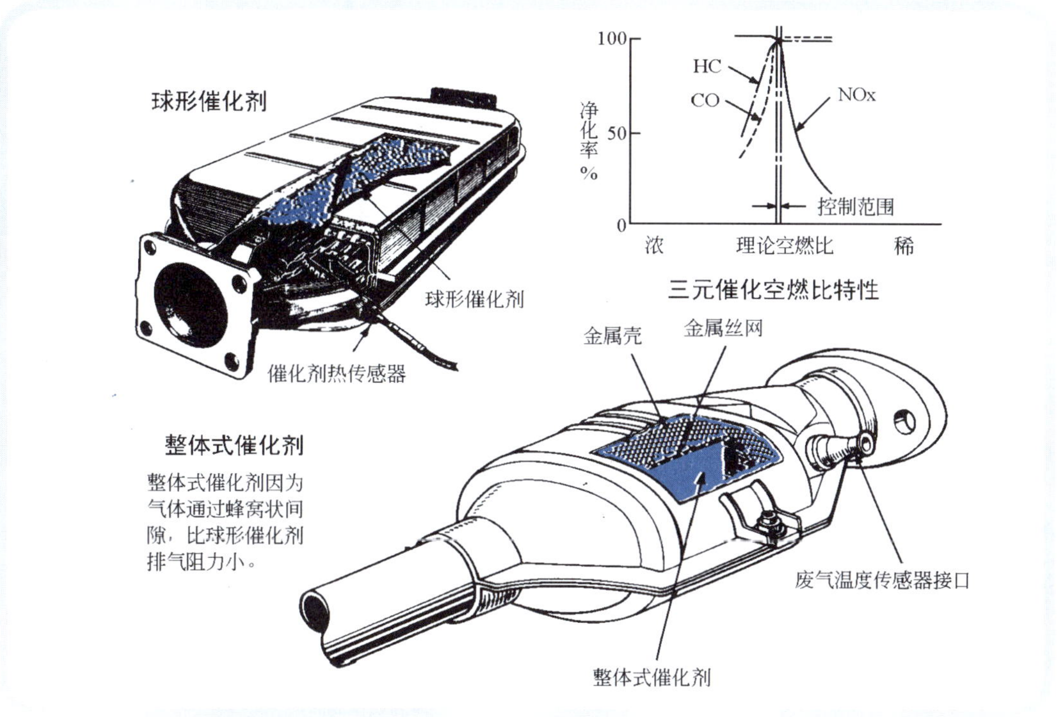

净化尾气的新兵器

●催化转换器

催化剂是用铂、钒、铜、锰等金属和其氧化物制造的。将它们制成球形粒装入容器中，也有的整体压制成形。当尾气通过时，发生化学反应使有害的成分转变为无害的物质。

而这种催化有能将 HC、CO、NO_x 3 种成分同时净化的“三元催化”，将 CO、HC 等未燃烧的成分氧化为 CO_2、H_2O 的“氧化催化”及将 NO_x 分解为 N_2、CO_2 的“还原催化”的三种类型。

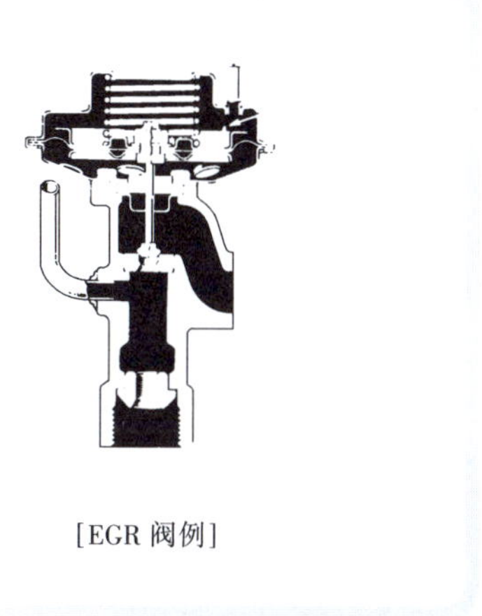

[EGR 阀例]

●EGR(废气再循环法)

减少 NO_x 可用延迟点火时间的方法、还原催化方法等。但最有效的方法还是使尾气的一部分（5% ~20%）返回到进气口（EGR）。NO_x 具有使气体燃烧的高温,能与空气中的氮和氧发生反应。所以除了用废气循环使燃烧气体的温度下降，来抑制 $O_2 + N_2 \rightarrow 2NO$ 的反应发生，没有别的更好方法。

净化尾气与降低燃油消耗的对立

●减少 CO_2

汽车排放的尾气中含有 CO_2(碳酸气体)。但这种气体对人身体无害,没有必要作为净化的对象。可是到了 20 世纪 80 年代后期，CO_2 的过量排放被认为是地球变暖的原因，所以人们指出控制汽车燃油消耗，减少发热量与节省能源是合二为一、一举两得的好事。采用的三元催化系统，从净化尾气的观点出发是有效的，但发动机运转的混合气的空燃比（空气与汽油的质量比）通常需要保持在理论上(约 14. 5:1)。所以从燃油消耗来讲，应该不是最佳的。

●稀薄空气燃烧发动机

如果能用少量的汽油使发动机工作的话，那么尾气排放的有害成分当然要减少。同时也能使燃油消耗性能变好。也就是尾气排放与燃油消耗同时得到改善。所以人们对空气中混有少量汽油的混合气的燃烧进行了许多研究，提出了稀薄混合气体燃烧的发动机。

丰田轿车的发动机就是其中的一个例子。这个发动机的稀薄空气燃烧系统的结构如下图所示。只有在发动机全加速、满负荷运转时，才向发动机供给理论空燃比的混合气，同时用三元催化装置对尾气进行净化。在其他情况下,稀薄空气燃烧系统不工作。

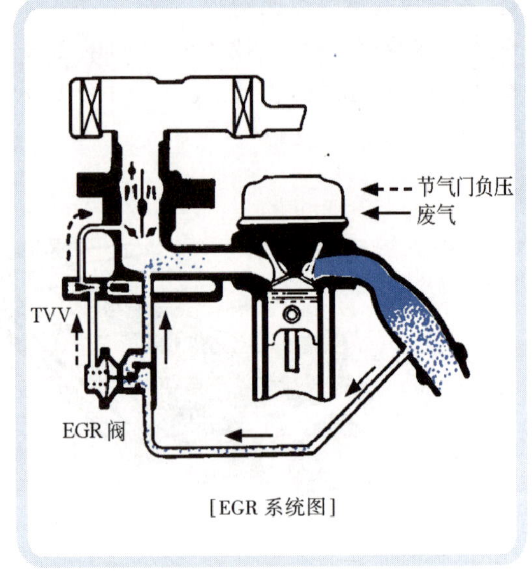

[EGR 系统图]

●压力传感器

为了进行稀薄空气燃烧要做许多准备工作,而其中最重要的就是压力传感器。使空气逐渐稀薄，空燃比大约在 23 左右汽油还能稳定燃烧。一旦超过这个值,燃烧就变得很不稳定。空燃比达到 25 时，输出转矩也变化异常。所以要用压力传感器时时刻刻监测气缸内的压力。当到达稀薄空气燃烧的极限值，空燃比为 24 时，就由电脑进行调控。为了有助于混合气的燃烧,使混合气在燃烧室内产生涡流，设置了涡流控制阀和螺旋进气口。

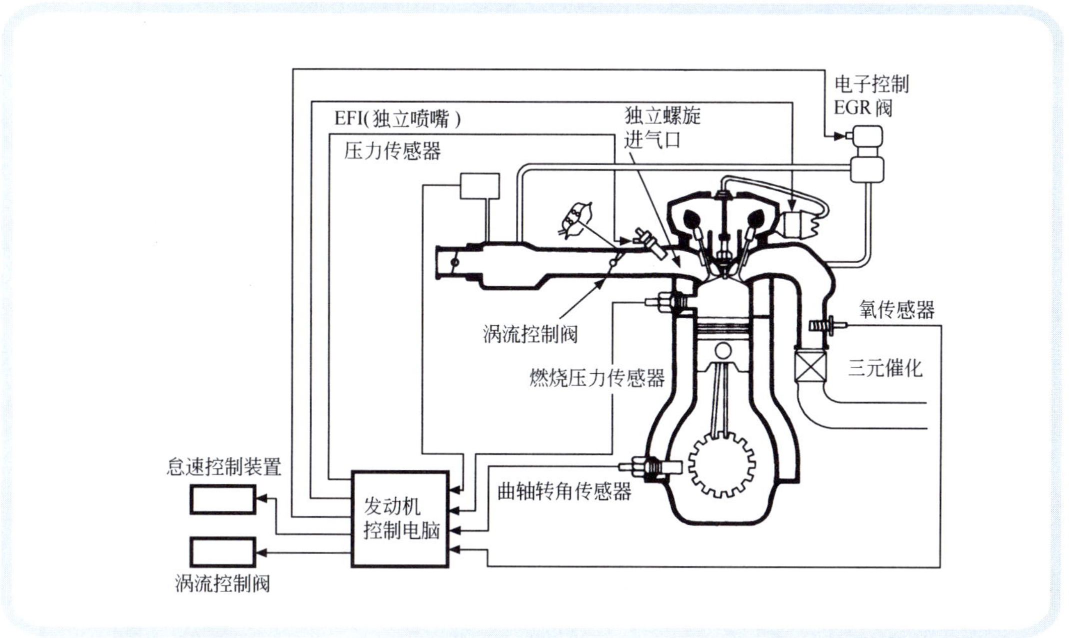

电子控制
EGR阀
EFI(独立喷嘴)
独立螺旋
进气口
压力传感器
涡流控制阀
氧传感器
三元催化
燃烧压力传感器
怠速控制装置
发动机
控制电脑
曲轴转角传感器
涡流控制阀

传动系及行驶系篇

发动机产生的动力不是直接驱动车辆行驶，而是经过离合器、变速器、差速器等复杂的机构的传递后才去驱动车轮。而车轮是如何吸振和适应路面状况的呢?还有转向机构快速适应的稳定性原理是什么?

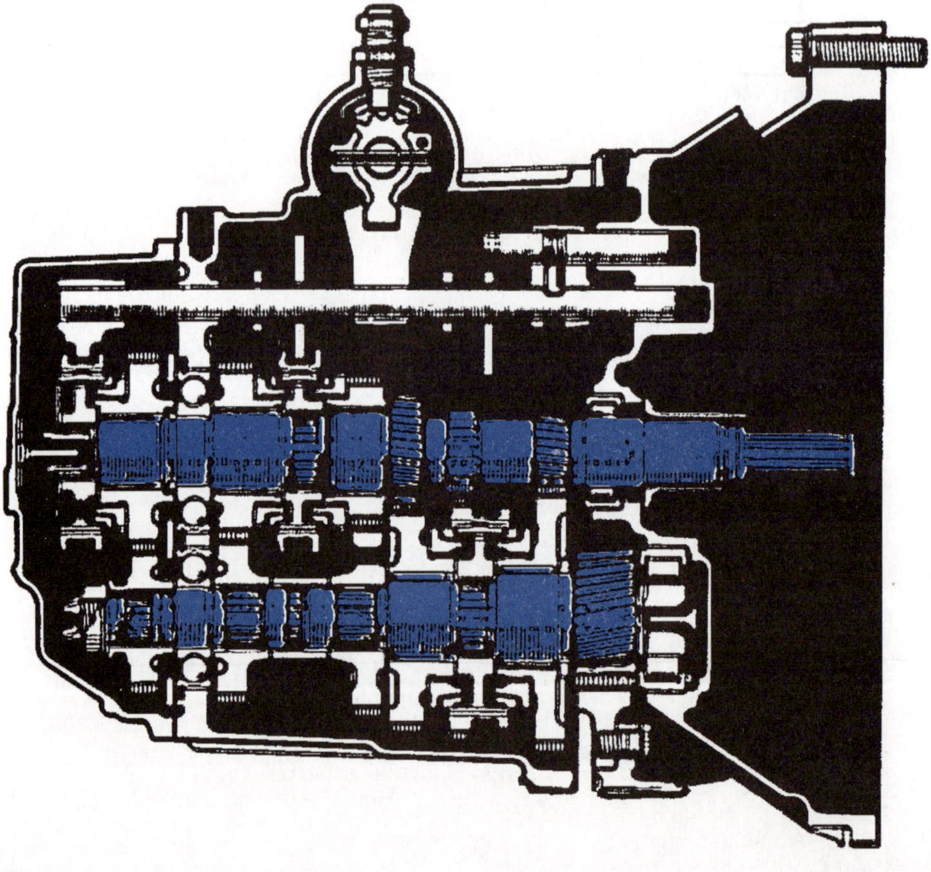

动力传动系

[FR 方式]

传动系的演变

发动机产生能量后并不直接传给车轮，而是按离合器→变速器→传动轴（FF式车辆没有）→差速器（差动装置）→驱动轴的顺序间接传递给车轮。说这些装置也好，汽车也好，都是为了能够适应地面上所有复杂条件无障碍地行驶。

以上装置连接一起称为传动系，下面简单介绍一下各部分的特点。

离合器：发动机动力连接机构。在换档变速时、起动时、停车时，发动机输出动力不传递给变速器。

变速器：是变速的机械，是一种发动机动力为实时适应路面和行驶状态，而改变转矩的装置。无论发动机的转速高或低，一般由踩加速踏板的冲程来控制，但输出的力矩是一定的。而使用变速器则能使输出转矩发生变化。

传动轴：也称推进轴，它是从变速器向车轮传递驱动转矩的长轴。

差速器：在车辆转弯时，两侧的驱动车轮的旋转距离是不相同。差速器为此分配驱动力使车轮顺利旋转。

[FF 方式]

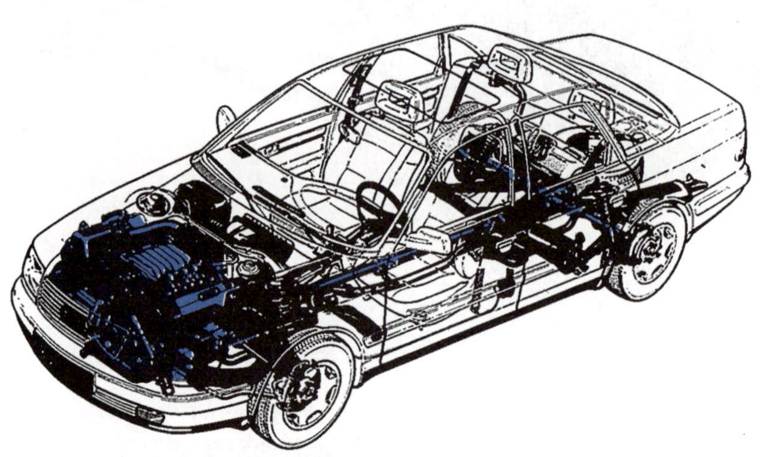

[4WD 方式]

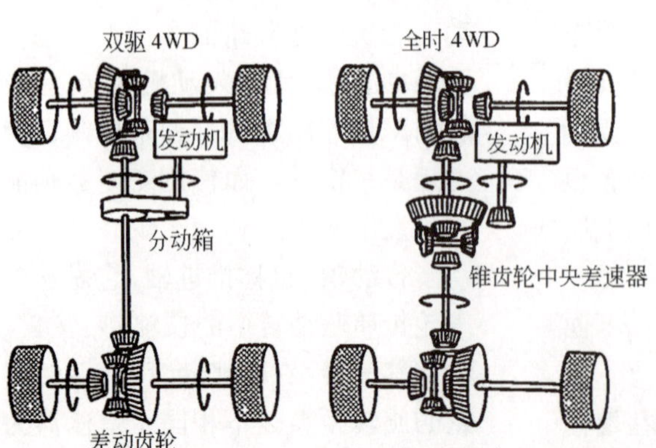

4WD 有全时和双驱 2 种方式。全时式的中心有中央差速器，4 轮全时驱动（为适应要求也有的带有锥齿轮中央差速器）。双驱式中心没有差动齿轮，由驾驶人根据车辆行走状态来确定是 2WD 还是 4WD 方式。

离合器

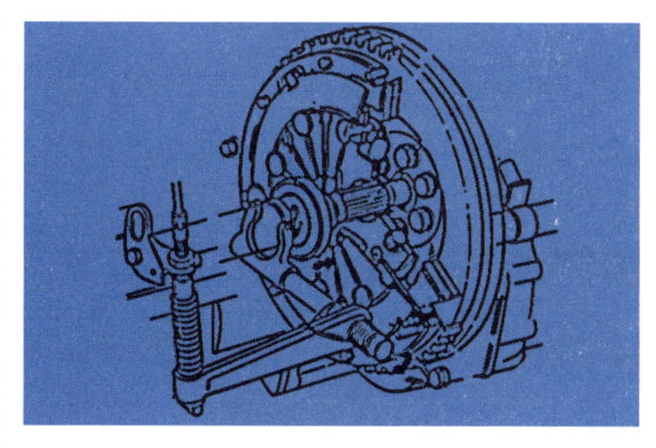

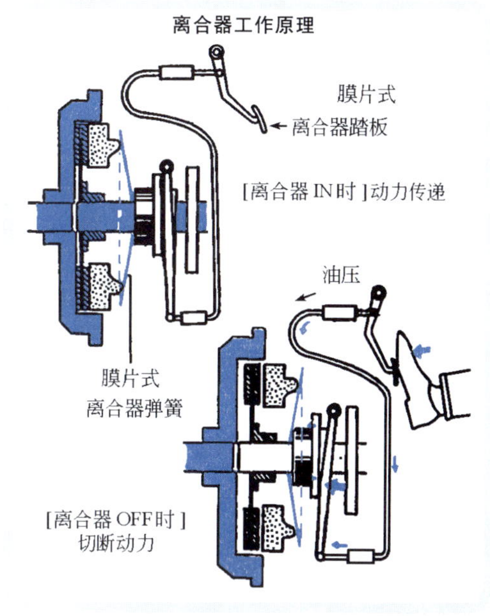

离合器＝换向器?

离合器处于动力传动系统的入口处。日语里没有适当的语言表达离合器，硬要说的话叫“断续机”。因为它是传递或切断发动机的动力，像开关似的，但是它也有相对滑动传递动力的情况，所以与开关不同。那么，它的构造怎样？有什么样的功能？

飞轮与发动机曲轴直接相连，发动机旋转时不断地转动飞轮。离合器将飞轮与平面的圆盘形的磨擦片压合或脱离来传递动力或切断动力，但压合力是弹簧力，离合时是靠驾驶人来踩踏离合器踏板（没有离合器踏板的液力变距器后述）。

最早使用的离合器是“机械式磨擦离合器”，或者说“干式单片式”，基本的结构如下。

与飞轮平面结合或脱离的是平面环状磨擦片的离合器圆盘（衬片或内套），相贴在一起的是圆盘状的离合器片。之后是与离合器圆盘形状大小一样的带磨擦片的离合器压盘，之后由膜片或螺旋弹簧的弹簧力将上述的磨擦片强有力地与飞轮压合一起，离合器盖将它完全盖上，然后在其中心贯穿一根粗轴，这就是动力传动轴。

离合器壳体后部外侧有一个夹着离合器轴的离合器分离叉，由油压（过去用电线）传递离合器踏板的动力。利用杠杆原理压离合器弹簧，在弹簧强有力的压力下磨擦片可成为自由的，离合器变为 OFF 状态，中断了发动机动力传动。若踩踏离合器踏板到一半时则产生磨擦片滑转，这就是所谓的“半离合”，此时，只有一部分动力传递给驱动轮，它主要满足汽车起动时的需要。

还有在接近离合器压板中心的圆形板处有数个横直的小螺旋弹簧用来缓和旋转方向的振动。

离合器表面的磨擦系数较高，一般用松香熬炼后固定在石棉上，一般选择磨擦系数随温度不变的材料。压板是用铆钉固定在钢板上的。

离合器分解图

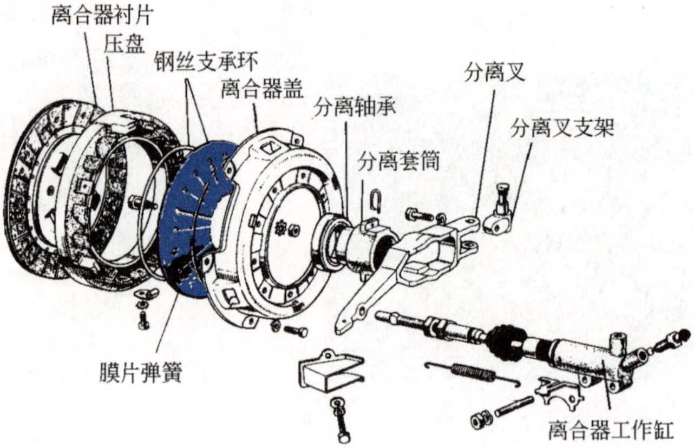

离合器衬片
压盘
钢丝支承环
离合器盖
分离轴承
分离叉
分离叉支架
分离套筒
膜片弹簧
离合器工作缸

[膜片弹簧离合器]

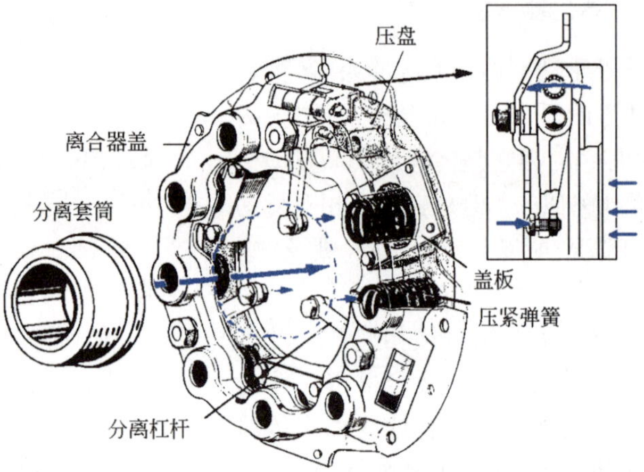

压盘
离合器盖
分离套筒
盖板
压紧弹簧
分离杠杆

[螺旋弹簧式离合器]

助力离合器

利用发动机的真空力减轻踩踏力的助力离合器，踩下离合器踏板，真空阀关闭，通大气的阀打开，而产生大气压力，推动助力活塞，并与踩踏力一道松开离合器的装置。

能够安装在发动机室内，真空软管接口与制动装置共用时在出口端分开。

真空室
油压
大气压
负压

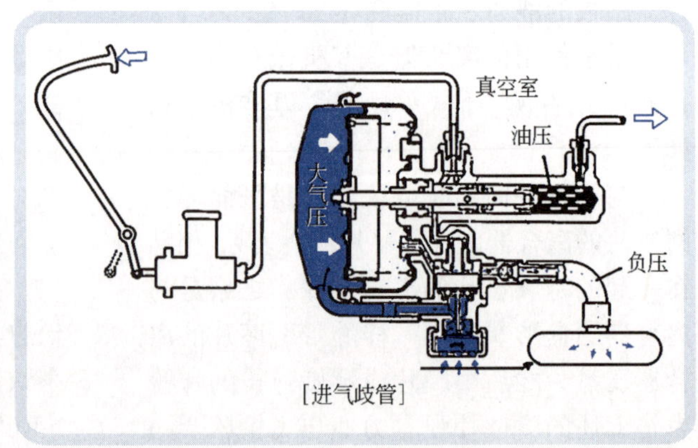

[进气歧管]

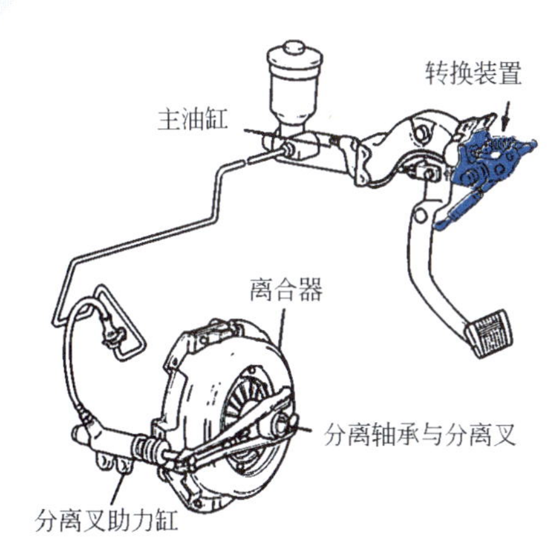

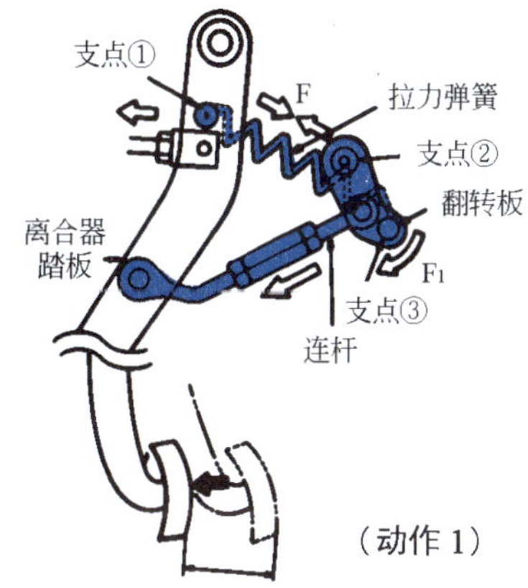

[离合器踏板时]

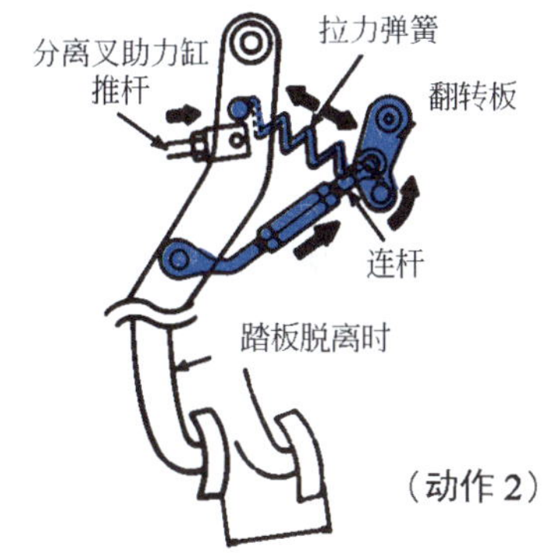

[离合器踏板脱离时]

●与离合器踏板的关系

为了切断离合器要踩下踏板，大功率汽车的踏板常常很沉重，这是因为发动机动力大时，离合器片也要强有力地压着飞轮，无论如何离合器弹簧也会有很强的弹力，所以要想把它脱离开来踩踏板也就需要很强的力。那么如何使踏板的力能柔和一些呢？人们对此进行了许多思考。这里只介绍最简单的结构，它却对减轻踏板力行之有效。

带翻转板机构的离合器踏板

[**动作 1**:踩离合踏板时]

踩离合器踏板时，由连杆位置可知，翻转板以支点②为中心回转，于是拉力弹簧的两端①、③点连线就通过翻转板的支点②，则拉力弹簧被压缩。力 F 和翻转板的回转力 F1（与踩踏板的力同方向）相加，结果减轻了离合器踩踏力。

[**动作 2**:松开离合器踏板时]

松开离合器踏板时，则离合器分离叉助力缸推杆的反作用力通过连杆传给翻转板，克服了弹簧的压缩力，使翻转板回转。于是与工作 1 一样，拉力弹簧的两端①、③点连线通过支点②，则压缩弹簧的压力反作用于踏板，推杆的反作用力使踏板返回原来的位置。

离合器的变形

●液力偶合器

在环状的密闭容器中放入液压油（不是润滑脂那样的固体，是普通的液体），借此传递动力。在发动机转速较低时因液压油打滑，动力不能传递给变速器，发动机也不熄火，故起动平稳。其特点是不需要离合器踏板，但因打滑有功率的损失，在加速、爬坡时会感到动力不足而不能使用。

它的工作原理是，将2个风扇相对放置，打开一个风扇开关使其回转，没打开开关的那一个风扇在风力的作用下也会转起来。这就是对流的应用。

结构如图所示，液力偶合器分为两个环腔，它们中都有半圆形的隔板排列，里面充满了液压油，这样在高速旋转时，液压油就会按螺旋线的路径流动。它的形状与离合器相似，但与变速器（后详）不同。

●电磁离合器

是使用电磁力的离合器，只有在离合器连接时电流才流通（使用永久磁铁，难以将离合器断开且接合力不足），当处于半离合状态时，电流小一点，就会减小摩擦而产生打滑……。原理很简单，但却能够实现复杂的控制，有较高的使用价值。

有的电磁离合器使用电磁粒子的方式。制作时在驱动的励磁线圈和被驱动的铁制转子的微小间隙之间放入铁粉即可。这种装置，当有电流通过时，铁粉就会形成链条形的固体状态，产生很强的接合力而实现动力传递。与变速器相比，它没有离合器踏板，操纵变速杆就相当于开关，根据手的动作自动地控制电流大小（切断）。

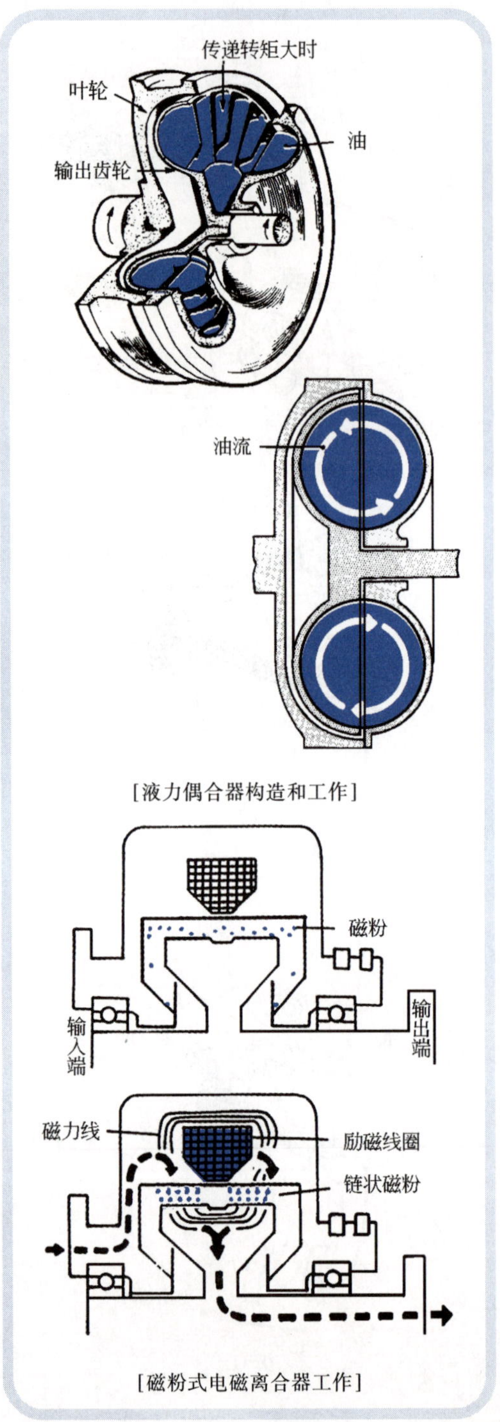

［液力偶合器构造和工作］

［磁粉式电磁离合器工作］

变速器

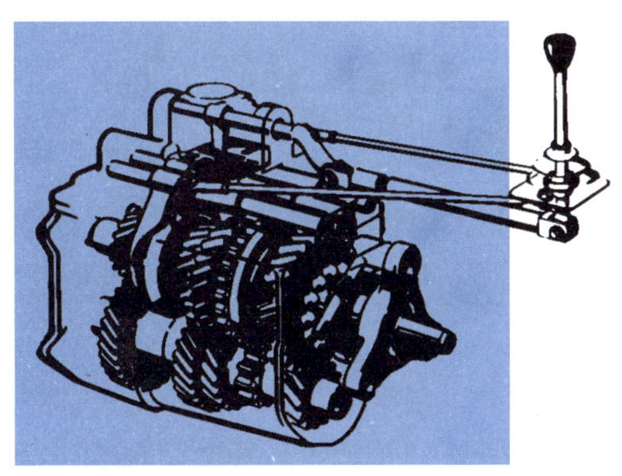

机械变速器 = 手动变速器，简称 MT

不论是高速行驶、低速行驶，还是爬坡、反复停车、起步及停止，汽车必须对这些复杂的行驶状况都顺利地操纵变换。可是这些如果只依靠发动机来进行，那么就需要一个巨大的发动机。而发动机体积增大，重量也增加。结果怎样呢？在低速时会有相当大的能量损失。

这里介绍一下变速器 = 变速机构。变速器是以齿轮为主的转矩（回转力）转换装置，一般由驾驶人手动控制汽车的速度和驱动力。

变速器的基本构造是，由大齿轮和小齿轮及数个相同齿数的齿轮，分别安置在上、下两根齿轮轴上组成多组啮合形式。在这些齿轮间，还有改变齿轮啮合组合变化的爪型离合器、进行操作的离合器拨叉和连杆机构，以及变速杆等部件。而齿轮组安装在铸造的变速器壳体内，壳体的底部放入少量的润滑油，依靠齿轮回转自行润滑。手动变速器一般有 3～5 档和 1 个倒档，这里前进档称 0 档，倒档称 1 档。

●齿轮与杠杆原理

几个齿轮组合在一起，能产生多大的力呢？但同时的它们的转速也要降低。这与杠杆是同一个原理，当杠杆手柄运动位移很大时，重物才抬起一点点（相应的不用费力）相似。反之亦然，齿轮反相组合，用一小回转力就能使齿轮高速旋转，相应地输出的回转力就很小了。

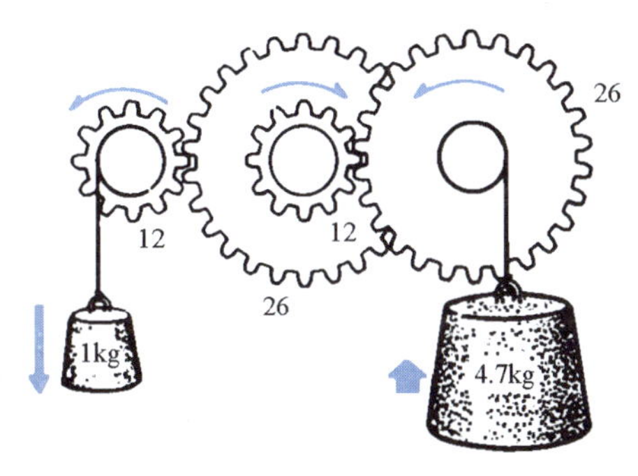

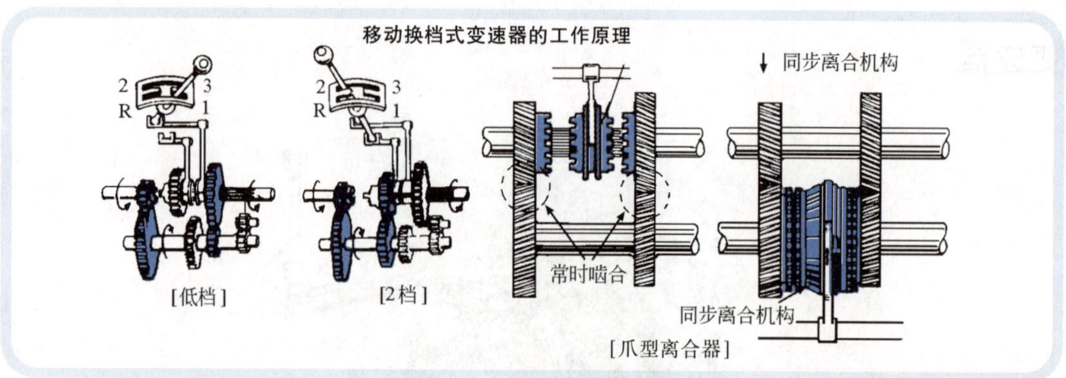

常啮合齿轮的世界

●从相对滑动到常时啮合、然后同步转动

变速器最原始的类型是齿数不同的齿轮改变本身啮合的“滑动换档变速器”。可是因为啮合的是回转速度不同的齿轮，所以运动不平稳，很容易发生撞击，如果勉强使用的话，常会发出沙沙的噪声。且切换齿轮时要再踩一次离合器，人为地调节齿轮回转差使之同步，即常常采用“两次离合换档”。之后为了避免损伤齿轮，从最初的分离状态进入常啮合时，齿轮之间增设了一个坚固的离合器－牙嵌离合器(与犬的牙齿很相似而得名)。即使这样也欠平稳性，噪声也高，所以今天采用下面的同步器(同步啮合机构)。

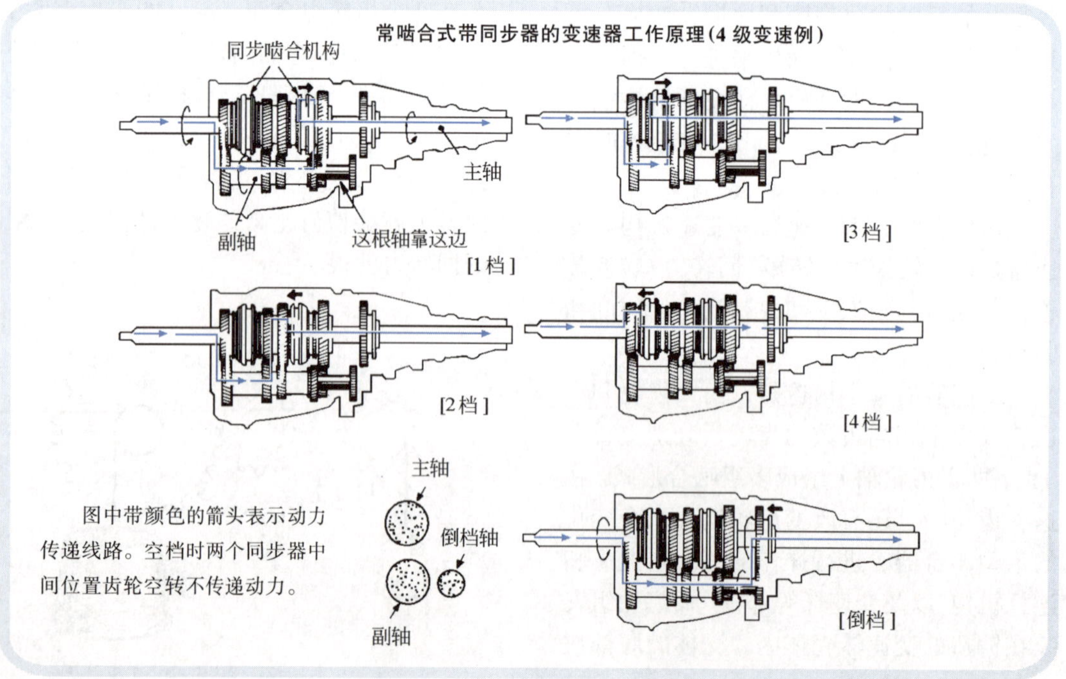

图中带颜色的箭头表示动力传递线路。空档时两个同步器中间位置齿轮空转不传递动力。

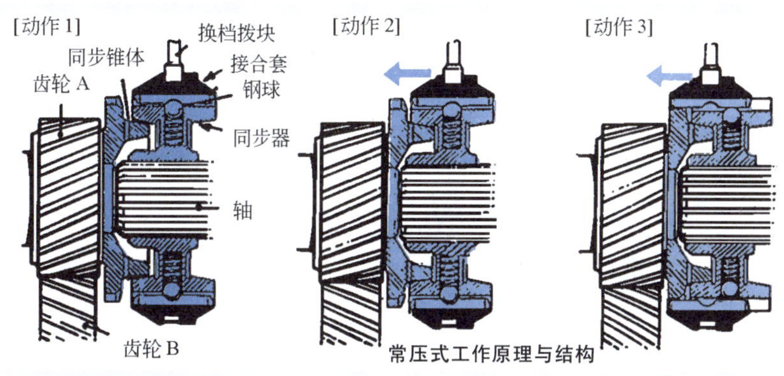

常压式工作原理与结构

同步啮合机构

●什么是同步

常时啮合变速器，平时齿轮是互相啮合的，只有在重新组合时牙嵌离合器才进行移动，所以不必担心损坏齿轮。尽管如此，在牙嵌离合器接触的瞬间，因它们彼此的转速不同，并不能顺利地接入，且噪声也高。这里所示的“同步啮合机构”，一般称为“同步器”的离合器，完全解决这个问题。

现在轿车的齿轮式变速器上几乎全部采用了同步器，它的基本工作原理如下

●常压式的原理和动作

请看上图。这不是现在的使用类型，而是同步器早期使用的类型。但为了便于说明现在的同步器，首先从这种类型说起。这种类型叫“常压式”或“球式同步器”。

动作 1:齿轮轴回转前的状态。齿轮 A 和 B 高速回转，齿轮轴低速回转。为此与轴的花键槽啮合的同步器和钢球、套管等也低速回转。同步器锥体固定在齿轮 A 上，所以它与齿轮 A 共同回转。换档拨块此时固定。

动作 2:为操作齿轮轴，改变变速杆的状态。换档拨块向左压接合套，同步器在轴的接合套上向左滑动，它的倾斜面与同步器

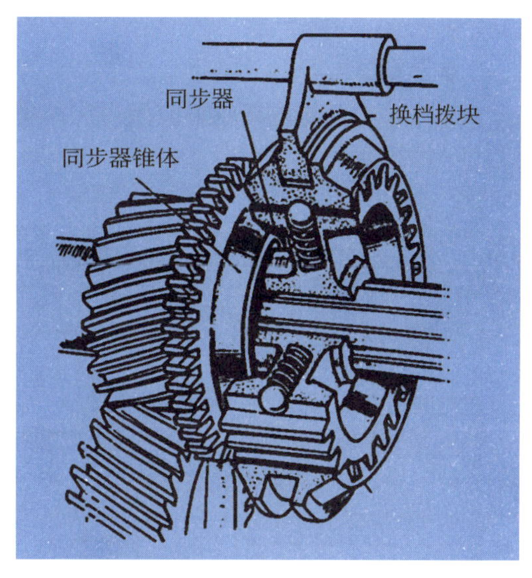

锥体的斜面接触，于是与倾斜面之间产生摩擦，使锥体的侧面即齿轮 A 的转速下降反过来使同步器的转速提高。

动作 3:当两方转速一致时，接合套内侧的齿轮与同步器锥体上的齿相啮合，齿轮 A 和齿轮轴靠离合器结合上，这样尽管转速不同，因它们也能顺利啮合而同步。这种同步器因钢球的摩擦阻力小更便于操作。但它的缺点是，在快速操作时会因周期不同步而发出噪声，现在已不多用。

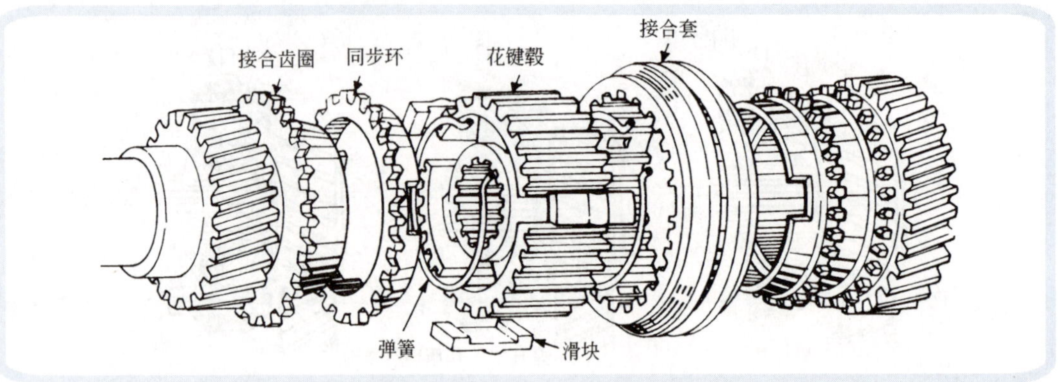

高速同步

●惯性同步器工作原理

这种同步器是现在轿车应用最广的类型，若没有达到同步，离合器内的齿轮就不会进入啮合状态。所以它最大的特点是在离合时没有一点冲击和噪声。

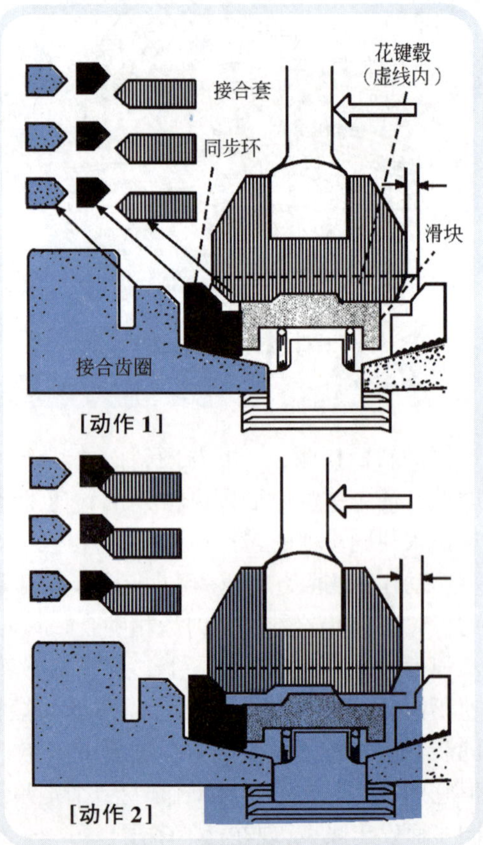

[动作 1]

[动作 2]

动作 1：当换档拨块拨动接合套时，在滑块与接合套移动同时，同步环也一起移动。其底部的斜面被压在接合齿轮的锥面上。

动作 2：继续移动接合套，接合套的齿和同步环的齿在 45°齿顶面相接触而阻止接合套移动，并让它们作同步回转运动。此时滑块从接合套上脱离，被螺旋弹簧压住。

动作 3：同步之后，没有了转速差，也没有了阻碍同步环与接合套的力。接合套与变速齿轮啮合，完成同步工作。

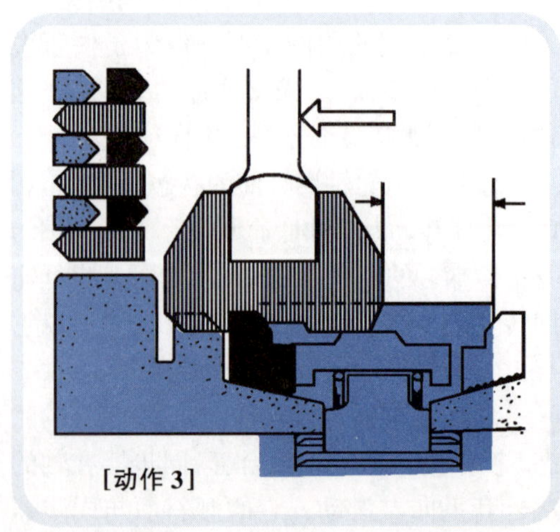

[动作 3]

●自动同步工作原理

如前所述的两种同步装置是在啮合齿轮之间进行离合，借此使其达到同步回转的速度。但是发动机的转速越高操作离合的力也越大，这样就不能轻松地换档操作。

德国的博世公司从使用车轮上的鼓式制动器的制动（伺服）机构原理（制动原理后述）上得到启发。

在接合套和爪式离合器之间采用了与双伺服式制动同一原理的制动。这样会产生比自身高几倍的作用力，这样这较小的操作力就能产生很大的摩擦力矩。这就是自锁装置，别名为博世同步啮合机构。

动作1：用换档拨块移动接合套时，接合套内侧的锥型面与同步器的锥面接触，这时由于齿轮和接合套的转速不同，就要发生滑动（摩擦转矩）使同步器轮转动，其切口的一端位于止推块的凸起位置。被推的滑块的右端碰上制动带，被制动带的前端下部的锁止块挡住，因为锁止块是固定的，所以制动带以此为支点，用轮的摩擦力向外推开，它与轮之间产生很大的摩擦力，这就是制动。这是摩擦力第一次的同步作用。

动作2：继续移动换档拨块，接合套的锥面被压到轮的斜面上，摩擦力矩进一步增大，于是轮驱动接合套的力增大，接触制动带的止推块，以接触制动带那点为支点向外推开，这也是对轮向外推开的力，进而制动带也推开轮，锁止块受拧成为推开轮的力，摩擦力进一步增加。这是第二次制动同步作用。

以上详细说明了制动同步动作，上图只是制动同步的右半部，以此为例，假如是齿轮切入5速，操作曲轴手柄，接合套向右移动。若为切入4速，操作变速杆变为在以上动作的左半部分。

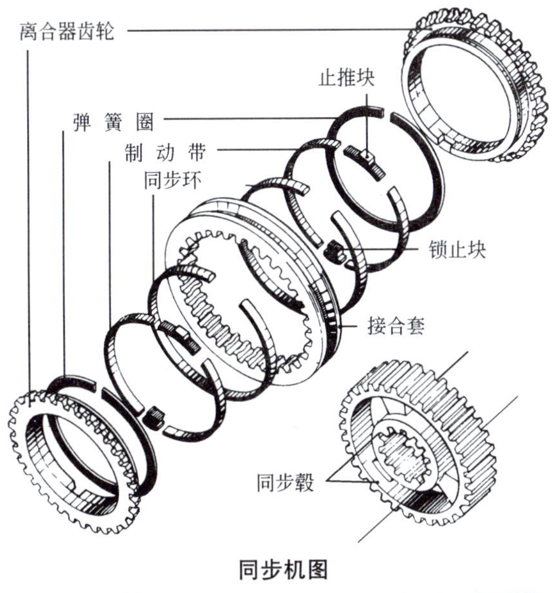

同步机图

助力同步器妙用

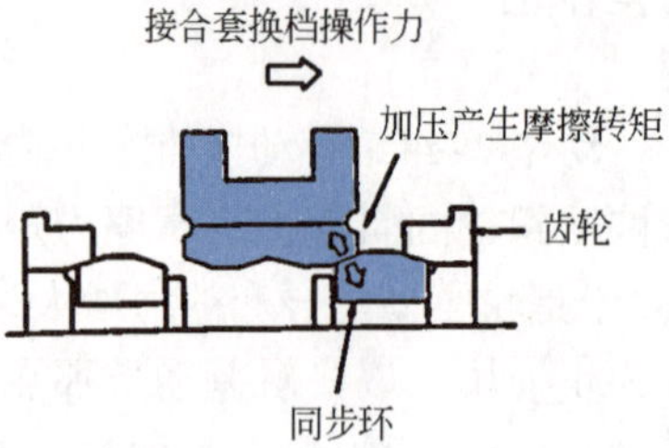

[动作 1]

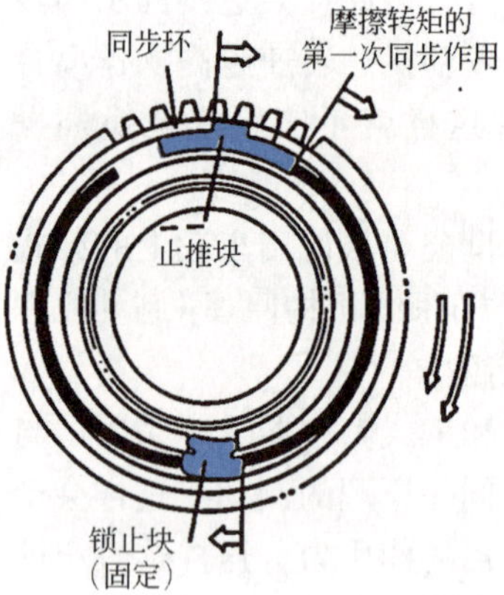

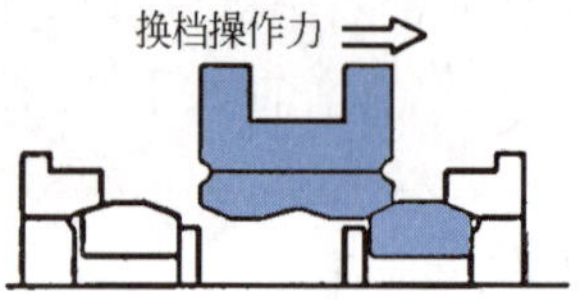

[动作 2]

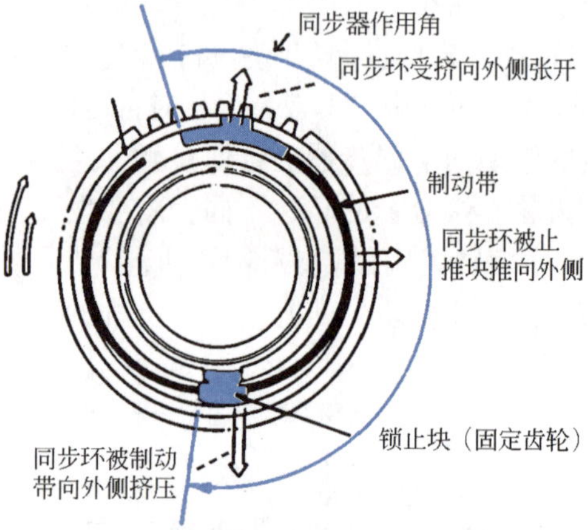

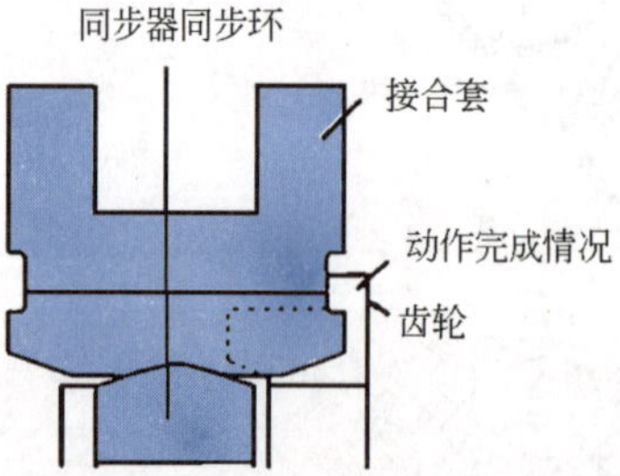

[动作完成情况]

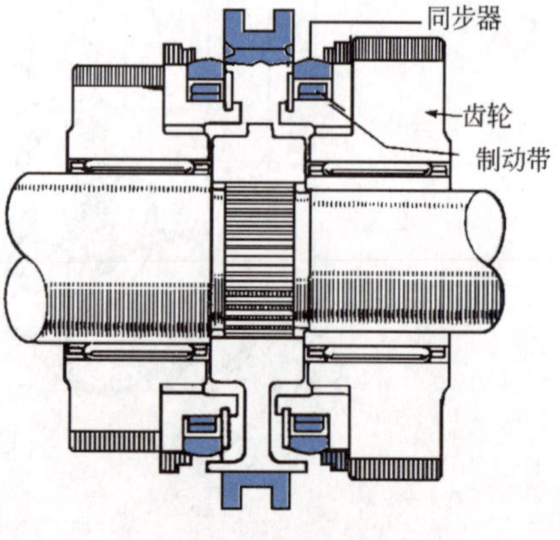

[助力同步器断面图]

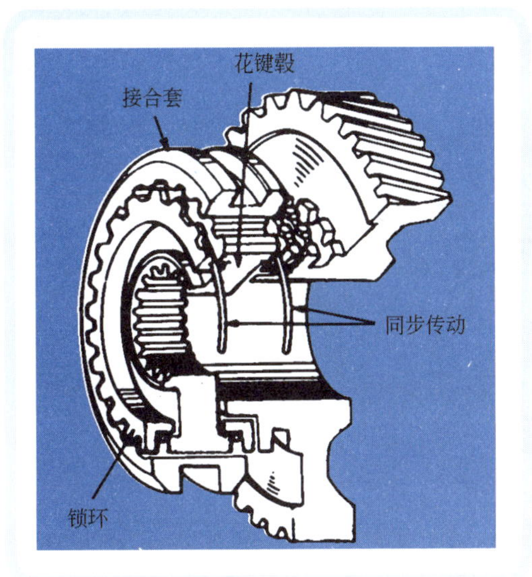

●特殊同步机构

这种同步啮合机构，与前面的惯性型相似，但它没有滑块。所以结构极其简单，同步效果高。感觉良好，寿命高。

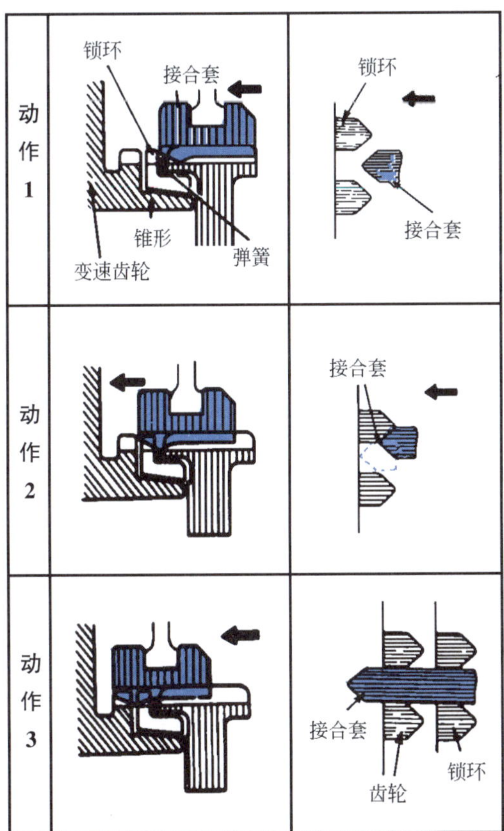

动作1：操纵变速杆使齿轮轴动作，换档拨块按接合套的箭头方向移动。同时接合套齿同步器弹簧的作用下也向锁环同一方向压去。同步环的锥面被压向变速齿轮的锥面，由于摩擦作用，变速齿轮的回转与轴的回转同步。

动作2：由于齿轮同步环半移动后，接合套齿上的斜面被压向同步环斜面。回转齿轮与同步环锥面产生强大的摩擦力而发生同步运动。达到同步后，接合套开始向齿轮方向移动。

动作3：这时此点弹簧已发挥完作用，不再向轴施加多余的力，而缩回到接合套的沟槽中。所以齿轮与锁环之间也没有了接触。齿轮独立地回转，当接合套的齿与齿轮的齿相接处时，齿轮的齿错开，与接合套的齿顺利啮合，完成变速过程。

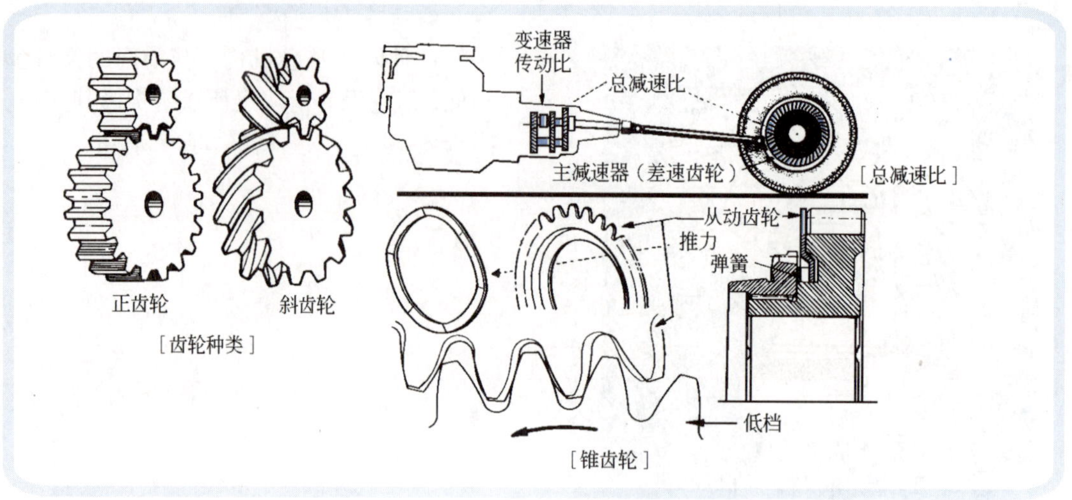

［总减速比］

［齿轮种类］

［锥齿轮］

变速器 MEMO

●齿轮传动

可以说动力轮系都是齿轮的组合，它的传动比不仅是齿轮箱的传动比，还是差速器的最终传动比。所以在进行两个车的传动比的比较时，不将变速器本身齿轮的传动比与最终减速齿轮即差速器齿轮传动比合在一起进行比较，是没有意义的。

高速齿轮传动：所有的齿轮传动比都设为最小。原来最受欢迎的是大动力和高速性的车辆，现在最受欢迎的是节能型的车辆，有由实用型向节能型转变的趋势，这样的汽车起动性能和加速性能都要差些，但是无论在高速行驶，还是低速行驶，其燃油消耗都小，而且噪声也低。

低速齿轮传动：所有的齿轮传动比都设为最大。对于厢式货车、卡车都必须是这样设计，在承载时，加强了汽车的起动性能和爬坡能力。相反地，发动机的转速比普通的要大，当然燃油消耗也变大，而且噪声也增高。

●减速比和总减速比与车轮直径

如果变速器的齿轮传动比为 3: 1，但仍不能满足实际应用。可用差速器再降 4: 1。这样结果能达到 12: 1（它们之间的比例是发动机回转 12，车轮回转为 1）。称之为总减速比。差速器环齿轮是差速器上重要元件，必须作的大一些，也正好被利用上。而变速器的部件要小一些，才能正好符合条件。

可是，如果车轮直径大些，能够提高车辆的行驶速度，但不能实现上述的减速比。由此可见，总减速比与驱动车轮的关系决定了车辆实际行驶能力和速度。

●直齿轮/斜齿轮

齿轮的齿在传动中要受到很大的力，相同分度圆半径的齿，如为斜齿则其面积变大，强度提高，同时噪声也降低。因此斜齿轮比直齿轮应用更广泛（如图所示）。而齿轮传递的力成直角、形状呈伞形的齿轮称为“锥齿轮”。

●锥齿轮

为了减少怠速时的噪声，由推力弹簧在侧面压住一个比该齿轮少一个齿的薄齿轮。

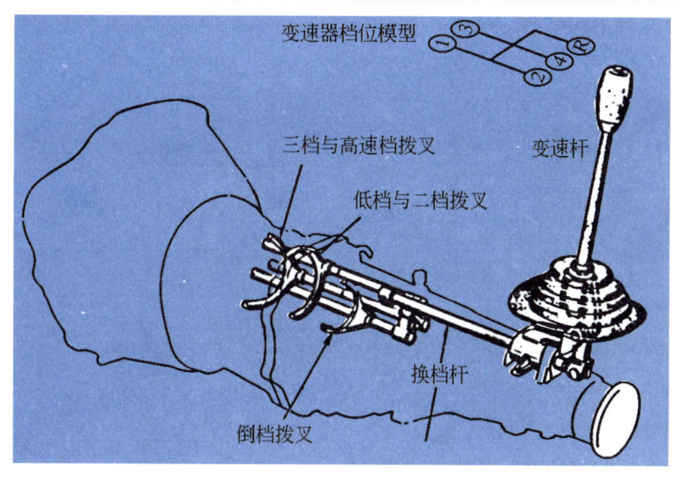

[FR 方式时的齿轮换档连杆机构]

灵活的换档连杆机构……

操作 1 个杠杆（变速杆），就能完成改变不同齿轮啮合的齿轮啮合变换操作。但一般这个功能是在变速器中完成，在变速器中装入换档拨叉和换档拨叉轴以传递变速杆动力，使其沿着同步器接合套的轴向移动。这种机构是现在直接变速的主要形式。从变速器底座伸出的杆。并伸到方向盘的侧面。称为变速杆

●倒档误操作防止装置

齿轮换档时，从低速档换到高速档是没有什么问题的。但切换到与行驶方向相反的倒档时就会出现危险，甚至损坏齿轮。因此为防止误操作倒档，有许多防范措施。

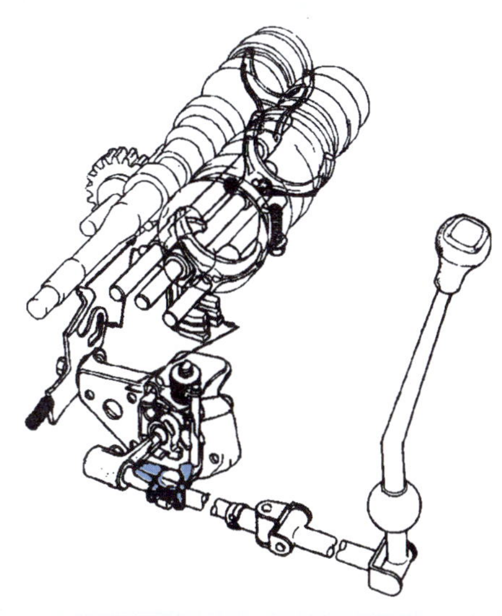

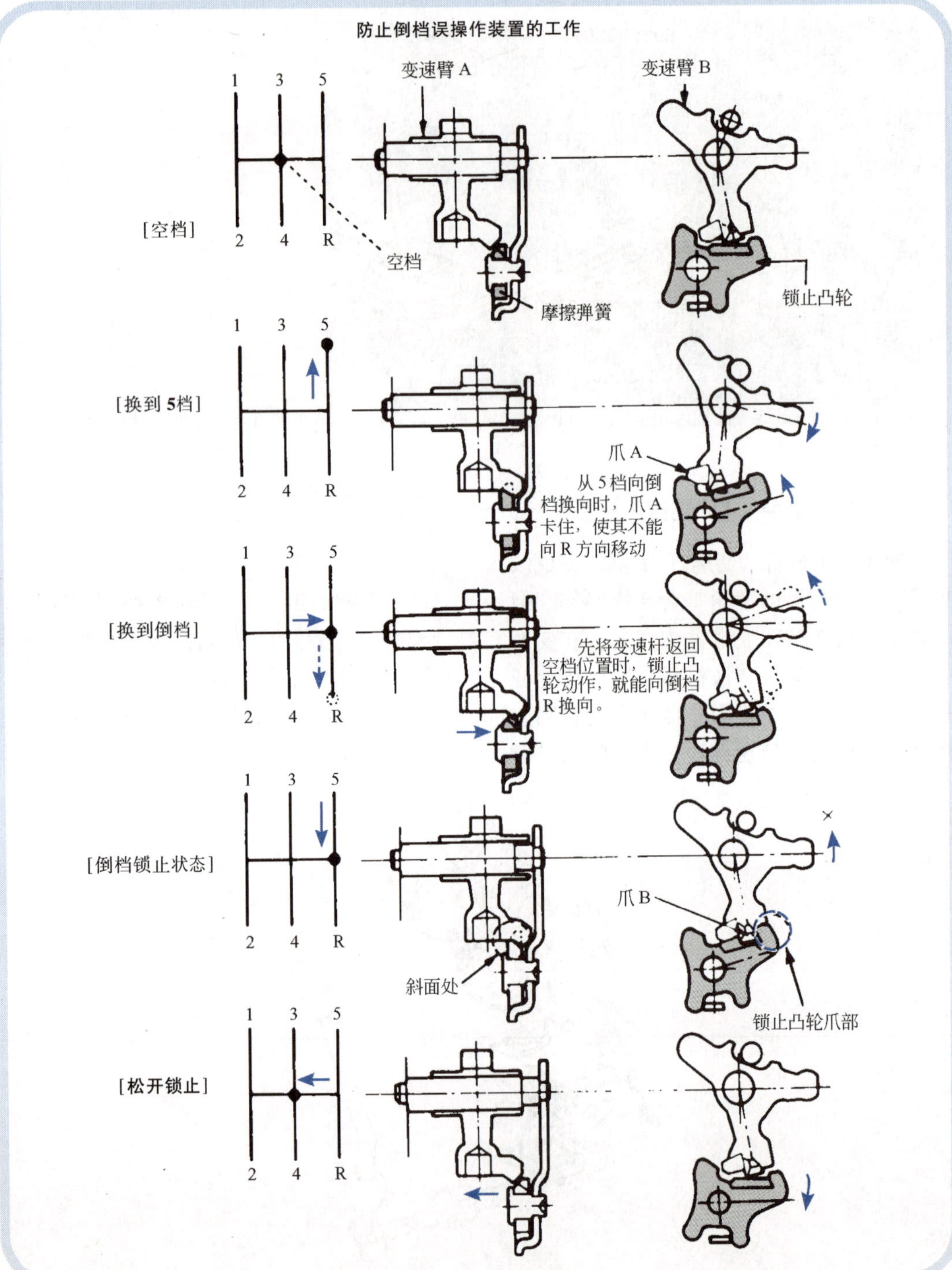
防止倒档误操作装置的工作
变速臂A
变速臂B
[空档]
1 3 5
2 4 R
空档
摩擦弹簧
锁止凸轮
[换到5档]
爪A
从5档向倒档换向时，爪A卡住，使其不能向R方向移动
[换到倒档]
先将变速杆返回空档位置时，锁止凸轮动作，就能向倒档R换向。
[倒档锁止状态]
爪B
斜面处
锁止凸轮爪部
[松开锁止]

液力变矩器

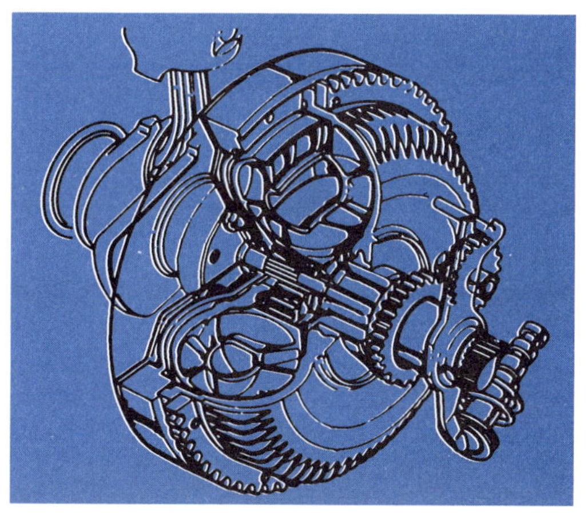

自动变速器简称 AT
现在介绍液力变矩器

自动变速器(因为没有离合器踏板也称为无离合)是一种使用了液力变矩器的流体自动变速的装置。液力变矩器也译成“液压式回转力变换器”。简略地说,在变矩器中起主要作用的是液压油(不是脂类的固体,是普通的液体)。液力变矩器和齿轮式变速器组合成为流体自动变速机械。简单称为液力变矩器就包含了上述所有的意思。液力变矩器具有以下的优点。

1. 不再需要频繁操作的变速杆,去掉了踩离合器的烦恼。提高了驾驶的舒适性。

2. 发动机的动力通过流体传递,所以起动平稳,提高了加速、减速性能,特别是坡路起步等更加顺利,不必再担心发动机熄火。

3. 因为它是与齿轮变速器相组合,所以提高了低速行驶时的转矩。

4. 流体能吸收驱动系的冲击和振动,减小了冲击和振动。

缺点如下

1. 发动机的输出功率借助流体传递,传动效率低,燃油消耗和加速性能比齿轮变速器差。

2. 结构复杂、质量大。

3. 发生故障时起动和牵引困难。

●基本构造

液力变矩器的结构与前述的离合器很相似。在环形的壳体中,有 3 种叶轮,叶轮间充满液压油,称为导轮的小叶轮处在中央,这一点不同于其他液力机械。此外,在这个液力系统后部,有与之联动的齿轮式自动变速器和控制它们工作的控制系统。近年来,在液力系统的前部又增加了摩擦式离合器。以补偿由液力变矩器给系统带来的燃油消耗率差的不足。

●液力变矩器的形式和种类

从产品说明书的列表中可以查到反映液力变矩器形式的主要性能指标“3 要素(工作轮)、1 级、2 相型”等。

表示的含义如下

3 要素 = 叶轮数(指泵轮、导轮、涡轮)

1 级 = 涡轮数

2 相 = 工作领域有两个。液力变矩机械和液力变矩器(也称流体连轴器)有两种工作状态的意义。

其次是种类，液力变矩器原来都是全自动的，即“全自动”液力变矩器、但现在也有“半自动”的液力变矩器。这是为什么呢？

“半自动”的液力变矩器是在变矩器中组合了手动式齿轮变速器。虽没有离合器踏板，但用手选择选速杆（相当于变速杆）位置。变矩器就能象人一样能按着自己的意愿自动地工作。

●液力变矩器的结构

在液力变矩器的环状的壳体内，有泵轮、导轮、涡轮三种叶轮。如图所示。

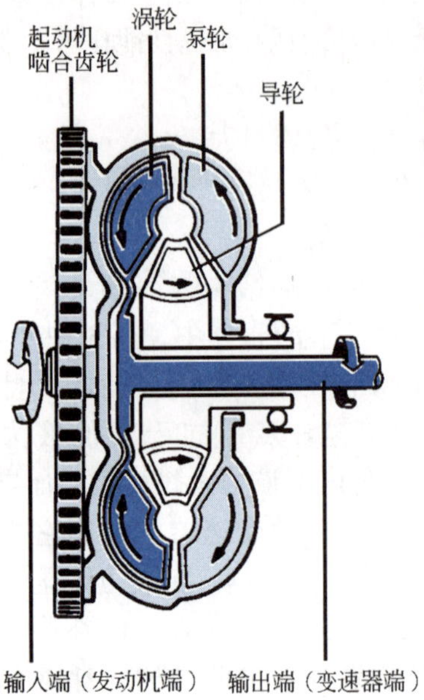

[液力变矩器的结构和动力传递路线]

→涡轮转速增高时，进入导轮的液流就会冲击到导轮叶片的背部，导轮受到与涡轮转向相同方向的推压。此时单向离合器动作，导轮就向与涡轮回转方向相同方向旋转。

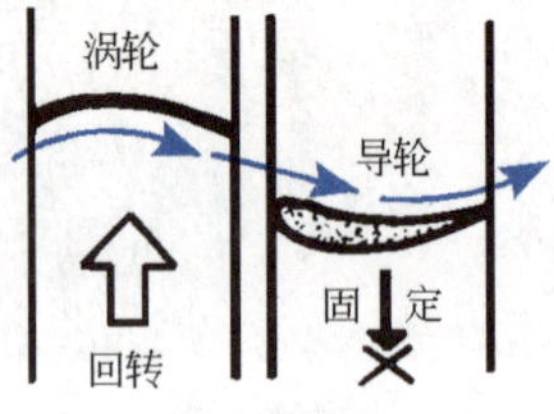

[低速回转]

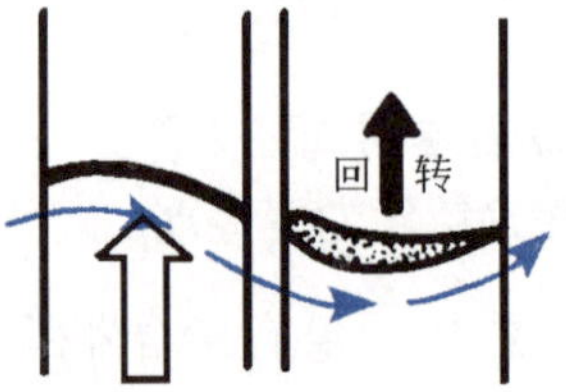

[高速回转]

单向离合器由产生与涡轮转向反向摩擦力的内置球固定。(导轮与涡轮回转）方向相同时，弹簧缩回则球也被顶回，所以就不产生摩擦而旋转。

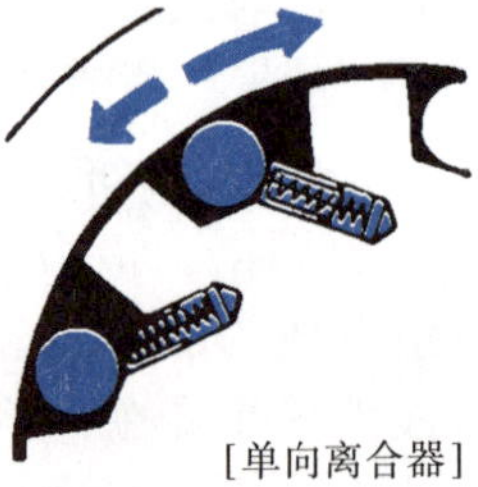

[单向离合器]

泵轮和发动机的曲轴相连，涡轮与输出轴直接相连，后面连接齿轮变速器。导轮固定在泵轮和涡轮的中央，起到改变液压油流动方向的作用。

●液力变矩器的工作原理

发动机回转直接驱动泵轮旋转，使泵轮内的液压油受泵轮内叶片作用而旋转，液压油由于离心力而向外流动，从后边向外周推压液压油。液压油从外周向涡流方向流动，由此从泵轮压送的液压油冲击到涡轮的叶片上，冲击力使涡轮旋转，之后顺着涡轮的弯曲叶片流动，流向导轮。当液流流出时，涡轮叶片受到液流的反作用力使其回转速度进一步加大。

这样，从泵轮压送出来的液压油冲击涡轮时的冲击力(脉冲动力)和液流流出涡轮时的反作用力合成了使涡轮回转的力。它因泵轮和涡轮的速度不同而不同，由此改变输出转矩。

导轮的作用:这里介绍称为导轮的叶轮,它使涡轮回转,从涡轮流出的液压油还留有一定的动能，因此这些液压油在触击到泵轮叶片背部时容易使其转矩增大，发挥这个作用的就是导轮。导轮把从涡轮里流出液压油的动能高效地传给泵轮。当然，泵轮和涡轮及导轮的形状及所处的位置一定要适当。

泵轮和涡轮的转速关系是，它们速度差越大，即泵的转速越高涡轮的转速越低，输出转矩越大(虽然这么说但是也有限度，一般只能提高 2.5 倍)。泵的速度变化越大，则回转力矩变化也大，这与齿轮的啮合比和杠杆原理近似。导轮则使能量循环，这是变矩的原理。

汽车在起步和爬坡时，如上所述，发动机和泵轮转速虽然很高，涡轮却能低速回转，并且产生较大的转矩。而由于车的惯性或者爬完坡后，车辆的速度增加时，涡轮的转速也随之增加。

导轮的作用和离合器偶合点:当涡轮的回转速度逐渐接近泵轮回转的速度时，冲击导轮叶片凹面的液压油开始有了冲击叶片背面即凸面的趋势。

此时就改变了液压油的流向，而增加了阻力，使导轮本身也要回转（冲击凹面时被固定不能回转，只有冲击凸面时才能回转。因为是单向回转，所以带有单向离合器）。

开始空转的点称离合器偶合点。空转开始后已经没有了液力变矩器的功能（不能增加转矩），变成了流体离合器(液力偶合器)。

这样我们将导轮不回转的范围称为变矩器范围。起流体离合器作用的范围称为液力偶合器范围。

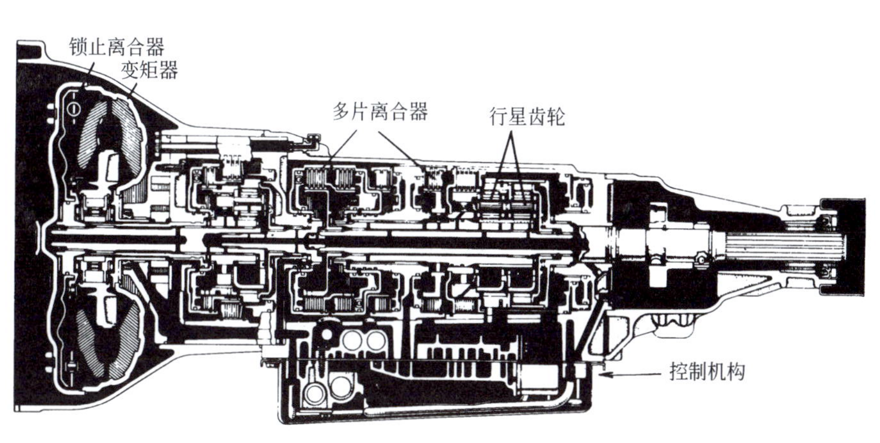

[液力变矩器断面图]

●带锁止机构的液力变速器

变矩器是借助流体传递动力，所以行驶顺利。但相反，由于流体的摩擦产生的能量损失，使燃油消耗会多损失 10% ~ 15%，为了防止此类问题发生，近来普遍安装一种称为“锁止机构”的装置。它是在车速达 55km/h 以上时，通过变矩器杠杆压合离合器摩擦片使变矩器内液压油自动改变流向。

其结果能使发动机和驱动轮变成了直接机械连接的形式。例如在 60km/h 行驶时，燃油消耗可降低 5%。安装这个机构后，变矩器本身前后还多了一个防止挤压的缓冲空间。

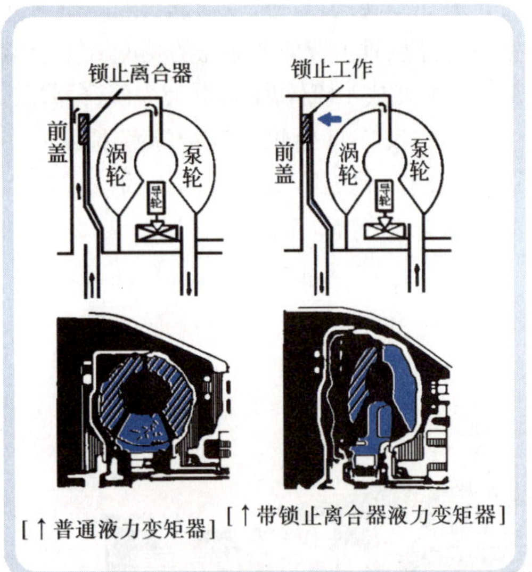

[↑普通液力变矩器] [↑带锁止离合器液力变矩器]

行星齿轮的工作原理

液力变矩器的后边连有二三排行星齿轮。行星齿轮自转的同时绕中央的太阳轮公转，因此而得名。神奇的是，这些齿轮中任意一个固定，就能实现高、低速回转，当然也可反转即倒车齿轮。因为它的这种特性而被用在变矩器的辅助设备上。而各齿轮是锁紧、还是自由的工作？电脑会根据车速情况自动地发出指令通过油压控制执行。另外变矩器回转与驱动系切断时，则由行星齿轮和同轴内置的湿式多线离合器传动。所谓的湿式离合器是，把油充入离合器中，这样可以平滑地进行离合器的切换。这种行星齿轮组合，可派生出 3 ~ 4 种工作方式。

什么是全锁止变速器

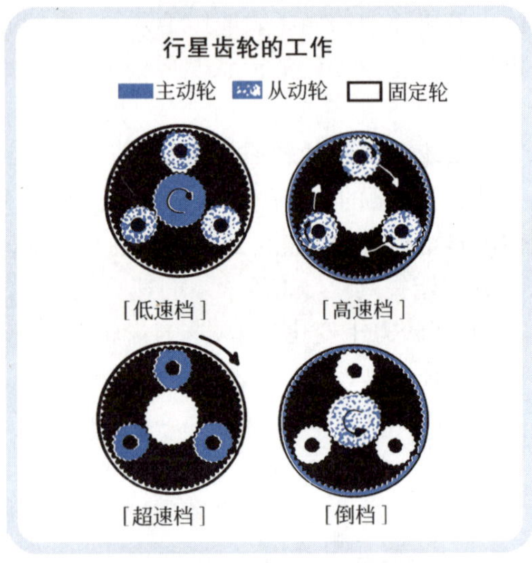

●带全锁止的 AT

这种带全锁止的 AT 在原来的 3 速 AT 的基础上增加了 OD(超速档齿轮)，发展到全程 1 ~ 4 档锁止。在中速区制动时，就自动地更换到低、中速档。而在起动时和爬陡坡等锁止当然是考虑到变矩器的功能已经失去了吧？这种锁止是通过电脑来捕捉人们感觉不到的、无法操作的微妙的瞬间。它是一种非常有效锁止，也降低了燃油消耗和噪声。

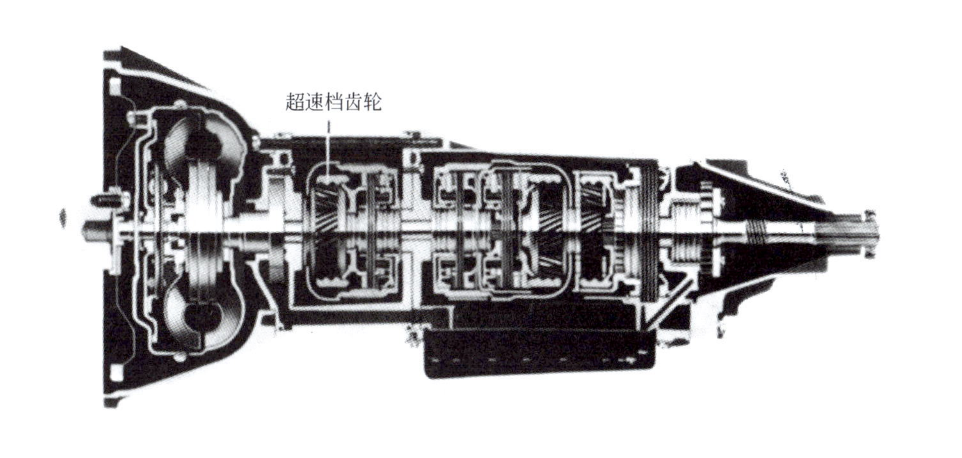

传动轴

传动轴即推进轴，它是处于变速器和差速器（差动装置）之间的长而粗的回转轴，FR 方式的汽车必须带传动轴，RR 方式的汽车传动轴一般极短，FF 方式的汽车没有传动轴。

可是 FR 方式汽车驱动轮的后轮，由于路面状况不好会产生跳动，则传动轴也就会以前端为支点一起跳动。所以，我们无论如何要避免这种跳动，同时还要传递动力。万向节（自由接头）和花键轴就是起到这个作用。万向节的原理图如图所示。花键轴为避免传动轴倾斜可以有轴向运动，但它键齿始终在牢固啮合保持着回转力的传递。

在万向节中内置十字轴（十字型），是这种传动的主要部件，也称“十字接头”。

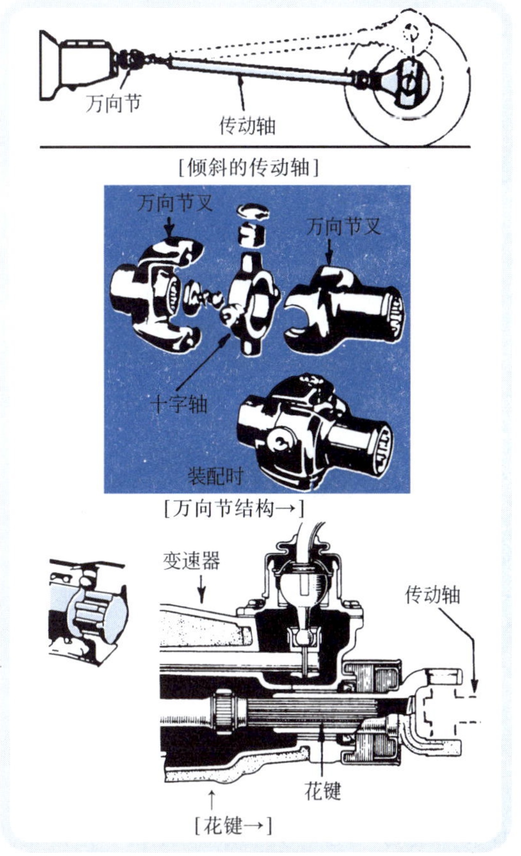

[倾斜的传动轴]

[万向节结构→]

[花键→]

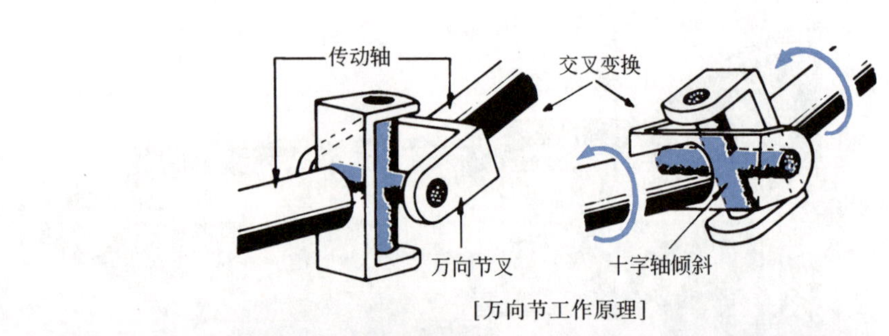

[万向节工作原理]

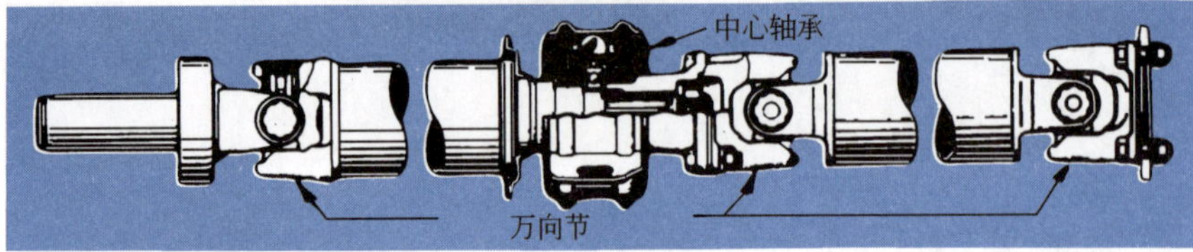

[3 接头传动轴]

差速器

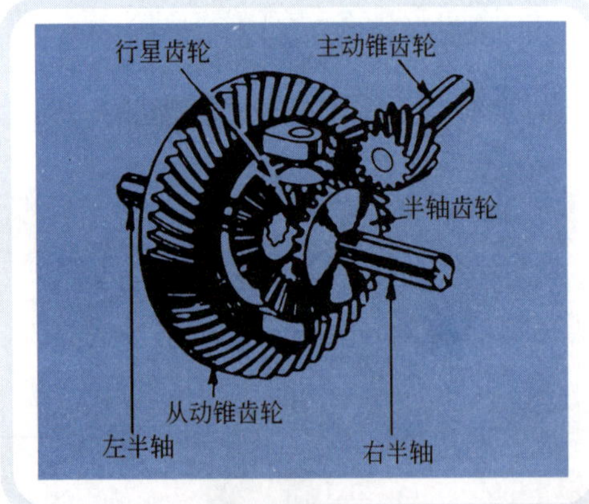

差速器的魔力

差速器是一种差动装置。传动轴使左右驱动轮一起转动时，这在直线行驶中是没有什么问题的。但转弯行驶时，左右车轮行驶的圆周路线就有了差别，内侧的车轮会发生打滑，不但转弯不平稳，轮胎的损耗也加大。为了解决这个问题而使用了差速器。它根据转弯时的路面对车轮的阻力，自动地增加外侧车轮驱动力而实现平滑转弯。

●差动原理

如中图所示，有两根齿条和一个小齿轮互相啮合，小齿轮向上运动时，如果左右齿条的重量相等，则双方都向上运动相同的距离。但是如果有一方的齿条较重时，则因其阻力使小齿轮回转，结果只有一方的齿条向上运动。这就是差动原理。将其原理应用到实际的差速器中，如下图所示。

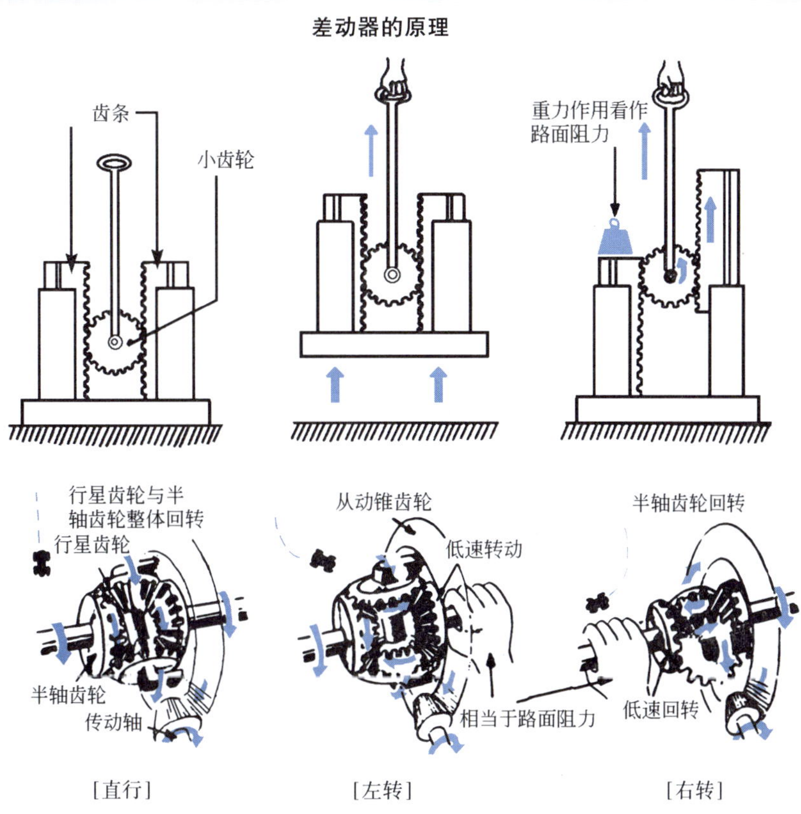
差动器的原理
齿条
小齿轮
重力作用看作
路面阻力
行星齿轮与半
轴齿轮整体回转
行星齿轮
半轴齿轮
传动轴
从动锥齿轮
低速转动
相当于路面阻力
半轴齿轮回转
低速回转
[直行]
[左转]
[右转]

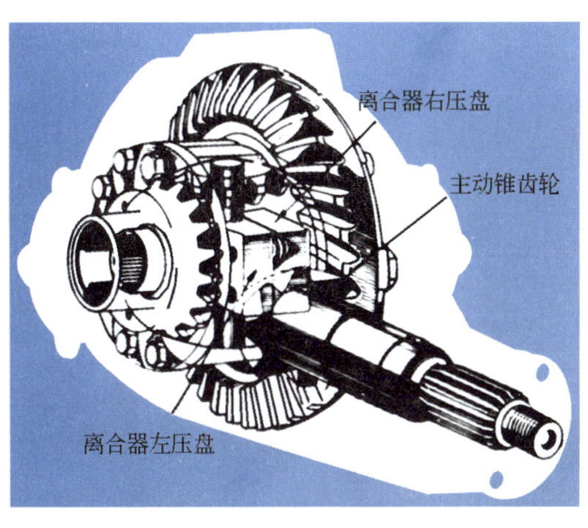
离合器右压盘
主动锥齿轮
离合器左压盘

防滑差速器的构造与工作原理

当车轮一侧行驶在冰、雪、泥泞的路面上时，使用普通差速器的车辆就要产生空转。因为没有了阻力(摩擦力),加大传递的动力不但无益,还会使空转现象更严重,使汽车出现打滑。对于要停止的车辆,在普通路面上的哪一侧车轮也会完全不能动，车辆就会处于不能起动的状态。

另外,在普通的路面上,急加速时也会产生打滑现象。

要想解决这个问题,可采用特殊差速器,即防滑差速器(无滑转差速器)。它的构造简单地说就是在差速器内部设置了一种离合器，当一侧的车轮发生空转时，这个离合器可以自动地将差动机构锁止。

●构造与力的传递路径

在防滑差速器的壳体内，左右两侧各有三个半轴齿轮止推垫圈，由 4 个凸台部分结合，在左右半轴齿轮之间是离合器左、右压盘，它们在壳体中由较大齿牙互相啮合着,行星齿轮由离合器右压盘轴支撑,与左右的半轴齿轮啮合。

发动机的输出转矩沿着主动锥齿轮→从动锥齿轮→差速器的壳体→离合器左压盘的路径进行传递。另一方面,轮胎的阻力沿着车轴→半轴齿轮→行星小齿轮→离合器右压盘的路径进行传递。

●空转时的工作原理

由于路面的原因,如有一个车轮产生了空转现象。如图上,离合器左压盘沿着发动机驱动力箭头方向推进。另一方面，离合器右压盘因为轮胎的阻力而停止,作为反力沿箭头的方向运动,互相作用的离合器压盘的压力齿牙就产生轴向（向外侧）压力 P。

这个压力 P 借助于离合器压盘的止推

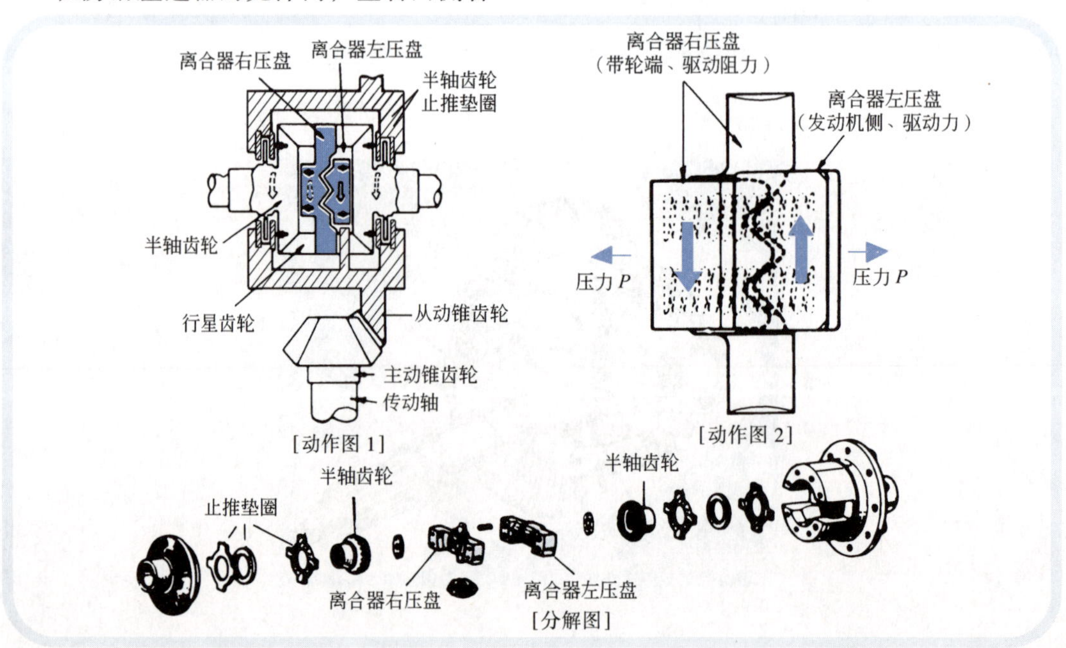

[动作图 1]

[动作图 2]

[分解图]

垫圈传递给半轴齿轮，半轴齿轮则给止推垫圈施加压力，结果差速器壳和半轴齿轮就会一起旋转。

由此可知，如果车辆在转弯时，左右车轮产生较大的差动力时，则发动机的动力沿着差速器壳→离合器压盘→行星齿轮→半轴齿轮→车轮的路线进行传递。当差速器壳体与半轴齿轮之间产生回转差时，则止推垫圈和半轴齿轮之间就会产生滑动。但是因为驱动力和阻力的合力 P 使差速器壳体与半轴齿轮一起回转，这就产生了摩擦力，这个摩擦力限制了滑移。

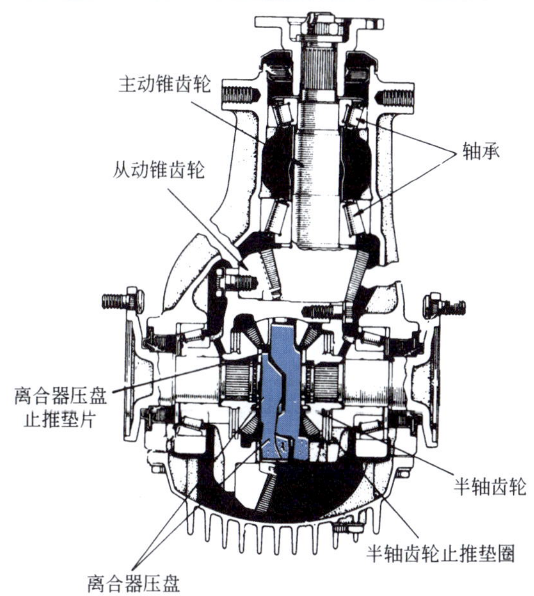

[防滑差速器断面图]

以驱动方式看汽车性能的变化

●FR(前置发动机后轮驱动)方式

前置发动机后轮驱动是轿车的主流产品。近年来尽管后面介绍的 FF(前置发动前轮驱动)方式越来越多,但中型以上的轿车仍多采用这种方式。它的构造原理是,由车体的前面的发动机输出的动力，通过变速器经传动轴驱动后轮。

它的缺点是因为有传动轴，所以在驾驶室内有烟道状的凸起，轴重也增加了。但因为采用后轮驱动,提高了前进加速性能和爬坡性能。克服了 FF 方式因前轮驱动使操作装置安置在狭窄的发动机室内使结构变复杂的现象。悬架原来几乎都是钢板弹簧的，现在独立悬架和联杆式不断增多,改善了结构,提高了乘坐的舒适性。

●FF(前置发动机前轮驱动)方式

前置发动机前轮驱动方式，是发动机安置在车的前部,前轮驱动方式。这种车型的优点是，增大了驾驶室空间，减轻了车重,它采用 4 轮独立悬架,改善了乘坐的舒

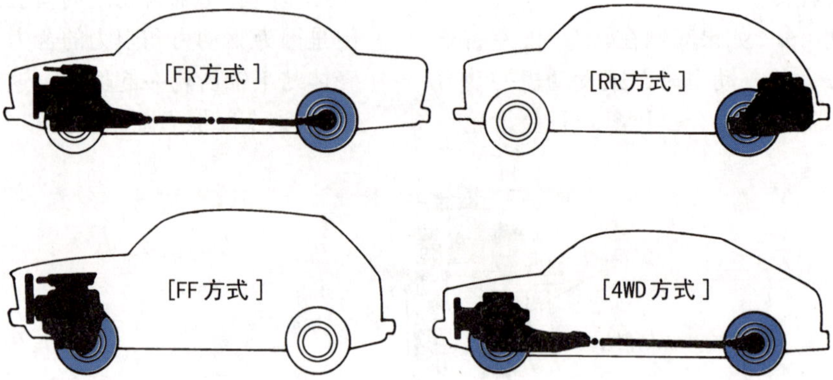

[FR方式]

[RR方式]

[FF方式]

[4WD方式]

[FF方式的前中置发动机前轮驱动]

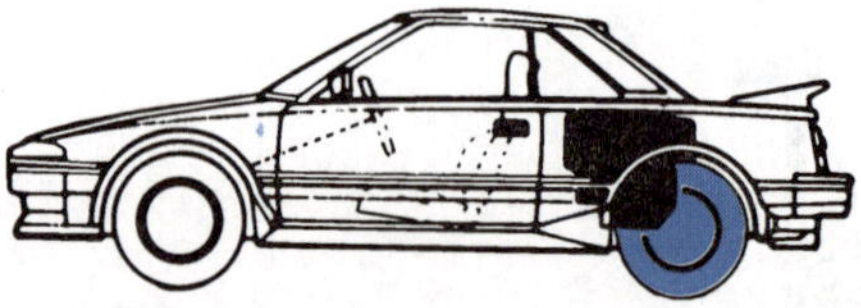

[RR方式中置发动机后轮驱动]

适性，提高了在恶劣路面的操作性能（FR方式时，后轮的驱动力与车体方向一致，前轮操作有角度变化时，其角度产生阻力引起车体打滑现象，造成操作性能不良。对此FF方式驱动力作用的方向与改变方向的前轮方向一致，操作性能良好）。缺点是，操作装置与驱动装置都在发动机室内，使构造复杂。但随着技术的进步，这些缺点也逐步地被克服。在世界范围内，中型级别以下的轿车，这种方式急剧增加。而同是FF方式，发动机也有横置和侧置方式，在空间上横置的方式更有力于布置，所以横置的方式较多。

●RR(后置发动机后轮驱动方式)/中置发动机后轮驱动方式

后置发动机后轮驱动有利于驾驶室空间的扩大和车辆的驱动，但与此同时带来了行李舱空间小和不能在恶劣路面上驾驶的缺点，所以这种方式已很少。采用这种方式的跑车等是将车体重心向中心靠近，即使在大幅度转向驾驶时，也能得到稳定的转向性能。为此将发动机中心移到后车轴前，这种方式就称为中置发动机后轮驱动。还有与此具有相同意义的前中置发动

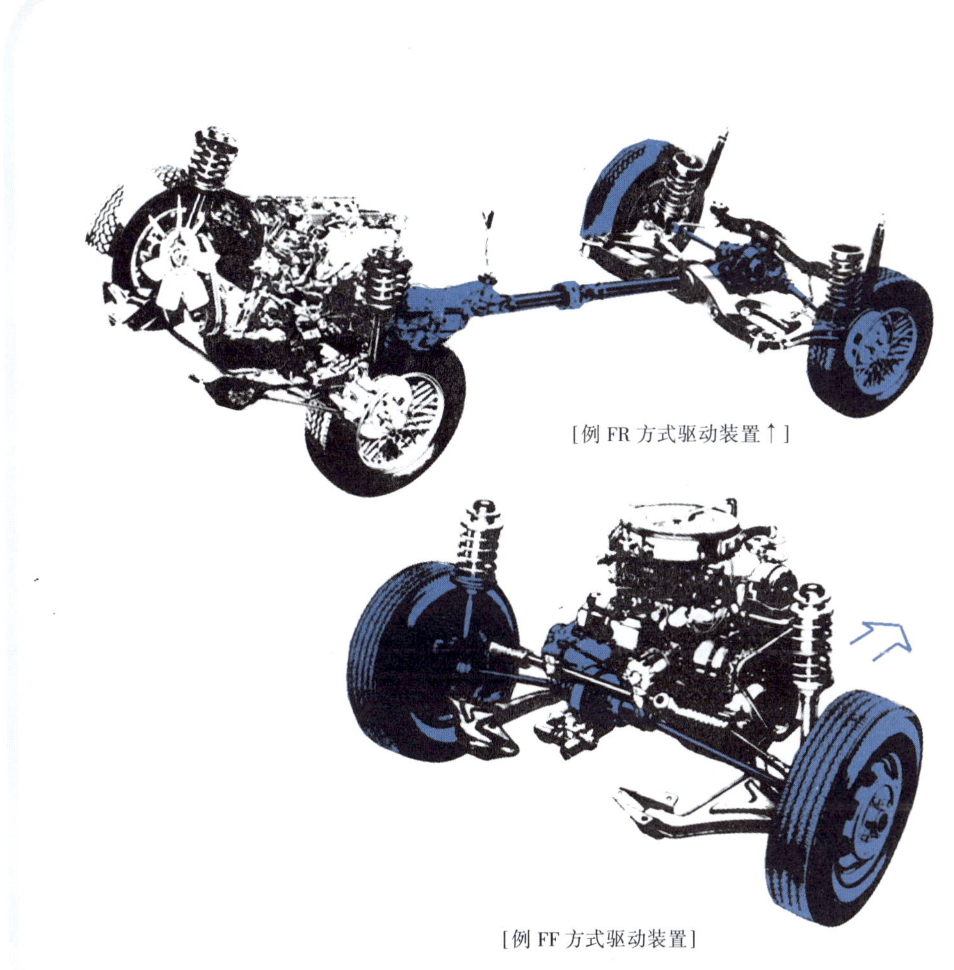

[例 FR 方式驱动装置↑]

[例 FF 方式驱动装置]

机，现也很少用了，该种形式称为前中置发动机前轮驱动。

●4WD 方式

4 轮全部是驱动轮的称为 4WD，即 4 旋转驱动方式。它在吉普等军用车辆上应用最多，近年来在一些轿车和休闲车上倍受欢迎。它的优点即使在恶劣路面也能保好的持性能，与前述的各种方式相比，具有超强的爬坡能力。但是在平坦的路面行驶时，4 轮驱动就显得有些浪费能量了。所以在 4WD 方式上安置了变速装置，在这种情况使用后轮（FF 方式用前轮）驱动。为适应不同行驶状况可由变速杆（AT 车用按钮开关）进行控制来实现全轮驱动。

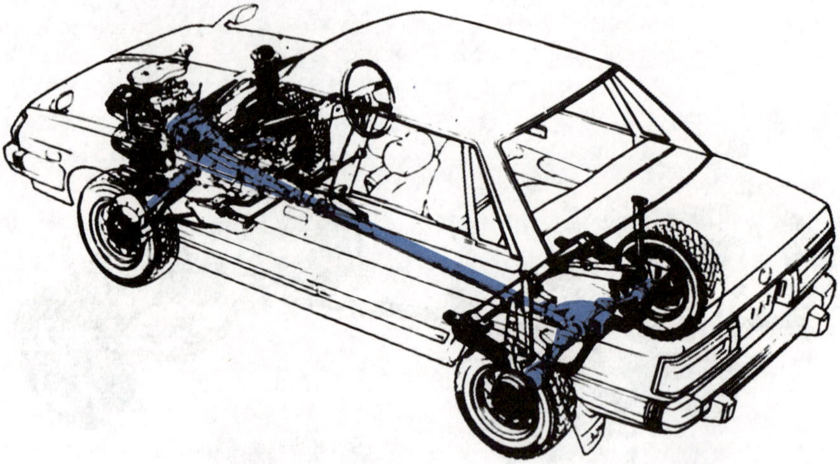

[↑FR 和 4WD 越野性能比较]

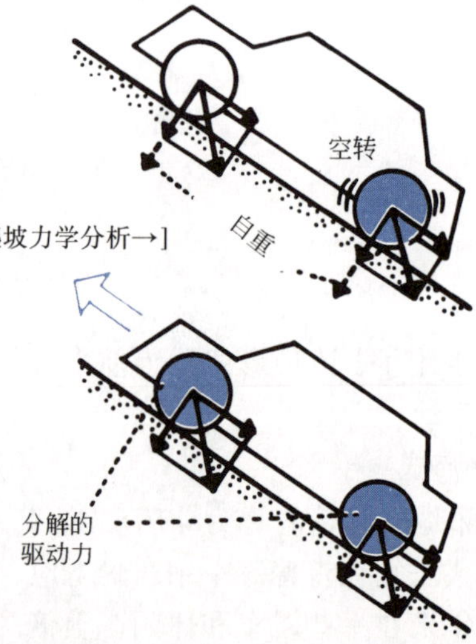

[FR 和 4WD 爬坡力学分析→]

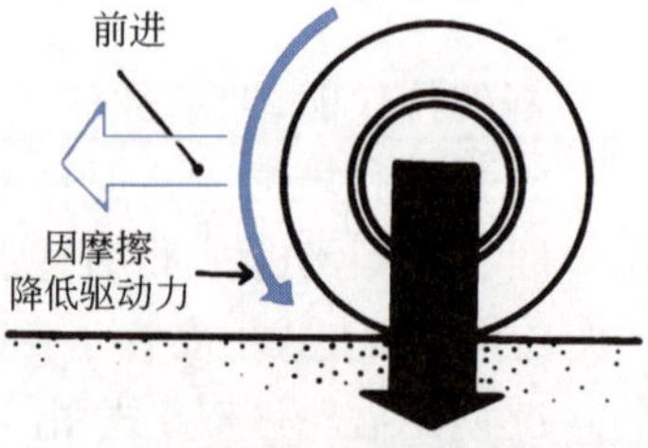

[驱动原理↓]

为什么 4WD 动力强大

4WD(4 轮驱动的简称),即 4 轮驱动(简称 4 驱或全驱)。在越野时、在雪地上行驶时、爬坡时为什么都能发挥出强于普通车两倍的能力?下面介绍一下它的秘密所在。

●越野的通过性能

如前页图所示,FR 方式因地面的凸凹不平,会使前轮行驶方向改变。它因为从后边给车体施加前进的驱动力,所以前轮成为了行驶阻力,而改变车辆的行驶方向。FF 方式时就不会发生此现象,因为驱动力的作用也就是前轮行驶的方向,所以从这点上说通过性要好。车辆在湿滑等地面上行驶时,地面对轮胎的摩擦力减少,不足以提供车辆所需的驱动力,而使车轮产生空转。与此相比,在 4WD 的驱动力下,前、后轮各分担 1/2,所以不会产生空转。故通过性能最好。

●爬坡能力强的原因

如上所述的重力与驱动力的关系一样,因斜坡会使车辆的重心后移,造成车轮对地面的摩擦力减小。这是车辆所需的驱动力不足的原因(垂直地面时,重力提供的摩擦力是零)。虽此时的驱动力不大,但采用 4WD 方式就将驱动力分散给 4 个轮,就避免了空转而能行驶了。

电子控制转矩分配 4WD 系统

现在最先进的 4WD 方式如下,为适应车辆行驶状况,将前后轮的驱动转矩分开进行转矩分配。分配方式有多种。这里介绍的是 4WD 跑车采用的高速行驶性能的 E-TS(电子转矩分配系统)。

简要的系统原理如下图所示。其构造是,在前轮和后轮中间设置了液压控制的湿式多片离合器,油压由电子控制。为适应行驶状况,通常后轮驱动的 FR 车的前轮也重新进行了驱动力的分配。由 4 个车轮的速度传感器、位置传感器、发动机的转速传感器将这三种车辆的行驶状况检测信号通知电脑。电脑根据加速踏板(节气门打开的情况)踩踏的程度,判断驾驶人操作意图,按预先安装在电脑中的程序通过液压进行控制。

结果会使驱动力的分配适应前、后轮的行驶情况。分配比值从平时行驶的 0:100,到车辆易打滑路面和越野行驶的 50:50。

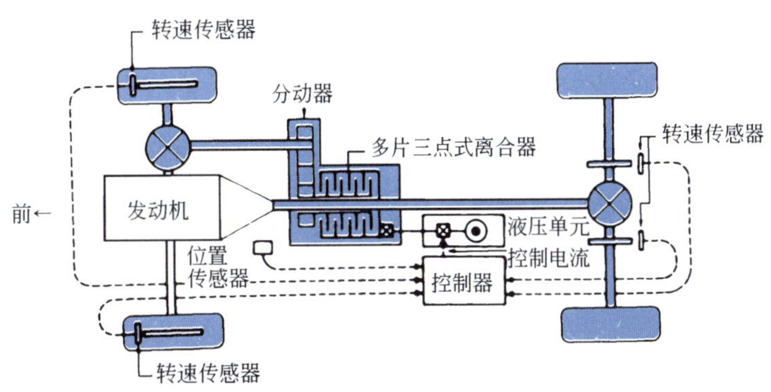

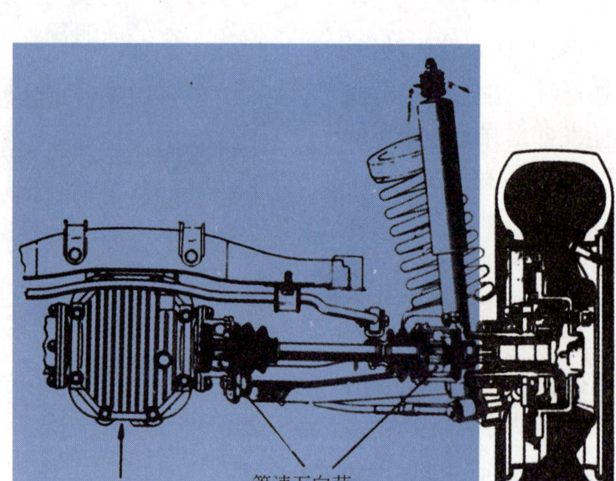

[驱动与车轮]

平滑等速万向节

●等速万向节

在驱动轴和被驱动轴的角度变化较大时，能传递回转力但并不损耗能量的万向节称为“等速万向节”(前述的传动轴，其角度没有多大变化，所以不实用)。FF的驱动轴大多是这种，但近年来从为了降低噪声FR车也使用独立悬架型驱动轴。其构造是将数个球轴承装在主动轴和从动轴的环槽中。它有能承受较大角度变化的球绞式和3个滚柱镶嵌在3个槽中的3维式。

以球绞式万向节为例，与一般的万向节(通用万向节)进行比较，来了解一下它的等速性能。

下左图为万向节的回转示意图，a 轴回转 b 轴也回转，它们都是正圆，但 a 轴回转运动投影到 b 轴回转运动所在的B平面上时，则为椭圆。在A平面上90°的XOX′角，在B平面上要比90°小，这证明了不等速。

下右图表示为等速万向节，传递球的回转面在主动轴和从动轴的两等分面上，主动轴回转半径 a 与从动轴的回转半径 b 有 $a=b$ 的关系。另外都是借助传递球传递转速，球在中间的速度又只有一个，所以有 $a\omega_1=b\omega_2$，由前面 $a=b$ 的关系，当然有 $\omega_1=\omega_2$。这就证明了万向节的等速。

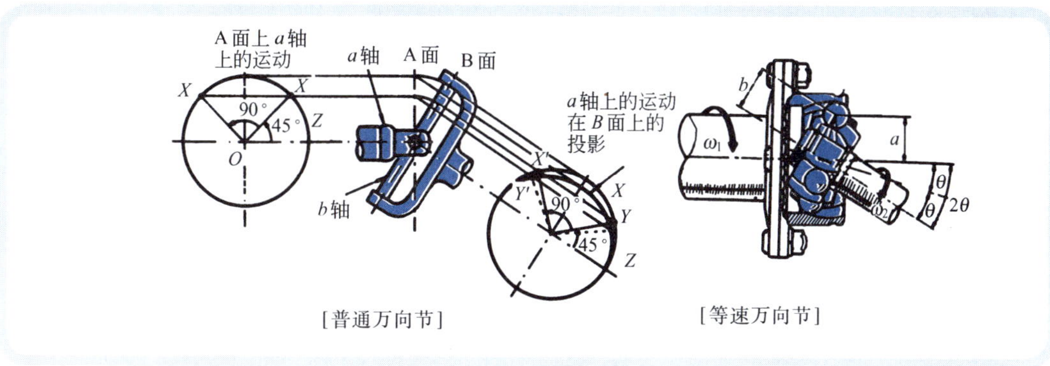

［普通万向节］　　［等速万向节］

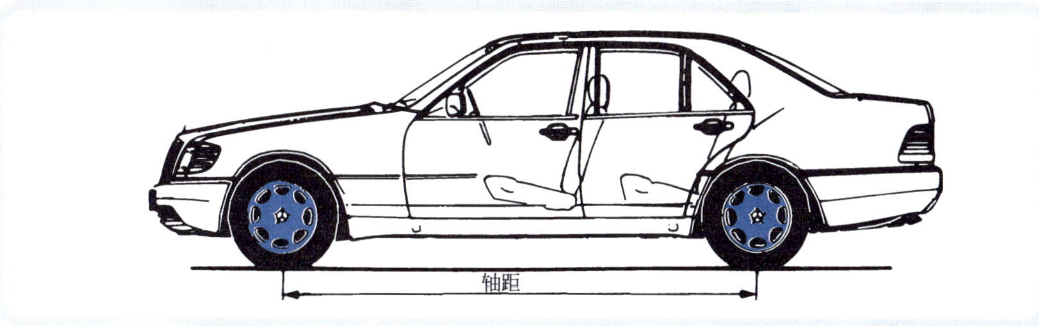

车轮的发展

车轮在人类的历史上发挥了重要的作用，而且今后还有待于发展。汽车的车轮具有复杂精密的构造，在这里追溯车轮的发展的历史并对其进行全面的了解。首先了解一下车轮在车中的位置和意义。

●轴距

轴距是从前轮的触地点到后轮的触地点的距离，准确地说应该是汽车前后轴的中心距离。一般来说这个距离越长，驾驶室空间越大，乘坐越舒适，但车辆轴距过长，其回转半径也增大，车体的刚性会下降，所以要有一定限制。一般小、中型级别车辆的轴距为2300～2600mm。

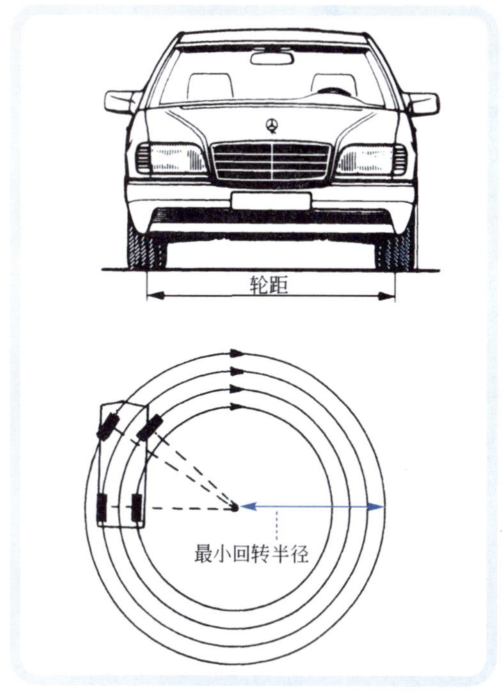

●轮距

轮距是指左右两车轮中间的距离（也可以称轮胎表面的距离）。但是前轮的轮距和后轮的轮距一般多少有些差别。这个轮距越宽，车辆越稳定、车室内空间越大、乘坐越舒适。还有回转半径也越小（相对轴距的关系上）。但轮距过宽，也会使车体增宽、空气阻力增大、使汽车的运动性下降、车体刚度减弱。此外在法规上也有限制。

●最小回转半径

打满前轮转向角回转时，外侧的旋转半径称为最小回转半径。如 4 个车轮在回转时能描绘出 4 个同心圆，前内侧的车轮比前外侧的车轮转向角要大。

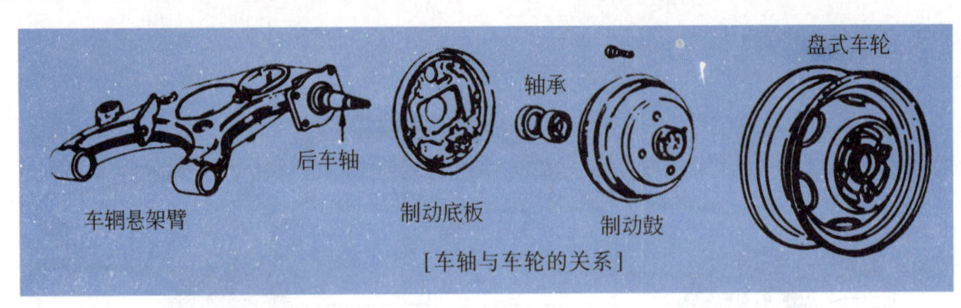

[车轴与车轮的关系]

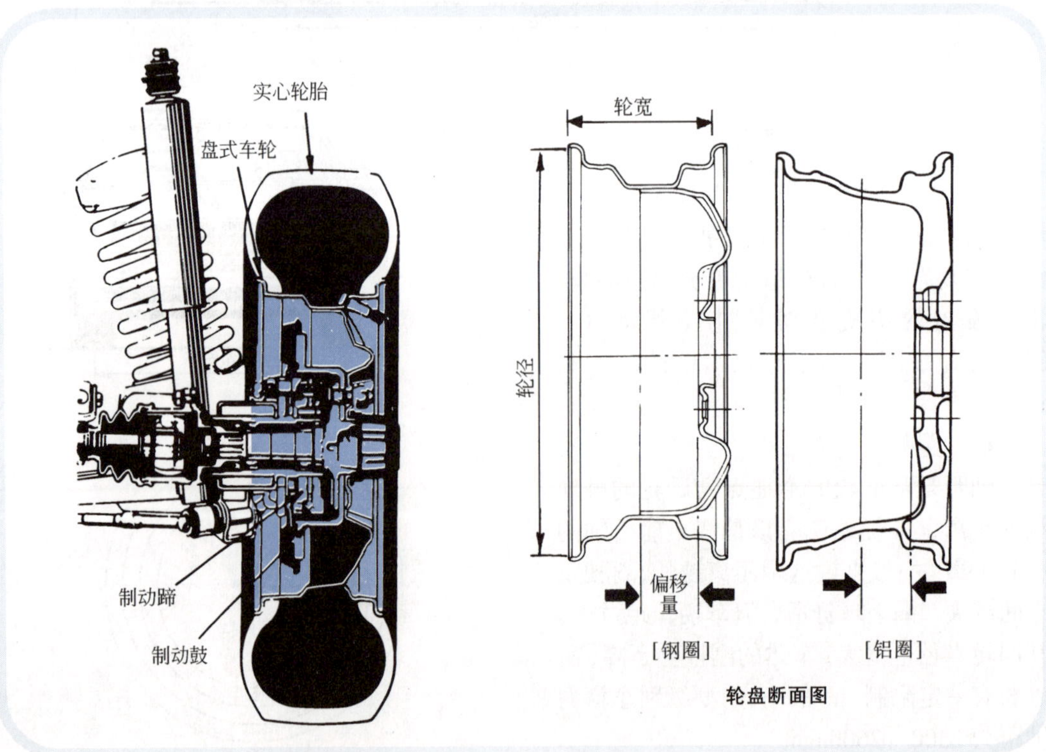

轮盘断面图

轮圈解剖

●轮圈(车圈)的构造

过去一直用辐条制造轮圈，现在，随着车身重量的增大和铸压生产技术进步等，盘式轮圈成为了主流产品，辐条式轮圈只应用在一些轻量跑车和两轮摩托车上。

盘式轮圈的材质一般用钢，最近轿车轮圈广泛应用轻量的铝合金轮圈、镁合金轮圈。这些轻质合金提高了车辆的加速性、乘坐的舒适性、降低了燃油消耗，而且还起到了美观作用。

轮圈中心有心轴（车轴），它用滚柱轴承或球轴承支撑，盘式轮圈的内侧安装制动装置。

轮胎

轮胎一族

●轿车轮胎结构

说到轮胎的结构，首先想到它外侧有一层坚固厚实的橡胶。但要用它与地面接触部分支撑车辆的质量，承受高速行驶时地面带来的冲击与摩擦，还要将其加厚。在前进、转向、停止时，为了牢固地抓住地面，还要在胎面刻上各种花纹。

轮胎内侧有称为缓冲层或者带束层的帘线层。缓冲层主要用在斜纹轮胎上。带束层是加在子午线轮胎和带束斜纹轮胎上，以增强骨架强度，使其达到“箍圈效果”（桶箍的意思）。

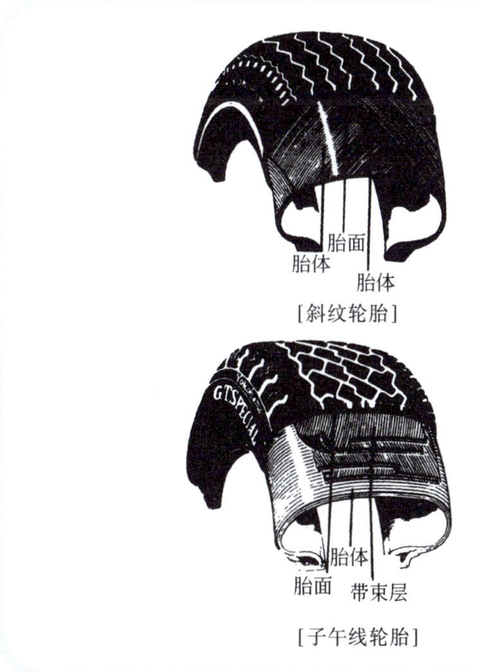

[斜纹轮胎]

[子午线轮胎]

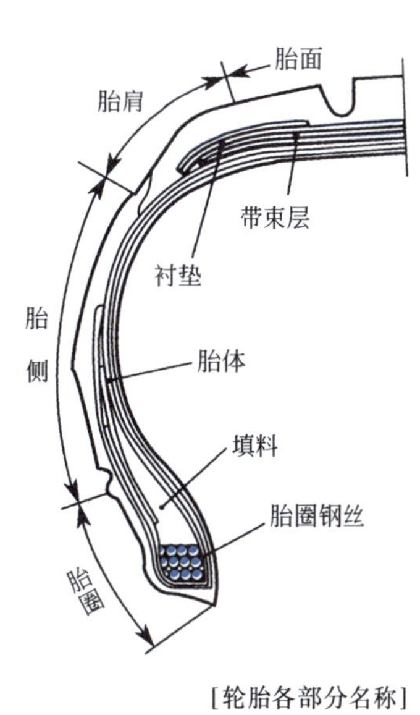

[轮胎各部分名称]

在内侧还有形成轮胎骨架的胎体和胎圈部分。胎体为了承受由路面带来的各种冲击，由称为帘线布的纵丝与100%尼龙织布多层重合，将其浸入橡胶压制成形。根据重叠的层数分为4帘布层和5帘布层。

而与帘线方向斜交的称为斜纹轮胎，按放射状排列的称为子午线轮胎。胎圈部分用帘布层包着钢丝，使它能紧紧地嵌入轮圈上将轮胎固定。轮胎内部是实心的，实心轮胎有被称为气密层的特殊橡胶层。

●轿车轮胎种类

一般轿车使用的轮胎种类差别较大。有斜纹轮胎、子午线轮胎、带束斜交轮胎3种，但无一例外的都是实心轮胎。此外由于季节或地理位置不同，为了满足使用要求相应的还有雪地轮胎和防滑轮胎。

[胎面花纹噪音]

轮胎胎面花纹接触地面时，轮胎沟槽中的空气被压缩，在其释放时要发出声响，这就是轮胎的噪声。而胎面的沟槽形状和面积则能改变噪音的频率。速度高时噪声高。胎面花纹形状连续规律性强，噪声也高，所以为防止噪声常将胎面设计成复杂的花纹。

[胎面花纹]

刻在轮胎表面的花纹在确保驱动力的同时，能减小滑动阻力，防止侧滑，除此之外它还具有减小噪声的功用。路上行驶的轮胎以无噪音为首要条件，为此多用“人字形胎面花纹”。当制动时以轮胎接地力为先决条件时用“块状胎面花纹”。在野外行驶时，则重视车辆的驱动力而用“强力型胎面花纹”。无防滑钉轮胎利于在光滑(结冰)路面上行驶。

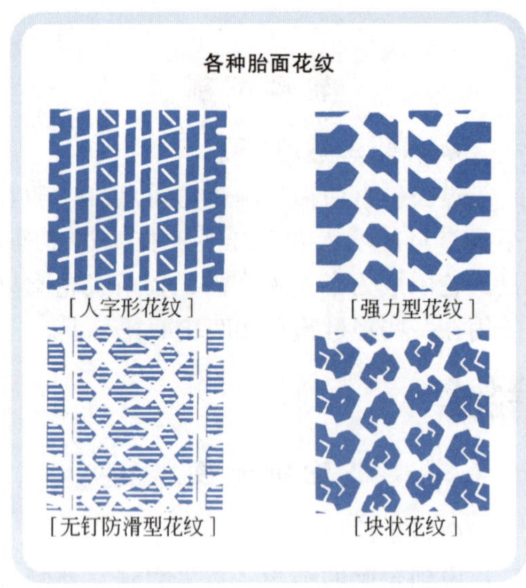

在花纹中，把实际接触部分棱的面积称“陆面积”，沟的部分称“海面积”。两者的比值就可知道沟面积占的比例有多大。一般地说，海面积大的类型抓地性能要好，轮胎接地性强。而块状花纹的刚性好、摩擦损耗小。

●各种轮胎的特性

斜纹轮胎：过去轿车的轮胎几乎都是以此类型为标准装配。在一般条件下行驶没有问题，具有安定性，在沙地上行驶抗横向冲击力较强。

子午线轮胎：轮胎的断面方向即半径方向有一二层呈放射状的帘线层，相对胎冠部10°~20°的角度像圆箍一样卷着带束层，胎体帘线使用的是聚脂树脂、人造纤维或尼龙，圆箍用的是人造纤维、聚脂树脂等弹性小、刚度大的纤维（纤维带束子午线）和碳素钢的径向钢(胎体)。

子午线轮胎的特性是，在防滑阻力小的前提下，曲线行驶不易侧滑，行驶时发热少具有(用于体育比赛)运动性。

最初它只是装备在赛车上，由于与无噪声相比对地的接触性能越来越受到重视，随着对汽车性能要求的提高，一般车辆上也将它作为标准装配或选装。

束带斜纹轮胎：介于斜纹轮胎和子午线轮胎之间，它是在欧洲发展起来。与子午线轮胎展开了竞争。美国首倡用原来斜纹轮胎生产设备生产束带斜纹轮胎。它的构造是在斜纹轮胎构造的胎面上加上比其低 8°~10°角的皮带(材料是人造纤维、聚脂树脂或纤维板等)。

实心轮胎：1947 年在美国研制出，现在是轿车上应用最多的轮胎。用称为气密层的特殊橡胶层代替内胎。另外，胎圈底部使用了防止气体泄漏的材料。胎径处设置筒仓，空气的气门直接固定在轮辋上。

实心轮胎的特点是，因无内胎而重量轻，即使被铁钉刺破，气体也难以泄漏，即使胎压下降，轮胎也难以从轮辋上脱落下来。而且被铁钉刺破后在外部就可以进行应急修理。

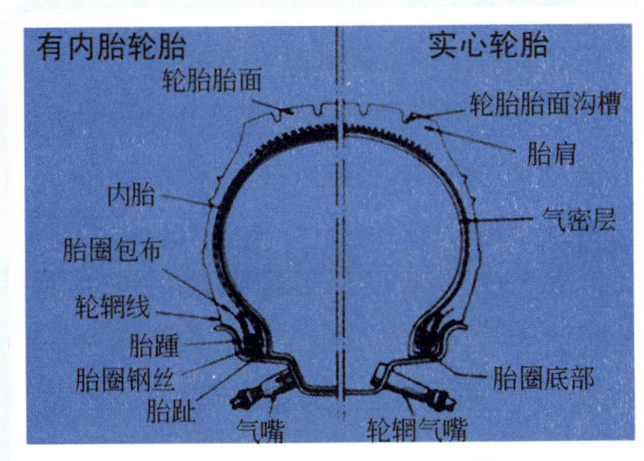

[有内胎轮胎与实心轮胎比较]

轮胎的表示

●轮胎的表示与称呼

汽车轮胎的基本表示方法除了轮胎宽度和轮辋直径外，还有构造和最高速度。但因为构造形状的多样化，加上在欧洲和美国各自独立称呼，所以变得非常复杂。

轮胎尺寸是指轮胎宽度和车轮的轮辋直径，对于斜纹轮胎用英寸表示，只有子午线轮胎的胎宽用 mm 表示。此外近年来对宽轮胎加了一个称之为扁平率的参数。

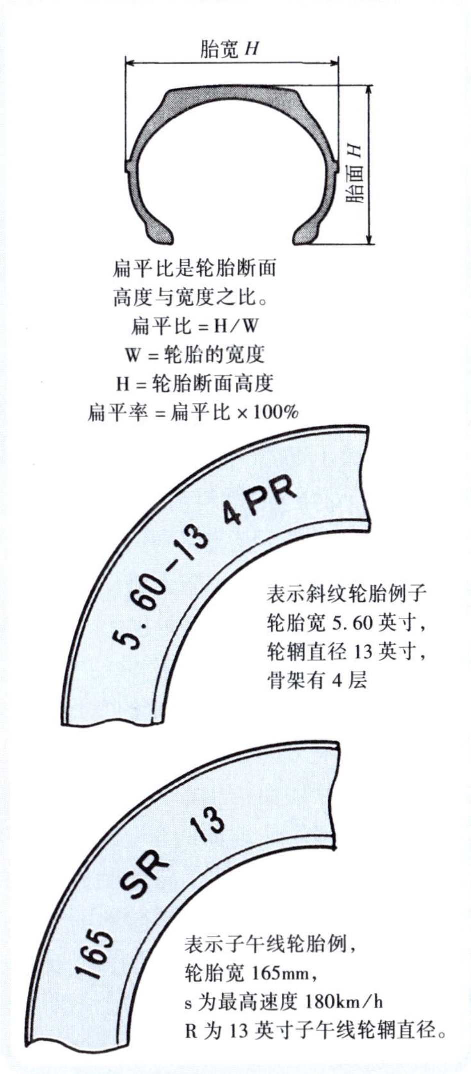

具体地表示如下，如斜纹轮胎的“6.45－14”表示，轮胎的宽度为6.45英寸，轮胎的内径(车轮轮辋的直径)是14英寸。子午线轮胎的185表示，轮胎的宽度为185mm，扁平率是“70”、“78”数值是，说的是相对轮胎宽度为100mm时高度为70mm，即用相对高度（轮胎高/轮胎宽）70%或78%表示扁平率。“R”是子午线轮胎的简称。

“4PR”中的PR是帘布层参数的简称。表示胎体中有4条帘线。

另外“S”是速度的意思，表示高速，180km/h是安全行驶的速度。这是一个大致的标准，它是根据车的负荷和大气压状况而改变的。

特殊轮胎

●雪地轮胎

在雪地上行驶时为了防滑一般采用在轮胎上缠上防滑链的方法。但防滑链装卸不方便，对乘坐、燃料消耗、轮胎的磨损等都不利。另外，因雪路与一般道路有断续，不便自始至终使用防滑链。因此开发了雪地轮胎。它的胎面突起大，花纹也深。所以不论是对下雪时松软的雪地，还是对结冻只要不是表面结冰的雪地，不管多大的雪都有效果。雪地轮胎的原理是，进入汽车轮胎胎面沟中的雪，由于车体重力的作用能够咬住地面的雪，使轮胎不至于空转。在汽车前行时，轮胎胎面沟中的雪，在它离开地面时由于轮胎胎面的变形要恢复原状和轮胎产生的热量而被挤压出来。如此反复进行，胎面就会不断咬合新雪。因为这种特性，胎面的凸纹要做的稍微软一些。

●无防滑钉轮胎

雪地轮胎适合于在雪地上行驶，但在冻结光滑的路面上行驶很不利。考虑到即使是结冰道路也要行驶。则在雪地轮胎的胎面上打上铆钉，即为带防滑钉轮胎。但是带防滑钉轮胎在雪地和无冰的摊铺路面上行驶时，会削掉路面的沥青或混凝土而引起公共设施损坏，所以被禁止。为此就在橡胶胎面和胎面花纹上下工夫而开发出无防滑钉轮胎。

●漏气保用轮胎

它是一种即使被扎破，也照样能行驶的轮胎。例如邓禄普的狄纳泊轮胎，即使被扎破使空气放掉，它照样能以时速80～160km/h的速度行驶。

工作原理，在它的外侧和侧面的使用很厚的橡胶，它有轮胎不能从胎圈上脱落下来的特殊构造。轮胎的里面又涂敷了润滑剂防止了摩擦生热。

●折叠式轮胎

它是美国开发的省空间轮胎。不用说安装在有大型轮胎的美国产汽车上，它还最适用那些行李箱较小的运动型汽车，作为备胎使用。

其构造是，以有2帘布层的斜纹轮胎装在标准轮辋上，因为是折叠的轮胎，所以它所占间只为一般轮胎的1/2。使用时，用空气压缩机或专用的气泵将空气注入轮胎内。它在80km/h以下可以安全使用。但胎面花纹的沟的深度只是通常轮胎的一半。使用后放掉气又能恢复到原来的形状。高压的容器也能使用多次非常方便。

●T 型备胎

它是美国开发的备胎专用轮胎。在幅宽4英寸（约9.8cm）的窄轮辋上，组装成构造断面形状扁平的小轮胎。使用时要充入平常轮胎2倍的气压，收回时轮胎体积为正常轮胎的1/2。它在80km/h以下可安全使用。

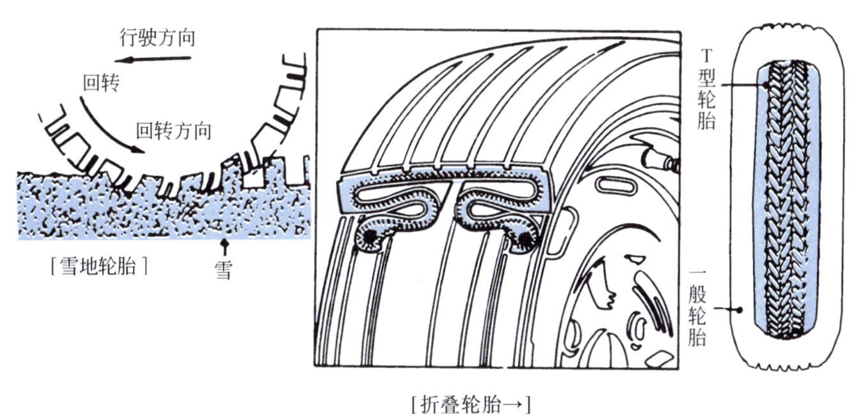

［折叠轮胎→］

制动器的构造与种类

制动力学

汽车运动的能量因摩擦而转换成热能并排放到大气中去，这就是制动的结果。大体上可分为脚制动器和手制动器。脚制动器进一步可分为鼓式制动器和盘式制动器。脚制动器是用脚踩踏制动，如踩制动踏板，油压就均匀地作用在4个车轮上使汽车停止下来。手制动器是用手制动，也称为驻车制动。它是一种为了使停止的车辆不动，用操纵杆通过钢丝，使2个后轮或2个前轮制动而保证可靠驻停的装置。那么，下面先介绍脚制动器中的鼓式制动器。

●鼓式制动器的构造与作用

鼓式制动器的工作原理是，踩制动踏板时液压油先被压进与4个车轮相连的油管制动管中，接着液压油作用于制动鼓内侧的制动蹄上，使制动衬片（摩擦材料）外张（抱紧制动鼓）。由于摩擦力而使汽车停止下来。松开制动踏板时，则油压降低。蹄片在弹簧力的作用下回到原来的位置，解开车轮的锁止。

推开制动蹄的是制动分泵的活塞。按蹄片张开时的支点位置、制动分泵的构造和位置的不同分为双向自增力式制动、单向加力式制动、主导（自紧）制动、从动制动、双制动等，它们都具有自己的特点。与后面介绍的盘式制动器等安装在前、后轮上而实现制动。下面介绍了各类制动器的工作原理。

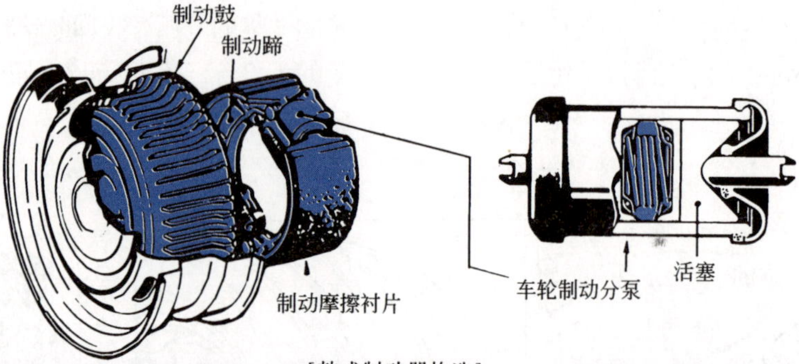

[鼓式制动器构造]

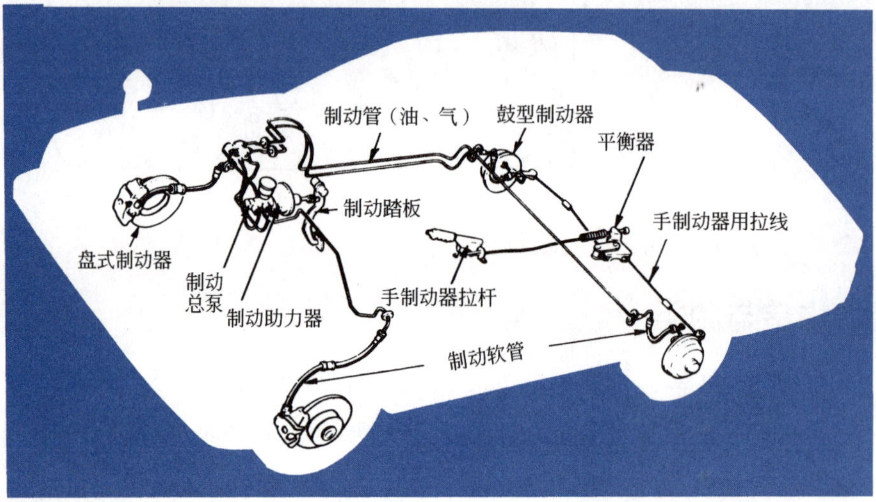

主导与从动制动:在前后侧都有制动蹄,前侧的称为主导制动蹄,后侧的称为从动制动蹄。这种类型,当制动分泵的活塞推动两制动蹄时,蹄片的上部以其下部的轴销为支点(轴)向两侧张开。此时,前侧蹄片与制动鼓壁面一接触就要与制动鼓一同旋转。受支点的阻碍,蹄片呈现被制动鼓吸上去的趋势而增加了摩擦力,称之为“随动效果(比自己的力大1倍)”,这一侧的制动力大增。

可是另一侧的制动蹄,制动鼓相反像弹簧一样使其要恢复原形,摩擦力减小,制动效果差。

上述的制动作用,在汽车倒车产生制动力时情况恰恰相反。这种制动方式比较简单是一种大众型的制动。

单向加力式:主导制动蹄和从动制动蹄用连杆(不固定死)连接,制动分泵后

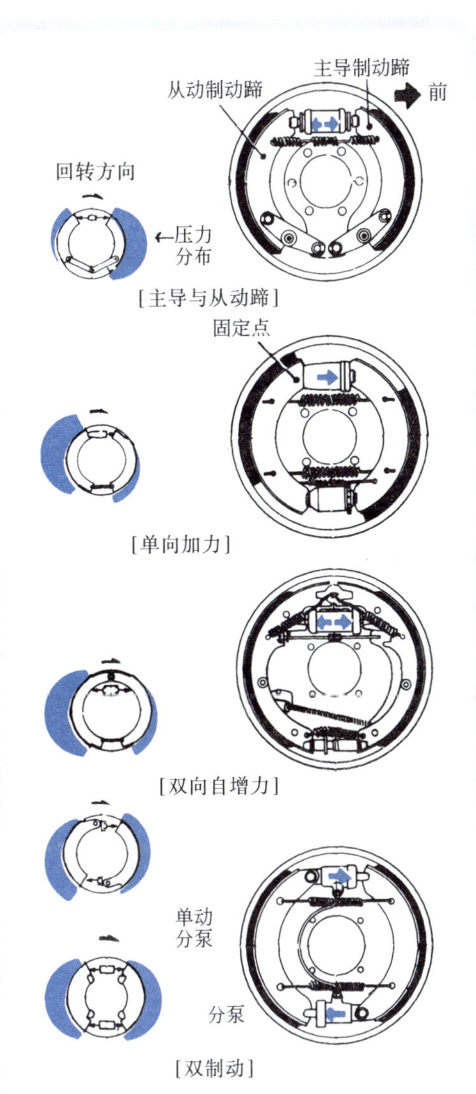

[主导与从动蹄]

[单向加力]

[双向自增力]

[双制动]

部某个位置有固定销。制动分泵只向前方推动活塞，制动蹄因与之随动而完全张紧。可是在倒车时情况恰恰相反，制动效果差。

双向自增力式：它是在改进了单向加力式制动器的基础上制造的，制动分泵向左右两侧推压制动蹄，下侧只用连杆连接。它集成了前面两种制动器的的优点。无论是前进还是倒车制动效果良好。

双制动：有2个制动分泵。前后配置的主导、从动制动蹄，它们都与制动分泵随动。倒车时也因有2个制动分泵，制动蹄能强力张紧。

精密的调整

●制动间隙自动调解器

制动器摩擦片长时间使用会发生磨损，同时与制动鼓间的间隙也增大。制动踏板的自由行程就会增加，制动的响应时间加长，结果造成制动效果变差。这是可以拆开制动器更换摩擦片，但这样做就费时费力了。

因此，在制动器内巧妙安置一个当摩擦片磨损时能自动调整间隙的装置。下面以一个例子说明。

动作1：摩擦片的磨损在规定量以下时

踩制动踏板时，由于制动分泵的作用，制动蹄外张，摩擦片被压在制动鼓上。因为间隙A较大，所以扇形体不受制动蹄压力。这时与一般的制动原理相同。

动作2：摩擦片的磨损超过规定量以上时

摩擦片的磨损过大，由于制动分泵作用，制动蹄外张，此时在B点扇形体受到制动蹄压力而向制动鼓方向移动。同时棘轮的爪部也脱离啮合，它就以扇形体的销轴为中心受$F_B \times L$大的转矩而转动。相反扇形体的爪部就按箭头C所示的方向向下窜一个齿牙回转。

制动完毕，松开制动踏板，因回位弹簧的作用制动蹄就返回到原来的位置。棘轮的爪部在与扇形体向下窜一个齿的位置啮合，弹簧保持这种状态到下一次窜动前。以上就完成了自动调整。在整个调整中，因连杆弹簧支撑着从动制动蹄，所以从动制动

蹄也就随之进行了调整。如摩擦继续磨损，超过规定量就再进行自动调整，如此反复。直到磨损超过了调整范围。

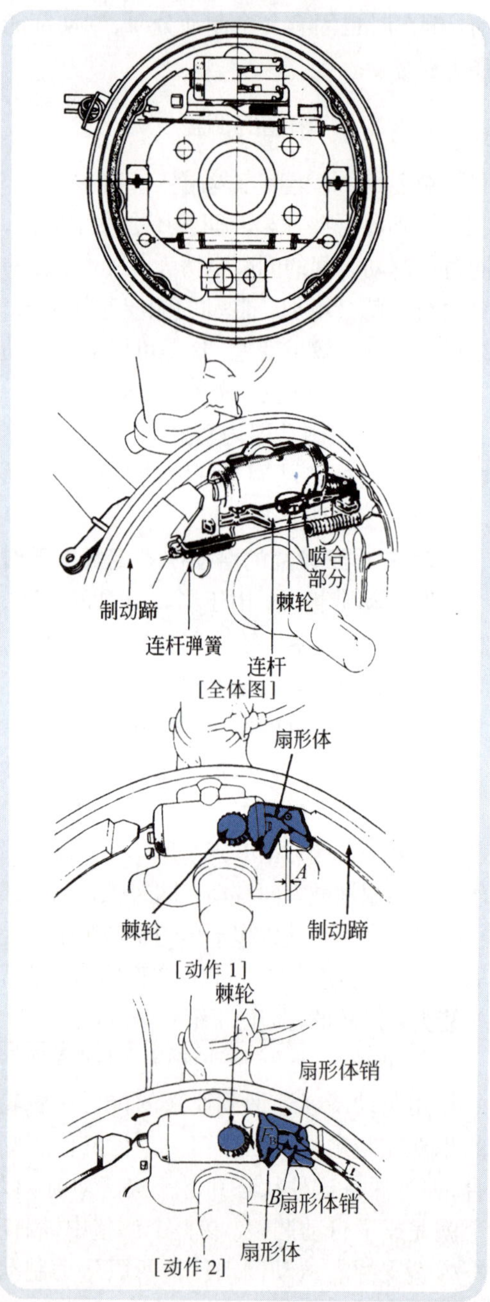

[全体图]
[动作 1]
[动作 2]

●盘式制动器的构造与作用

前述的鼓式制动器是摩擦密闭状态制动鼓的内圆周面。它在连续制动时会产生热膨胀，使其与摩擦片间的间隙增大而降低制动效果。另外，由于摩擦片表面的温度降低也会使摩擦力下降，我们称之为衰减现象。还有在车辆通过积水的地方时，制动鼓容易沾上水而使摩擦力下降，要将制动鼓干燥也需要一定的时间。

盘式制动器就克服这些缺点。制动盘与车轮平行放置，在制动盘两侧有压着它使它停止回转的机构、使它的摩擦块动作的油压机构及油管（软管）等。与鼓式制动器工作相同，踩制动踏板时，压力油推动活塞，制动盘摩擦块夹住制动盘。

脚离开制动踏板时，制动盘摩擦块在弹簧力的作用下松开。制动盘上产生的摩擦热因制动盘的回转而冷却。制动盘摩擦块部分不是密闭的，所以不储存热量。这样即使连续制动也不发生衰减现象，热膨胀是向四周的，制动盘摩擦块与制动盘间隙不增大。

●通风盘式制动器

制动盘有两个呈放射形的通气孔，空气在离心力的作用下在通气孔中流动，因此使制动盘冷却。

●浮动活塞式

使制动盘摩擦块压住一个活塞，制动钳也压着活塞并因反力作用而相互作用，同时对制动盘摩擦块的另一侧也施加压力。构造简单合理。也称为浮动制动钳式制动器。

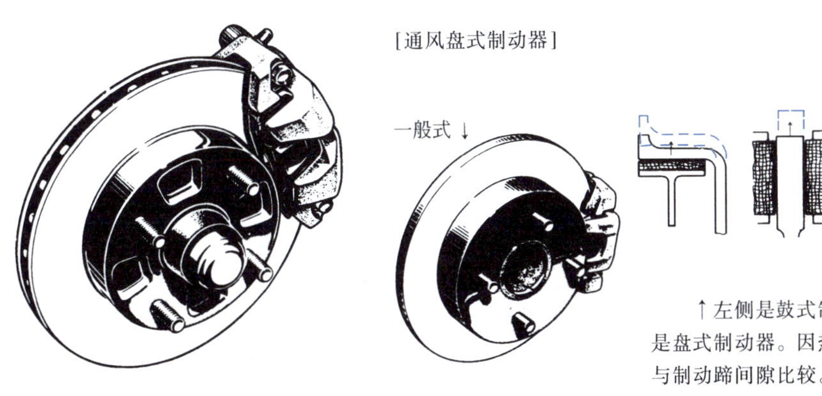

↑左侧是鼓式制动器，右侧是盘式制动器。因热膨胀而进行与制动蹄间隙比较。由图可见对盘式制动器没有影响。

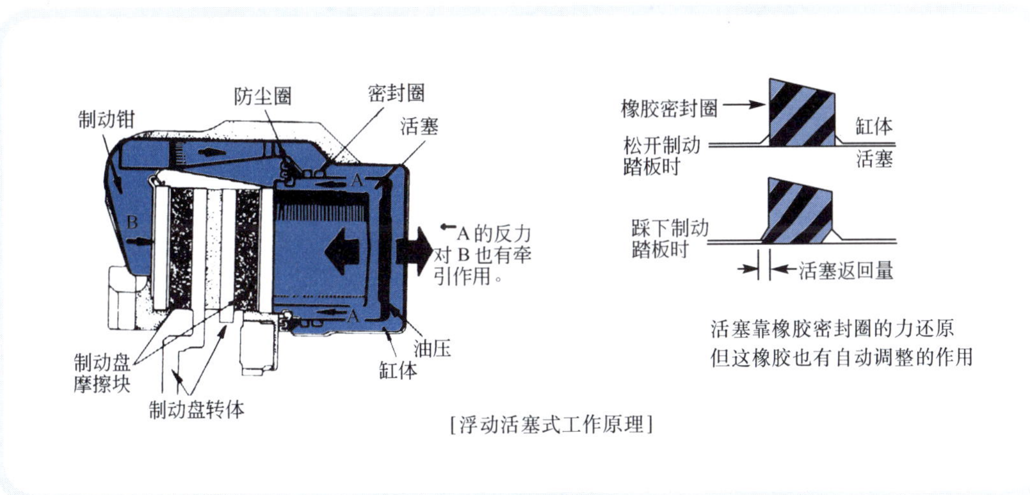

[浮动活塞式工作原理]

防抱死制动装置

紧急制动时，车轮有时要失去方向性而产生侧滑，这是因为车辆在高速行驶时车轮完全抱死而产生的现象。当路面与轮胎滑动超过20%时，制动相反要松一些，才能得到良好的制动效果。如轮胎完全锁死并不是最好。虽然这么说，但是在紧急制动时，发生侧滑的瞬间用人的脚来控制踏板的深浅（行程）是不可能的。所以这个瞬间需要能自动调整的防抱死制动装置。

●ABS

ABS是防抱死制动系统的简称，是车轮不锁死（防抱死）制动的系统。在容易滑动的路面上，驾驶人猛力地踩制动踏板时车轮抱死，但制动信号被在控制装置中的车轮传感器采集并传给电脑。电脑发出指令通过调节器调低制动器的油压，制动器压力下降，车轮则开始回转。这种作用反复进行，以得到最大的制动力。

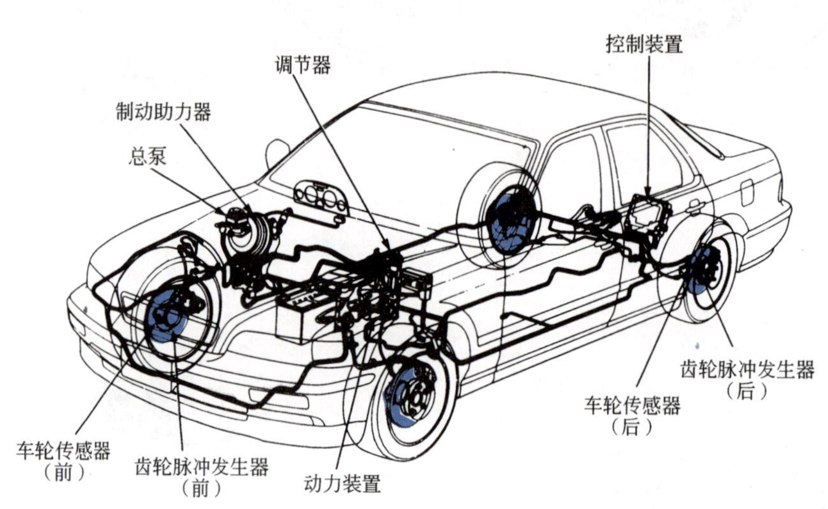

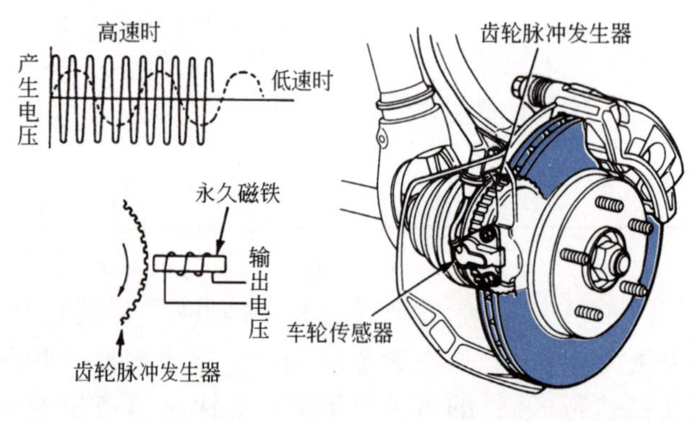

ABS原理，电脑判断制动的松紧是根据车轮传感器发出的车轮回转信号，当与车轮一起回转的齿轮脉冲信号发生器的突起部位横切传感器的磁力线时，电压（传感器感应电压）就发生变化。利用它的频率随车轮的转速变化的原理，测出车轮的转速。

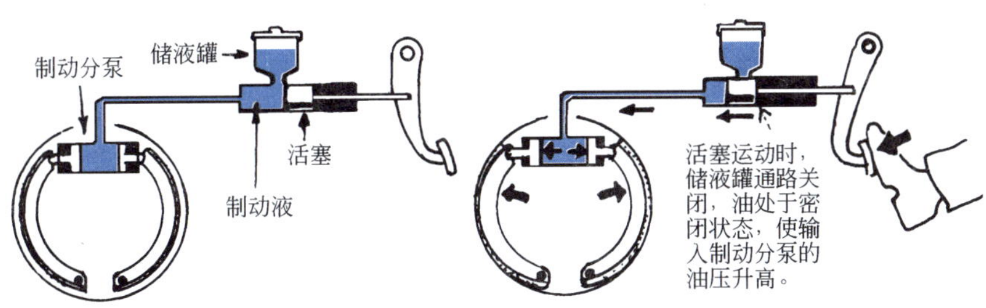

[制动总泵与制动作用]

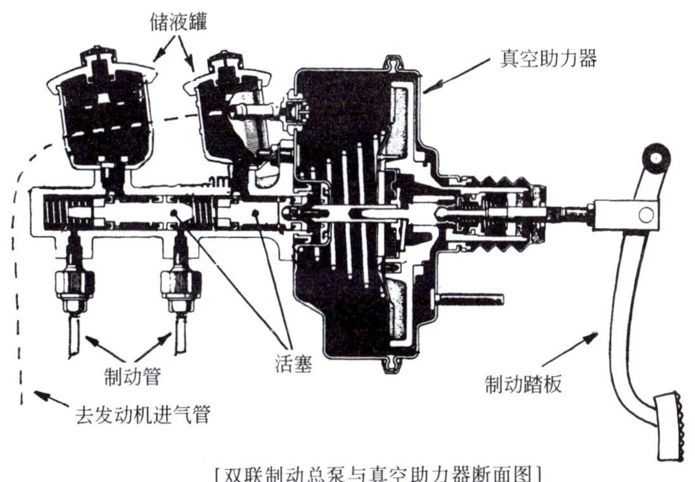

[双联制动总泵与真空助力器断面图]

制动总泵/真空助力器

它是贮存制动液，同时又是产生油压的装置，一般放置在发动机室内。它包括双系统式双联制动总泵（从外部看是一个，内部是分开的）。后边相连的是利用发动机的进气压力助力的真空助力器，再其后连的是制动踏板。

制动总泵上部有贮液罐，下面是水平放置的活塞，它与制动踏板相连的连杆相连，踩制动踏板时，活塞克服弹簧力而移动。此时，贮液罐的油路被关闭。软管管路里的液压油则产生一定压力的，这个压力传递给各制动装置就起到了制动作用。如松开制动踏板，则在弹簧力的作用下各制动装置恢复到原来的位置。

以上是制动总泵的工作原理，因为光靠人的脚的踩踏力不能获得更大的制动力。所以利用上发动机的进气压力，通过膜片产生增压而作用推杆。这样就将人脚的踩踏力扩大到原来力的几倍。轻轻踩一下（制动踏板）就能产生制动的效果。

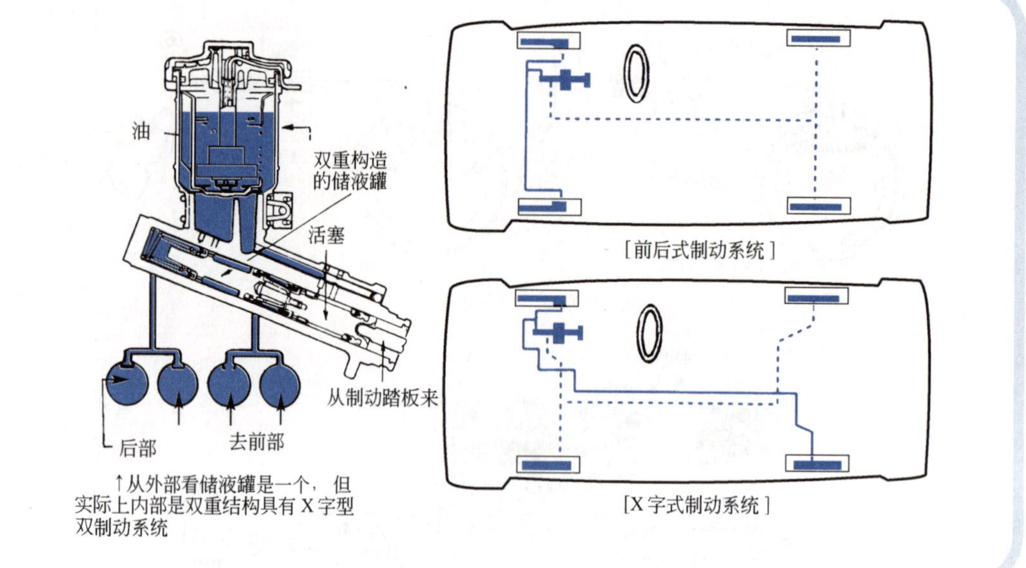

[前后式制动系统]

[X 字式制动系统]

●双系统式制动器

从安全上考虑，4 轮车的制动系统采用双系统，当一侧系统管路出现破损时，仍然可以安全制动停车。如右上图有两种类型，第一种，前轮和后轮系统是分开的，结构简单，但无论单用哪一个系统，在紧急制动时都多少有点难度。与此相比，X 字式配管方式就具有明显的优势，右前轮和左后轮为一个系统，左前轮和右后轮为一个系统，当只用 1 个系统紧急制动时，停车的直线性好。这种配管方式又称十字型或对角型。

●手动制动器

手动制动器也叫驻车制动器，一般将手动操纵杆向后一拉，拉线就会将车的左、右后轮（FF 车也有前轮的）锁止，（用小的操纵杆拉制动蹄），此时棘爪被有效的卡紧而锁止。释放时，按下手动操纵杆上的按钮，棘爪就从槽轮上松开。另外也有脚踏的方式，踏一下就松开。

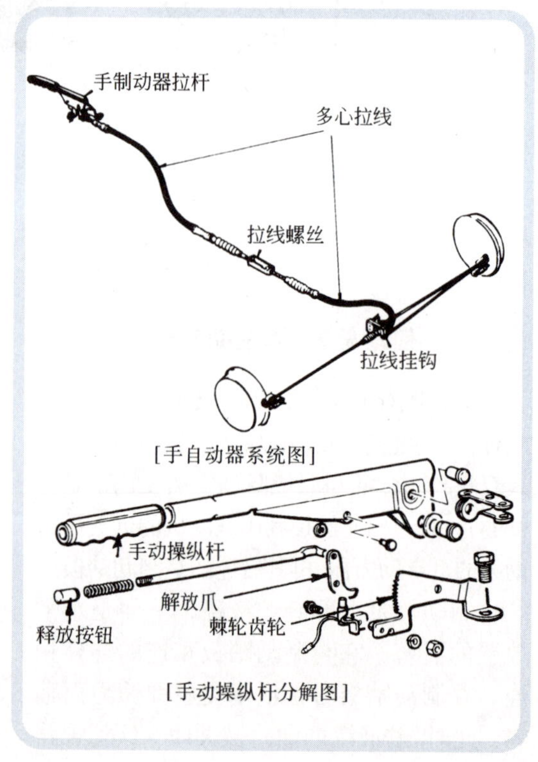

[手自动器系统图]

[手动操纵杆分解图]

转向装置

精巧的转向装置

4 轮车在转向时，所有的车轮回转路径都是同心圆，为了保证车轮平稳回转不滑动，在两个转向的前轮中，通常在转向时内侧车轮的转向角比外侧的转向角按一定比例大一些。

把能实现上述动作的转向装置，称为“阿卡曼机构”（它由入籍英国的德国人阿卡曼发明，而法国人金特卡尔斯也用同样方法设计了该机构，所以也称“阿卡曼·金特机构”）。

其结构原理如右图所示，当方向盘左右回转驱动与前轴线的横拉杆平行时，左右转向臂的张角就能消除横拉杆倾斜，而由左右臂的转角和车轮的关系就可确定转向偏差。

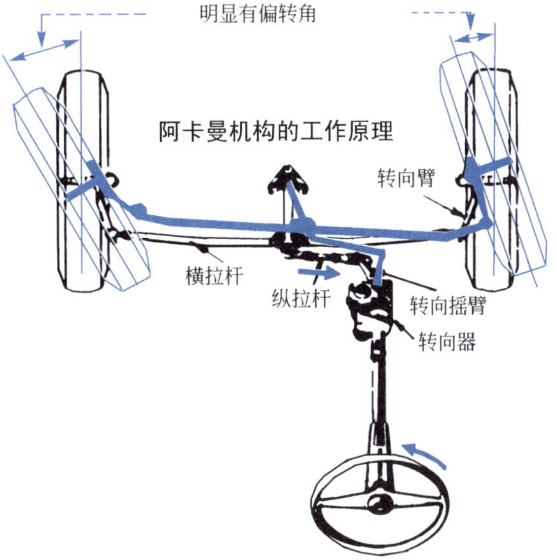

阿卡曼机构的工作原理

明显有偏转角

转向臂

横拉杆

纵拉杆

转向摇臂

转向器

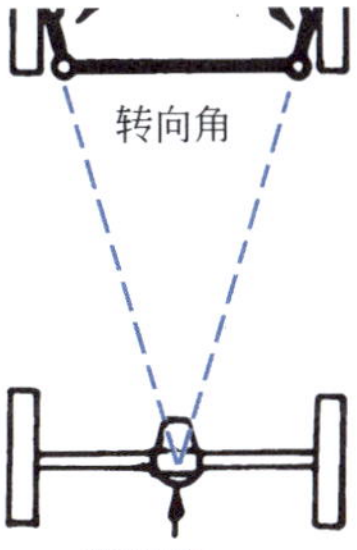

转向角

差速器

[转向臂角]

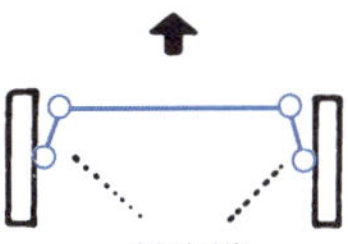

FRONT

转向臂

[横拉杆在前]

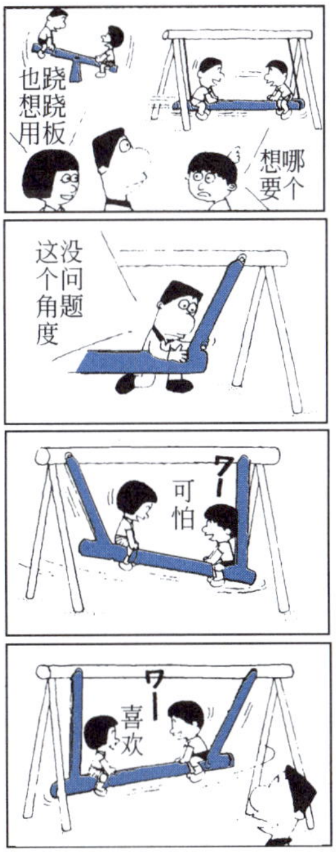

也跷想跷用板

想哪要个

这没个问角题度

可怕

喜欢

[阿卡曼机构原理]

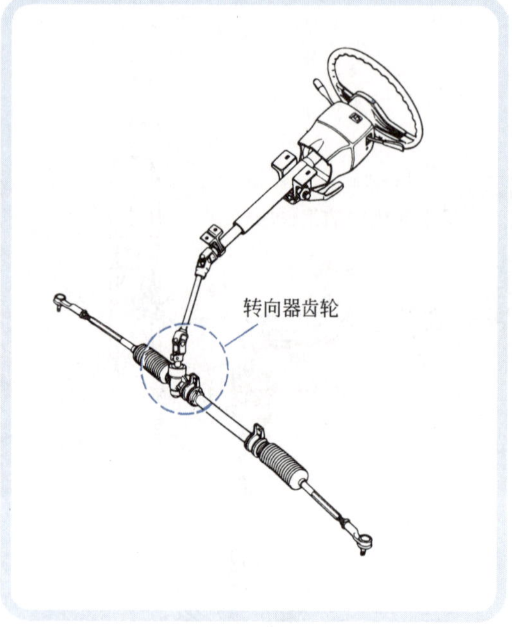

●转向器齿轮

轻松的操纵转向盘就能使转向盘的回转运动转变为横拉杆的往复运动，这就是减速装置，转向盘的转角与转向摇臂的摆角之比，就是小齿轮的减速比，这个减速比又称转向器齿轮系数。

转向器齿轮有多种类型，如右图所示，其中构造简单，部件完整的齿轮齿条传动（简称齿轮齿条），是现在的主流产品。循环球式是在螺纹接触面内放入多个钢球，使操作轻松，但构造变得复杂。扇形式也是最基本的类型。

可变速比是指操纵转向时的齿轮比是可变化的，转向齿轮越靠近外侧，齿距就越小，即直行时减速比最小，转向盘操纵灵活，车辆进库时等能轻松地将转向盘转角转到最大。转向齿轮有齿轮齿条型，也有扇形，此外还有内置传感速度扭力杆的可变机构。

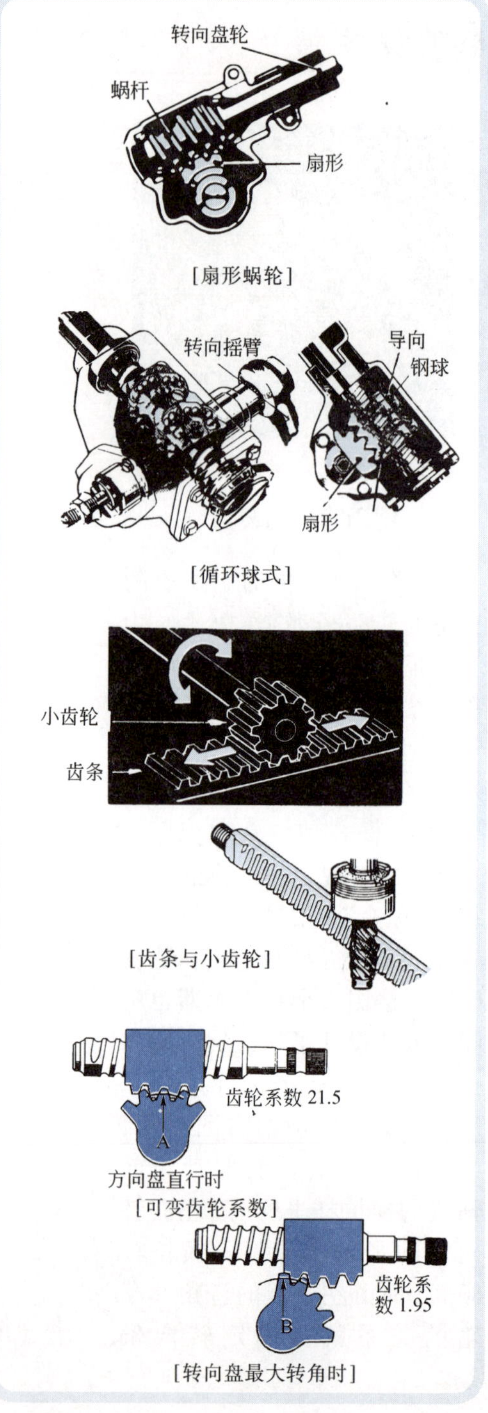

[扇形蜗轮]

[循环球式]

[齿条与小齿轮]

[可变齿轮系数]

[转向盘最大转角时]

[转速感应动力转向器]

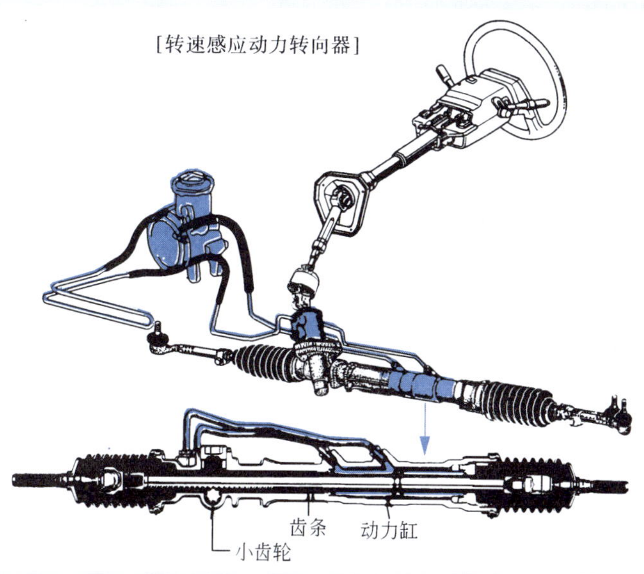

动力转向器的构造与工作原理

动力转向器，是一种将人的较小转向操作力转换成较大的转向操纵力的装置。过去它只装备在美国的大型车辆上，近年来，在小型车上也被广泛应用。它不仅使汽车在入库时转向更加轻松，而且在高速行驶时，转向受动力限制并不是很轻松，所以提高了汽车安全性（高速行驶时，如转向很轻，则转向容易过急而造成翻车的危险性）。它的类型有以下 2 种

转速感应型：为适应发动机转速而控制液压油的流量，使低速转向轻松，在某种程度上限制高速时转向，使其在高速时转向不太轻松。

车速适应型：是由车速控制的机构。也能实现汽车在低速时转向轻松，在高速时转向不轻松而提高安全感。

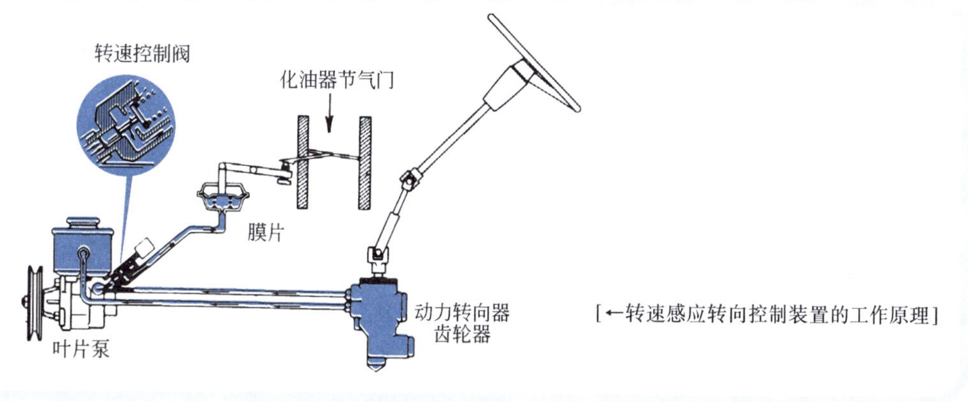

[←转速感应转向控制装置的工作原理]

●转速感应型转向装置工作原理

小型的液压泵由发动机通过皮带驱动，并向活塞杆上带齿条的动力油缸输入液压油来驱动动力缸。动力缸在发动机怠速下工作时，为防止发动机转速过低，可增大液压泵的输出油压，使转速控制阀打开，减速缓冲器就与大气相通了，使节流阀打开。

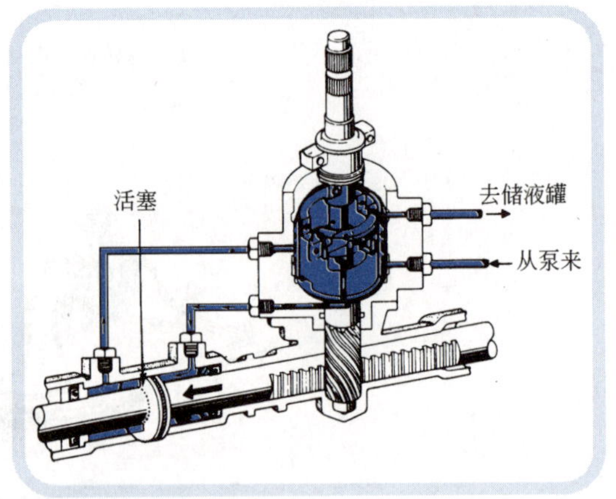

●车速适应型转向装置工作原理

在液压油路上设置了速度传感器，由车速控制的液压泵的油压作用在动力缸的活塞上，动力缸内的齿条与活塞固定在一起。

这种类型的转向装置，在转向柱内嵌入扭力杆(杆形弹簧，扭转时产生阻力和弹簧力)。该扭力杆在低速转向时，几乎不发生扭转。

在高速时扭转角增大，使转向操作稳定。

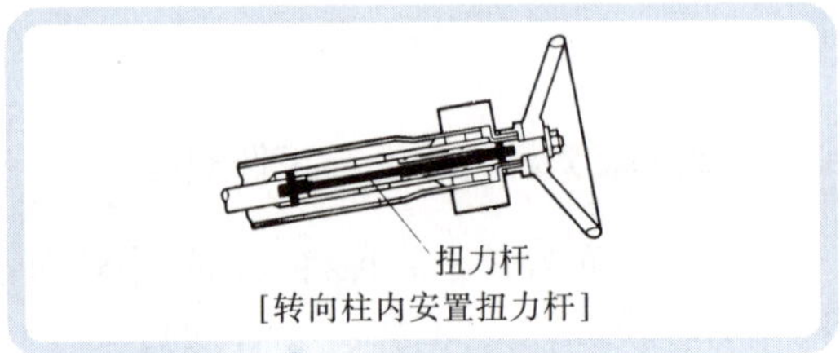

[转向柱内安置扭力杆]

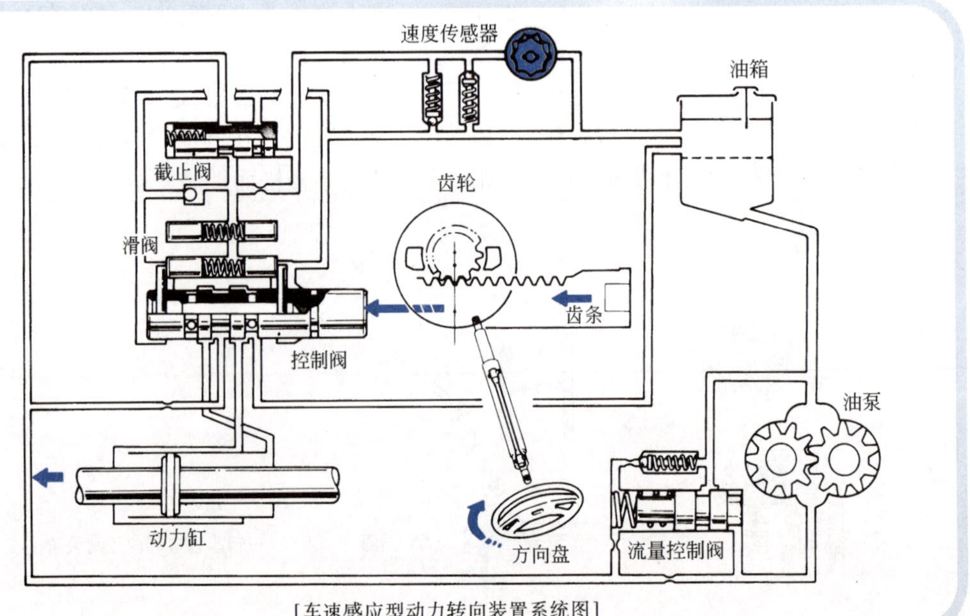

[车速感应型动力转向装置系统图]

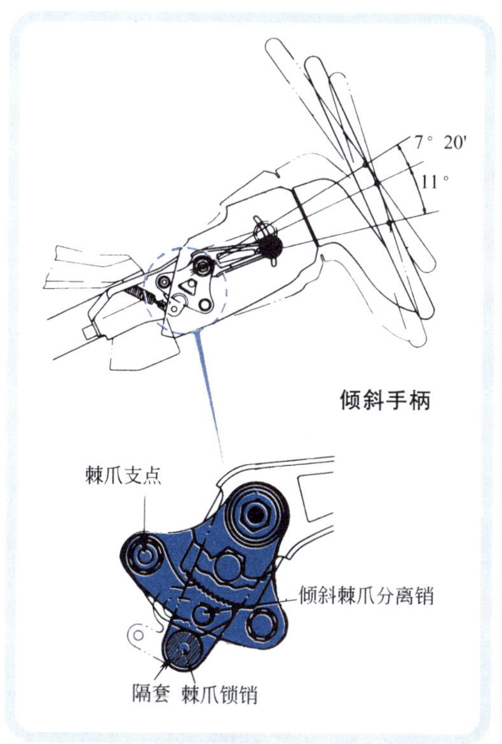

活动转向盘

●倾斜转向盘

它是一种转向盘的角度可根据驾驶人的身体状况进行调整的装置。它在转向柱内有连轴节，以此为中心进行转向盘角度的上下调整。

在倾斜杆的支点中心处有棘轮，它与爪式转向器的齿牙相啮合固定，当向上拉转向盘调整分离锁杆时解除啮合，转向盘就可以自由活动。拉力弹簧的作用是使啮合不发生振动。

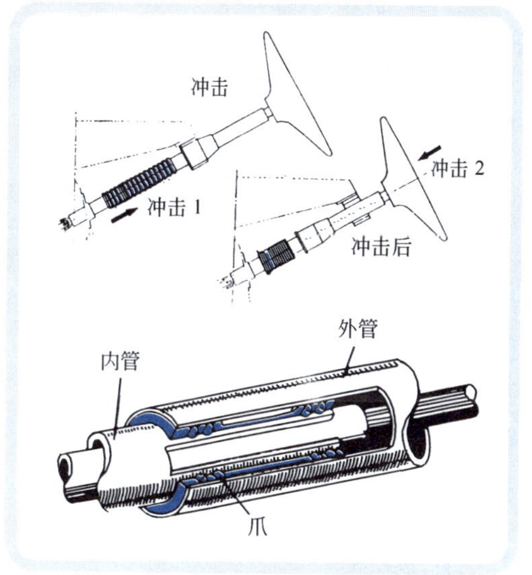

●可收缩转向盘

它是车辆发生碰撞冲击时能吸收冲击的转向盘，其主要结构是，在转向柱内安置能吸收冲击碰撞能量的柱管。它考虑的是车辆发生碰撞时的两次冲击，从前边来的碰撞是第一次冲击，与驾驶人身体的冲撞是第二次冲击而制作的。

吸收冲击转向盘的原始结构如右图所示，它是很简单。近年来为了避免从前边来的冲出，在轴的中间增设了十字连轴节，并使其弯曲一定的角度。结构变复杂了，如右中图所示，在虚线圆中安置了活动钢球，能分散两个方向的冲击等。

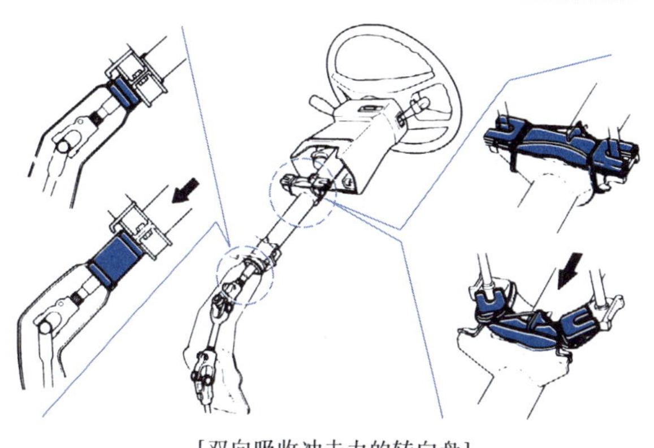

[双向吸收冲击力的转向盘]

旋转特性奇特的现象

当转向角不变并以一定速度回转时，其轨迹应该是一个大小恒定的圆。实际上有多种形式的运动状况，在上述状态下如逐渐加速行驶则表现为以下四种形式。

不足转向：特点是，脱离圆周，运动轨迹的从圆外包络。

过多转向：特点是，与不足转向相反，运动轨迹向内弯曲。

中间转向：特点是，在上述两种转向之间的在圆周上回转。

交变转向特性：特点是，开始是向外包，中途急转向内弯曲。

如不掌握这些转向特性就去驾驶汽车，难免会造成失误。

一般，不足转向可以说成是缓和的转向，最初在较慢的轿车上应用，在急转弯时可以自然修正。

过多转向可以说成是快速转向，除了跑车，这种车的转向因较难控制，并不太受欢迎的。

交变转向只在特殊轿车中应用。

●现象产生原因

那么产生这种现象的原因是什么呢?

首先是因为前后轮偏离角的不同而产生的。

当与前轮偏离角转角相比后轮的偏离角小时，后轮相对于前轮的前进方向要滞后。所以后轮以较大的回转半径回转。

相反，与前轮相比后轮的偏离角大时，后轮相对于前轮的前进方向先要产生侧滑，所以它在小的回转半径上回转。

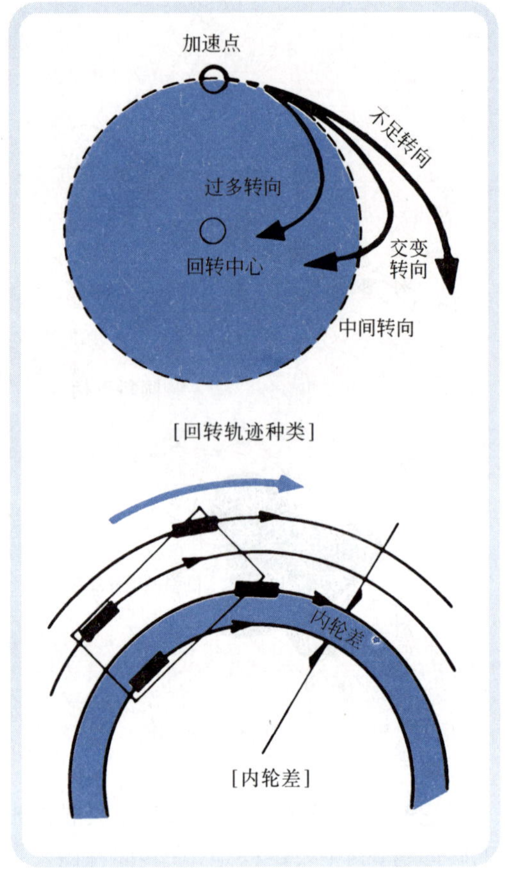

[回转轨迹种类]

[内轮差]

那么为什么不足转向是最理想的方式，这是因为驾驶人在转向时，如回转状况比预想的缓慢时，容易加以调整。如果回转比预想的急时，要想纠正必须向相反方向操纵转向盘，这在心理上会感到与原来设想的相反，容易造成危险。

●内轮差

汽车回转时，如前所述，在4个车轮所行驶的圆周轨迹中，前、后内侧车轮行驶的圆周半径会产生差值。即与前内侧的车轮轨迹相比，后内侧的车轮轨迹在其内侧。而实际上车身外端回转轨迹还在内侧。

[主销后倾角]

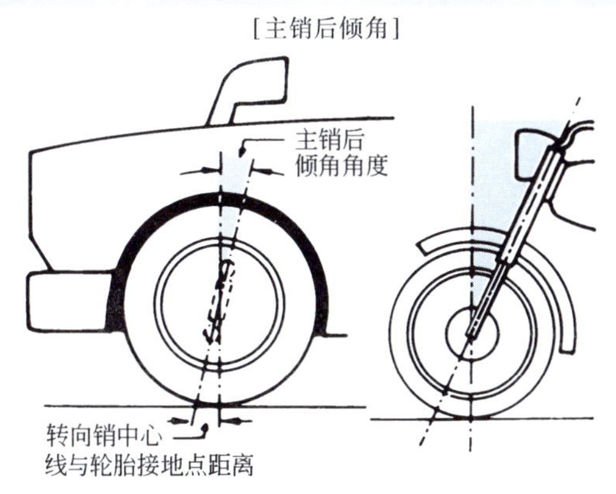

看一下下图所示的在桌子上拉或推铅笔的情况。拉铅笔时，铅笔的后部与桌面摩擦着稳定地前行；推铅笔时则铅笔会产生摇晃。主销后倾角的情况就与此相同。

[车轮外倾]

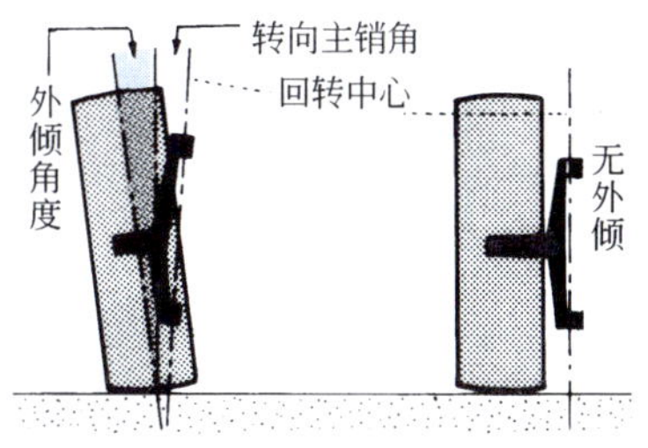

如下图所示，陀螺与圆筒在地面上旋转的情况。陀螺很容易地旋转起来，圆筒则不然。外倾原理就与此相同。

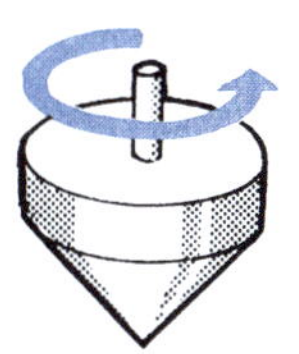

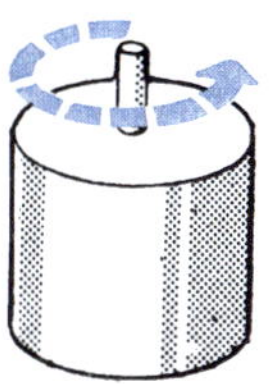

前轮定位

转向的两个前轮，看起来没有什么区别，但被称为前轮定位（车轮系列）应有3大要素。驾驶人这样才能只用手就能让其直行、顺利地转弯、转弯后自然地直行……这些都是前轮的作用。

3个要素就是，**主销后倾角、车轮外倾、前束**。虽然它们的功能不同，但又能综合作用实现上述的转向功能。

●主销后倾角

它是转向主销（现在不使用转向主销，指转向轴线）相对前行方向的倾斜角度。因轴线与路面的交点处于轮胎接地点后侧，由于路面阻力的作用通常使轮胎向前。汽车前轮的变速叉倾斜也是同理，一般角度在1°~2°，用肉眼是看不到的。主销后倾角越大，产生的直行方向的力也越大。转向回位也容易，但操纵也会沉重。

●车轮外倾

车轮外倾是指从前面看车轮，稍微有点向外倾斜。因转向主销有轴线，与此倾斜方向相反。这是转向主销角与外倾角的主要区别。

转向主销中心线的延长线与地面的交点和轮胎接地中心点的距离称为偏置距离（分离距离）。只要有一点偏置距离，转向操作会容易些（转向时停止轮胎的大回转）。结果，车轮外倾给转向操纵带来方便。但实际上汽车的外倾角一般在1°以内。

可是转向主销角的值一般是较大的，可达10°~13°，而外倾角却不能取太大，因为汽车转弯后具有恢复力要使其还原。例如，车轮以倾斜的转向主销中心回转，根据

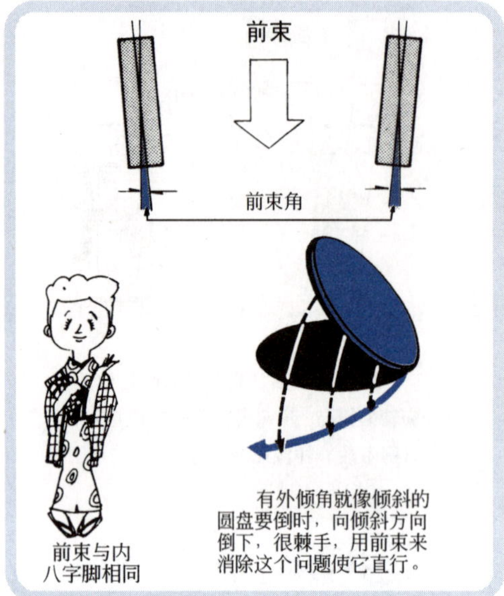

常理车轮的接地部分，有向地下方向恢复的趋势,但实际上这是不可能的。这样只有将车体向上抬起。转向回位时，车重也复原，并指向车轮前进方向。所以转向能正确、顺利地回位(参照右上图)。

●前束

脚尖内侧相对,也就是常说的“内八字脚”。用在这里是指汽车左、右前轮各自向内相对。这种现象用肉眼是看不到的。不仅表示角度而且也表示车轮前后轮距的差值,其值一般为 0 ~ 5mm。

由于某种原因，前述的外倾角抵消了外侧车轮向外的侧滑。

如上所述，外倾角增加了驾驶操作舒适性。但是由于外倾,也使左右的两个前轮有一个向外侧倾倒的趋势。为了防止此现象发生，如先使左右两侧的前轮有一个向内倾斜的角度，则外倾时左右两轮的倾角就正负相抵而直线行驶了。

如图所示，具有外倾角的车体有恢复

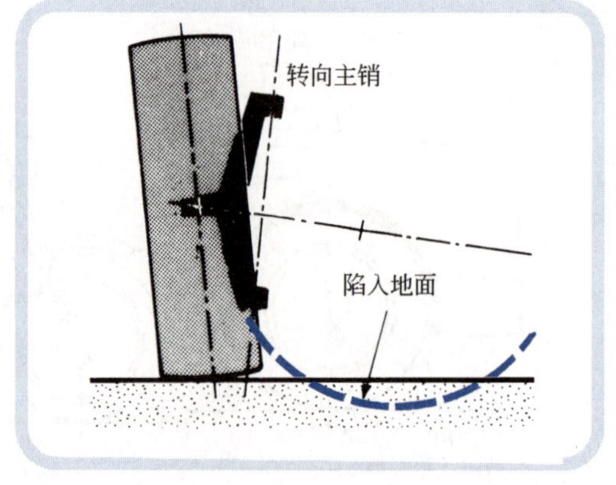

倾斜的作用力。转向主销原本对地是倾斜的,如使车轮绕转向主销的中心回转(转向时)，则车轮接触地的部分按道理说，应按箭头方向所示的方向陷入地面，但实际上它产生了反作用力。反而抬起车体，于是在转向回位时，被抬起车体的重量就变成了使车轮直行前进的力。

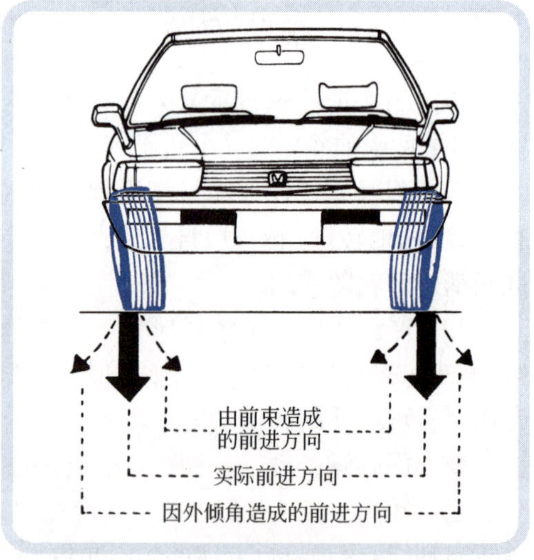

主销后倾角、车轮外倾、前束 3 者相互作用的结果,使车轮顺利地直行。这 3 者用肉眼是看不到的，但 4 轮汽车的前轮都含有这 3 要素。

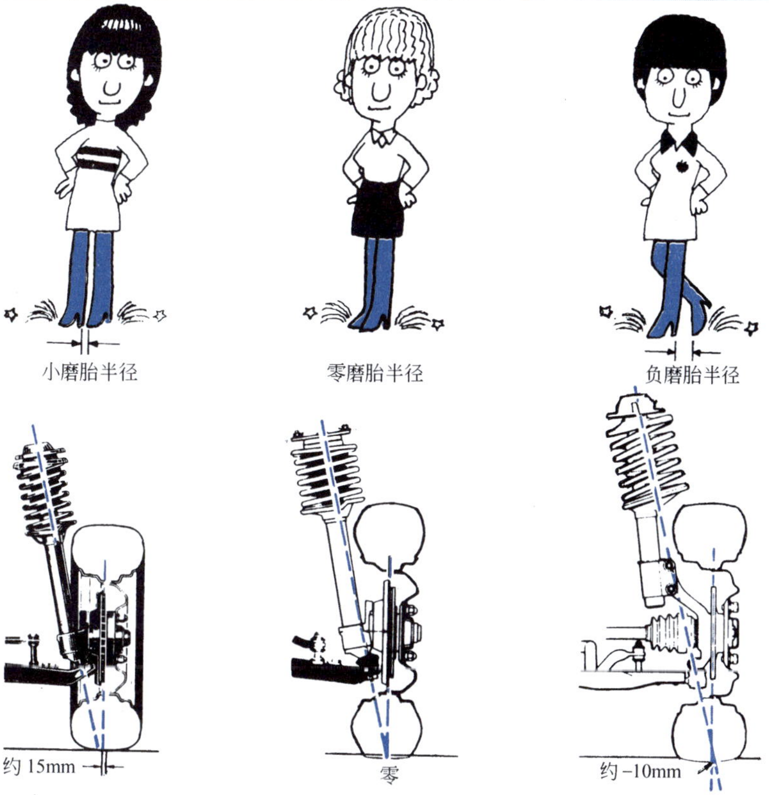

小磨胎半径　零磨胎半径　负磨胎半径

约 15mm　零　约 -10mm

●小磨胎与零磨胎

转向主销轴的延长线与轮胎接触地面的距离称为“磨胎半径”。一般转向主销轴的延长线在内侧，转向时，磨胎半径越大，轮胎对地面的摩擦力越大，转向操作越重。磨胎半径较小时称“小磨胎半径”(约15mm)。磨胎半径为零时转向最轻，称“零磨胎半径”。由此使主销后倾角大些，汽车的直行性好、转向轻便。

●负磨胎半径

转向主销轴的延长线在轮胎接触地面中心外侧时称“负磨胎半径”。FF 车使用这种方式。这种汽车在单面车轮滑移时、被刺破时，车轮都会自动地靠向内侧而停止转向并保持直线行驶。

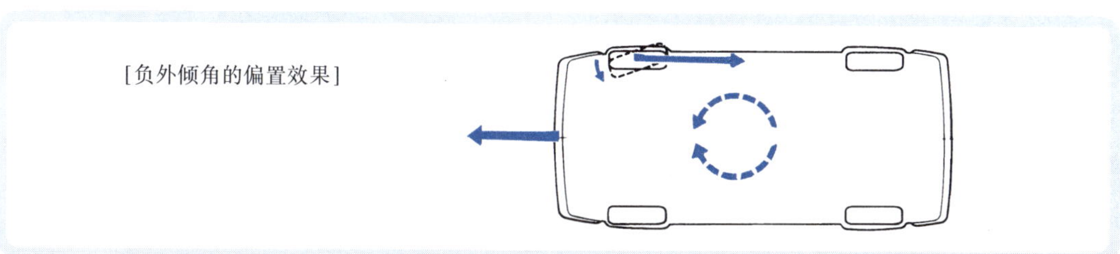

[负外倾角的偏置效果]

悬架

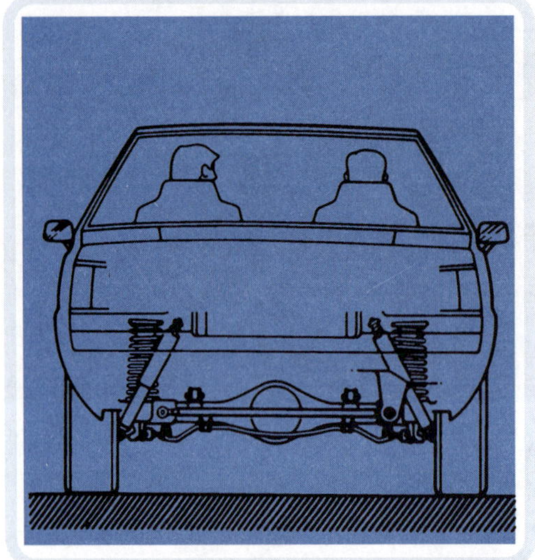

悬架也称悬架系统，它位于车轴与车体之间，使二者结合，起到吸收路面的冲击、提高乘坐的舒适性的作用。在汽车总成中有诸多种类悬架是不常见的。

简单地划分，有前轮用和后轮用悬架。但近年来也有前、后轮使用同类型的悬架，它们并没有什么明显的界限。但不论哪种悬架，其主要结构都是由螺旋弹簧和能适当抑制振动的减振器这两部分构成的。那么，首先看一下前轮悬架。

前悬架

前悬架一般都独立地安装在左右车轮上，所以又称之为独立悬架。它大体上分为麦弗逊柱式（独立）悬架（简称麦弗逊式）和双摇臂式 2 种。也有空气弹簧式和横置的钢板弹簧式，但现在用的很少了。

●烛式

它的工作原理类似于加粗、加长的转向主销。其上端固定在车身上，像前面所讲的，主销后倾角和转向主销角度就由此调节。构造上是，在粗螺纹弹簧内安装与之一体的油压减振器，将它安装在与车轴平行的下横摆臂上。

悬架……冲击的世界

其特点是，构造简单、质量轻、体积小，运动行程长。是现在轿车应用的最主要形式。当路面的振动使车轮产生向上冲击时，由于下臂的摆动，车轮会稍微向外摆动，使轮距发生变化。而外倾则几乎没有变化，且对横向载荷有较强的刚性，驾驶性能也不受影响。

但是在紧急制动时，由于车体的侧倾，车轮也侧倾。所以会产生不足转向。且弹簧越软，其侧倾越大。

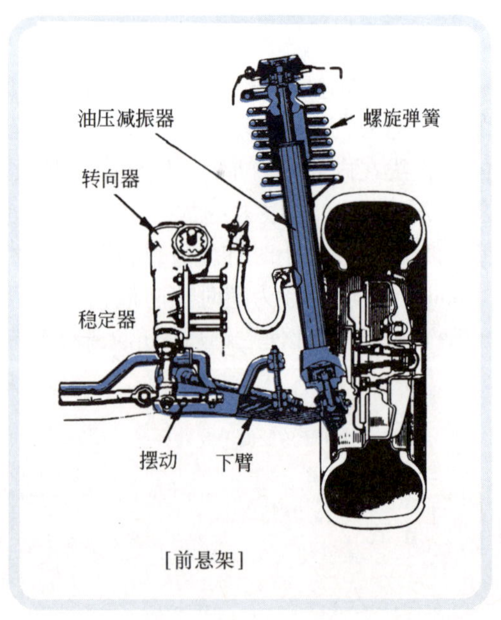

［前悬架］

（独立悬架的）双摇臂

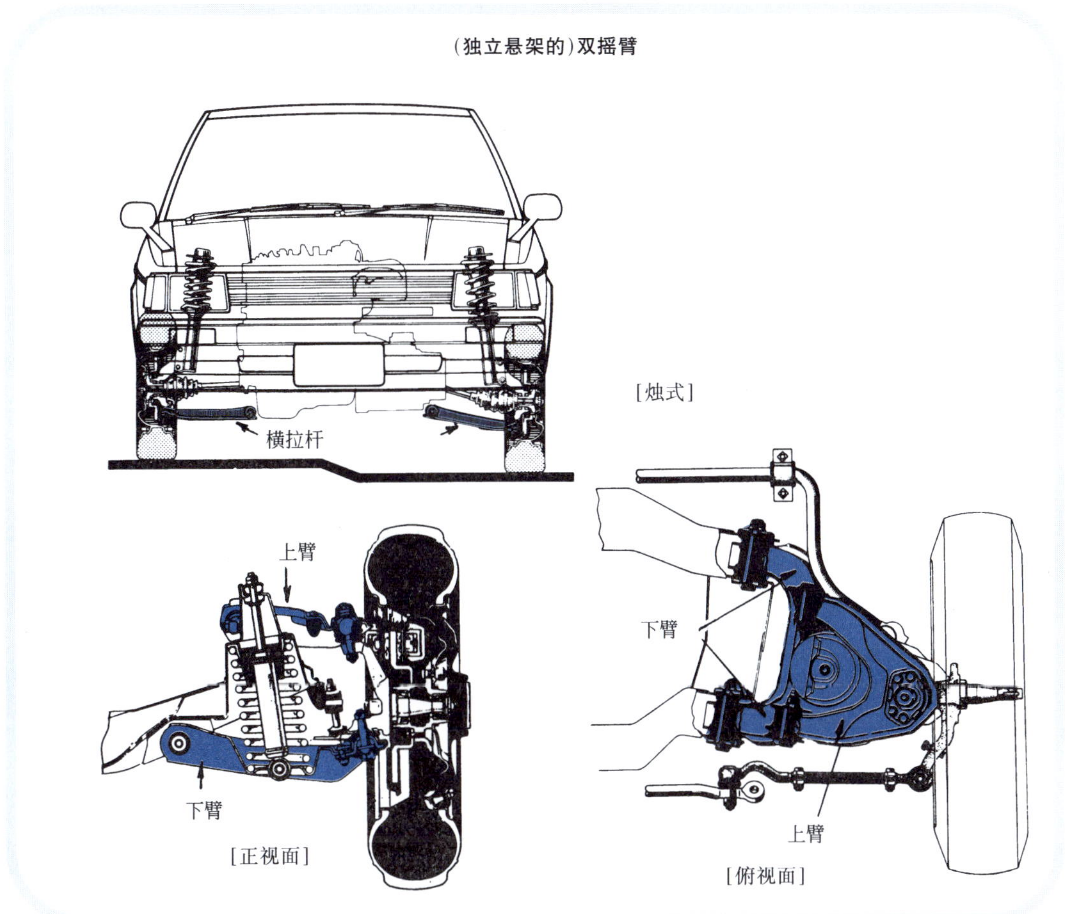

●双摇臂式(悬架)

过去的车型几乎都使用这种形式，现在中型以上的车型仍然使用，它与烛式悬架相比构造复杂，质量大，成本也高。但结实耐用。

有多种类型，一般由双横臂和上下两个可摇动的板型臂组成。下侧的动臂称"下臂"，连接着很粗的螺旋弹簧，其上端固定在车身和车架。上侧的动臂称"上臂"。

这种类型的特点是由两个动臂组成可动的平行四边形连杆机构。车轮在垂直方向可上下移动，而轮胎相对地面总是水平接触，具有良好的接地性，但是当轮胎向上抬起时，根据平行四边形的原理，轮胎面常常被向内侧牵引，所以它的缺点是，轮胎磨损消耗大，轮距较小。

为此多采用不等长的连杆方式。即下臂比上臂要长一些。这样就和前面的烛式悬架一样中间可动，成为可动的平行四边形。这样轮胎不能产生横向错动。车轮上下微小移动时外倾角几乎没有变化。

后 悬 架

后轮悬架相比前轮的种类多，其功能富有综合性和变化性。根据驱动方式的不同划分，有带驱动的和不带驱动的，根据汽车质量等方面划分也有很多种。

●连杆式（FR车用）

驱动方式为FR，后车轴为整体时（中央有差速器）使用该类型。这种类型以前使用钢板弹簧，为提高乘坐舒适性，近年来多采用连杆式和后述的牵引式。弹簧一般选用乘坐舒适性较高的螺旋弹簧，它不承受自身负荷以外的力。而用连杆承受前后荷重，同时具有使其绕车轴摇摆的作用。

连杆在前后方向上各配置上下两根，左右各一对。作为承受横向荷重的部件，有与中轴平行的横向推力杆构成四连杆再加横向推力杆式（称五连杆式）。也有上方一根连杆、两个八字形连杆而不用横向推力杆的类型。横向推力杆也称为潘哈德杆（防横向振动的连杆）。

此外，还有特殊的三连杆式类型。它将差速器输入端延长安装到前方车体支架上，并以此为中心在车轴侧摇摆。因此它不需要上连杆。

●横向推力杆的作用与特性

横向推力杆是连杆式后悬架上必须安装的，它一端连接车体，另一端以车轴为旋转轴，承担左右方向的力（没有它就会产生左右摇晃）。车轴上下运动时，车轴侧面就以车体侧面为旋转轴做圆弧运动。要使车轴的轮胎能进行左右摆动，尽量让连杆长些。更加精密的方法是，使用上下左右比例为定值的瓦特拉杆。

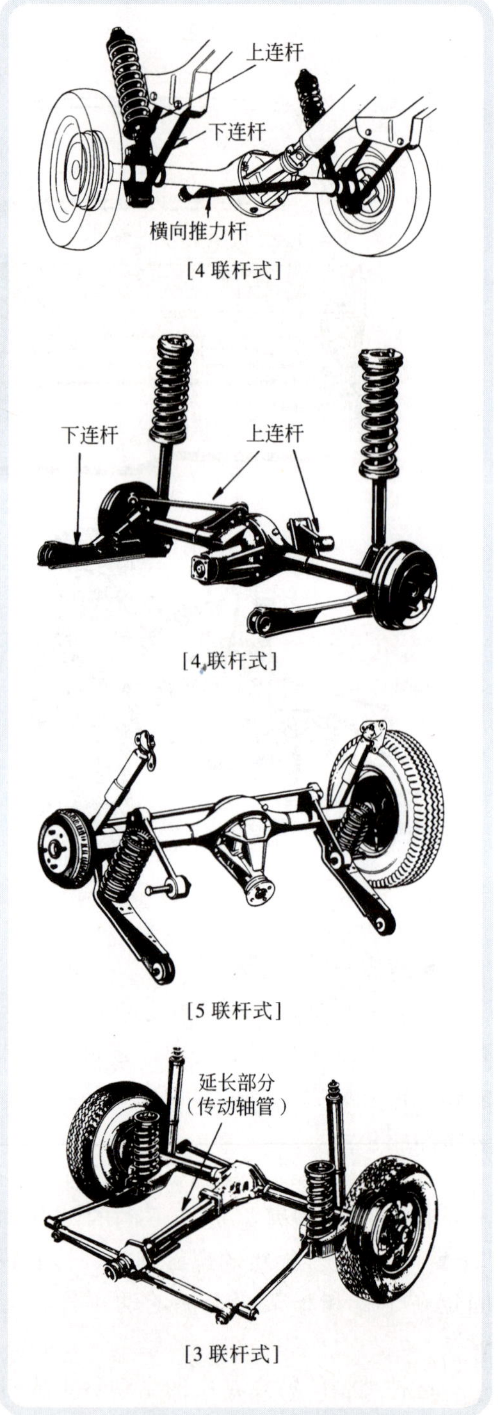

[4 联杆式]

[4 联杆式]

[5 联杆式]

[3 联杆式]

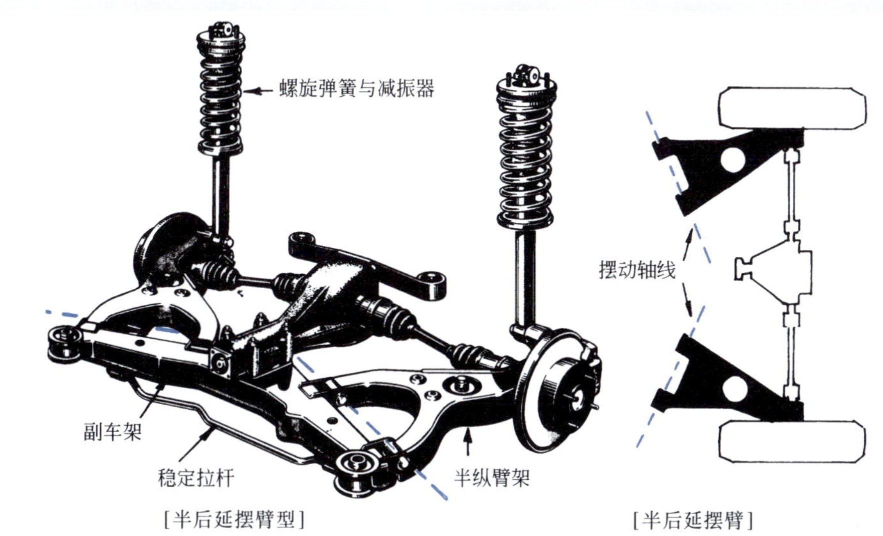

[半后延摆臂型]　　[半后延摆臂]

●摆动臂式

如前所述，因为连杆式悬架与车轴是一体的，所以弹簧承受负荷很大，左右车轮不能独立地上下运动，故乘坐舒适性差。

于是只固定车轴中央的差速器，左右车轴在差速器外侧附近用连轴节安装。使其以此为中心摆动，这种方式称为摆动臂式，它主要分为半后延（半牵引）摆臂式和全牵引摆臂式。

●半后延摆臂式

按照字面的意思就是，摆动支点的旋转轴位置在车轴前，车轮一边被牵引，一边以此为中心摆动。半的意思是，摆臂的牵引轴倾斜着，摆臂从其后外侧伸出。这种方式的优点是，舒适性高，驾驶性能好，稳定性高，设计自由度也大。差速器和传动轴因不能上下运动，所以底盘低。缺点是车轴有四个联轴节，根据情况必须有两个伸缩接头（有花键轴和插孔的车轴等），在空载和满员时，外倾和轮距要发生变化，必须进行前束的调整，另外，安装差速器的车体部分必须采取相应的防振措施，从而结构复杂，成本也大幅提高。摆动轴的角度称“后退角”。它兼有全牵引式和摆轴式（车轴在差速器附近中心摆动式）的优点，它使乘坐舒适性好，外倾角也不那么大，停车时的（汽车制动瞬间）倾头小，制动力或制动转矩借助摆臂拉停车体。

●全牵引式

简称牵引式，摆臂的旋转轴相对车体成直角。因此即使车轮上下运动，外倾、轮距也不变化，提高了乘坐的舒适性。但是因主销后倾角变化大，驾驶转向盘感觉会受到路面状况影响，急停车时倾头大。

这种类型多用于 FF 车。FF 车的驱动力的作用点和重心位置靠前，比 FR 车的驾驶性能和稳定性大幅提高了吗？在急回转时，它因为有明显的不足转向现象，车体的侧摆使车轮发生倾斜。而外倾变化较大的全牵引式悬架，因互相干涉所得到的平均驾驶性并没有显著提高。

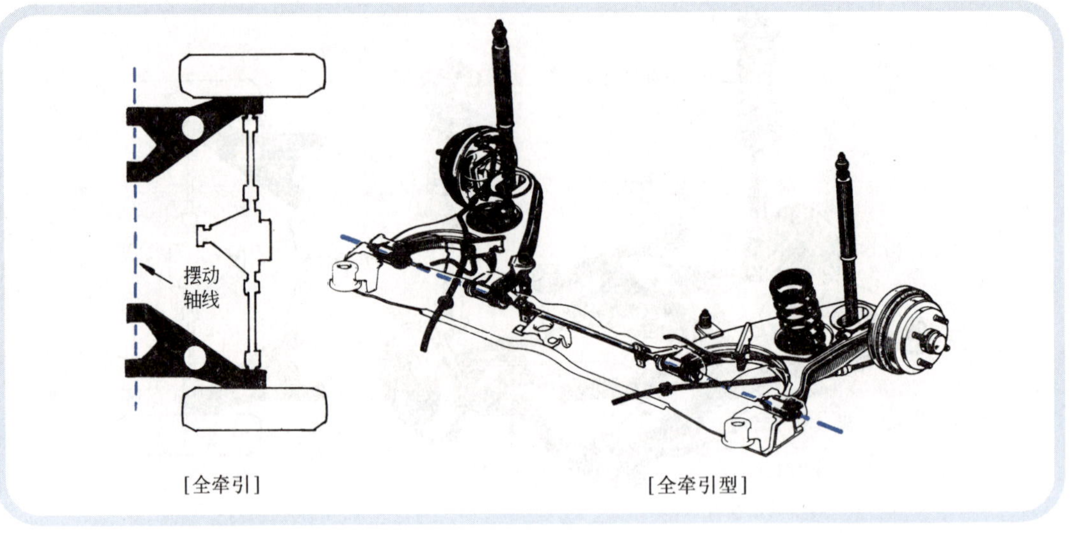

[全牵引]　　[全牵引型]

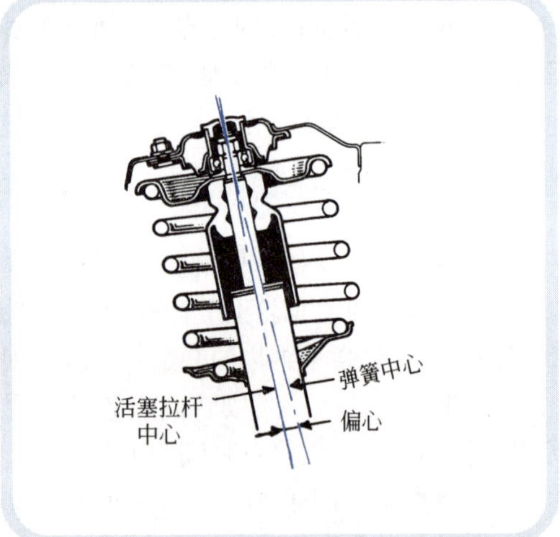

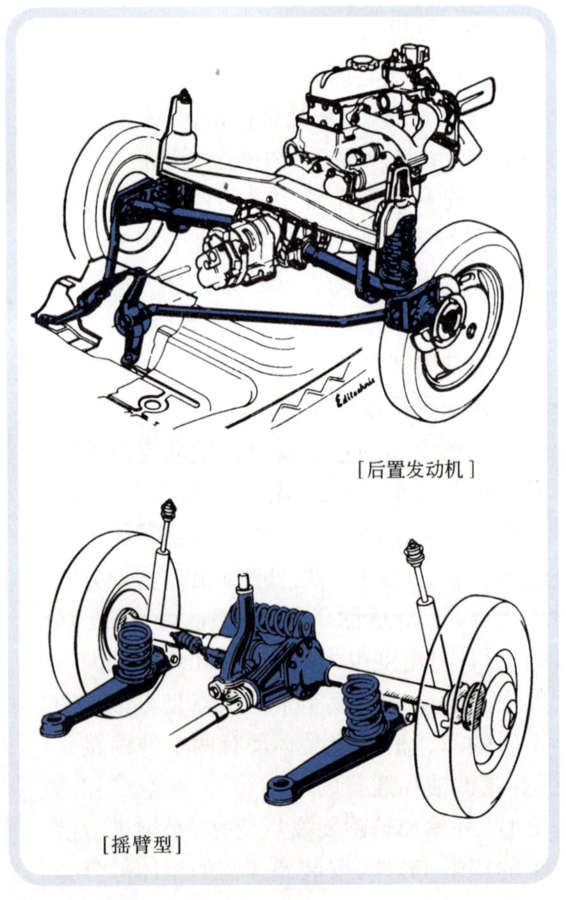

[后置发动机]

[摇臂型]

●偏置弹簧式

一般螺旋弹簧中心轴线与减振器中心轴线稍微交错一个角度。这样降低了减振器的摩擦力，提高了乘坐的舒适性，称之为偏置弹簧式。(前轮也一样)

[扭力杆式]

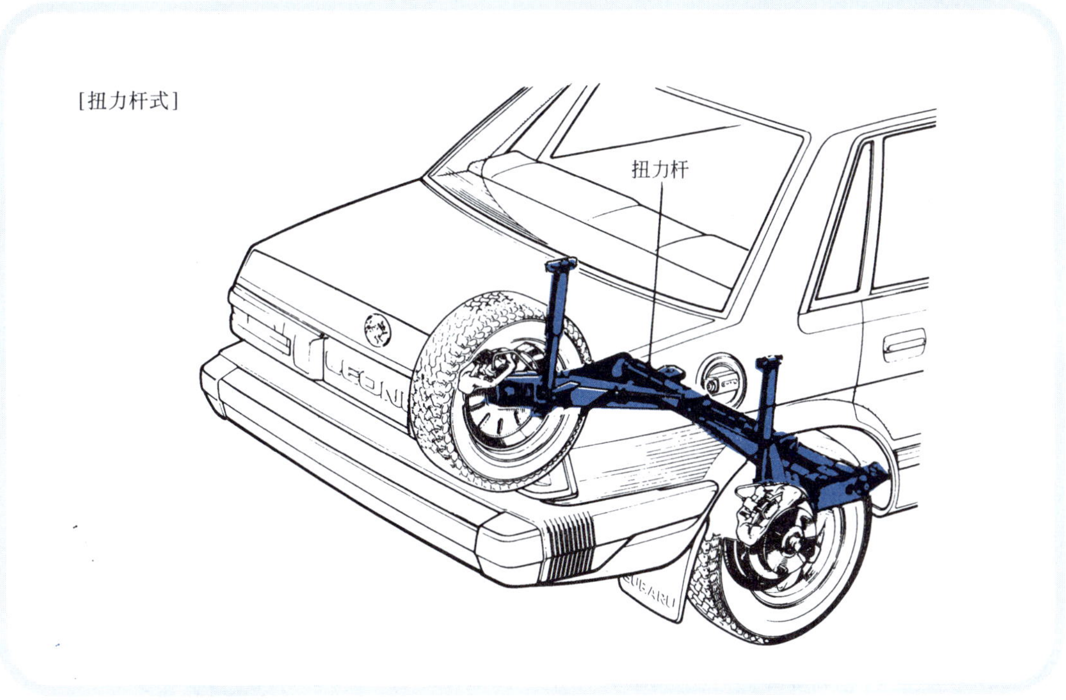

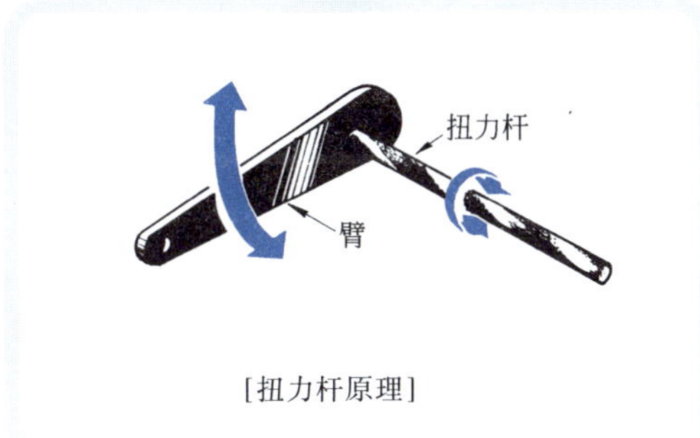

[扭力杆原理]

●扭力弹簧杆式

利用有一定弹性的金属棒扭转时产生的恢复力，将金属棒一端固定，一端与连杆机构连接。其特点是构造简单不需要多大的空间，棒越长，弹簧力越柔和。

●后部支柱式

如前所述的麦弗逊柱不仅在前轮，在后轮也应用。结构简单、非簧载质量轻，乘坐舒适性高，空间易于布置。但与前轮不同的是，在前面设置了径向拉杆等连杆机构，以防止轮距变化。

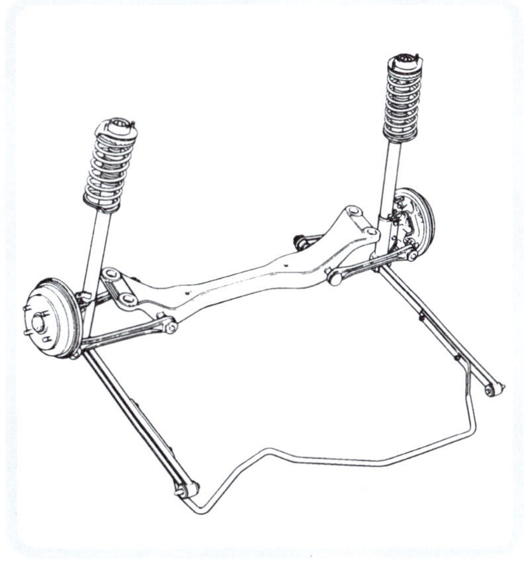

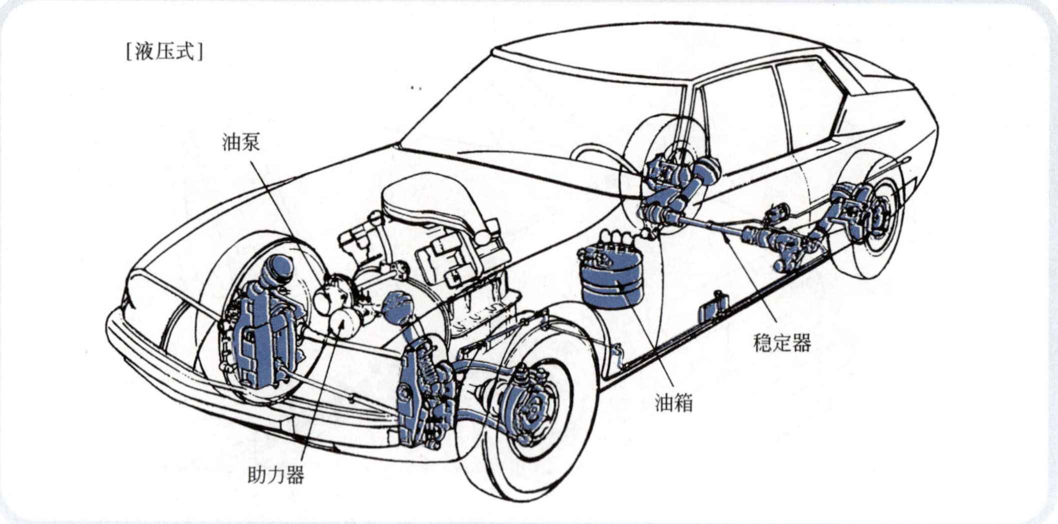

[液压式]

●液压式

将密闭的气体作为弹簧使用的空气悬架，美国以前在大型车辆上广为作用，但现在已经不多。这里所示的是，使用氮气和液压油的特殊悬架。在4个车轮连动缓冲橡胶轮胎缓冲的同时，油的压力也使车体上下运动。因此车辆在恶劣路面、负荷状况、坡道等情况下都能保持水平。

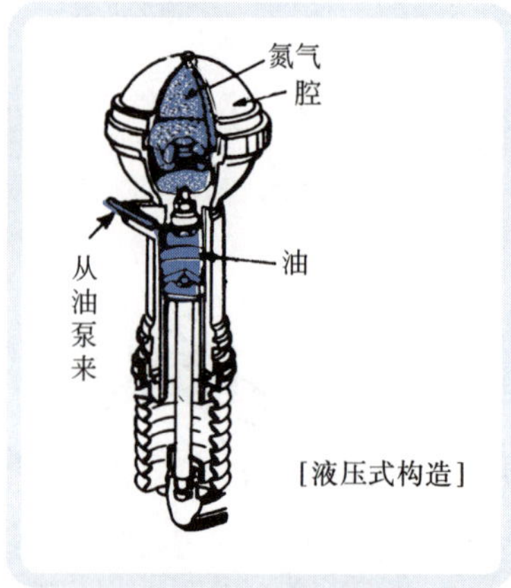

[液压式构造]

●钢板弹簧式

有牢固车轴式之称，或称车轴式。以前主要应用在车辆的后悬架上，现在只用在客货两用的轿车上。虽坚固，但不是独立的悬架，已逐渐被淘汰了。

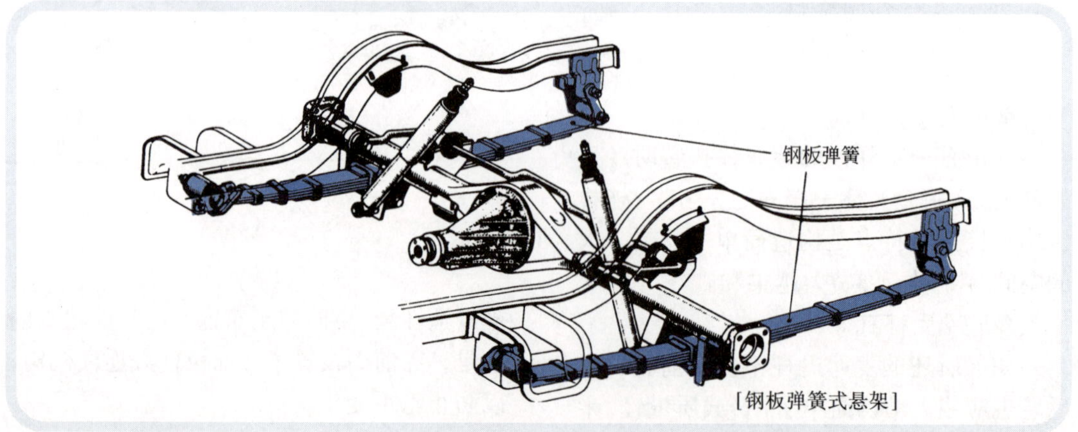

[钢板弹簧式悬架]

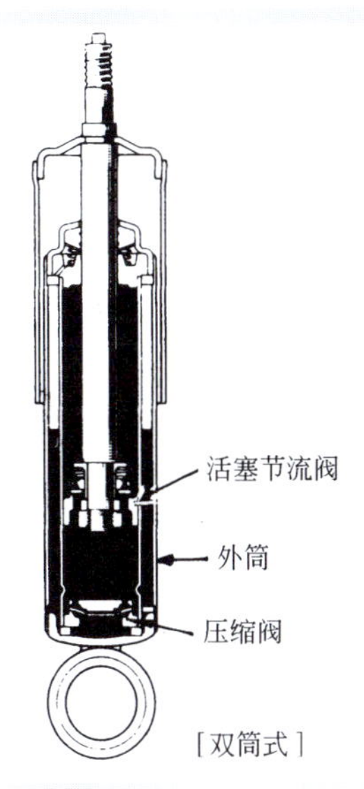

［双筒式］

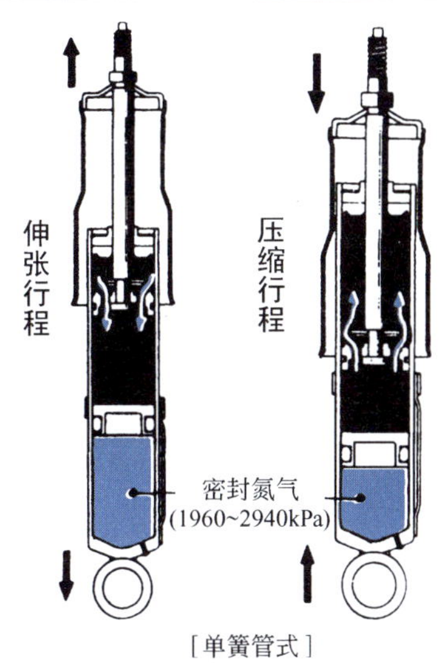

［单簧管式］

减振器
（液压减振器）

悬架使用的弹簧，不论是螺旋弹簧还是钢板弹簧，都是在承受冲击后使之缓解的同时急剧被压缩。当外力消失后，立即发出反作用力。这种弹簧特性，要将反作用力完全释放，需经过多次反复振荡之后才能静止。

这样就破坏了乘坐的舒适性，因此要使用可使弹簧复位的减缓装置减振器。一般使用筒型的液压减振器。（与轻便摩托车使用的相同）。

●液压减振器的结构与功能

它的基本结构是，有两个筒，在下面的筒中注入液压油，使之与活塞相互作用。在活塞上安装两个小节流阀控制液压油的流量，控制活塞的伸缩，这与抑制弹簧振荡的原理相同。

简单地说，受冲击的弹簧收缩时，液压减振器内产生较大的压力。液压油要从下腔向上腔流入，此时，大一点的阀门打开，使液压油迅速通过，活塞轻轻地运动。到了弹簧复位阶段，活塞要返回原来的位置，上腔的液压油压出，但这回只是打开一个小的阀门，液压油慢慢地流回，活塞运动也变慢了。这就是弹簧缓速返回的原因。

●液压减振器的种类

如上所述，液压减振器，有只相当于弹簧伸张行程功能的单作用式，也有相当于弹簧缩回行程功能的双作用式2种。单作用式从下向上运动时没有阻力，对恶劣路面的减振很有效，而双作用式在向上抬起时会产生一个急激力，这对正常的振动有抑制作用。在结构上，双作用式的下部还有一个阀。而单作用式只有一个节流孔。两者在结构上都设计成两重的外筒。在压缩行程时液压油受压并有流动空间。如果液压油流入活塞上下两腔中。活塞不动，气体进入外腔上部，这气体就在液压油的作用下被压缩。以上所述为一般液压减振器的构造，称其为双筒式。

●德·卡鲁鲍式

它与上述类型结构不同，只一个筒上，所以称为单筒式。其中典型代表是德·卡鲁鲍式，在其中密闭了高压气体（由法国人德·卡鲁鲍式发明，以此命名）。

这种形式散热性好，在单筒的下部浮动一个薄的自由活塞。由它隔开上下腔，活塞的上侧是液压油，下侧是空气。在压缩冲程时，由于液压油的压力作用，下侧的气体被压缩。

●伍得赫德单筒式

德·卡鲁鲍是用精密的活塞将液压油和气体分开（气体溶入液压油中会使其减振性能变化无常）。与此相反，这种类型是将液压油和气体混合，形成一种乳浊液，然后用高压压入。它的构造非常简单。

三维减振器（本田产品名称）

一般地说，为提高乘坐的舒适性，减振的阻尼越小越好，但同时会使行驶的稳定性变差。把原来的减振器与密封氮气波纹箱和节流阀组合在一起使用，就解决了上述两个相互矛盾的问题。

在路面凸凹较小时，减振器中的油按V、V1的两个方向流动，所以阻尼较小，能够吸收此时较小的振动和车辆行驶的噪声，但在路面凸凹较大时和转向时，密封气体的波纹箱被压缩，油只能按V的方向流动，阻尼增大。

原来的减振器只有活塞的速度产生阻尼，该减振器由活塞行程和活塞速度共同决定阻尼，我们把这种三维机构叫做三维减振器。

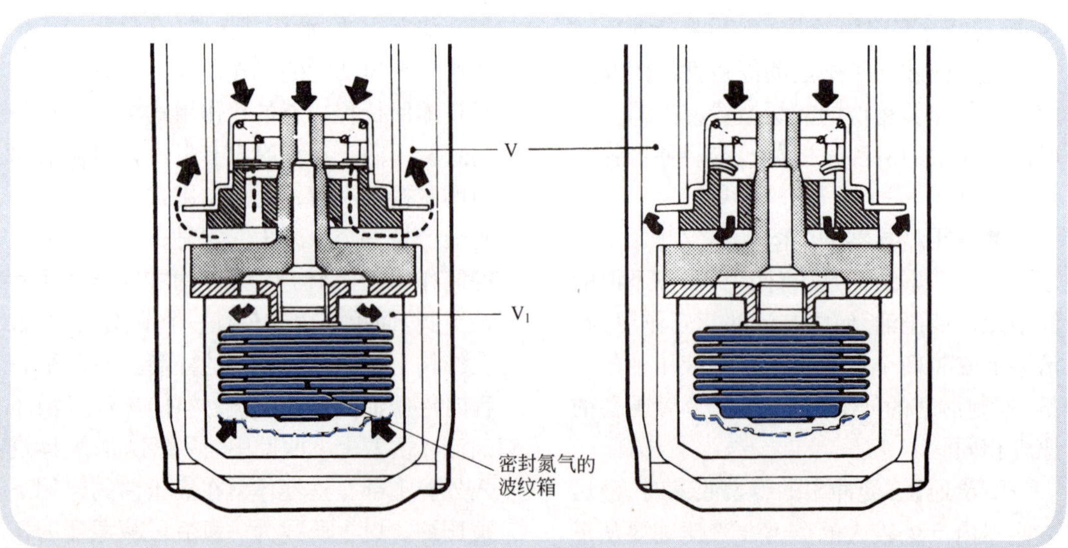

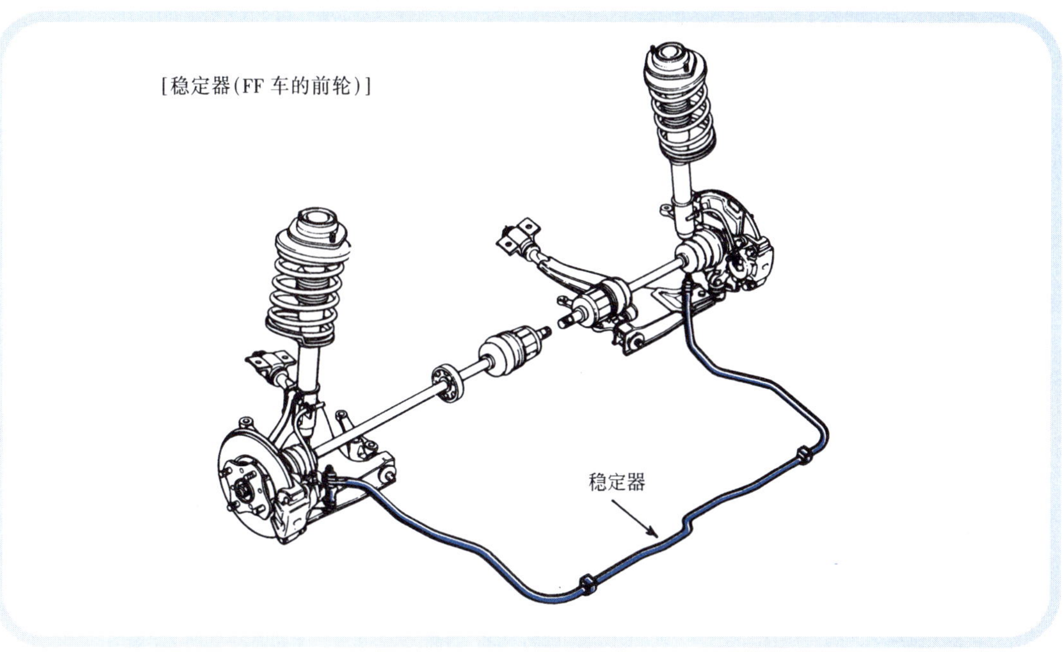

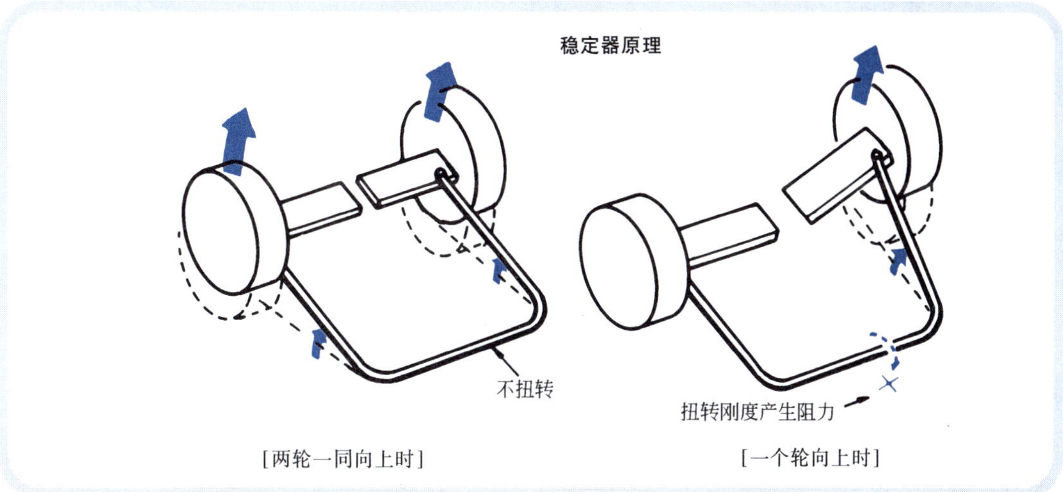

稳 定 器

根据“使之稳定”的意思，稳定器有抑制侧倾角的作用。汽车在急转弯时，车体在离心力的作用下向外倾斜，会让人感到不舒服，甚至会造成汽车倾覆。为此，设置了一个有辅助扭力弹簧作用的稳定器。当左右两车轮运动的方向相同时，它不起作用；当左右两车轮上下的运动方向相反时（侧倾时），稳定器中间的横杆发生扭转，因扭转刚度产生了扭转力，它起到了阻止杆臂向上运动的作用，抑制了车体的倾斜。

悬　架

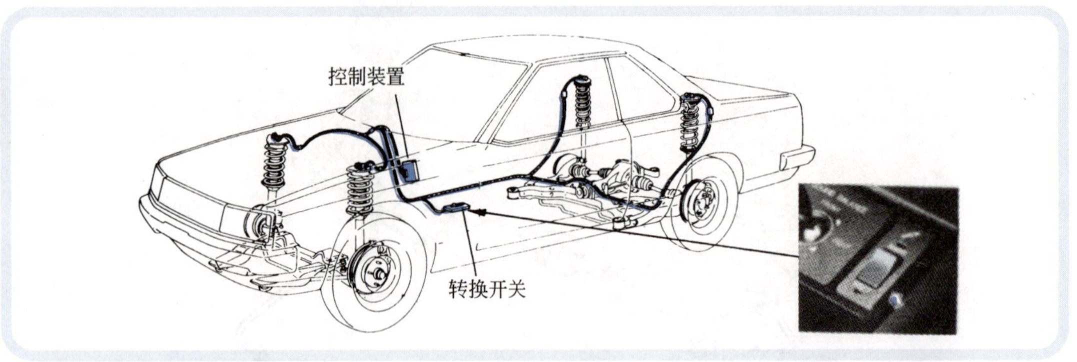

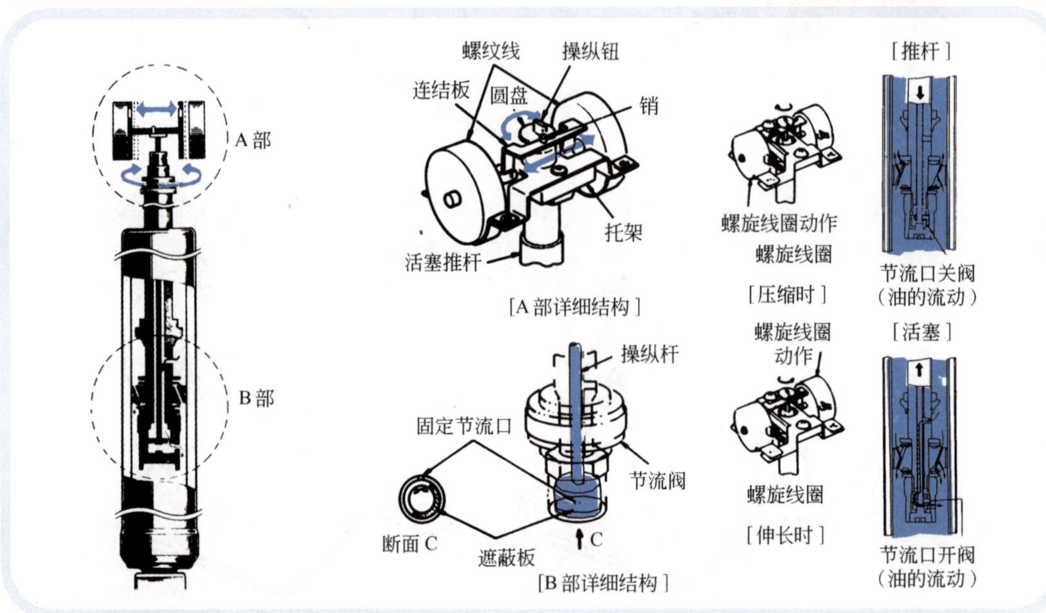

●可调减振器

它是一种只要按一下手边的开关，减振器的阻尼就会在“软”或“硬”的两种状态间变化的装置。在城市市区行走时减振器需要比较柔软。在尘土大、弯道多的山路等路面行驶的越野车就要变换减振器的阻尼。

若切换开关，减振器上部的螺旋管线圈就接通电流，连接板被横向吸引。与连接板啮合的拨销半回转，贯通在活塞推杆中的操纵杆也就随之半回转。

这样就使筒下部的固定节流口（孔）打开或关闭，使油的流量发生变化，产生阻尼的变化。

也就是说当节流口打开时，油从节流阀与节流口通过，阻尼较小；当节流口关闭时，油只从节流阀通过，阻尼较大。

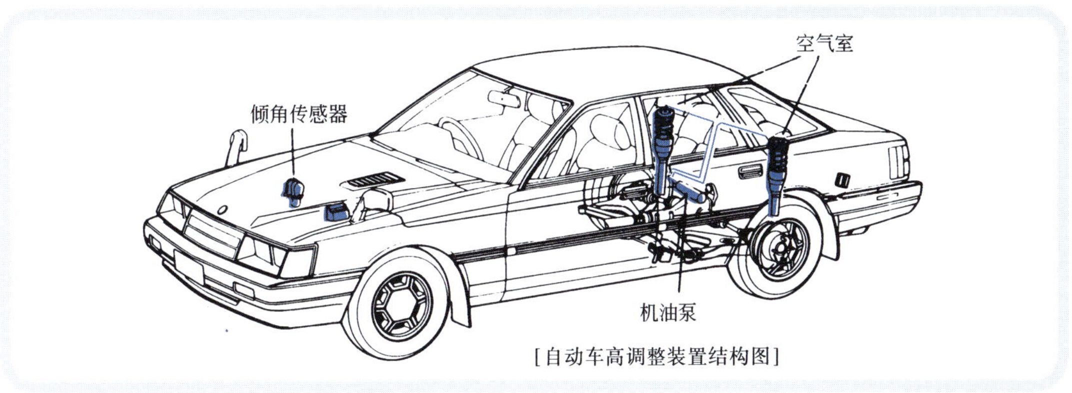

[自动车高调整装置结构图]

●车高自动调整装置

这种装置不仅限制乘员和行李的总负载，还使车高通常也要保持一定高度(水平)的装置。由悬架上安装的称量传感器来感知车重。由电脑发出指令，控制电动机旋转并由气泵向液压减振器的空气室供气，通过液压油的流入、流出控制车高。这样,不论是行李仓的重物是多少,也不论乘坐多少人，驾驶人的视线始终如一，前照灯的光轴也保持一个定值，确保了安全驾驶。

●悬架自动调平装置

它与上述的构造基本相同，在底盘中央有电脑,接收传感器检测的前、后的车轮高度信号后与空气泵通信。气泵根据电脑的指令，增减 4 个车轮减振器上部空气室内的空气量,使车高上下调整。

另外,还有 2 级车高调整机构。它通过操纵开关能使车体抬高 3cm，提高了在雪地车辙等有恶劣路面条件的道路上的通过性能。

这种装置与液压式相比，具有构造简单、故障低、经济性好等优点。

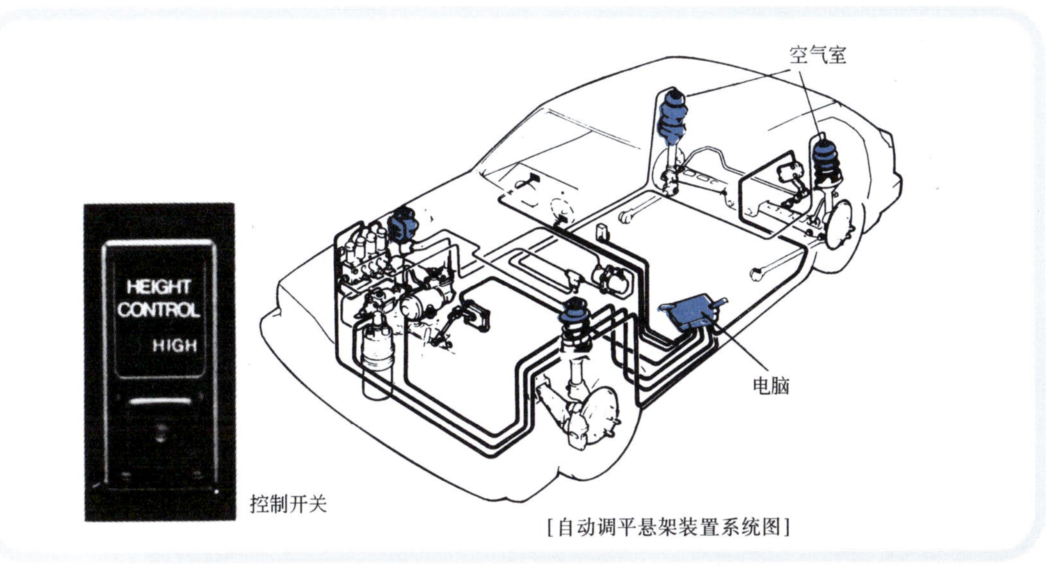

[自动调平悬架装置系统图]

悬 架

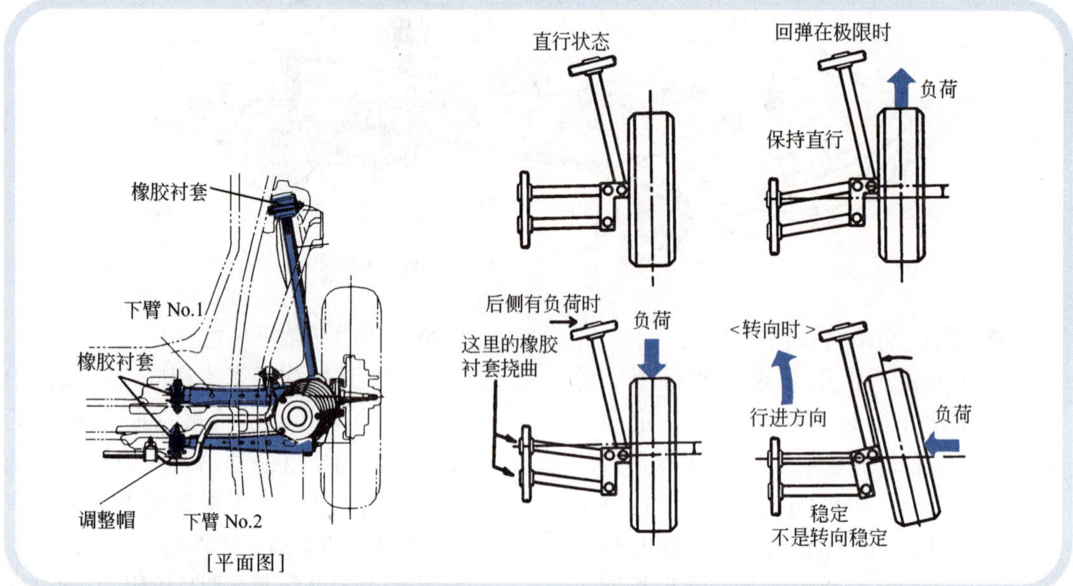

[平面图]

双连杆支撑式的几何分析及其效果

后支撑式悬架对车轮向前施加力的同时，支撑臂支点的橡胶衬套(轴承周围防振橡胶)挠曲，使车轮向外偏。而双连杆支撑式因有两个支撑臂，几何作用效果除使车轮保持原状稳定向前外，还产生如图所示的效果。

●悬架的几何分析

悬架上下运动(颠簸/回弹)时，会发生什么样的几何变化呢？由于几何变化，使上述的悬架的连杆机构和支撑臂产生变形。它对操纵性、稳定性、乘坐的舒适性都有影响。举一个例子，从几何上分析，双摇臂式的轮胎接触地面常保持水平状态，侧摆时外倾角不发生变化。后摆臂式，直行时没有外倾角变化，而侧摆时外倾角发生变化。与此相反，FF 车修正了转向不足等。

这里介绍的是巧妙地利用几何关系，设计良好的操纵性、稳定性的例子。

抗前倾的几何分析制动时前、后轮胎在路面上制动效果。由臂杆形状决定了前倾使车身向上冲，后侧牵引车身，使车身保持水平。

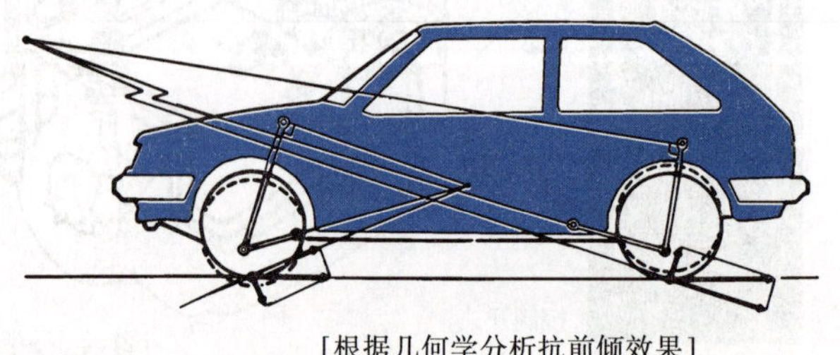

[根据几何学分析抗前倾效果]

悬　　架　MEMO

弹簧上的质量和非簧载的质量

由于道路凸凹不平，弹簧下（非簧载）的车轮和车轴会给汽车带来振动。这种振动部分传给悬架和弹簧上的车体并分解。且振动情况与减振器性能有较大的关系。一般来说，非簧载的质量越轻、弹簧上的质量越重；路面越平整、乘坐越舒适。因为车体质量对其它的性能有影响，所以最终还是希望非簧载的质量轻一些好。

纵摆/侧摆/跳动

车体各摇摆方式如图所示。

侧抗力

即“弯曲力”，如果没有这个力，汽车就不能转弯。汽车开始转弯时，其离心力与汽车行驶方向相同。要转弯就必须有一个克服离心力的力。这个力是因轮胎产生的侧滑角（轮胎前进方向与汽车前进方向的交错角），使车胎与路面产生摩擦阻力。但是它有一个限度，某种情况下，过于急转弯时，侧抗力低于离心力，车辆会从行驶的道路上脱离而飞出。一般这个界限是侧滑角在13°左右。

柔顺性

指“弯曲”状况，悬架的运动并不简单地像图中几何关系所示的那样。当受到路面冲击时，各部分都要发生的微小的弯曲。近年来特别针对克服子午线车胎的缺点，对悬架的许多部件上都进行了深入地研究。

硬质悬架

也称重型悬架，有“强化型悬架”的意

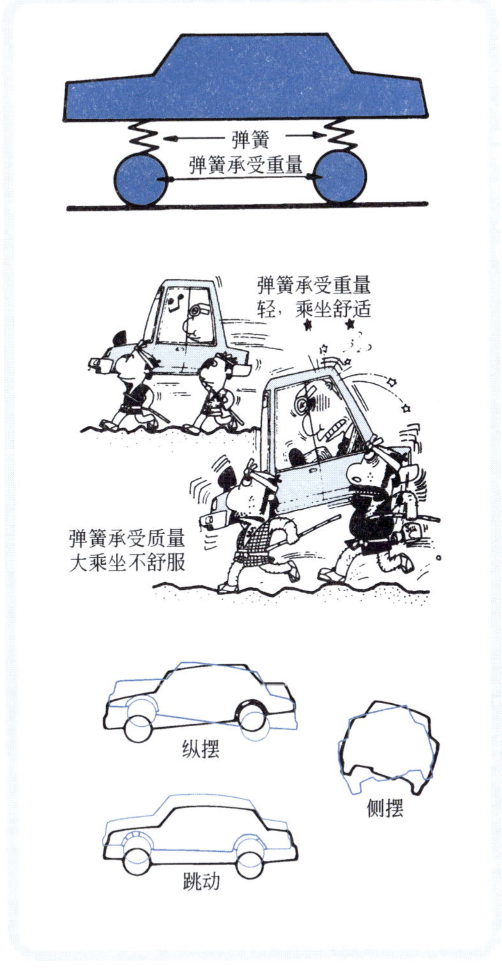

思。安装了稳定器、强化的弹簧和减振器及橡胶垫等许多元件。

前摆臂式

与前述的后摆臂式相反，它是一种旋转轴的支点在车轮后部的悬架。

多迪奥式车轴式

差速器固定在车体上，车轴用连轴节连接，使其能摆动。用2～3片弹簧钢板组成钢板弹簧，实现纵向弯曲。在差速器的后边有一根横管连接左右车轮，再安装上液压减振器，构成半独立式悬架。它在连杆式和后半延摆臂式出现前有些应用。

汽车不平顺性

就是“刺耳”的意思，指汽车通过凹凸路面时，发出较大的噪声，产生的较大的振动。而悬架和轮胎能较好地将其吸收，所以我们也称之为“不平顺性强”。

车 身 篇

空气动力、电子时代的轿车车身是如何变化的呢？我们从汽车的车身类型、高强度无骨架（车身）、座椅、仪表、倒车雷达、巡航系统等方面来了解汽车最新结构功能。

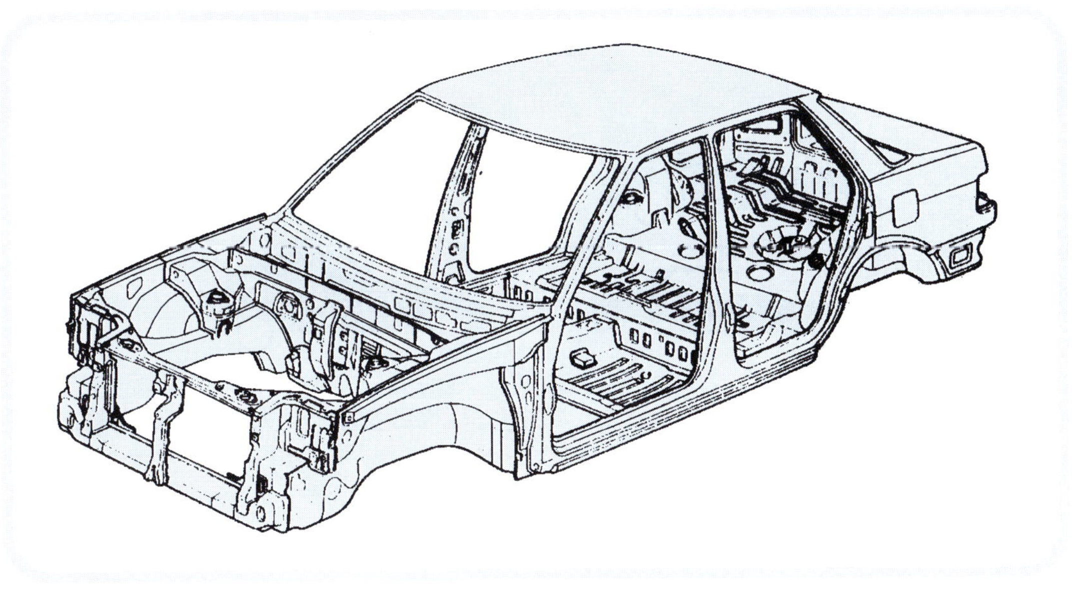

车身类型

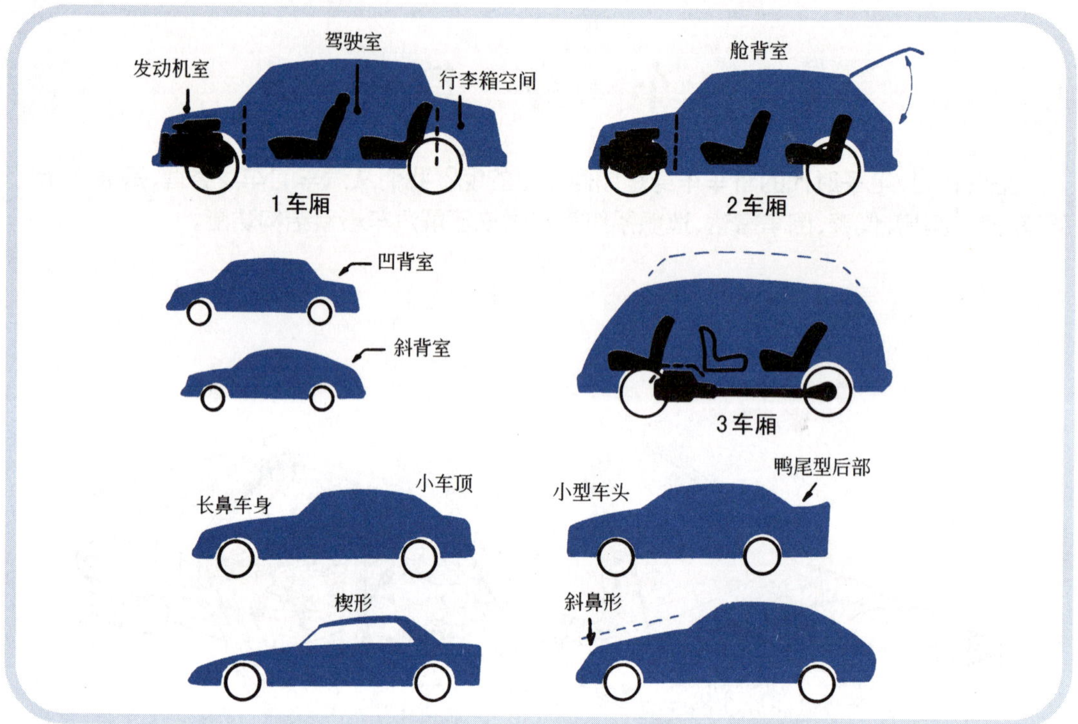

●凹背式(3 箱型)

以出租车为代表,多见于中型轿车。从外部看，从轿车后部引出的行李箱比驾驶室低一截。在内部分为发动机室、驾驶室、行李箱 3 个室(箱),所以称为 3 厢型。FR、FF、RR、4WD 汽车都是如此。在美国称为“sedan”,在欧洲称为“saloon”。这种类型还有的后部是向下斜去的，常说的流线形的形式被称为“斜背式”。

●2 箱型

近来多见于 FF 车。后部行李箱与驾驶室做成一体，这是从原来客货两用车演化而来,汽车后部多数开有车门,从那里可以放进较大的行李。如把后座椅放倒,驾驶室后部也可变成了较大空间的行李箱，这种类型常称为“带仓门的车”。或称为三门、五门，在 FF 方式汽车上应用最普遍，其他的车辆也有的用这种形式。

●1 箱型

从外观看是不分箱的平头式，驾驶室和行李箱及发动机室都在同一箱内，发动机的位置有在前座椅下、(地板）下置、前置、后置等各种形式。一般能在车内检修，它与驾驶室严格地分开。有多种驱动方式，小型车身能乘坐 6 ~ 9 人，其最大的特点是中间座椅可以向反面回转，当作卧铺。所以它所能利用空间之大是其他类型车所不能相比的。

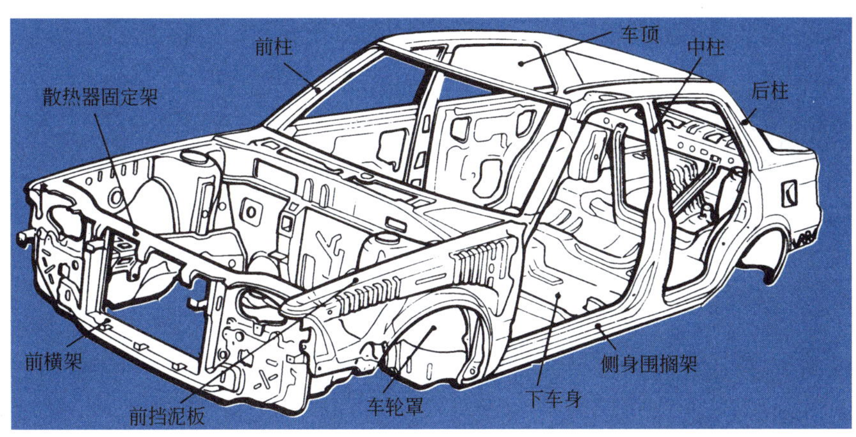

[整体车身]

车身无骨架也行

●车身与车架

车身相当于车体的外皮，现在的轿车车身几乎都是“**整体车身**”或“**无车架车身**”的**一体构造**，称之为车架无骨。这种结构方式是根据飞机制造技术中“应力外皮技术”，将外力分散到全部车身上，由整个车身来承受。

对此，有车架构造的车体叫做马车构造方式。车身固定在坚固铁制的梯子型（也有X型）车架上，有较大、耐久的抗冲击和承重能力，但整体质量较大。现在，在货车等车辆上多用这种方式。

另外，在**车架式**的车架上安装发动机和悬架、转向装置等，使它可以行走，这种形式称为底盘。

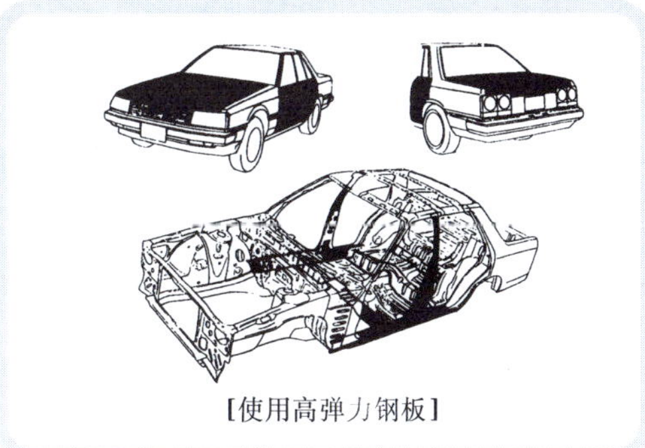

[使用高弹力钢板]

●使用地方

承载式车身的最大优点是能实现轻型化。在路面上行驶时，为使车身抗扭转，用铁板本身弯成称为卷边的沟槽，这样不但不增加质量，而且对抗扭曲具有很好的效果。另外，近来在重要的地方，使用高强度

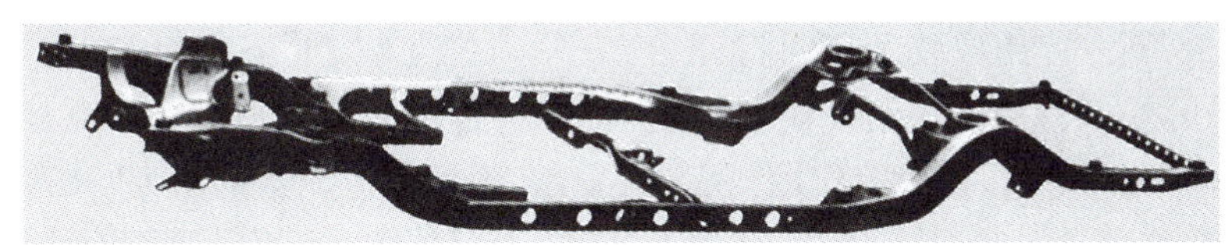

[车架]

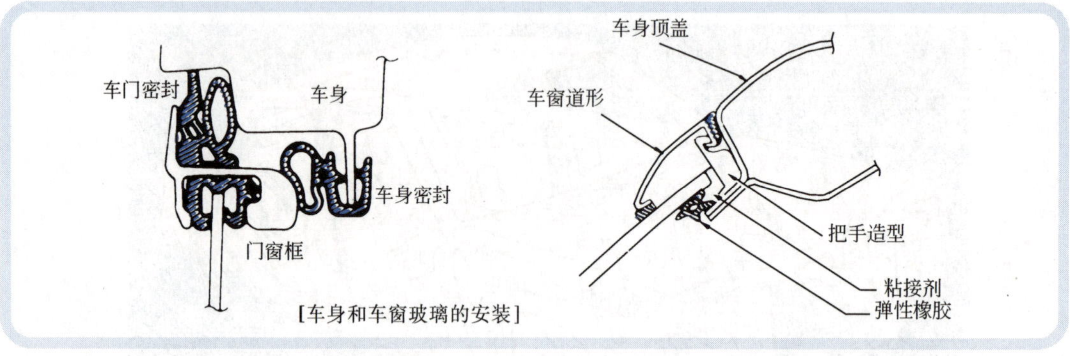

[车身和车窗玻璃的安装]

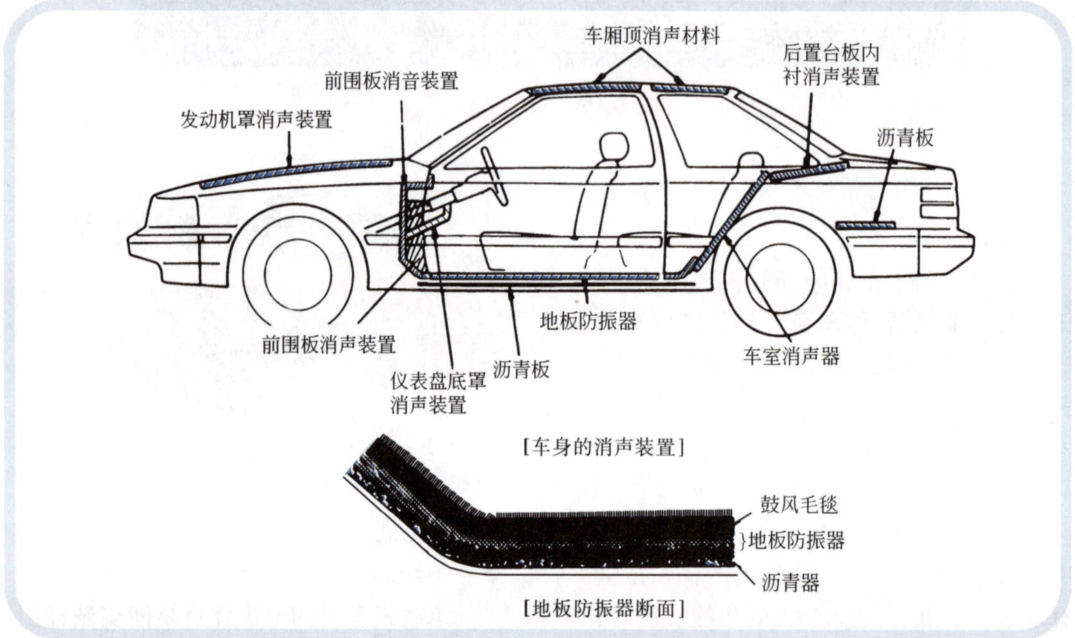

[车身的消声装置]

[地板防振器断面]

的钢板，制成既轻又坚固的车身。

还有，在车身制造上，可以将它们分为几个单体再焊接成一体。

●车身与车窗玻璃

在车窗玻璃与车身的钣金口处嵌入细长橡胶条（密封条）。使用橡胶条（密封条）不仅防止车身的变形直接传递给玻璃，使其破损，还具有防尘、防水、密封等作用。另外，在调整车窗玻璃升降时，防止由于钣金口和车窗玻璃之间尺寸不完全相同而产生的偏离。说到橡胶，其断面也相当复杂，橡胶设有孔洞和间隙，具有防振、隔声、增加弹性的效果。还可以使用粘接剂，来防止玻璃本身的微振动和漏风而产生的声音。

●车身隔声措施

在汽车发出各种声音中，发动机的排气声通过消声器消声，但对其他的机械声音、由路面振动、风压产生噪声还没有有效的消声装置，一般采用吸声材料做一些保护层。

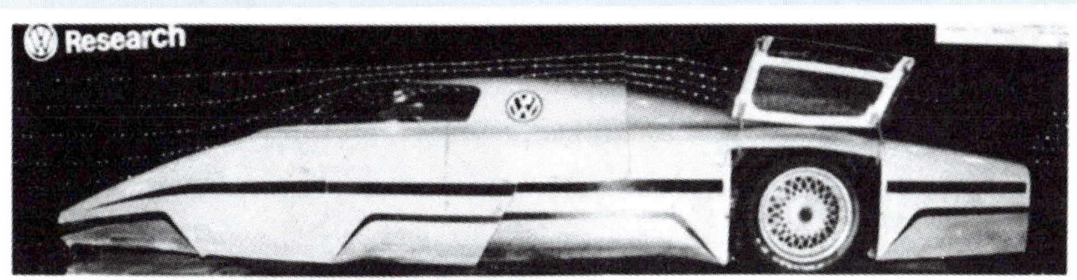

[空气阻力彻底消除的大众演示车车身]

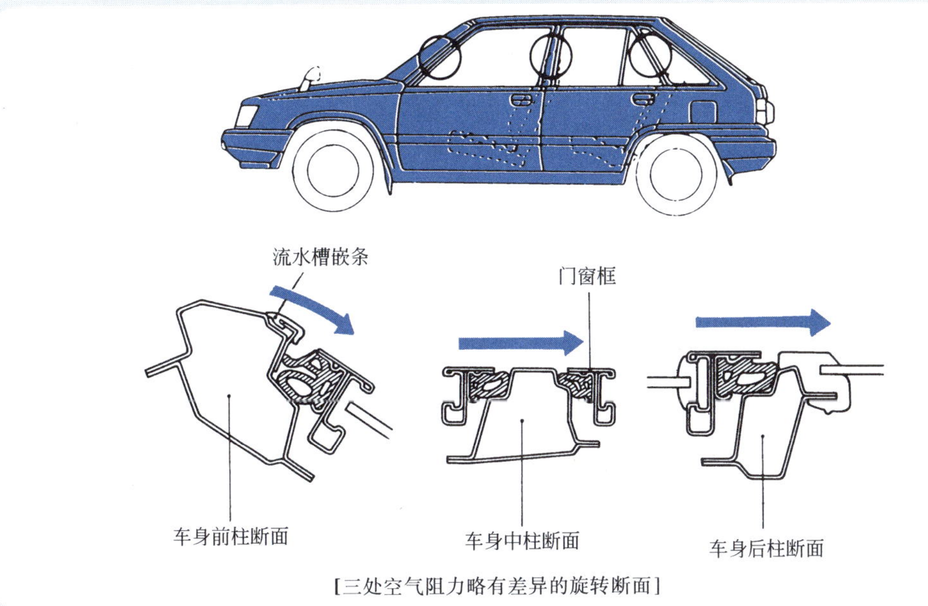

[三处空气阻力略有差异的旋转断面]

首先，在驾驶室的地板下等铺设垫子和弹性橡胶等,多少还有些效果。而在车身上粘贴的隔声材料,如消音缓冲垫、沥青板等,也会提高其隔声效果。

●车身与空气阻力

行驶中的车身受到的空气阻力在速度降低时不是什么大问题。但是它与行驶速度的二次方成比例。如此之大,即使路面阻力和轮胎滑转的摩擦阻力也达不到这种程度,可见发动机的功率全部被空气消耗了。所以从这种意义上看,单纯地提高发动机功率 2 倍,汽车的速度并不能提高 2 倍。

反言之，空气阻力越小，所需能量就越小,这种能量匹配正是节能时代的要求。所以近来关于空气阻力系数的讨论越来越多了。

对于不同情况空气阻力系数不同，例如飞机机翼表面很平滑、很薄,而且断面呈纺棰形时为 0. 1 左右，普通的平面板状为 1. 25 左右。轿车在 0. 3 ~ 0. 55 之间。

降低车身可以减少空气阻力,但过低的车身对乘坐和视线产生影响，所以也要有一个限度。应使车体表面尽量光滑，前车窗缓慢倾斜,散热器进气口尽量小。此外,减小底盘下面的凸起时也要认真考虑考虑。

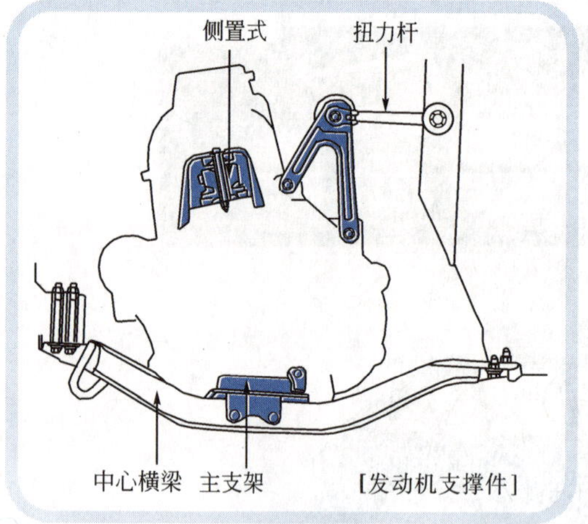

[发动机支撑件]

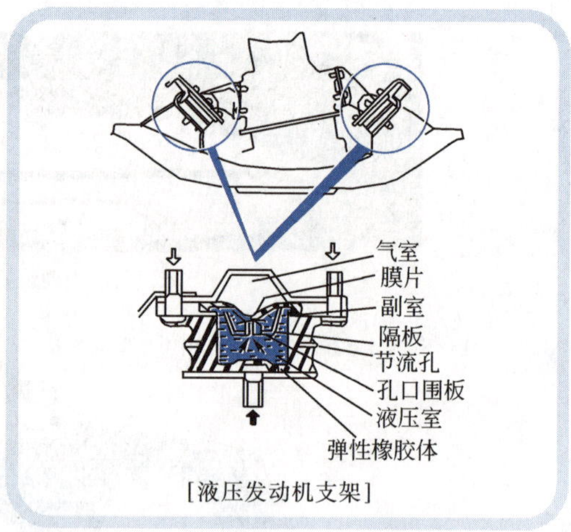

[液压发动机支架]

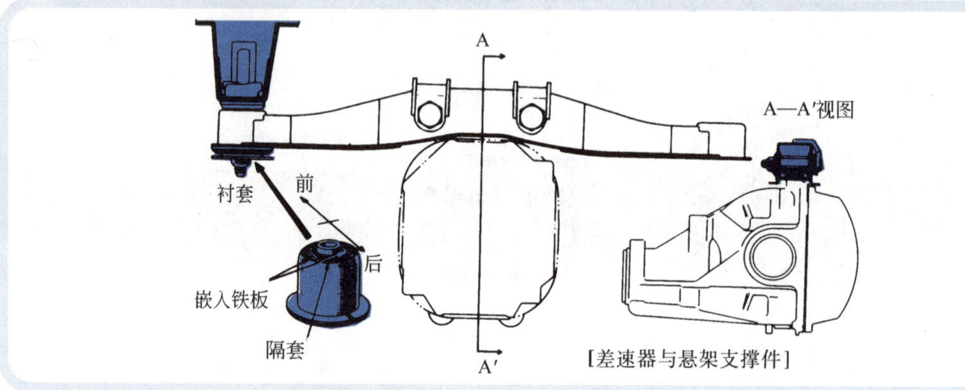

[差速器与悬架支撑件]

车身支撑

为在车身上安装发动机和悬架等机构，要用螺栓将支撑橡胶拧紧。这种橡胶不是单一种类。对于不同的质量和振动强度，它要发生硬度和形状变化，所以要使用耐油橡胶。

●发动机支撑

图示为中心支撑方式，采用 3 个支撑点以减轻质量。即由安装在中心横梁的主要支撑点和气缸体左端侧 2 点来支撑发动机质量。发动机与车身的水平连接是用 1 根扭力杆和主要支撑点限制其前后串位。带有高质量的橡胶衬套的扭力杆，依靠发动机的驱动反力可以控制由于回振产生的串位和在恶劣路面上产生的跳动等。再者主要支撑点的弹性橡胶使弹簧系数大幅度下降，隔断了发动机的振动。

●差速器与车架的支撑

差速器的前侧与后悬架的悬臂架用 8 个螺栓安装，后侧差速器的支撑架用 2 个螺栓安装。差速器的支撑架借助于橡胶衬套安装在车身上，使差速器产生的噪声难于传递给车身。还有，在橡胶衬套前后地放入隔套，在不降低操纵稳定性的基础上可降低噪声。

车身类型 MEMO

轿车(sedan)

轿车是最常见的类型,其典型代表是车身是凹背式3厢的出租车。它车顶棚固定,乘客室内没有间隔。有2门的也有4门的。英文名称为 saloon 法文名称为 berlin。

豪华轿车

以轿车型为基础,驾驶室与乘客室用玻璃隔开(互相听不到会话),后座为主座的轿车。也有增设了辅座、可乘坐6~8人的加长车型。

单排座2门厢式

2门前座为主座的轿车,车顶高度比2门轿车的低,车的整体高度也低。后座为辅座较窄小,也有的没有后座。有(车身)背门,也称为舱背式单排座2门厢式车身。

可变换型

可变换有"转换"的意思,在这里是指轿车能"变为"敞篷车。它具有折叠式的折叠车顶,从敞篷到半敞篷有多种形式。英文名称为 drop head(活车顶),德文名称为 carbirolet(敞篷轿车),法文名称为 cabriolet(两门篷顶轿车)。

硬顶(轿车)

用坚固的金属或树脂车顶代替原来的可变换的折叠型车顶。现在一般指没有中柱,也没有玻璃升降装置的形式。有2门的也有4门的。4门硬顶轿车的后门柱比车窗低,所以要特别进行了加固。

另外,在近来将有中柱,但车门没有窗框的形式称为支柱硬顶(轿车)。

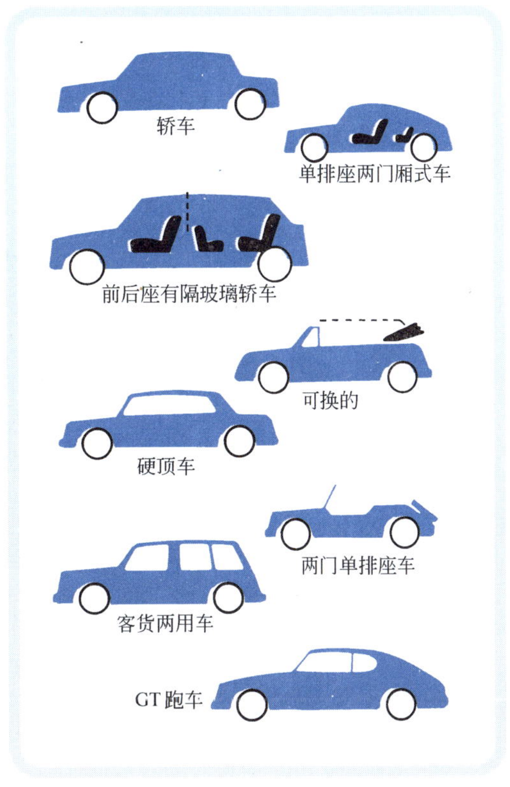

客货两用车

客货两用车是原来马车时代流传下来的名称。现在也称为客货两用轿车。由轿车改型,加长了乘客室,后部设置的行李室不与乘客室隔开,并在背部设门。近来的平头式1厢客货两用车也很多,这种车形能充分地利用车室内的空间放置座椅和存放货物。

跑车

这是一种以速度高、加速性能好、操纵灵活为前提设计的汽车,从实验型(试作、少量生产)赛车到批量生产的跑车,有多种形式。以前典型的车身是2门单排座车的2座敞篷式,现在单排座厢式车身较多。并增加了空调、音响等豪华设施。

GT 车

GT 是意大利语旅行轿车的简称(英文为 grand touring car)。原来归为赛车类,以追求最佳性能为目的。而现在大多追求大功率、豪华型、自动驾驶等,定员为 2～5名。

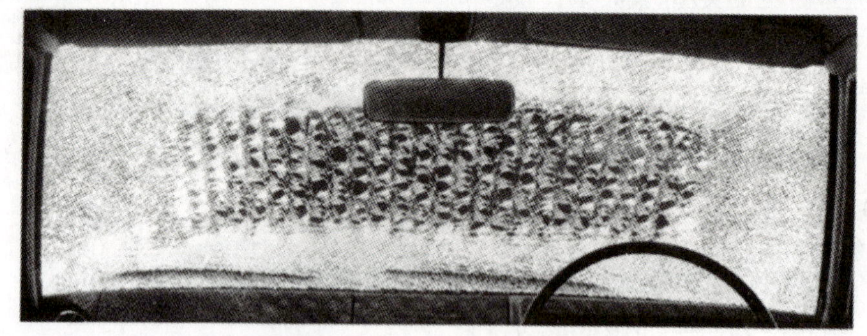

[不同的区域:裂缝大小不同,确保视野无碍]

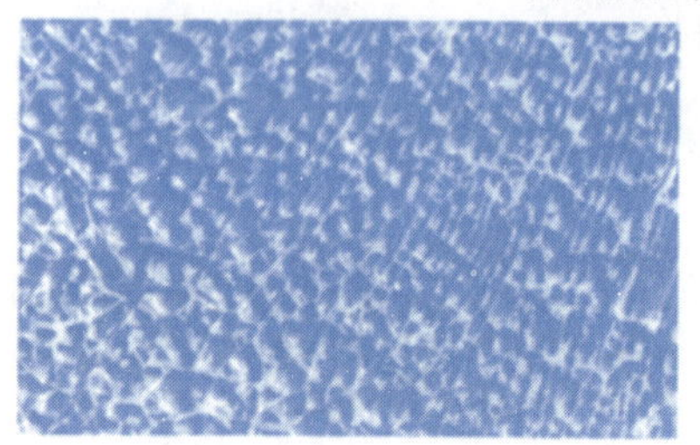

[强化玻璃裂缝形状]

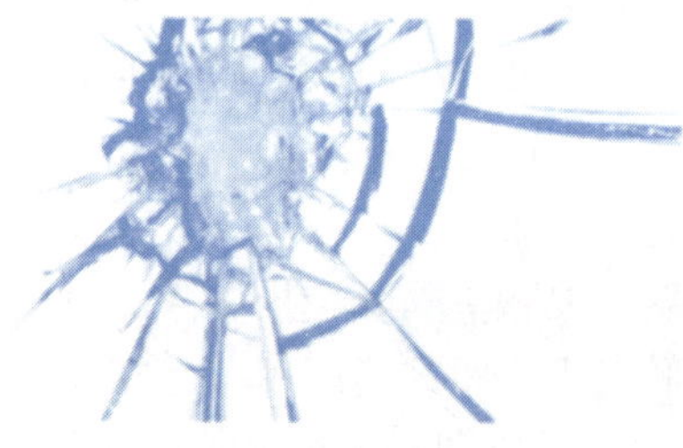

[安全玻璃的裂缝]

[窥视窗玻璃的均匀裂缝]

破裂也安全！安全玻璃

●安全玻璃的种类与构造

汽车车窗上的安全玻璃采用的是强化玻璃和夹层玻璃，以防止因玻璃破损而造成伤亡事故。其安装使用如下。

前挡风玻璃采用部分强化玻璃或合成玻璃，在右下角的 JIS 标记下，印上 Z 或 L。强化玻璃受到冲击后会产生无数的裂缝,受更大的冲击时会变成粉粒飞散。但碎片是呈钝角的颗粒,所以不会伤害人体。但是,如果前风档玻璃全都变为白色裂缝,则会影响前方视野,这也是很危险的。为此,制成的玻璃在驾驶人正面的玻璃裂缝相对

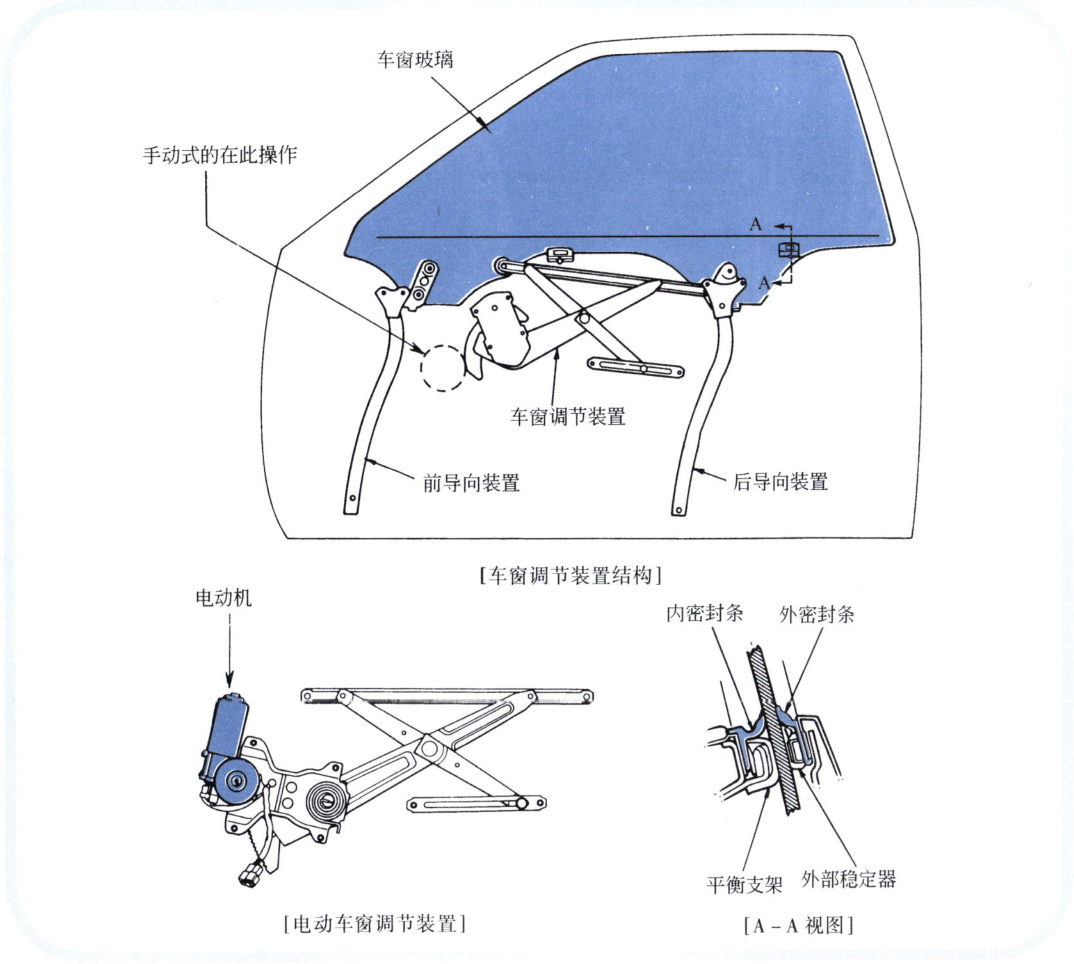

[车窗调节装置结构]

[电动车窗调节装置]

[A－A 视图]

少些，称为部分强化玻璃。

夹层玻璃也称 HPR(多层)夹层玻璃。HPR 是“高贯通阻抗型”的简称。在两层玻璃 0.76mm 中间，压一层聚乙烯醇丁醛，其特点是在玻璃破碎时也不会有碎片飞出，也没有过细裂缝。

另外检视玻璃和车后玻璃也全都采用强化玻璃，在上面标记 T。

●车窗玻璃升降器

安置在车门内，使车门玻璃上下运动的机构有多种，一般称为摇臂式，通过玻璃升降器手柄调节 X 型臂伸缩，就能使车窗玻璃上下移动。电动车窗上安装了小型的电动机，通过齿轮减速带动摇臂动作。

从车窗玻璃上下运动关系看，它与车门必须有一定的间隙，可是如果从这里进入了雨水就不好了（少量的水可以从其下部的小孔排出），所以要用橡胶密封条密封。

另外，为了加强玻璃的横向刚度，也有的玻璃安上剪形的平衡支架和外部稳定器。

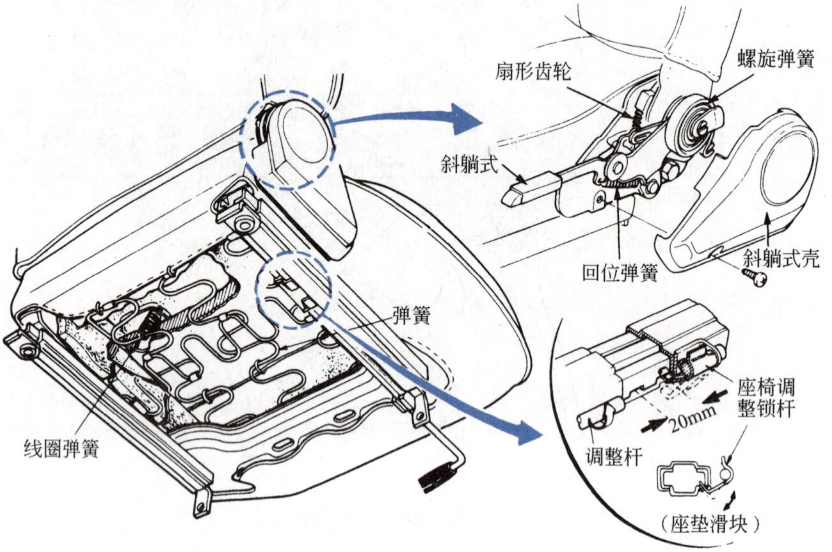

扇形齿轮
螺旋弹簧
斜躺式
回位弹簧
斜躺式壳
弹簧
线圈弹簧
座椅调整锁杆
20mm
调整杆
（座垫滑块）

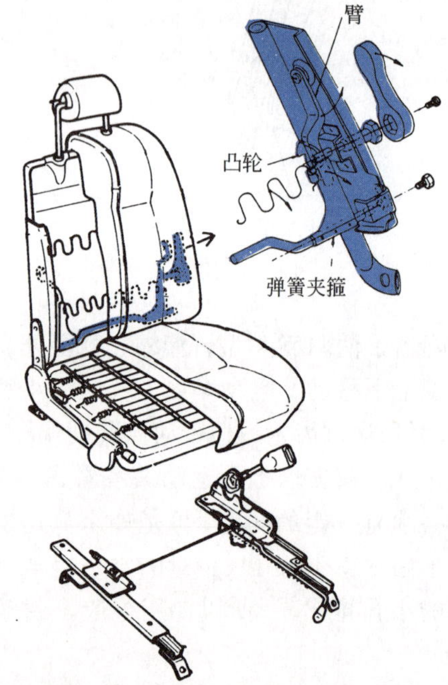

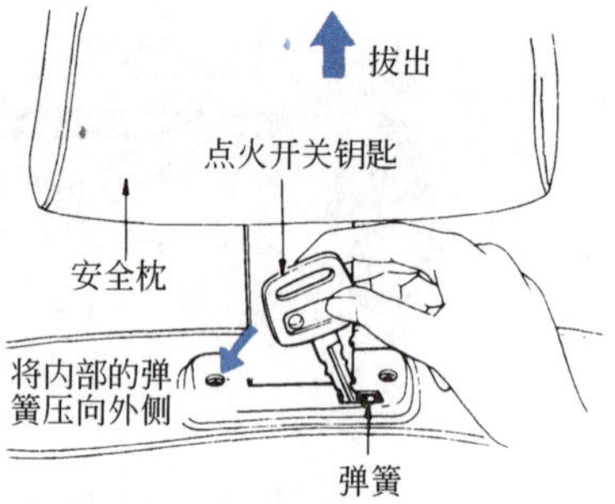

拔出
点火开关钥匙
安全枕
将内部的弹簧压向外侧
弹簧

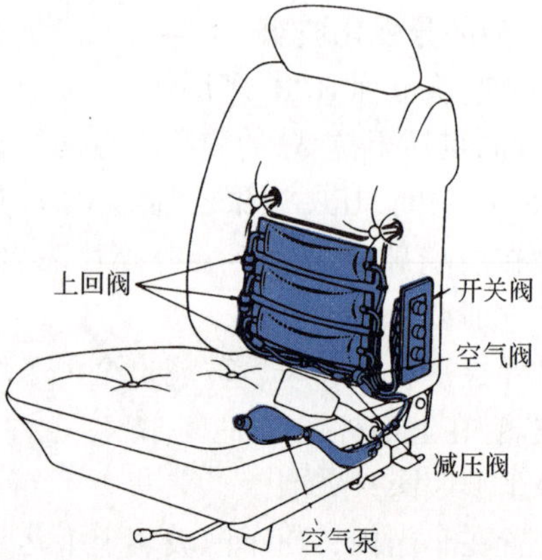

臂
凸轮
弹簧夹箍

上回阀
开关阀
空气阀
减压阀
空气泵

座椅

驾驶座椅越软反而易疲劳，所以驾驶座椅应保持适当的硬度和适于人身体机能的形状。除了座椅位置可以微调整，为缓和长途行驶的腰部疲劳还采用了腰部支撑，即护腰机构，其中有机械式的，也有空气式的。另外安全靠枕也有能上下、前后调整式、装卸离合式等，满足了乘坐舒适性要求。(参照前页图)

近年来的座椅安全带装有卷收器，身体动作时，安全带可柔和地伸出，不会妨碍驾驶人的操作。如收回安全带还会固定在原来的位置，当受到冲击力时，在瞬间安全带可把身体锁住。并细致地考虑了安全带松开时的单手柄操作。另外采用了卷收器，安全带卷收是自动的。

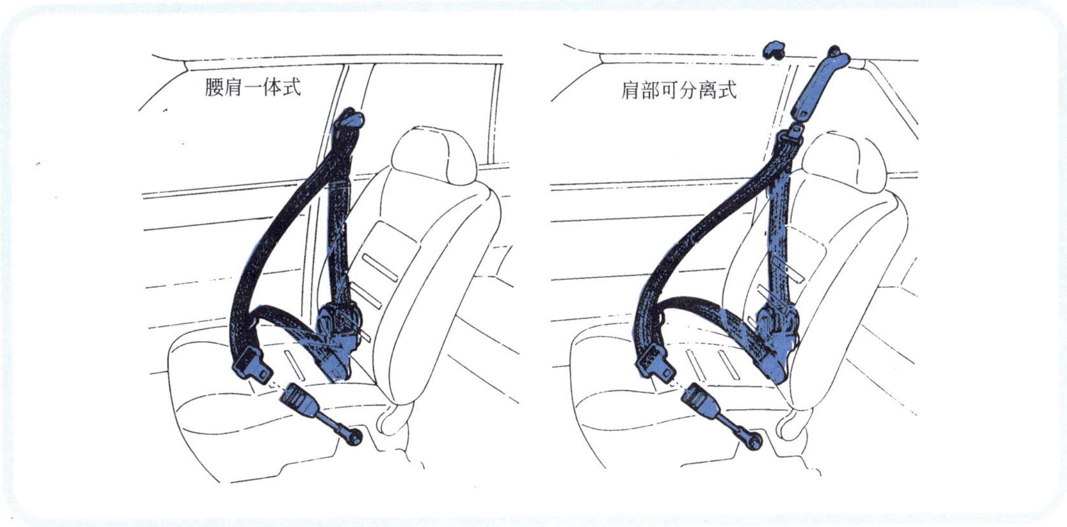

一旦紧急的时候安全带会怎样?

不使用时，自动缩回。使用时轻轻拉出，安装后不影响身体的动作，而受到冲击时，振动子受到车体的惯性影响(因惯性使振动子向前摆动)，滚珠移动，则棘爪的齿(爪)咬住皮带而锁住。

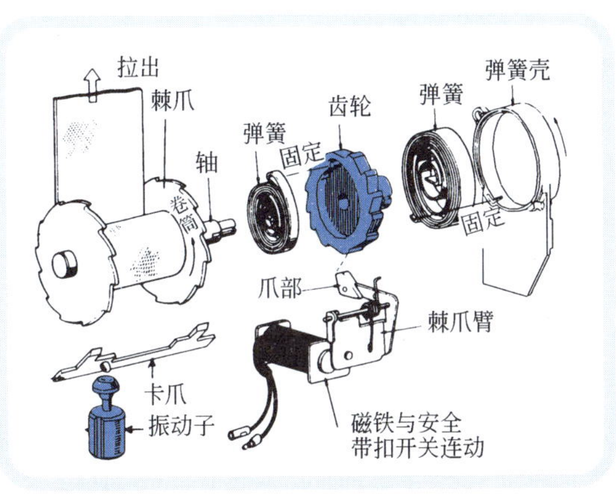

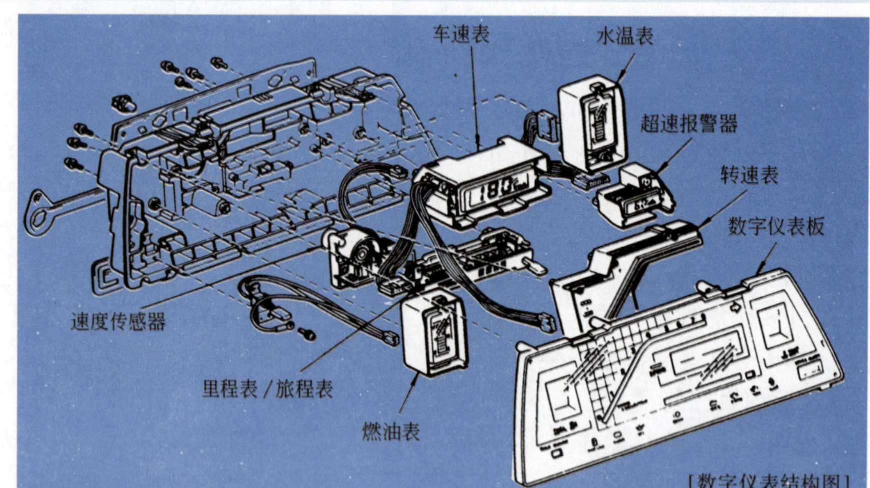

[数字仪表结构图]

[速度表的数据显示]

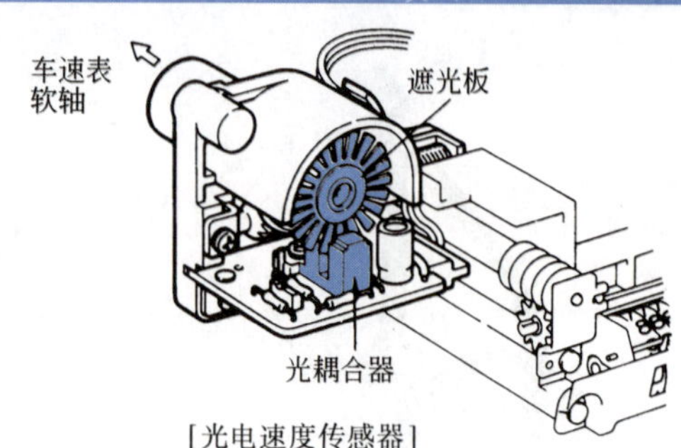

[光电速度传感器]

话说车速表

车速表过去都是指针式的，随着现代电子技术的发展，推出了数字显示表。为此速度检测也采用了电子检测。由变速器等通过软轴提取信号，这里使用转动的遮光板(叶轮)，当车速里程表软轴每转 1 转时，发光二极管的光就会被遮挡 20 回，因此就会发出 20 个脉冲。

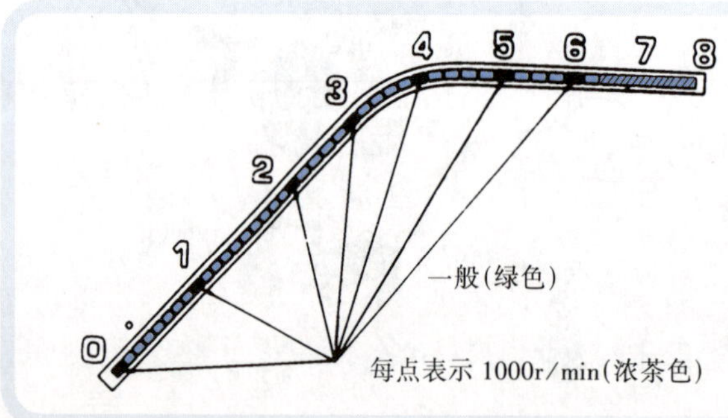

区域表示转速的例。用发光二极管(LED)构成扇形数值排列区，由这些二极管的亮灯状态来表示发动机转速的方式。

[区域表示转速]

[(指针)回转式速度针]

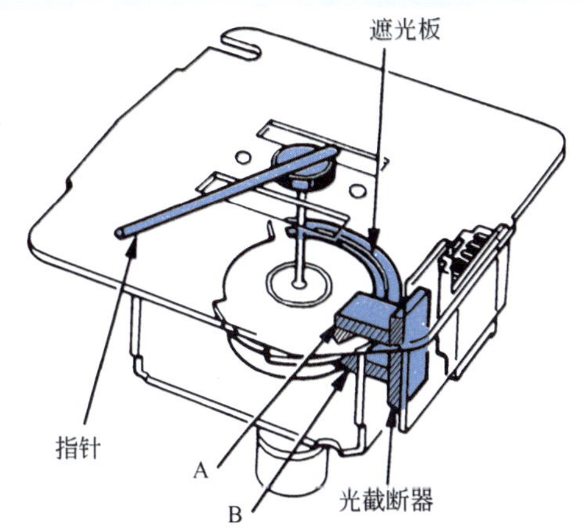

[超速报警装置]

●速度报警装置

这是一种当车速表的指针超过 100km/h 时,电子蜂鸣器间断地发出警报的装置。其结构是,在仪表的引导盘上设置遮光板,在图中 A 与 B 之间放入光截断器(光传感器)。其间的晶体管接受发光二极管的光时则为 ON,给电子蜂鸣器信号,发出报警声音。

●燃油表

指示油箱内汽油量的燃油表的原理是,在油箱内漂浮的浮子以摆臂支点为中心摆动,电脑则将传感器检测到的摆动位置信号传送给仪表。浮子因为是半固定,所以不受车辆摇摆影响。另外,考虑到车体的倾斜,浮子设置在油箱的中央。尽管如此,油量较少时不能准确地检测出其倾斜角度,故剩余量的指示多少有点误差。

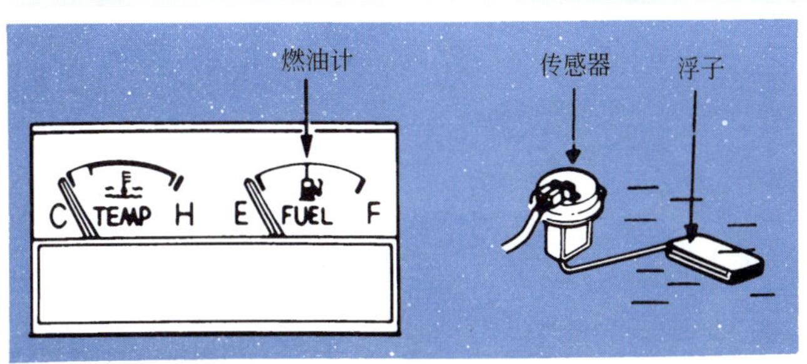

[燃油计和浮子]

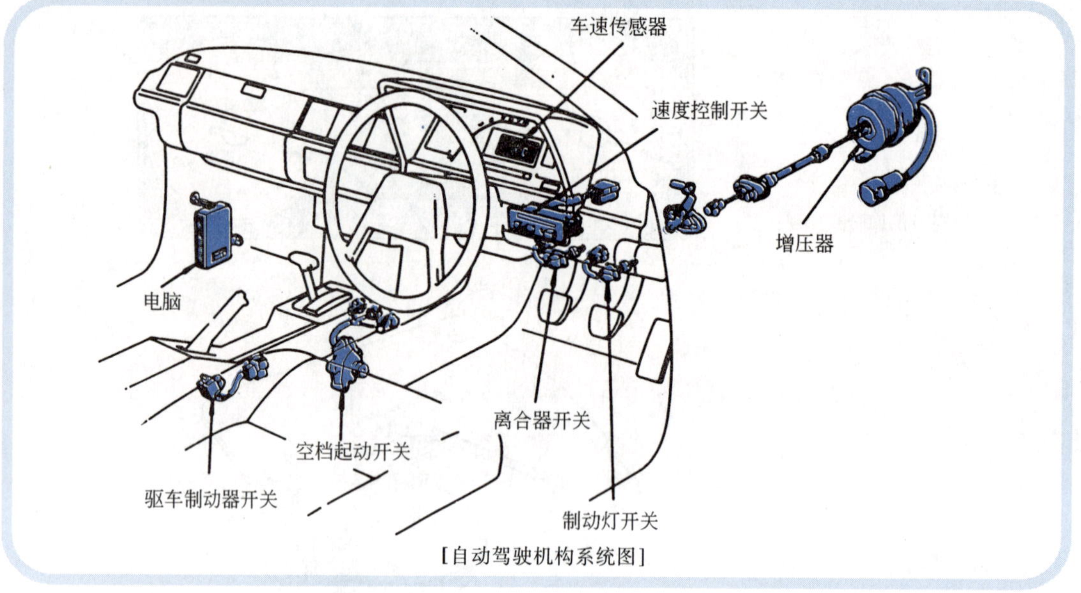

[自动驾驶机构系统图]

自由自在安全自动驾驶

自动驾驶机构是在公路上行驶时，设置一定的车速后，即使驾驶人的脚离开加速踏板汽车也以同一速度行驶。超车时，踩加速踏板加速，松开加速踏板则又返回设定的速度。如用手按住复原开关则加速，松开手时速度就被设定。制动和踩离合器踏板时，设定速度无效，但车速回到40～45km/h以上时，又会自动地加大到原设定的速度。而且，通过电子传感器，电子设备将发动机负荷、车速变化等情况控制掌握。在爬坡、下坡都能以设定的速度行驶。另外，也能用脚踩加速踏板控制节气门开度方式行驶以节省燃料。

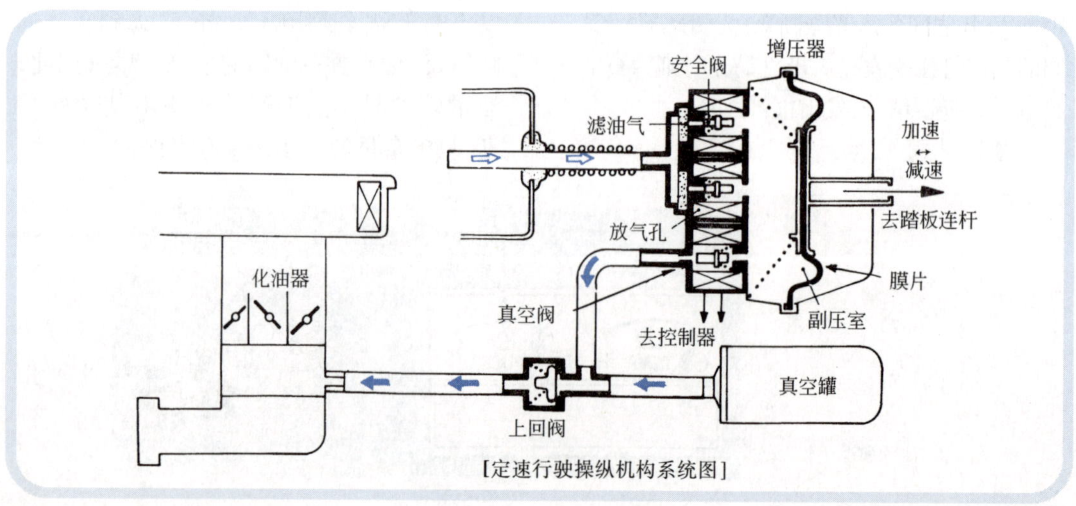

[定速行驶操纵机构系统图]

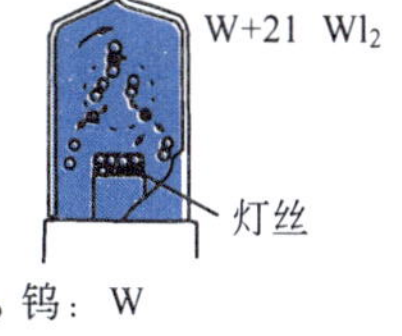

［卤素循环］

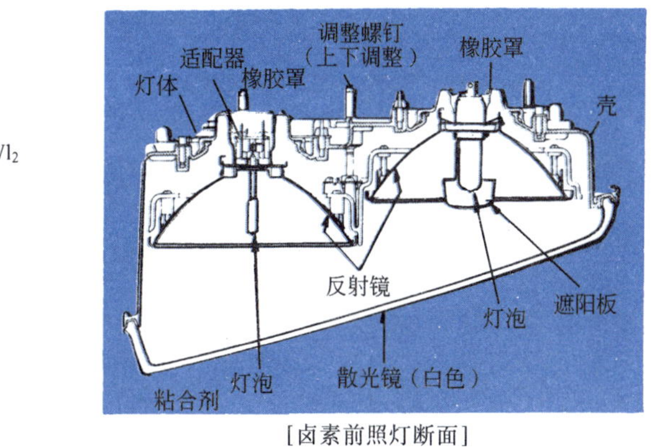

［卤素前照灯断面］

为了汽车自身和对方的安全，汽车周围安装了各种类型的车灯。有前照灯、烟雾灯（雾灯）、危险警告信号灯（紧急停车示警灯）、闪光灯（转向时闪光灯）、制动灯、示宽灯。

●前照灯的种类与结构

前照灯一般都是封闭型的，现在高亮度的卤素灯应用的较多。

封闭式前照灯本身是一个大电灯泡，从外部看没有灯泡，只能看到（灯内）突出的裸露的灯丝，在灯内充入惰性气体，以防止灯丝被氧化。但是玻璃罩发生破损时必须更换整个灯。

卤素灯在小灯泡中，高压密封卤素化合物与惰性气体，可单独更换灯泡。这种灯泡的特点是，蒸发的钨在玻璃球内流动，与卤素结合成钨的化合物，但接近高温的灯丝时要被分解，钨重新粘到灯丝上，卤素则向周围扩散，如此反复。这种卤素循环的工作原理使卤素灯泡的寿命长。

与此相反，原来的灯泡的缺点是，在开灯时钨蒸发效果差，在玻璃内壁上产生黑袋现象。另外，形状与汽车设计者的意图相吻合。因此，可以说卤素灯的使用对车体空气动力性能和造型都是有利的。

●伸缩式前照灯

从车身造型上和车身的空气动力学的整体关系上，近来流行伸缩式前照灯、用按钮通过电动机进行操作。

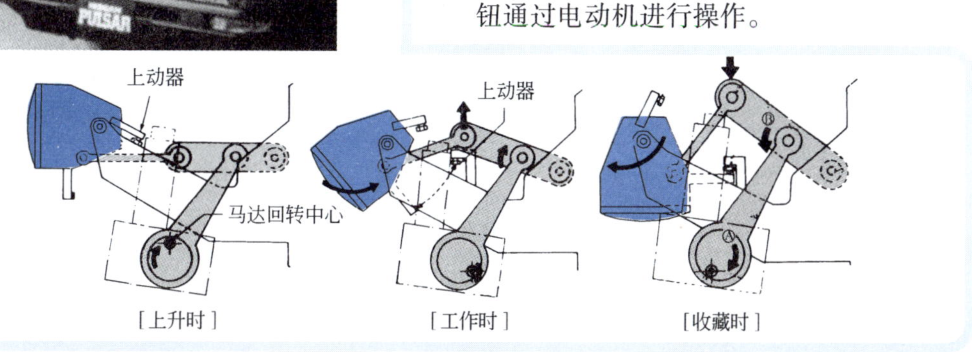

［上升时］ ［工作时］ ［收藏时］

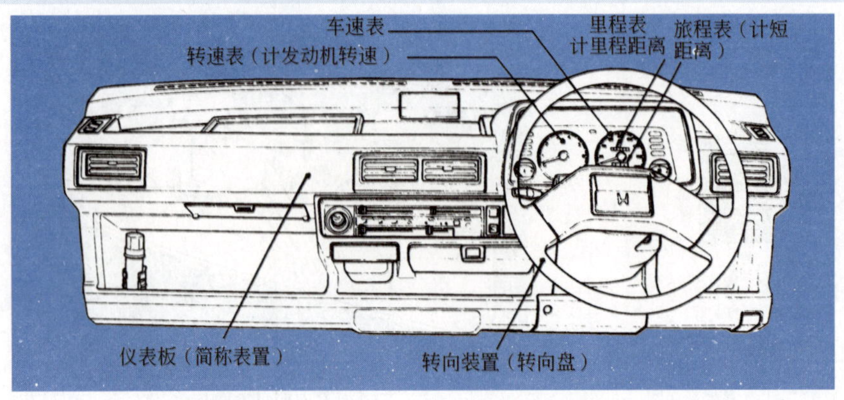

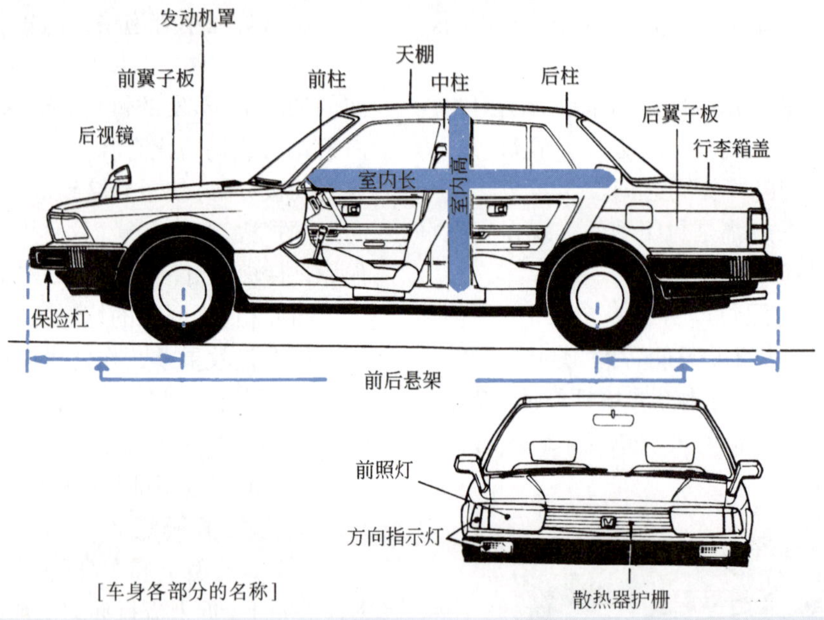

[车身各部分的名称]

吉普 4WD 车如右图所示，因前后悬极短，所以前接近角、后离去角要有问题，该角越大，对通过凹凸不平、坡多和洼地越有利。另外，轴距越短，汽车底盘距地面最小间隙越高，越有利于避免与地面的接触。

4 轮转向(4WS)

一般 4 轮转向时，只通过前 2 轮的转向使车体转向。当 2 前轮转向时，与其连动的 2 后轮也改变方向。

这里说的 4 轮转向（4 个车轮转向装置，即 4WS），有多种类型，它们的结构都比较复杂。

今后的轿车可能不会应用 4WS。早在 40 年前在美国的吉普车上对这种机构进行了适用，当时因感到危险而没有被采用。但是随着现代电子计算技术的发展，灵活的控制很容易地实现“同位相”。这标志着使用 4WS 也能安全地高速行驶。

转向时，2 前轮与 2 后轮向相反方向转称为“异位相转向”，平行转向时称“同位相转向”。

■异位相转向

异位相转向的优点是，回转半径小，前后轮转角越大，转向效果越好，在入库、出入狭窄场所时，没有比这种转向更便利的了。但是在高速行驶时，这种转向就危险极了，很容易翻车。但由于计算机的应用，在 40km/h 以下已可以进行后轮转向了。

■同位相转向

在高速行驶时进行同相位转向，前、后轮向同一方向转向。与单是前轮转向的方式相比，后轮没有滑动。所以即使在潮湿路面等转向也很平稳，超车也方便。另外，同相位转向可用开关操作，即使在极低速下也可以安全转向。所以可实现斜向移动，这对纵列停车极为方便。

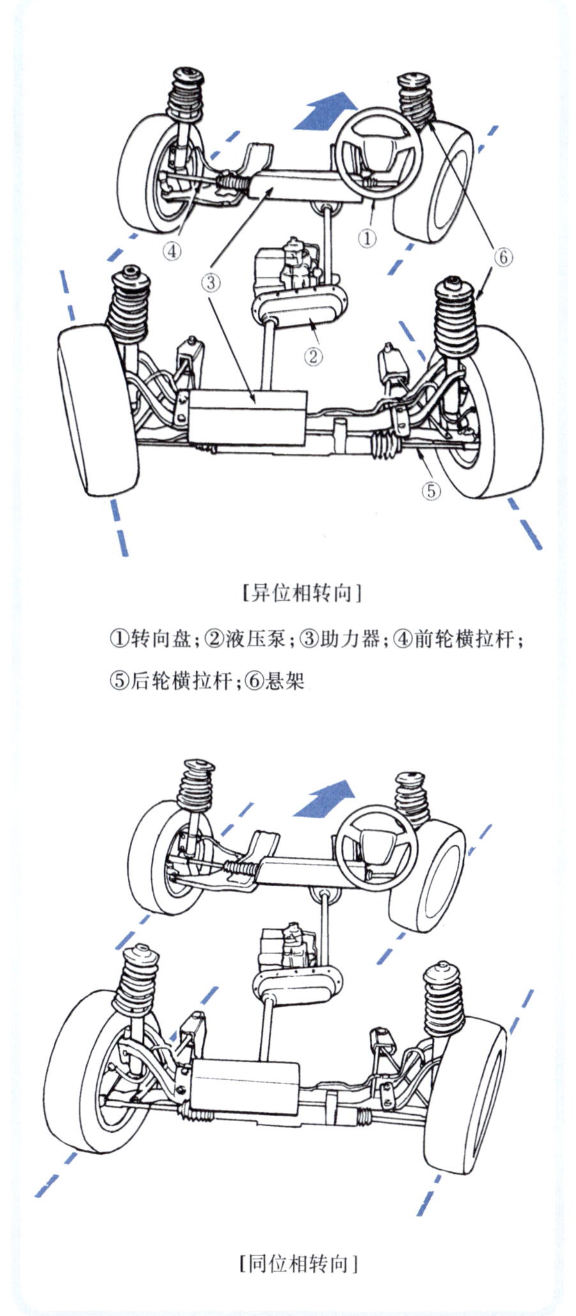

[异位相转向]

①转向盘；②液压泵；③助力器；④前轮横拉杆；⑤后轮横拉杆；⑥悬架

[同位相转向]

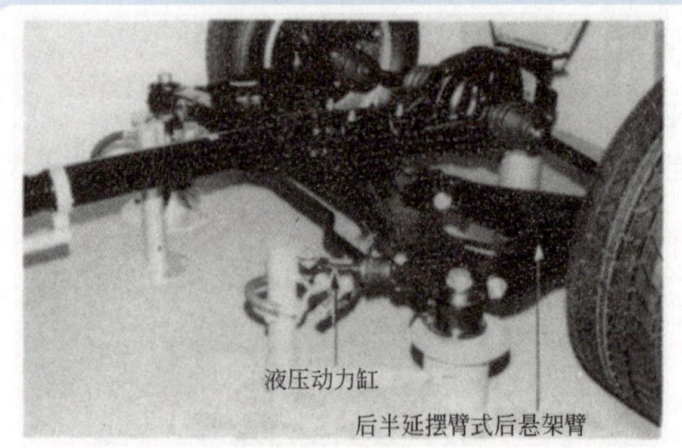

[动力缸的位置形状]

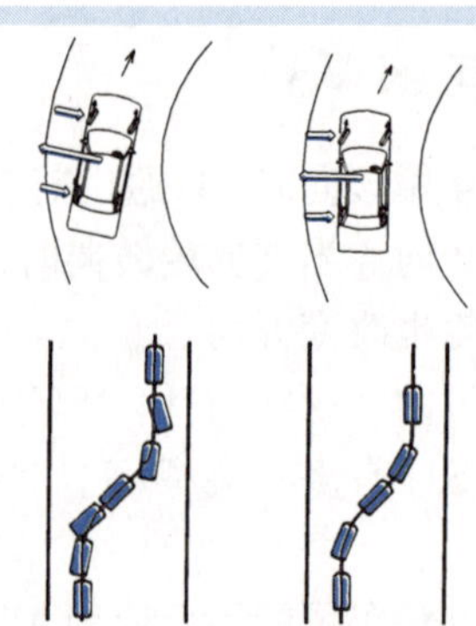

[前轮转向(左)和 HICAS 转向(右)的动作]

■**HICAS 机构**

这也是 4WS 的一种，但没有异位相转向机构，1985 年被日产天际线所采用。称 HICAS(High Capacity Actively-controlled Suspension 的简称)(后轮转向控制式悬架系统)。它原来固定在半后延摆臂式的后悬架上，利用液压控制，相对于差速器后部中心的控制后轮的变位角最大为 0.5°。

在 30km/h 以上转向时，当只有前轮转向时，因后轮滑移角较大，后轮的斜度也较大而发生打滑现象，则稳定性下降。安装 HICAS 的车辆的轮滑动小，后轮的斜度也较小而不易发生打滑现象，稳定性高。这种系统最早由日产公司应用在市售车辆上。

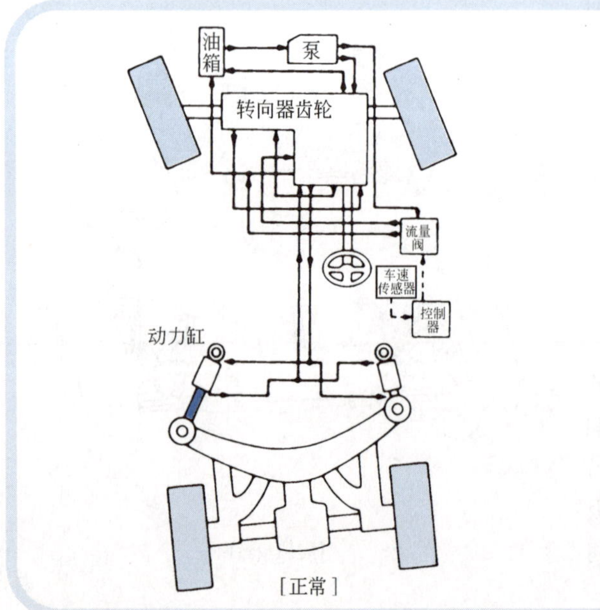

[正常]

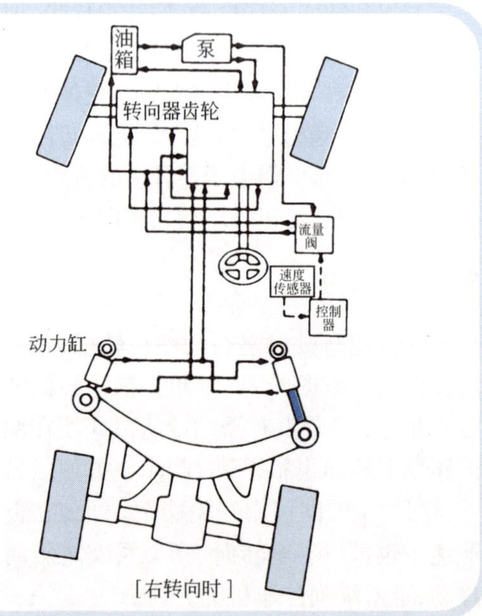

[右转向时]

前束控制机构

4WS 理论应用的最新机构，最初于 1985 年应用在马自达草原 RX-7 型的后悬架上。转向时，后轮运动利用地面的横向力,使悬架的几何受力发生变化。车轮前端的变化不大,得以实现平稳的转向。

基本结构是，与后悬架的后摆臂为一体的前束控制轮毂（内）上，支撑着车轮和铝制前束控制轮毂（外）的 3 个支点，包括球轴承(球绞)(轴承的一种,不仅能作连续回转运动，而且能以头部为支点进行较慢的滑转)、衬套 A、衬套 B。衬套是一种柔性的防振橡胶,因受力要发生几何变形。

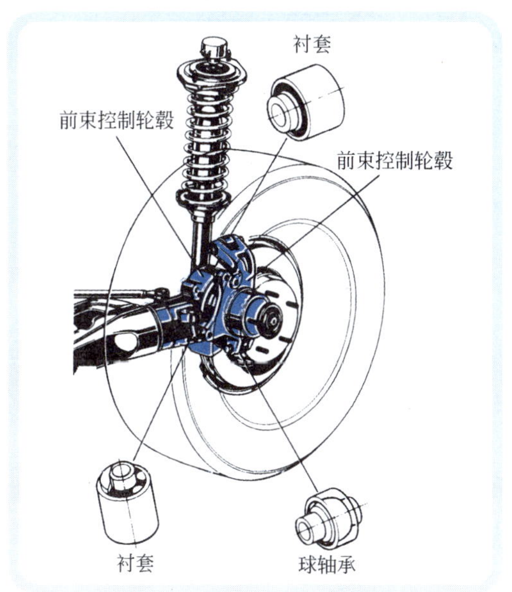

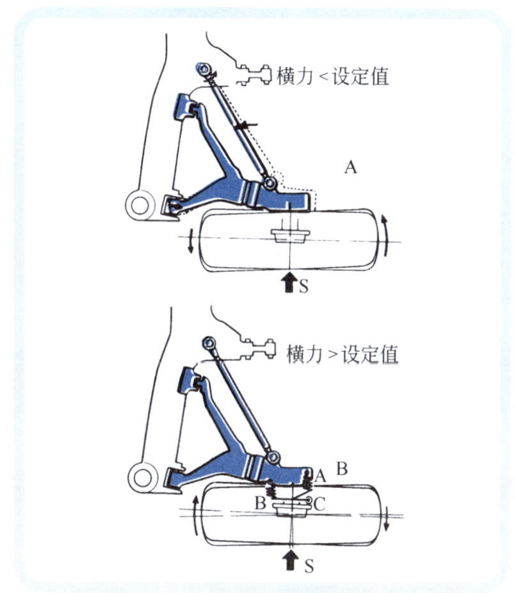

前束控制的作用

作用在后轮的横向力在规定值(约 2N)以下时,因衬套的弹性作用,前束控制不发生作用。而因为在后摆臂与车架连接方向安装的防振橡胶具有一定的弹性(前、后方向的弹性),所以,后摆臂以水平连杆与车架安装处的球形联轴节为中心向后方回转。车轮变为后束(反前束)(轮胎前侧向外)。

其次，后轮受到的横向力在规定值以上时，横力 S 对 C 点(球绞部)要产生一个力矩。衬套 B 向外侧、衬套 A 向外侧发生变形。车轮前侧向内产生前束,防止汽车在转向时产生滑动(如左图 B)。

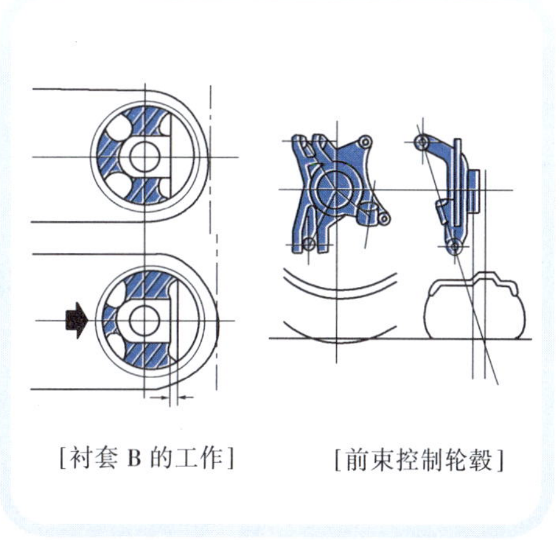
[衬套 B 的工作]　[前束控制轮毂]

美观，坚固的保险杠

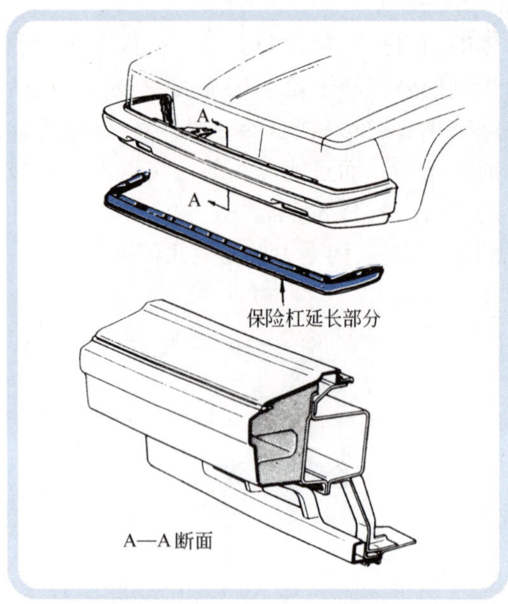

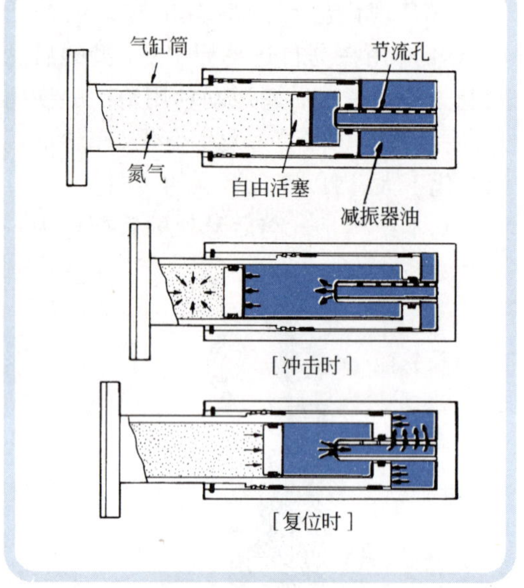

保险杠在车身的前、后两侧，它能吸收较小的冲击以保护车身。近来也有如上图所示的液压式保险杠，它可以缓和冲击，在8km/h以下发生冲击时，保险杠能毫无损伤地恢复原状。

另外，保险杠中有与车身制成一体的较为美观的形式，还有为提高车身整体空气动力学效果的形式，也有考虑更为周到的形式，在保险杠的下部设计了保险杠延长部分(左图)。

可转动后视镜

外侧反光镜有门上后视镜和翼子板上后视镜。操纵开关能改变后视镜的方向。为了入库方便可折叠的后视镜称为电动收藏后视镜。

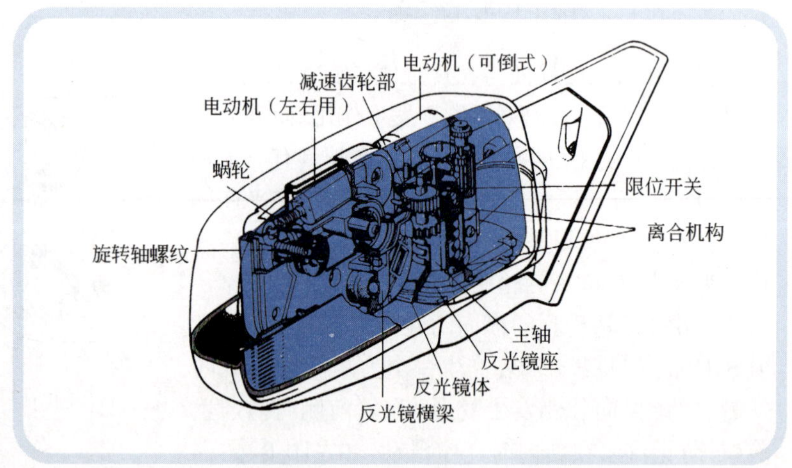

刮水器

刮水器的结构简单的如下图所示，这种形式组装和拆卸也很容易。但却能抵抗强风暴雨。实际的应用也非常巧妙，为了在雨中能够确保视野的清晰，采用如右图所示的“间歇刮水器”，在下小雨时，间歇运动的间隔可自由调节，可与清洗器的喷射连动。

[动作 1] 清洗器开关置于 ON，则间歇清洗器开关一到 ON 位置，就喷出清洗液。同时刮水器开始工作，开始擦拭车窗玻璃。这时因刮水器电动机开始回转并带动蜗轮回转，使清洗器开关回到 OFF 位置。

[动作 2] 刮水器电机继续回转，间歇清洗器开关处于蜗轮开关 OFF 范围时。清洗器电动机不转动。

[动作 3] 接着，蜗杆电动机转动，间歇清洗器开关进入 ON 的范围，清洗器电动机开始回转。

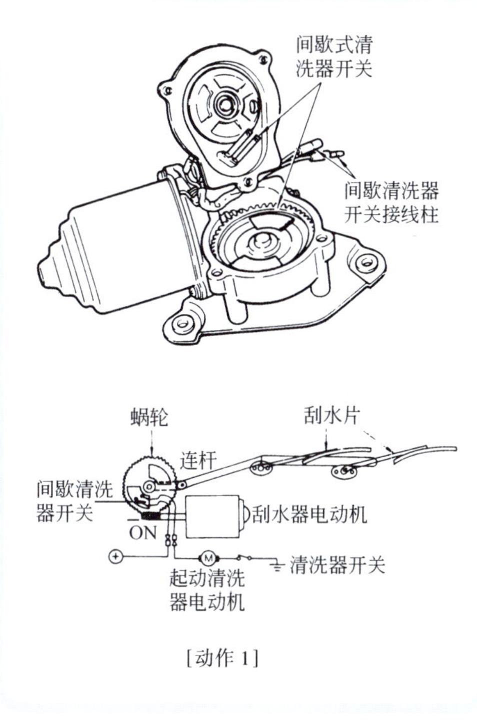

[动作 1]

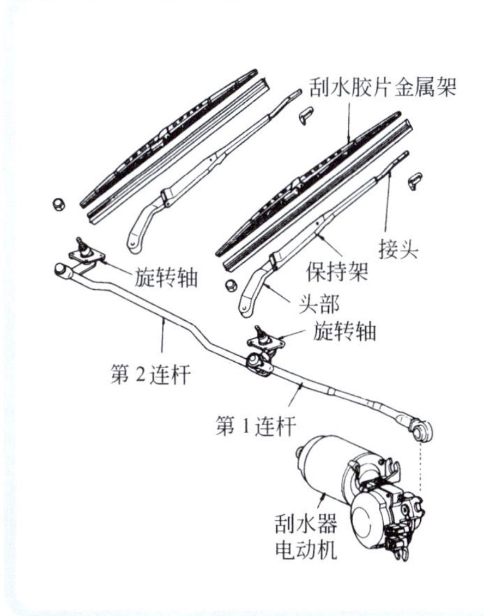

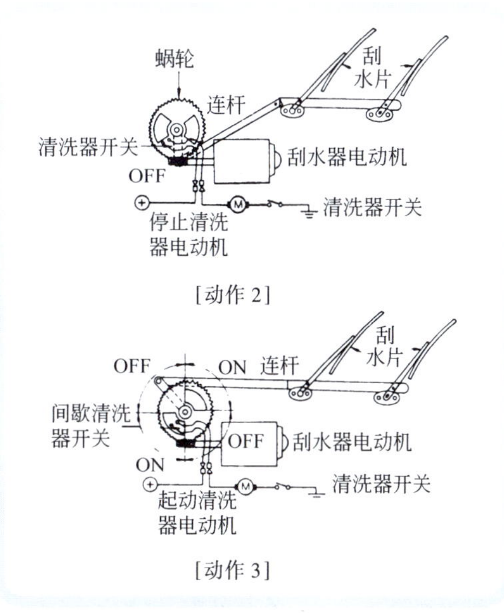

[动作 2]

[动作 3]